Michael Ploetz

Wie die Sowjetunion den Kalten Krieg verlor

Michael Ploetz

Wie die Sowjetunion den Kalten Krieg verlor

Von der Nachrüstung zum Mauerfall

Propyläen

Propyläen Verlag

Satz: Utesch GmbH, Hamburg
Druck und Verarbeitung:
Bercker Graphischer Betrieb GmbH & Co. KG, Kevelaer
ISBN 3 549 05828 4
Printed in Germany 2000

Inhalt

Einleitung

Warum endete der Kalte Krieg?

Am Ende des 20. Jahrhunderts und nach den Umwälzungen des Jahres 1989 stellt sich die Frage, welche Rolle der Kalte Krieg in einem Jahrhundert gespielt hat, das durch Orgien der Gewalt und des Mordens gekennzeichnet war. Dies gilt um so mehr, als die schlimmsten Gewaltexzesse des 20. Jahrhunderts keine Akte des Krieges im traditionellen Sinne waren, sondern Terrorakte, die sich gegen wehrlose Zivilisten richteten und ohne zwingende Korrelation zu etwaigen Kriegshandlungen standen. Obschon der nationalsozialistische Plan zur Ausrottung der europäischen Juden während des Zweiten Weltkrieges zur Ausführung kam, erfolgten die Mordaktionen fast ausschließlich im »befriedeten« Hinterland und behinderten vielfach sogar die eigentliche Kriegführung. Die Massentötung, die die Roten Khmer ihrem eigenen Volk antaten, fand erst nach der Beendigung eines Bürgerkrieges statt. Das millionenfache Massenmorden, mit dem Stalin die UdSSR überzog und das in Maos China während des »Großen Sprungs nach vorn« und der »Kulturrevolution« eine grausige Nachahmung fand, ereignete sich jeweils im tiefsten Frieden. Was das massenweise Töten von Menschen anbelangt, hat der Zeitgeist des 20. Jahrhunderts also offensichtlich alle traditionellen Grenzen zwischen Krieg und Frieden niedergerissen. Ein solches Verschwinden der landläufigen Unterschiede zwischen Krieg und Frieden ist ebenfalls ein Charakteristikum des Kalten Krieges. Im Falle dieses Konflikts sind manche Beobachter allerdings gänzlich abgeneigt, etwas Krieg zu nennen, was ihnen eher als eine überdurchschnittlich lange Friedensphase erscheinen will.[1]

In seinem Werk *Vom Kriege* definiert Clausewitz den Krieg als einen »Akt der Gewalt, um den Gegner zur Erfüllung unseres

Willens zu zwingen«.[2] Im Kern besteht der Krieg aus »dem feindseligen Gefühl und der feindseligen Absicht«[3] sowie aus den Gewaltakten, die zur Erreichung des politischen Kriegszwecks eingesetzt werden. Die feindseligen Gefühle und Absichten – das, was man auch den Willen zum Krieg nennen könnte, existiert also notwendigerweise zumindest auf einer Seite bereits vor Ausbruch des bewaffneten Kampfes. Der Wille zum Krieg kann aber von externen Faktoren daran gehindert werden, sich in einem bewaffneten Konflikt zu entladen und so für unbestimmte Zeit mit einem äußerlichen Friedenszustand koexistieren. Ähnlich wie ein unterdrücktes sexuelles Begehren kann sich ein eingedämmter Wille zum Krieg anderweitig austoben: Andere Regionen werden zu Ersatzkriegsschauplätzen, oder angebliche innere Feinde werden in Stellvertretung des äußeren Feindes vernichtet. Im Mittelalter erstarrten Belagerungen häufig für längere Zeit zu einem Zustand relativen Friedens. In solchen Momenten der Ruhe reduziert sich der Krieg auf den bloßen Willen zum Krieg. Er nährt sich dann weniger aus Akten der Gewalt als vielmehr aus dem anhaltenden Wunsch, solche zu verüben.

Es mag also gerechtfertigt sein, den Kalten Krieg eher als Krieg denn als einen frostigen Frieden zu bezeichnen, wenn es einen starken Willen zum Krieg gegeben haben sollte, der – aus dem einen oder anderen Grunde – daran gehindert war, sich in offenen Gewaltakten auszutoben. Trotz des für die Lage in Europa charakteristischen Ausbleibens von militärischer Gewalt und seines friedvollen Endes beharren viele kommunistische Konfliktteilnehmer darauf, daß der Kalte Krieg ein wirklicher Krieg war. So schrieb Joachim Goldbach, ehemals Generaloberst der Nationalen Volksarmee (NVA) der DDR:

> »Auch der Kalte Krieg war nicht nur Metapher, sondern ein Krieg – bestimmt vom Vorsatz beider Seiten, der jeweils anderen ihren Willen aufzuzwingen, wenn auch möglichst unterhalb der Schwelle zum heißen, d.h. mit Pulver, Blei und Atomsprengköpfen ausgefochtenen Krieg. Es wurden in ihm alle

> Arten von Gewalt eingesetzt, einschließlich der militärischen, nur daß eine totale Konfrontation des gesamten kriegerischen Potentials der beiden Großmächte vermieden wurde. Er war ein Drahtseilakt und die Furcht vor der gegenseitigen Vernichtung die Balancierstange, mit der die politischen Seiltänzer das Gleichgewicht hielten.«[4]

Eine ähnliche Sichtweise vertritt Valentin Falin, der im Kalten Krieg unter anderem als Botschafter der UdSSR in Bonn eingesetzt war und im November 1989 verlangte, die Öffnung der Mauer mit einer Militärintervention rückgängig zu machen:[5]

> »Wie wir den Kalten Krieg auch betrachten – seinem Maßstab nach hat er den ganzen Planeten umfaßt; oder gehen wir von der Mobilisierung an Menschen und Material aus – der Kalte Krieg hat mehr Ressourcen verschlungen als beide Weltkriege zusammen; oder die Opfer – auch hier hat der Kalte Krieg die Katastrophe von 1914–1918 übertroffen. Er muß als Dritter Weltkrieg bezeichnet werden, den zumindest eine Seite bis zum Endsieg geführt hat.«[6]

Falin, der inzwischen in Hamburg lebt, trägt es Gorbatschow immer noch nach, daß dieser der Wiedervereinigung Deutschlands zustimmte, ohne wenigstens den Rückzug des Landes aus der NATO durchzusetzen. Obgleich Gorbatschow in Falins Augen ein Mann ist, den die Macht restlos verdorben hat, verübelt er es dem KPdSU-Generalsekretär bis heute, daß dieser 1989 den Willen verloren hatte, den Machtkampf mit dem Westen aufrechtzuerhalten. In krassem Gegensatz zu der harschen Kritik, mit der Falin Gorbatschow bedenkt, steht die Larmoyanz, mit der er das Ungemach schildert, das ihm selbst beim Zusammenbruch der Sowjetunion widerfuhr. Die Durchsuchung seines Hauses nach dem fehlgeschlagenen kommunistischen Putsch von 1991 vergleicht Falin gar mit den Terrorakten Stalins.[7] Solcherlei Empfindsamkeit ist indes weit verbreitet unter jenen, die sich selbst als die Besiegten des Kalten Krieges bezeichnen. Heinz Keßler, von 1985 bis 1989 Verteidigungsminister der DDR, betrachtet heute die Erschießung von unbewaffneten Zivilisten an der innerdeutschen Grenze zwar als »bedauerlich und tragisch«, ist aber gleichzeitig bemüht, diese »Ereignisse« als Akte des Kalten Krieges auszugeben, die zur Wahrung des Friedens notwendig gewesen seien. Daß er nach dem Ende der DDR für seine Rolle in diesen »Fällen« zur Rechenschaft gezogen wurde, vergleicht Keßler mit einem Prozeß gegen Rosa Luxemburg, die 1914 vor Gericht stand, »weil sie die Offizierswillkür in deutschen Kasernen angeprangert und zu Ungehorsam gegen deutsche Wehrgesetze aufgerufen hatte«.[8] Markus Wolf, der bis 1986 die Auslandsaufklärung der Staatssicherheit der DDR leitete, hat ein ähnlich reines Gewissen. In seinen Erinnerungen zitiert der »Spionagechef« zu seiner Rechtfertigung Bertolt Brecht:

> »Welche Niedrigkeit begingest du nicht, um
> Die Niedrigkeit auszutilgen?
> Könntest du die Welt endlich verändern, wofür
> Wärest du dir zu gut?
> Wer bist du?
> Versinke in Schmutz,
> Umarme den Schlächter, aber
> Verändere die Welt: sie braucht es!«[9]

Als die Kreuzfahrer 1099 die gesamte Einwohnerschaft von Jerusalem massakrierten, handelten auch sie reinen Gewissens. Ihrer Selbsteinschätzung gemäß vernichteten sie nämlich nur die »Diener des Antichrist«.[10] Aus anthropologischer Sicht ist es tatsächlich eine Frage der kollektiven Mentalität, ob ein Akt des Tötens von einer bestimmten Menschengruppe als Verbrechen angesehen wird oder ob er ihr als verdienstvoll gilt.[11] Gleiches gilt für den Willen zum Krieg: Ob menschliche Wir-Gruppen zum Krieg neigen oder nicht, ist ebenfalls vor allem von deren Weltanschauung und Wertehorizont abhängig.[12]

Dem griechischen Historiker Thukydides folgend, hat die realistische Schule der Politikwissenschaften stets darauf beharrt, daß Kriege durch den Machtkampf politischer Gemeinwesen entstehen.[13] Diese Sichtweise geht indes insofern fehl, als sie auf die Analyse der jeweiligen Kriegsgründe verzichtet und statt dessen ein gemeinsames Wesensmerkmal aller Kriege hervorhebt: Als gewaltsam ausgetragene Willenskonflikte werden Kriege notwendigerweise zu Machtkämpfen, und zwar ganz unabhängig davon, aus welchen politischen oder sonstigen Gründen sie ursprünglich vom Zaun gebrochen wurden. Die Azteken führten beispielsweise Kriege, weil sie Gefangene für ihre Menschenopfer brauchten. Die indischen Nayar-»Ritter« suchten dagegen kriegerischen Ruhm, um im Heiratssystem ihrer matrilokalen Gesellschaft einen hohen Status zu erringen.[14] Im Hinblick auf die Ursachen von Kriegen kann eigentlich nur eine eher banale Verallgemeinerung als einigermaßen gesichert gelten: Menschliche Gesellschaften ziehen dann in den Krieg, wenn sie zu dem Schluß kommen, daß ein Krieg eine sinnvolle Lösung für ein Problem ist, das sich ihnen im Kontext ihrer jeweiligen Kultur und ihres spezifischen Lebensraums stellt. Gruppen, die eindeutig angegriffen werden, stellen jedoch einen Sonderfall dar, da ihre Reaktion bei aller kulturellen Determiniertheit vor allem durch die Vorgehensweise des Angreifers bestimmt wird.

Insgesamt unterliegt die Art und Weise, wie menschliche Sozialverbände ihre Kriege austragen, einem Evolutionsprozeß, der durch komplizierte Wechselwirkungen zwischen den involvierten Kulturen, den zur Verfügung stehenden Artefakten und dem geopolitischen Raum vorangetrieben wird. Die kollektiven Mentalitäten, die das Verhältnis menschlicher Wir-Gruppen zum Krieg prägen, unterliegen ebenfalls einem evolutionären Wandel, der seine Dynamik gleichfalls aus der Wechselbeziehung zwischen der menschlichen Wir-Gruppe und der ihr eigenen Umwelt bezieht.

Als Gorbatschow sich 1989/90 wider den Rat von Falin dazu entschloß, die Friedliche Revolution in der DDR hinzunehmen, war dies ein Zeichen dafür, daß er nicht länger der Weltanschauung anhing, die bis dahin die ideelle Grundlage des sowjetischen Imperiums gewesen war. Der Kalte Krieg kam folglich zu einem Ende, weil Gorbatschow mit jener kommunistischen Ideologie brach, die die UdSSR bislang zur unbedingten Feindschaft gegenüber dem liberalen Kapitalismus verpflichtet hatte. Gerade wenn man von der Militanz ausgeht, die als Wesensmerkmal der marxistisch-leninistischen Ideologie das Selbstverständnis der kommunistischen Parteien geprägt hatte, wird klar, daß Gorbatschows Bereitschaft, den Kalten Krieg mit dem »Klassenfeind« friedlich beizulegen, eine in der Geschichte beispiellose Umwertung zentraler ideologischer Glaubenssätze darstellt. Indem er die angeblichen Erfordernisse des Klassenkampfes erstmals allgemeinmenschlichen Interessen unterordnete, hob Gorbatschow genau jene esoterische Differenzierung auf, die bis dahin das messianische Sonderbewußtsein des Marxismus-Leninismus als »politische Religion«,[15] seinen absoluten Machtanspruch und seine prinzipielle Feindschaft gegenüber allen anderen sozialen Systemen determiniert hatte. Eine solche Götterdämmerung mußte indes zwangsläufig zum Zusammenbruch des sowjetischen Imperiums führen, da dieses nichts anderes war als ein Bündnis Kommunistischer Parteien, das von der gemeinsamen Weltanschauung und dem gemeinsamen Kampf gegen innere und äußere Klassenfeinde zusammengehalten wurde.[16] Angesichts des Zusammenbruchs, der auf diese Götterdämmerung tatsächlich folgte, muß vermutet werden, daß dieser Umwälzung eine Krisis voranging, in der sich die Militanz des sowjetischen Kommunismus endgültig erschöpfte.

Der Zweite Kalte Krieg

Zu seinem Namen kam der sogenannte Zweite Kalte Krieg ebenso wie die meisten anderen historischen Periodisierungen: Ein akademischer Beobachter verdichtete den Geist einer Zeit zu einem griffigen Titel. Als Fred Hallidays Buch *The Making of the Second Cold War* 1983 erschien, erhielt eine Phase des Ost-West-Konflikts ihren Namen, die gerade erst ihrem Höhepunkt zustrebte.[17] Vor der Wasserscheide von 1989 war es aber nicht möglich, die Auswirkungen dieses Konfliktes abschließend zu bewerten, da das bipolare internationale System, welches diese Konfrontation hervorgebracht hatte, immer noch existierte und nicht abzusehen war, wie sich die Sicherheitskrise der frühen achtziger Jahre langfristig auf dessen weitere Entwicklung auswirken würde. Angesichts der sich über Jahrzehnte erstreckenden Dauer der bipolaren Ost-West-Konfrontation scheint es angebracht, diesen Konflikt in seiner Gesamtheit als das System des Kalten Krieges zu bezeichnen. Dieses System des Kalten Krieges hatte sich nach dem Zweiten Weltkrieg herausgebildet und verschwand erst, als die Friedlichen Revolutionen von 1989 seine tieferen politischen Ursachen beseitigten. Tatsächlich spricht die Dramaturgie der Ereignisse dafür, daß man die Zeit zwischen ungefähr 1979 und 1985 als ein irgendwie nach beiden Seiten hin abgrenzbares Kapitel des Kalten Krieges auffaßt, welches dauerhaft den zugegebenermaßen etwas hypertrophen Namen Zweiter Kalter Krieg tragen sollte.

Am 27. Dezember 1979 fielen sowjetische Truppen in Afghanistan ein. US-Präsident Jimmy Carter ließ daraufhin den SALT-II-Vertrag von der Ratifizierung zurückziehen. Damit schien der Prozeß der einvernehmlichen Rüstungskontrolle endgültig zum Erliegen gekommen zu sein, auf den die Entspannungspolitik der siebziger Jahre so große Hoffnungen gesetzt hatte. Als Ronald Reagan im Januar 1981 die Nachfolge Carters antrat, wurde überdies ein Politiker US-Präsident, der das gesamte Konzept der Entspannungspolitik in Frage stellte und statt dessen auf die Wiederherstellung der militärischen Überlegenheit des Westens setzte. Reagan ging davon aus, daß es die UdSSR mittels Täuschung geschafft habe, während der Entspannungsperiode die militärische Überlegenheit zu erringen und sich neue Stützpunkte in der Dritten Welt zu verschaffen.[18]

Am 12. Dezember 1979 verabschiedete die NATO ihren sogenannten Doppelbeschluß. Nach Aussage seiner Urheber war dies eine Reaktion auf das besorgniserregende Anwachsen des sowjetischen Arsenals eurostrategischer Mittelstreckenwaffen. Vor allem die Stationierung der neuen SS-20-Raketen wurde von vielen westlichen Politikern – allen voran der SPD-Bundeskanzler Helmut Schmidt – als eine qualitativ neuartige Bedrohung gesehen, die entweder durch Abrüstungsvereinbarungen beseitigt oder durch Nachrüstungsschritte der NATO ausgeglichen werden mußte. Für den Fall, daß die Abrüstungsverhandlungen über Mittelstreckenwaffen (*Intermediate-range Nuclear Forces*, INF) bis Ende 1983 ergebnislos bleiben sollten, drohte die NATO mit der Stationierung neuer atomarer Mittelstreckenraketen der Typen Pershing II und Cruise missile. In den folgenden Jahren sollte sich der Streit um den Doppelbeschluß zu einer politischen Konfrontation intensivieren, die dem Ost-West-Konflikt wieder den Charakter eines deutlich erkennbaren Widerstreits der Willen verlieh.[19]

Zwischen ungefähr 1979 und 1985 spielten große Massenbewegungen eine wichtige Rolle in der internationalen Politik. In Polen wagte es die freie Gewerkschaft Solidarność, den Machtanspruch der kommunistischen Staatsführung offen in Frage zu stellen. In den NATO-Staaten ließ die Furcht vor einem Atomkrieg neue Friedensbewegungen entstehen, die auf ihrem Höhepunkt beachtliche Teile der Bevölkerung mobilisieren konnten. In der DDR entstand erstmals eine vom Staat unabhängige Friedensbewegung, aus deren Reihen sich später eine politische Opposition gegen das SED-Regime formieren sollte.

In der Sowjetunion wurde diese Periode vom Ringen um die Nachfolge Leonid Breschnews bestimmt. Eine sich steigernde Kriegsfurcht,[20] die alles lähmende Unbeweglichkeit der alten Kreml-Garde, der ökonomische Niedergang des Landes und der ständig wachsende Abstand zu den »entwickelten kapitalistischen Ländern« ließen in den Reihen der KPdSU außerdem erstmals ernsthafte Zweifel an der »Sieghaftigkeit« des sozialistischen Gesellschaftsmodells aufkommen.

Angesichts der wirtschaftlichen Schwierigkeiten, die alle sozialistischen Staaten heimsuchten, verschärften sich die Konflikte zwischen dem sowjetischen Zentrum und seinem osteuropäischen Glacis. Während das sowjetische Imperium zu Zeiten Stalins insofern ein ideales Imperium gewesen war, als die Peripherie beträchtlich zur Stärkung des Zentrums beitrug, hatte sich dieses Verhältnis seit Mitte der siebziger Jahre umgekehrt. Um die fragile soziale Stabilität in ihren Satellitenstaaten aufrechtzuerhalten, mußte die UdSSR diesen mit immer höheren Krediten und Handelssubventionen beispringen.[21]

Im Gegensatz zu der Entspannungsperiode der siebziger Jahre war die Zeit des Zweiten Kalten Krieges nicht von Optimismus und Hoffnung gekennzeichnet, sondern von Pessimismus und Kriegsfurcht. Das scharfe Abknicken der Entspannungseuphorie, das auf die dramatischen Ereignisse des Dezember 1979 folgte, war der Auftakt zu einem allgemeinen Stimmungstief, welches sich erst wieder in der Zeit nach Gorbatschows Machtantritt auflösen sollte. Im Falle der kommunistischen Parteien war dieses Stimmungstief aber nicht allein vom Kältesturz in den Ost-West-Beziehungen verursacht. Neben den außenpolitischen Problemen der Zeit drohten all jene inneren Probleme überhandzunehmen, die das sozialistische System immer wieder selbst reproduzierte.

Bis ungefähr 1985 glaubten die wechselnden Kreml-Herrscher, dem Verfall ihres Imperiums mit dem Instrumentarium kommunistischer Disziplinierungspolitik gewachsen zu sein. Die Entwicklung von Polen zeigte aber, daß die traditionellen kommunistischen Strategien keinen Ausweg mehr aus der Systemkrise boten. Trotz der am 13. Dezember 1981 erfolgten Verhängung des Kriegsrechts stabilisierte sich die Lage des Landes nicht. Zwar gelang es durch diesen Schritt, die politischen Symptome der allgemeinen Systemkrise einigermaßen unter Kontrolle zu halten, am wirtschaftlichen und sozialen Niedergang vermochte der Einsatz von Truppen indes kaum etwas zu ändern.[22] Die Zeit des Zweiten Kalten Krieges wird folglich auch dadurch charakterisiert, daß sich alle traditionellen Strategien des Kommunismus in schneller Folge erschöpften, während der Problemdruck beständig weiter anwuchs. Bei einigen jüngeren Mitgliedern der sowjetischen Elite führte dieser Erschöpfungsprozeß zur Abkehr von all jenen politischen Maximen, unter deren Vorzeichen Breschnews Politbüro das Land in eine umfassende außen- und innenpolitische Krise geführt hatte.

Der 1985 erfolgte Aufstieg Gorbatschows zum Generalsekretär der KPdSU kann insofern als Endpunkt des Zweiten Kalten Krieges angesehen werden, als dadurch die sogenannte Stagnationsperiode zu einem Ende kam, in der die alten Männer um Breschnew die Probleme ihres Landes mit ihren alten neostalinistischen Methoden zu bewältigen versucht hatten. Zwar erfolgte der Bruch mit den traditionellen Politikansätzen nicht schlagartig, sondern in asymmetrischen Veränderungsschüben, aber der Wille, neue Wege zu suchen, war wohl von Beginn an ein Charakteristikum der verjüngten KPdSU-Führung.

Recht bald wurde aber deutlich, daß Gorbatschows flexiblere Außenpolitik auf einer Umkehrung der bisherigen Prioritätensetzung beruhte. An die Stelle des Primats der Außen- und Militärpolitik trat nun das Bestreben, die marode industrielle Basis der UdSSR zu revitalisieren. Im Rahmen dieser Politikwende wurde auch die traditionelle Kriegführungsdoktrin der Sowjetarmee durch eine neue Defensivstrategie abgelöst, der institutionelle Einfluß des Militärs zurückgeschnitten und die Rolle der Streitkräfte im Rahmen einer kriegsverhindernden Diplomatie neu bestimmt. Das deutlichste Zeichen für diese Politikwende war der INF-Vertrag von 1987, in dem sich die UdSSR und die USA auf eine globale Null-Lösung verständigten, welche die Vernichtung all ihrer landgestützten Mittelstreckenwaffen vorsah. Durch den offenen politischen Diskurs, der sich infolge von Gorbatschows Glasnost in der UdSSR erstmals entfalten konnte, wurde alsbald deutlich, daß die Nervenprobe des Zweiten Kalten Krieges bei den politischen Intellektuellen des Landes zu einer umfassenden Delegitimierung jenes kommunistischen Militarismus geführt hatte, der für die sowjetische Politik der Breschnew-Ära kennzeichnend war.

Die Akteure und ihre Hinterlassenschaften

Ungeachtet aller Verlautbarungen über die Souveränität der DDR, war der SED-Staat nie mehr als ein sowjetischer Satellit, dessen eklatanter Mangel an Legitimität seine Führung zu besonderer Willfährigkeit verdammte. Dies galt besonders für die Bereiche der Außen- und Sicherheitspolitik, wo sich die SED ganz und gar den sowjetischen Vorstellungen zu beugen hatte. Insgesamt akzeptierte die SED ihre Unterordnung unter die KPdSU jedoch bereitwillig. Dies war zum einen darauf zurückzuführen, daß Erich Honecker und viele andere deutsche Kommunisten 1945 von der Roten Armee aus den Kerkern und Konzentrationslagern der Nationalsozialisten gerettet worden waren. Zum anderen hatten zahlreiche deutsche Kommunisten in der Sowjetunion ihre politische Sozialisation vollendet. Die Traditionen des »proletarischen Internationalismus« und der Glaube daran, daß »Moskau … nach wie vor das Herz der Weltrevolution«[23] sei, gehörten auch noch in den achtziger Jahren zu den Kernbeständen im Selbstverständnis der SED-Führung. Es war daher keinesfalls nur eine rhetorische Floskel, wenn Erich Mielke, der Minister für Staatssicherheit, bei jeder Gelegenheit von den »Tschekisten der DDR« sprach und sich damit in die Traditionslinie der sowjetischen Geheimpolizei einreihte, die im Dezember 1917 unter dem Kürzel Tscheka gegründet worden war.[24]

Trotz des Gefühls, mit den sowjetischen Kommunisten in einer supranationalen Kampfgemeinschaft verbunden zu sein, gab es natürlich auch Konflikte zwischen der SED und dem Kreml. Gerade zur Zeit des Zweiten Kalten Krieges belasteten erhebliche Meinungsverschiedenheiten das Verhältnis zwischen Ostberlin und Moskau. Honeckers wachsende Bereitschaft, die Politik der KPdSU-Führung in Zweifel zu ziehen, war sicherlich auch darauf zurückzuführen, daß die DDR unter seiner Führung an politischem Gewicht gewonnen hatte. Durch die Krise Polens hatte sich die Machtbalance zwischen den Staaten des Warschauer Vertrages so stark verschoben, daß manche Beobachter schon daran glauben mochten, die UdSSR werde künftig die DDR als Juniorpartner an der Leitung des Warschauer Vertrages beteiligen müssen.[25] Der relative Bedeutungszuwachs, den die DDR innerhalb des »sozialistischen Lagers« verbuchen konnte, war indes in starkem Maße auf die Phasenverschiebung zurückzuführen, die dem wirtschaftlichen Niedergang aller sozialistischen Staaten eine jeweils eigenständige Verlaufskurve gab. Was zunächst in Polen geschah, geschah in Ostdeutschland ebenfalls – nur eben mit einer gewissen zeitlichen Verzögerung. Drückende Auslandsschulden und die mangelnde Vermarktbarkeit ihrer Industrieprodukte bildeten in beiden Ländern die ökonomische Basis der politischen Systemkrise. Für die SED-Führung bedeutete dies, daß sie im Verhältnis zum Kreml auch weiterhin in einer Position prekärer Abhängigkeit verblieb.

Trotz ihrer Unterordnung und Abhängigkeit gelang es der SED aber auch dadurch an Gewicht zu gewinnen, daß sie als Vollstreckerin der sowjetischen Politik in besonderer Weise auf die westdeutsche Gesellschaft einwirken konnte. Das geteilte Deutschland war nämlich nicht nur ein Mikrokosmos des Kalten Krieges, sondern auch dessen entscheidender Austragungsort.[26] Als geteilte Nation verkörperte Deutschland den offenen Charakter der Ost-West-Konfrontation, zu der es außerdem seine ganz eigenen Probleme und Konfliktlagen beisteuerte. In Europa war die Bundesrepublik im Sinne von Clausewitz der »Schwerpunkt« des westlichen Bündnisses, also jenes »Zentrum der Kraft und Bewegung«, gegen welches eine Niederwerfungsstrategie den »gesammelten Stoß aller Kräfte« hätte richten müssen.[27] In der »Schlacht um die Euroraketen« war die Entschlossenheit der bundesdeutschen Regierung, die Raketenstationierung ungeachtet aller Anfeindungen auf dem eigenen Territorium durchzusetzen, von entscheidender Bedeutung für den Ausgang der strategischen Interaktion, die sich im Kampf um den Doppelbeschluß zwischen der NATO und dem Warschauer Vertrag entfaltet hatte.[28]

Obgleich das Verhältnis der Sowjets zu ihren »deutschen Freunden« nie ganz frei von Mißtrauen war, sorgten die engen persönlichen Bande, die zwischen den einzelnen politischen Akteuren beider Staaten über viele Jahre hinweg entstanden waren, und die herausragende Rolle, die die SED bei der Implementierung der sowjetischen Politik spielte, dafür, daß Honeckers Politbüro meist recht bald darüber im Bilde war, welche außenpolitischen Strategien und Konzepte die jeweilige Kreml-Führung verfolgte. Zwar besaß die SED-Führung keinen wirklichen Einblick in die Entscheidungsprozesse des Kreml, sie blieb aber gleichzeitig allen Schwankungen unmittelbar ausgesetzt, die sich in der sowjetischen Außenpolitik vollzogen. In den achtziger Jahren dekretierte die KPdSU überdies ihre Politik den Bundesgenossen nicht mehr einfach nur, sondern nutzte den Rahmen des politischen Gesprächs, um diese mit mehr oder minder sanftem Druck vom jeweils richtigen Kurs zu überzeugen. Daher sind die Politikdebatten zwischen SED und KPdSU auch eine vorzügliche Quelle zu den unterschiedlichen Politikansätzen der verschiedenen Kreml-Herren.

Aufgrund der starken Zugangsbeschränkungen, denen sowjetisches Archivmaterial unterliegt, sind die Archive der DDR immer noch die wichtigste Quelle, um die Planungen und Entscheidungsprozesse innerhalb des sozialistischen Lagers zu rekonstruieren. Das völlige Verschwinden des SED-Staates hat für die Forschung eine beispiellose Situation geschaffen, die durch die Aufhebung aller üblichen Zugangsbeschränkungen und Sperrfristen gekennzeichnet ist. Ein ähnlich abruptes Verschwinden des gesamten Staatsapparates hat sich in keinem anderen Ostblock-Land ereignet. Selbst in Polen haben Teile der alten Eliten ihre Positionen in den verschiedenen Bürokratien behaupten und damit auch ihr Herrschaftswissen bewahren können. In der DDR führten hingegen die Revolution von 1989 und die deutsche Wiedervereinigung zur vollständigen Zerschlagung des *Ancien régime* und zur Öffnung seiner meisten Archive. Allein das Archiv des Außenministeriums der DDR blieb von dieser postrevolutionären Offenheit ausgenommen; seine Bestände werden vom Außenministerium der Bundesrepublik unter Verschluß gehalten.

Das Parteiarchiv der SED mitsamt den Dokumenten des innersten Führungszirkels und den Unterlagen der verschiedenen Abteilungen im Zentralkomitee der SED haben die Friedliche Revolution weitgehend unbeschadet überstanden. Diese Abteilungen waren eine zweite Ministerialbürokratie, mit denen die Machtmonopolistin SED den von ihr bereits vollständig durchdrungenen Staatsapparat nochmals überherrschte. Die wichtigsten Funde wurden in den Akten von Hermann Axens Internationaler Abteilung und unter den persönlichen Arbeitsmaterialien Honeckers gemacht. Neben Strategiepapieren, Gesprächsprotokollen zu den Treffen der SED-Führung mit allen möglichen Regierungen und politischen Gruppierungen finden sich Berichte des DDR-Botschafters zu Moskau sowie Informationen der KPdSU zu ihren Kontakten zu westlichen Staaten und Nicht-Regierungsorganisationen. Da es sich bei der westdeutschen Deutschen Kommunistischen Partei (DKP) und der Sozialistischen Einheitspartei Westberlins (SEW) um Ableger der SED handelte, gewährt das SED-Archiv überdies einzigartige Einblicke in die politische Entwicklung der westdeutschen Linken.

Angesichts der zentralen Rolle, die Axens Internationale Abteilung bei der Formulierung und Implementierung der SED-Außenpolitik spielte, erscheint es notwendig, hier noch ein wenig auf deren Stellung innerhalb des Staatsapparates der DDR einzugehen. An Machtprestige dem Außenminister Oskar Fischer klar überlegen, galt Axen als Architekt der DDR-Außenpolitik. Im Parteiapparat der KPdSU war Boris Ponomarjow das Alter ego Axens. Bei der Führung von Propagandakampagnen gegen den imperialistischen Klassenfeind arbeiteten beide Männer eng zusammen, wobei sich zwischen ihnen offenbar ein enges Vertrauensverhältnis herausgebildet hatte.

Im Unterschied zu Axen waren Ponomarjows außenpolitischen Ambitionen aber dadurch Grenzen gesetzt, daß er als bloßer Kandidat des Politbüros dem Politbüro-Mitglied und Außenminister Andrei Gromyko rangmäßig nachgeordnet war. Als langjähriger Mitarbeiter der 1943 aufgelösten Kommunistischen Internationale war Ponomarjow aber auch nicht für zwischenstaatliche Außenpolitik verantwortlich, sondern für die Fortsetzung der weltrevolutionären Traditionen des Kommunismus. In der kommunistischen Gesamtstrategie war diese Sekundärdiplomatie, die direkt an die gesellschaftliche Basis des »Klassengegners« appellierte, keine vernachlässigbare Größe. Sie war vielmehr ein außerdiplomatisches Mittel, das den Spielraum der offiziellen sowjetischen Diplomatie erweitern sollte, indem den westlichen Regierungen der Rückgriff auf bestimmte Handlungsoptionen zumindest erschwert wurde.

Insgesamt kann festgestellt werden, daß sich die Frage, welche Position eine bestimmte Staats- oder Parteibürokratie in der Hierarchie des kommunistischen Herrschaftsapparates einnahm, daran entschied, wie wichtig deren Funktion genommen wurde und welches Machtprestige von ihrem Leiter ausging. Sowohl in der DDR als auch in der UdSSR rangierten die Ministerien für Verteidigung und für Staatssicherheit (in der DDR: MfS) an der Spitze der Machtpyramide. Ihr institutioneller Einfluß und ihr Anteil an den Ressourcen des Staates sind dafür deutliche Indikatoren.

Im Zweiten Kalten Krieg stand die Nationale Volksarmee der DDR unter dem Kommando von Armeegeneral Heinz Hoffmann, der von 1960 bis zu seinem Tode im Jahre 1985 das Amt des Verteidigungsministers bekleidete. Fast alle noch vorhandenen Dokumente der NVA sind inzwischen der Öffentlichkeit zugänglich. Vor der deutschen Wiedervereinigung wurden aber leider alle Dokumente an die Sowjets übergeben, die sich direkt auf die Kriegsfallplanungen des Warschauer Vertrages bezogen.[29] Vom Bonner Verteidigungsministerium wurden später noch Dokumente der NVA-Militäraufklärung unter Verschluß genommen. Was nach diesen Eingriffen zugänglich blieb, ist dennoch von hohem Quellenrang: neben Hoffmanns dienstlicher Korrespondenz unter anderem auch die Sitzungsprotokolle des Nationalen Verteidigungsrates.[30]

An der Spitze des MfS stand mit Erich Mielke ein kommunistischer Veteran, der ebenfalls den Rang eines Armeegenerals bekleidete. Leider hat das Archivgut des MfS während der Friedlichen Revolution erhebliche Verluste erlitten. Teilweise erfolgte die Vernichtung von Dokumenten in konspirativer Manier. Der für Auslandsaufklärung zuständigen Hauptverwaltung A wurde aber ganz offiziell gestattet, ihre Unterlagen zu vernichten. Durch das beherzte Eingreifen einiger Bürgerrechtler ist dennoch eine kaum übersehbare Menge von Unterlagen auf uns gekommen.[31] Glücklicherweise befinden sich unter den erhaltenen MfS-Akten auch noch zahlreiche Dokumente, die das rege Interesse der SED-Geheimpolizei am westeuropäischen Pazifismus belegen.

Bei seinen Bemühungen, die westlichen Friedensbewegungen für die politischen Ziele der SED einzuspannen, konnte sich das MfS überdies auf die Zuarbeit des Friedensrates der DDR stützen. Der Friedensrat gehörte zu einer Reihe von Frontorganisationen, die den »Friedenskampf« außerhalb des sozialistischen Lagers zu führen hatten. Sein Archiv überstand das Ende der DDR ohne Säuberung. Die dort erhaltenen Dokumente erlauben tiefe Einblicke in das weitverzweigte Netzwerk aus Organisationen und Personenbeziehungen, auf das sich die SED im »Friedenskampf« gegen die NATO stützen konnte.

Eine wichtige Quelle zu dem behandelten Zeitabschnitt sind die seither erschienenen Memoiren ostdeutscher und sowjetischer Funktionäre und Offiziere. In der Regel enthalten die »Werke« hoher KPdSU-Funktionäre mehr brauchbare Informationen als die führender SED-Genossen. Dieses Ungleichgewicht ist wiederum zum Teil auf Gorbatschows Perestroika zurückzuführen, zum Teil aber eine Konsequenz der Flügelkämpfe, die seit Mitte der siebziger Jahre innerhalb der sowjetischen Führung für Dissonanzen sorgten. Ein besonderes Merkmal der ostdeutschen Autobiographien ist dagegen vielfach das mangelhafte Faktenwissen ihrer Autoren. So berichten Markus Wolf und Hermann Axen, daß sowjetische SS-20-Raketen in der DDR stationiert gewesen seien.[32] Dies war aber nie der Fall und wäre angesichts der großen Reichweite dieser Rakete auch gar nicht sinnvoll gewesen. Solche Irrtümer sind indes auch Konsequenz einer Geheimhaltungsmanie, die für den Kommunismus in seiner Gesamtheit charakteristisch war. In seinen Memoiren bekennt sich beispielsweise Falin verschämt dazu, jahrelang völlig falsche Vorstellungen vom Umfang der sowjetischen Streitkräfte gehabt zu haben.[33]

Die sowjetische Militärstrategie im Zweiten Kalten Krieg

Lenins Kriegstheorie

Bis in die Mitte der achtziger Jahre hinein lieferte Lenins Kriegstheorie die gesellschaftstheoretische Grundlage für das Kriegsbild der sowjetischen Militärs. Lenins Denken über Krieg, Frieden und Revolution bestimmte überdies das ganze Epochenverständnis der Sowjetkommunisten. Deshalb erscheint es angezeigt, kurz die Grundzüge des Leninschen Kriegsverständnisses zu skizzieren.

Am Beginn von Lenins Beschäftigung mit dem Krieg stand wohl die Einsicht, daß die sich langsam aber stetig verbessernden Lebensumstände von Europas Arbeiterklasse kaum mehr einen Nährboden für die von Marx und Engels prophezeite proletarische Weltrevolution boten. Anstatt sich wie Eduard Bernstein vom Gedanken an die Notwendigkeit einer Revolution loszusagen, sehnte Lenin seit spätestens 1913 den Ausbruch eines europäischen Krieges als Katalysator der Revolution herbei.[1] Als die sozialdemokratischen Parteien Europas 1914 bei Kriegsausbruch jeweils in die Mehrheitsgruppe der Vaterlandsverteidiger und die Minderheitsgruppe der Kriegsgegner zerfielen, bezog Lenin die radikalsten Positionen im Lager der Kriegsgegner. Im Unterschied zu dem orthodoxen Marxisten Karl Kautsky, dessen Widerstand gegen den Krieg von einem aufrichtigen Pazifismus getragen wurde,[2] verlangte Lenin, den Krieg in einen Bürgerkrieg umzuwandeln und zur Entfesselung der Weltrevolution zu nutzen.[3]

Lenin rechtfertigte seinen Aufruf zum Weltbürgerkrieg mit der These, daß das für den Kapitalismus und seine vorgeblich höchste Form, den Imperialismus, charakteristische Privateigentum an den Produktionsmitteln die eigentliche Ursache aller Kriege sei:

»Und diese Ergebnisse zeigen, daß auf einer *solchen* wirtschaftlichen Grundlage, *solange* das Privateigentum an den Produktionsmitteln besteht, imperialistische Kriege absolut unvermeidlich sind.«[4] Zur endgültigen Lösung des Kriegsproblems empfahl Lenin folgerichtig einen langwierigen und globalen Vernichtungskrieg gegen das Bürgertum als Klasse:

> »Erst nachdem wir die Bourgeoisie in der ganzen Welt, und nicht nur in einem Lande niedergeworfen, vollständig besiegt und expropriiert haben, werden Kriege unmöglich werden. Und es ist wissenschaftlich gar nicht richtig – und gar nicht revolutionär –, wenn wir eben das Wichtigste, die Niederwerfung des Widerstandes der Bourgeoisie, das Schwierigste, das am meisten Kampf Erfordernde im *Übergange* zum Sozialismus umgehen oder vertuschen. Die ›sozialen‹ Pfaffen und die Opportunisten sind gerne bereit, von dem zukünftigen friedlichen Sozialismus zu träumen, sie unterscheiden sich aber von den revolutionären Sozialdemokraten eben dadurch, daß sie von erbitterten Klassenkämpfen und Klassen*kriegen*, um diese schöne Zukunft zur Wirklichkeit zu machen, nicht denken und sorgen wollen.«[5]

Der Sieg des Sozialismus in einem Lande konnte deshalb nach Lenins Meinung allenfalls ein intermediärer Zwischenschritt auf dem weiteren Vormarsch zur Weltrevolution, keinesfalls aber der Beginn eines dauerhaften Friedens sein: »Drittens schließt der in einem Lande siegreiche Sozialismus keineswegs mit einem Male alle Kriege überhaupt aus. Im Gegenteil, er setzt solche voraus.«[6] Den Frieden wollte Lenin nämlich durch die apokalyptische Verkettung verschiedener Arten von Kriegen erkämpfen:

> »Aber dieselbe [imperialistische] Epoche muß notwendig die Politik des Kampfes gegen nationale Unterdrückung und des Kampfes des Proletariats gegen die Bourgeoisie erzeugen und daher die Möglichkeit und die Unvermeidlichkeit erstens der

revolutionären nationalen Aufstände und Kriege, zweitens der Kriege und Aufstände des Proletariats *gegen* die Bourgeoisie, drittens der Vereinigung beider Arten von revolutionären Kriegen usw.«[7]

Die Einhegung der kriegerischen Gewalt durch einen Kanon im Kriege gültiger Rechtsnormen verwarf der Pragmatiker Lenin als eine sentimentale Narretei: »Während eines Krieges scheint es lächerlich, von ›Rechten‹ zu sprechen, denn jeder Krieg setzt die direkte und unmittelbare Gewalt an die Stelle des Rechts.«[8] Diese Auffassung paßte gut zu dem totalen sozialen Vernichtungskrieg, den Lenin auch noch gegen den Geringsten unter den Produktionsmittelbesitzern zu führen beabsichtigte:

> »Die Diktatur des Proletariats ist der aufopferungsvollste und schonungsloseste Krieg der neuen Klasse gegen einen *mächtigeren* Feind, gegen die Bourgeoisie, deren Widerstand sich durch ihren Sturz (sei es auch nur in *einem* Lande) verzehnfacht und deren Macht nicht nur in der Stärke des internationalen Kapitals, in der Stärke und Festigkeit der internationalen Verbindungen der Bourgeoisie besteht, sondern auch in der *Macht der Gewohnheit*, in der Stärke der *Kleinproduktion*. Denn Kleinproduktion gibt es auf der Welt leider noch sehr, sehr viel; die Kleinproduktion aber *erzeugt* unausgesetzt, täglich, stündlich, elementar und im Massenumfang Kapitalismus und Bourgeoisie. Aus all diesen Gründen ist die Diktatur des Proletariats notwendig, und der Sieg über die Bourgeoisie ist unmöglich ohne einen langen, hartnäckigen, erbitterten Krieg auf Leben und Tod, einen Krieg, der Ausdauer, Disziplin, Festigkeit, Unbeugsamkeit und einheitlichen Willen erfordert.«[9]

Die zentrale Rolle, die die Verkettung von Krieg und Revolution in Lenins Denken spielte, wird unter anderem daran deutlich, daß er 1916 bereits »einen zweiten imperialistischen Krieg« ins Auge faßte, »wenn die Revolution trotz den mehrfachen Ausbrüchen der Massengärung und Massenempörung und trotz unseren Bemühungen aus *diesem* Kriege noch nicht geboren wird«.[10] In all jenen Sozialisten, die sich nicht an seinem Weltbürgerkrieg beteiligen wollten, sah Lenin nichts als Verräter. Als sich 1917 die pazifistischen Kriegsgegner aus den Reihen der sozialistischen Parteien Europas im schweizerischen Zimmerwald trafen, verhöhnte Lenin ihre Zusammenkunft »als eine Konferenz ›von direkten und indirekten Agenten der verschiedenen imperialistischen Regierungen‹«.[11]

Auch nachdem 1921 alle kommunistischen Aufstände in Deutschland ebenso kläglich gescheitert waren wie der Vorstoß, den die Rote Armee ein Jahr zuvor auf Warschau unternommen hatte, war dies für Lenin kein Anlaß, den Frieden oder auch nur einen Waffenstillstand zu verkünden. Vielmehr verhängte er eine Belagerung über die kapitalistische Welt, deren weiteres Schicksal er in Analogie zur russischen Festung Port Arthur beschrieb. Während des russisch-japanischen Krieges von 1904 hatten die Japaner, mit denen sich Lenin hier identifizierte, Port Arthur zunächst in mehreren Sturmangriffen vergeblich berannt, dann aber durch den Übergang zu einer reglementmäßigen Belagerung den Sieg errungen. Lenin war sich deshalb so sicher, daß dem »Port Arthur des internationalen Kapitalismus« ein ähnliches Schicksal zuteil werden würde, weil er fest darauf vertraute, daß auch innerhalb der kapitalistischen Länder die Armee der Belagerer beständig anwachsen würde.[12]

Revolutionsexport?

Die Ära Breschnew gilt mittlerweile als das goldene Zeitalter des sowjetischen Militärs. Bei den strategischen Nuklearsystemen wurde die Parität mit den Amerikanern errüstet, und in Europa waren die Panzerarmeen des Warschauer Vertrages den Streitkräften der NATO weit überlegen.[13] Gleichzeitig hatte die UdSSR begonnen, ihre für den europäischen Kriegsschauplatz bestimmten Kernwaffen in einer Weise aufzurüsten, die die sowjetische Dominanz des Eskalationsprozesses auch in diesem Bereich zu zementieren drohte.[14] Angesichts dieses Kräfteverhältnisses war es besonders prekär, daß die Sowjetarmee eine Blitzkriegstrategie favorisierte, die die Verteidigung der NATO bei minimaler Vorwarnzeit noch vor deren völliger Entfaltung niederwerfen wollte.[15] Nach dem Zusammenbruch des SED-Regimes haben Funde in den Archiven der DDR nochmals die offensive Ausrichtung der Militärstrategie des Warschauer Vertrages bestätigt.[16]

Die Sowjetkommunisten teilten die westlichen Befürchtungen hinsichtlich ihrer offensiven Strategie und ihrer beispiellosen Aufrüstung natürlich nicht. Statt dessen rechtfertigten sie ihre offensive Militärstrategie mit den Gefahren, die ihnen angeblich von dem wesenhaft aggressiven Imperialismus drohten. So schrieb Marschall Nikolai Ogarkow, der von 1977 bis 1984 den einflußreichen Posten des sowjetischen Generalstabschefs innehatte, daß die sowjetische Militärstrategie durch die friedliebende Politik der KPdSU bestimmt werde, daher trügen die sowjetische Militärdoktrin und -strategie einen »konsequenten Verteidigungscharakter«: »Sie [die sowjetische Militärstrategie] sieht keine Präventivschläge und auch keine Überfälle vor.«[17] Diese Behauptung war aber zumindest teilweise falsch. Als der Warschauer Vertrag 1987 eine neue Militärstrategie diskutierte, machte Marschall Viktor Kulikow, der Oberbefehlshaber der Vereinigten Streitkräfte, folgende Bemerkung:

> »Zugleich unterstrich er [Kulikow], daß sich aus dem Verzicht der Vereinigten Streitkräfte auf zuvorkommende Handlungen für den Aggressor bestimmte militärstrategische Vorteile ergeben, da er den Zeitpunkt der Entfesselung eines Krieges bestimmen sowie seine Kräfte und Mittel voll entfalten kann.«[18]

Karl Harms, der als Stabsoffizier im Oberkommando der Vereinigten Streitkräfte diente, verteidigte die offensive Ausrichtung der sowjetischen Militärstrategie mit Hinweis auf die traumatisierte Bedrohungswahrnehmung, die durch die dramatischen Niederlagen des Jahres 1941 in den Reihen des sowjetischen Offizierskorps erzeugt worden sei. Zur Haltung seiner sowjetischen Offizierskameraden schreibt Harms: »Wir [die Sowjets] werden keinen Krieg beginnen. Wenn wir aber überfallen werden, müssen wir so zurückschlagen können, daß der Aggressor in kürzester Zeit und auf seinem eigenen Territorium zerschlagen wird.«[19]

Auch im Westen wurde in ähnlicher Weise die traumatisierte Bedrohungsperzeption der Sowjets betont. Daneben wurde auf die geopolitische Ausgangssituation hingewiesen, die der UdSSR ihre offensive Militärstrategie angeblich aufnötigte: Im Kalten Krieg sei der Warschauer Vertrag in die Position einer Zentralmacht hineingewachsen, die sich von zahllosen Feinden umkreist sehen müsse. In einem Ermattungskrieg gegen die überlegene Koalition ihrer Feinde könnten die Sowjets nur bestehen, wenn ihnen ein früher Entscheidungsschlag im Stile des Schlieffenplans gelang.[20] Die Einkreisungsängste der Sowjets waren indes nicht zuletzt ein Ausdruck ihrer manichäischen Ideologie. So hatte Stalin seinerzeit deutlich gemacht, daß das Einkreisungsproblem der UdSSR daher rühre, daß »die Sowjetunion vorläufig das einzige Land des Sozialismus« sei, während »die übrigen Länder aber noch kapitalistisch geblieben« waren:

> »Es ist klar, daß, solange die kapitalistische Umkreisung der Sowjetunion besteht, die Gefahr einer kapitalistischen Intervention bestehen bleibt. Kann das Sowjetvolk allein, aus eigener Kraft diese äußere Gefahr … beseitigen? … Das kann es nicht, da es zur Beseitigung der Gefahr einer kapitalistischen Intervention notwendig ist, die kapitalistische Umkreisung zu beseitigen, die kapitalistische Umkreisung zu beseitigen ist aber nur möglich im Ergebnis einer siegreichen proletarischen Revolution mindestens in einigen Ländern.«[21]

Es ist gerade der Charakter der Sowjetarmee als Instrument einer kommunistischen Klassenpolitik,[22] der die stärksten Zweifel an den friedlichen Absichten der sowjetischen Militärpolitik wecken sollte. Tatsächlich weist die Geschichte des sowjetischen Kommunismus eine ganze Reihe von militärischen Aggressionen und Expansionsversuchen auf, beginnend mit der Wiedereroberung Georgiens, dessen Unabhängigkeit zuvor von Lenins Regierung explizit anerkannt worden war.[23]

Nach Lenins Tod verfolgte das vom Bürgerkrieg geschwächte Sowjetrußland aber zunächst eine Politik der kollektiven Sicherheit, die sich in Nichtangriffspakten mit Litauen (1926), Finnland, Estland, Lettland und Polen (1932), Italien (1933), Deutschland (1939) und Japan (1941) niederschlug. 1935 schloß der Kreml außerdem wechselseitige Beistandspakte mit Frankreich und der Tschechoslowakei.[24] Während des Zweiten Weltkriegs wurden Polen, Litauen, Lettland, Estland, Finnland und Japan von der UdSSR angegriffen oder annektiert. Nachdem Frankreich Deutschland wegen dessen Überfall auf Polen den Krieg erklärt hatte, bewog ein sowjetischer Befehl die französischen Kommunisten (KPF) dazu, die Kriegsanstrengungen ihres Landes mit einer Politik des revolutionären Defätismus zu sabotieren.[25] Die Kriegsniederlage Frankreichs im Sommer 1940 wurde von der KPF mit Befriedigung aufgenommen und als Sieg für die »französische Arbeiterklasse und das Weltproletariat« deklariert, da diese »nun einen Gegner weniger haben«.[26]

Diese Tradition mehr oder minder offener Aggressionen macht deutlich, wie wenig glaubwürdig sowjetische Beteuerungen der eigenen Friedfertigkeit waren. Der unprovozierte Aggressionskrieg, den die UdSSR im November 1939 gegen Finnland vom Zaun brach, soll hier etwas eingehender betrachtet werden. An diesem Krieg und seiner Darstellung in der sowjetischen Historiographie läßt sich die Verkettung von kommunistischer Ideologie und sowjetischer Machtpolitik besonders gut demonstrieren. Nachdem Finnland sich von Stalin nicht zu einem Gebietsaustausch hatte nötigen lassen, der mit der »Mannerheim-Linie« die einzige Verteidigungsstellung des Landes durchbrochen hätte, annullierten die Sowjets den Nichtangriffspakt zwischen den beiden Ländern. Ihre anschließende Invasion rechtfertigten sie mit der Behauptung, die Finnen hätten sowjetisches Territorium beschossen. Im ersten Grenzstädtchen, das sie einnahmen, installierten die Sowjets eine Gegenregierung, die eine »Demokratische Republik Finnland« ausrief und die UdSSR um militärischen Beistand ersuchte.[27] Vor dem Völkerbund gab die UdSSR folgende Erklärung ab:

> »Die U.S.S.R. ist mit Finnland nicht im Kriegszustand und bedroht das finnische Volk nicht mit Krieg. ... Die Sowjetunion befindet sich mit der Demokratischen Republik Finnlands, deren Regierung am 2. Dezember mit der U.S.S.R. einen Beistands- und Freundschaftspakt unterzeichnet hat, in friedlichen Beziehungen. Dieser Vertrag regelt alle Fragen, die die Sowjetunion ergebnislos mit den Abgeordneten der alten, zur Zeit ihrer Macht enthobenen Regierung besprochen hatte. Durch ihre Erklärung vom 1. Dezember hat die Regierung der Demokratischen Republik Finnland sich an die Sowjetregierung gewandt und sie gebeten, dieser Republik mit Waffengewalt beizustehen, um gemeinsam und so rasch wie möglich den gefährlichen Kriegsherd zu beseitigen, der in Finnland durch seine alten Machthaber geschaffen worden war.«[28]

Als die Sowjets fast genau vierzig Jahre später in Afghanistan einfielen, behaupteten sie gleichermaßen, daß dies ein rein defensiver Akt des Beistands wäre, den »ein nicht erklärter Aggressionskrieg gegen das Volk Afghanistans« mit dem Ziel »der Umwandlung des Landes in einen militärischen Brückenkopf des Imperialismus« notwendig gemacht habe.[29] In der sowjetischen *Geschichte des Zweiten Weltkrieges*, deren Hauptredakteure die Verteidigungsminister Gretschko (1967–1976) und Ustinow waren, wurde in analoger Weise behauptet, daß 1939 die Nordwestgrenze der UdSSR gesichert werden mußte, »da das Territorium

Finnlands von jeder beliebigen feindlich gesinnten imperialistischen Gruppierung als Aufmarschbasis zur Entfesselung einer Aggression gegen die UdSSR benutzt werden konnte«. Außerdem hätten die Finnen exzessiv aufgerüstet.[30]

In der Kampagne gegen den Nachrüstungsbeschluß der NATO wurden praktisch wieder die gleichen Phrasen verwendet, die zuvor die Angriffe auf Finnland und Afghanistan gerechtfertigt hatten. So erklärte 1981 Breschnew dem Nachrichtenmagazin *Der Spiegel*, die USA planten die »Umwandlung Westeuropas in einen Startplatz für neue amerikanische Raketen«. Breschnew warnte, daß im Falle eines Krieges »starke Gegenschläge gegen vermutete Stationierungsräume dieser Raketen geführt werden müßten«, »um diese mobilen Raketen unschädlich zu machen«.[31] Westeuropa, das Breschnew drohend als »das engste und zerbrechlichste Haus der Menschheit« bezeichnete, legte er nahe, kernwaffenfreie Zonen zu bilden und sich im übrigen auf das sowjetische Versprechen zu verlassen, »unter keinen Umständen Kernwaffen gegen« kernwaffenfreie Staaten einzusetzen.[32] In einem Brief an die kommunistischen »Bruderparteien« im Westen traf die KPdSU 1983 eine Feststellung, die belegt, daß es ihr beim Friedenskampf letztlich darum ging, in Europa die Option zur Führung eines konventionellen Krieges zu gewinnen: »Die amerikanische Administration droht offen mit dem Erstschlag der NATO, selbst für den Fall der Entstehung eines konventionellen Krieges in Europa.«[33]

Die Denuklearisierung der sowjetischen Militärstrategie

Als Marschall Kulikow 1983 den Charakter eines zukünftigen Krieges skizzierte, spielte die Möglichkeit der wechselseitigen Vernichtung durch Atomwaffen keine Rolle: »Der zukünftige Krieg wird ohne Kompromisse bis zur vollständigen Zerschlagung des Gegners zu führen sein. Das zwingt dazu, den Einsatz des Gesamtarsenals der Vernichtungsmittel in Rechnung zu stellen mit nicht kontrollierbarem Ausmaß der strategischen Handlungen.«[34]

In einer Rede vor den Chefs der Generalstäbe der Staaten des Warschauer Vertrages entwarf Marschall Ogarkow 1982 für den Dritten Weltkrieg ebenfalls ein Kriegspanorama, bei dem zwar von Sieg, nicht aber von wechselseitiger Vernichtung die Rede war:

> »Nur wer den Luftraum und den Kosmos beherrscht, kann, ausgehend vom Entwicklungsstand der technischen Kampfmittel, in einem 3. Weltkrieg den Sieg erringen. Dieser Kampf würde eine Auseinandersetzung zwischen den beiden Weltsystemen sein und von Koalitionsgruppierungen geführt werden. Er würde als globaler Krieg alle Erdteile und den Kosmos erfassen. ... Der 3. Weltkrieg würde ein Kampf zwischen den beiden Weltsystemen auf Leben und Tod sein. Es würde zu verheerenden Auswirkungen auf unserem Planeten kommen.«[35]

Ogarkow stellte klar, daß die sowjetische Strategie in einem solchen Krieg von der Entscheidungssuche auf dem europäischen Kriegsschauplatz bestimmt sein würde: »Der wichtigste Kriegsschauplatz in einer zukünftigen Auseinandersetzung ist der westliche Kriegsschauplatz. Dort fällt die Entscheidung über den Ausgang des Krieges.«[36]

Solche Vorstellungen standen in krassem Gegensatz zu dem strategischen Realismus, der unter Chruschtschow geherrscht hatte. Damals war die sowjetische Militärpolitik von der Erkenntnis bestimmt gewesen, daß die Atomwaffen eine Revolution im Militärwesen verursacht hatten und Kriege deshalb kein Mittel mehr zur Fortsetzung der Politik sein konnten. Mit Breschnews Machtantritt hatte jedoch eine »Konterrevolution im Militärwesen« freie Bahn erhalten.[37] In den folgenden Jahren bestritten sowjetische Strategen vehement die These, der Krieg könne unter den Bedingungen des Atomzeitalters nicht länger ein Mittel zur

Fortsetzung der Politik sein.[38] Das Lehrbuch *Militärische Theorie und Militärische Praxis* trat »pessimistischen Ansichten über die Zukunft der Menschheit« mit der Versicherung entgegen, daß »ein Raketenkernwaffenkrieg … mit der Vernichtung des Kapitalismus als Weltsystem enden« würde: »Wir sind überzeugt, daß der Sieg auf unserer Seite sein wird, auf seiten der Länder des sozialistischen Systems, aller progressiven Kräfte, die die aufsteigende Tendenz in der gesellschaftlichen Entwicklung verteidigen.«[39]

Allerdings gründeten sich derlei optimistische Auffassungen zumindest teilweise auf die Hoffnung, in einem zukünftigen Krieg könne der Nuklearwaffeneinsatz durch Abschreckung verhindert werden. In *Militärische Theorie und Militärische Praxis* wurde der Leser jedenfalls ermahnt, stets »das Mögliche vom Wirklichen« zu unterscheiden. Während des Zweiten Weltkrieges hatten beide Seiten über chemische Waffen verfügt. Dennoch wurden diese nicht eingesetzt, da »die imperialistischen Aggressoren« von deren Einsatz abgeschreckt worden seien:

> »Die Raketenkernwaffe schafft eine unermeßlich größere Gefahr für die imperialistischen Aggressoren als die chemischen Waffen während des Zweiten Weltkrieges. Im Falle eines Krieges, in dem Raketenkernwaffen eingesetzt werden, können sie sich nicht an sicheren Stellen verbergen, können sie der unvermeidlichen strengen Strafe und Vergeltung nicht entgehen.«[40]

Andererseits blieben die Sowjets bei der Beschreibung eines dritten Weltkrieges aber auch stets Clausewitz verhaftet, der dargelegt hatte, daß ein Krieg, dessen Ziel die vollständige Niederwerfung des Gegners sei, zwangsläufig mit einem »Äußersten der Anstrengungen« geführt werde.[41] Den sowjetischen Militärs war bewußt, daß die NATO auf militärische Niederlagen mit nuklearer Eskalation reagieren würde. Im *Militärlexikon* der NVA hieß es:

> »Nach Auffassung der sozialistischen Militärdoktrin ist ein begrenzter Kernwaffeneinsatz nur in Ausnahmefällen möglich.

Im Falle einer imperialistischen Aggression gegen die sozialistische Verteidigungsgemeinschaft würden die Aggressoren ihrer bekannten militärstrategischen Konzeption entsprechend den Krieg, der möglicherweise ohne oder mit begrenztem Kernwaffeneinsatz beginnen könnte, bei fortschreitenden Niederlagen der imperalistischen Streitkräfte bis zum unbegrenzten Kernwaffeneinsatz steigern ...«[42]

Bis Mitte der siebziger Jahre sah die sowjetische Militärstrategie aber ohnehin im massierten Einsatz von taktischen Atomwaffen das Hauptmittel zur Führung von Operationen.[43] Dem Lehrbuch *Taktik des allgemeinen Gefechts im Kernwaffenkrieg* zufolge bestand die »Hauptaufgabe der Taktik« darin, »die Methoden des Einsatzes der Kernwaffen im Gefecht, der Bekämpfung der gegnerischen Kernwaffen, der wirkungsvollsten Ausnutzung der eigenen Kernwaffenschläge durch die Truppen sowie des Schutzes der Truppen vor Massenvernichtungsmitteln festzulegen«.[44] Vor allem beim Angriff sollte der Einsatz von Atomwaffen große Lükken in die Verteidigung reißen und damit dem tiefen Vorstoß der Panzerverbände den Weg ebnen:

> »Das Hauptziel des Angriffsgefechts – die vollständige Zerschlagung des sich verteidigenden Gegners – wird unter diesen Bedingungen vor allem durch Kernwaffenschläge, durch das Feuer anderer Vernichtungsmittel sowie durch entschiedenere Handlungen der mot.-Schützen- und Panzertruppen im Zusammenwirken mit den Luftstreitkräften und Luftlandetruppen erreicht. Im Verlaufe des Angriffs werden dem Gegner in kurzer Zeit hohe Verluste zugefügt, seine Kampfmittel, vor allem seine Kernwaffeneinsatzmittel, vernichtet und seine Verteidigungsanlagen sowie andere wichtige Objekte zerstört.«[45]

Allerdings fehlte selbst damals der sowjetischen Kernwaffentaktik insofern nicht ein gewisses Element der Mäßigung, als Kernwaffen »vor allem in den Hauptrichtungen« zur Bekämpfung der wichtigsten Ziele eingesetzt werden sollten, während »die verbleibenden Ziele und Objekte« vornehmlich mit konventionellen Waffen auszuschalten waren.[46]

Daß die Sowjets etwa zur gleichen Zeit in *Militärische Theorie und Militärische Praxis* andeuteten, der Kernwaffeneinsatz könne in einem zukünftigen Krieg abgeschreckt werden, steht nicht notwendigerweise im Widerspruch zu der zentralen Rolle, die sie den Kernwaffen bei der Entscheidungssuche auf dem europäischen Kriegsschauplatz zumaßen. Es deutet eher darauf hin, daß sie damals die Option eines begrenzten europäischen Krieges unter weitgehender Schonung ihres eigenen Territoriums anstrebten. Henry Kissinger berichtete, daß ihm sowjetische Diplomaten 1972 ein Abkommen vorschlugen, welches vorsah, einen zukünftigen Krieg auf das Territorium der jeweiligen Verbündeten zu begrenzen.[47] Die ablehnende Haltung der USA mag dazu beigetragen haben, daß die Sowjets nun eine völlige Denuklearisierung der Kriegführung thematisierten. Die Entwicklung der Neutronenwaffe könnte dieser Entwicklung ebenfalls Vorschub geleistet haben. Mit einem Strom schneller Neutronen machte diese Waffe nämlich die Strahlenschutzeigenschaften von Panzerfahrzeugen zunichte. Die relative Sicherheit, die Panzer bis dahin vor Kernstrahlen boten, war aber die entscheidende Grundlage für eine erfolgreiche Offensive auf dem verstrahlten Schlachtfeld.[48] 1977 leitete Breschnew mit einer Rede in Tula ganz offiziell eine neue Phase der sowjetischen Außenpolitik ein, die mit ganzer Kraft auf ein Verbot des Ersteinsatzes von Kernwaffen hinarbeitete.[49]

Etwa zur Zeit von Breschnews Rede in Tula ließen erste Hinweise in der sowjetischen Militärliteratur erkennen, daß das sowjetische Oberkommando verstärkt die Möglichkeiten einer denuklearisierten Kriegführung in Betracht zog. In seinem Artikel über Militärstrategie, der in der *Sowjetischen Militärenzyklopädie* erschien, hatte Ogarkow angemerkt, ein neuer Weltkrieg könne durchaus mit einer längeren Phase rein konventioneller Kriegführung beginnen. Ogarkow hielt es zudem keineswegs für axiomatisch, daß ein Weltkrieg bis zum Schlagabtausch mit strategischen

Interkontinentalraketen eskalieren müsse. Dies blieb zunächst lediglich eine Möglichkeit:

> »Die sowjetische Militärstrategie hält es für möglich, daß ein Weltkrieg mit dem ausschließlichen Einsatz konventioneller Waffen beginnen und eine gewisse Zeit so geführt werden kann. Eine Eskalation der Kriegshandlungen kann jedoch zu einem Hinüberwachsen in einen allgemeinen Kernwaffenkrieg führen, deren Hauptmittel Kernwaffen, vor allem strategische, sein werden.«[50]

1983 interpretierte Marschall Kulikow die Strategie der USA in einer Weise, die ebenfalls den konventionellen Anfang des Krieges akzentuierte: »Heute muß auch von der Möglichkeit ausgegangen werden, daß in einem langen Zeitraum nur herkömmliche Waffen eingesetzt werden mit nachfolgendem Hinüberwachsen in den Kernwaffenkrieg zur Lösung der Endziele des Krieges.«[51]

Eine sorgfältige Auswertung der Stabsübungen, die der Warschauer Vertrag in den späten siebziger und frühen achtziger Jahren abhielt, läßt erkennen, daß das sowjetische Oberkommando zu der Einsicht gekommen war, seine militärstrategischen Zielsetzungen seien unter den gegebenen Bedingungen zwar in einem konventionellen, nicht aber in einem nuklearen Feldzug erreichbar. So sollte beispielsweise die Übung »Sojus-83« die Anfangsphase eines langandauernden globalen Krieges durchspielen. In der ursprünglichen Aufgabenstellung wurde deshalb ausdrücklich festgehalten, daß mit der Niederwerfung Frankreichs und der Besetzung seines Territoriums lediglich »die Endziele der 1. strategischen Operation« erreicht sein würden.[52]

»Sojus-83« wurde aber nie bis zu diesem Ergebnis durchgespielt. Die Übung endete vielmehr just in dem Moment, als die operativen Erfolge der Östlichen ihrer Vollendung entgegenstrebten und diese sich anschickten, den Rhein in einer schnellen Angriffsoperation zu forcieren. Nach Zerschlagung ihrer letzten Verteidigungslinien nahm die NATO indes erwartungsgemäß

Zuflucht zu ihren Atomwaffen. Die Manöverleitung verzichtete darauf, den nuklearen Schlagabtausch durchzuspielen.[53] Angesichts der schweren Verluste, die die NVA bis dahin in neun Tagen rein konventionellen Krieges erlitten hatte, ist es unwahrscheinlich, daß sie nach einem nuklearen Schlagabtausch noch zu sinnvollen Operationen in der Lage gewesen wäre. Laut Szenario beliefen sich ihre Verluste auf 25 Prozent des NVA-Personals (91 000 Mann), 25 Prozent der taktischen und operativen Raketen, 27 Prozent der Panzer, 26 Prozent der Artillerie, 35 Prozent der Flugzeuge, 32 Prozent der Luftverteidigungsraketen und 25 Prozent der Seefahrzeuge. Außerdem stellten die Autoren von »Sojus-83« den Tod von 300 000 ostdeutschen Zivilisten sowie die Verwundung von weiteren 700 000 DDR-Bürgern in Rechnung.[54]

Jene Manöver, die Nuklearschläge durchspielten, zeigten ein wachsendes Verständnis für die kaum beherrschbaren Schwierigkeiten, die einer erfolgreichen Operationsführung auf dem atomaren Gefechtsfeld entgegenwirkten. Es blieb zwar wichtigstes Operationsziel, nach einem nuklearen Schlagabtausch die Kampffähigkeit der Verbände wiederherzustellen,[55] dennoch bestand kein Zweifel über das enorme Ausmaß der zu erwartenden Verluste. Kontaminierte Geländeabschnitte schafften für die Überlebenden eine neue, kaum richtig einschätzbare Gefahrenquelle. Bei der Übung »Jug-78« wurde die 13. Armee beispielsweise von 52 Nuklearwaffenschlägen mit einem Wurfgewicht von insgesamt 1156 Kilotonnen getroffen. Dabei erlitt die 17. Panzerdivision einen teilweisen Verlust ihrer Kampffähigkeit, die 16. Mot.-Schützendivision und die 26. Garde-Panzerdivision verloren zwischen 20 und 25 Prozent ihrer Stärke. In der 2. Staffel büßte die 15. Mot.-Schützendivision ihre Kampffähigkeit vollständig ein, und die 14. erlitt immer noch Verluste in Höhe von 10 bis 15 Prozent ihres Bestandes. Weitere Einheiten der Armee waren kaum mehr in der Lage, die Offensive fortzusetzen. Bei der nachfolgenden Wiederaufnahme des Angriffs wurde die 17. Panzerdivision in stark kontaminiertes Gelände verlegt, und die 26. Garde-Panzerdivision hätte große Teile ihres Personals verloren, weil sie durch eine Zone angriff, die zuvor von einer Atommine »aktiviert« worden war.[56]

Bei der Übung »Sewer-79« verlor das XV. Korps infolge des ersten Atomwaffenschlags Einheiten in Divisionsstärke. Durch den Kernwaffeneinsatz verkleinerte sich außerdem der Raum für Manöver: 530 km² konnten nur noch in Schutzausrüstung durchquert werden, 100 km² waren vollständig unpassierbar. Die Übung zeigte überdies, wie wenig die NVA dazu in der Lage war, die Probleme der chemischen Kampfführung zu bewältigen. Generaloberst Stechbarth, der Chef der Landstreitkräfte der NVA, bemängelte, daß selbst die Offiziere des Chemischen Dienstes nur lückenhafte Kenntnisse über die Langzeitfolgen chemischer Waffen besäßen.[57]

In seiner Abschlußbetrachtung zu dem Manöver »Wesna-80« stellte der polnische Verteidigungsminister General Jaruzelski lakonisch fest: »Die beiderseitige Führung massierter Kernwaffenschläge hat das Aussehen des Kriegsschauplatzes radikal verändert.« Die »Zentralfront« hatte 15 Gefechtsstände verloren. Das »System der Führung« war durch die sogenannte Kernwaffenfolgelähmung ausgeschaltet. Die Operationsführung kam zum Erliegen. Offiziere mußten mit Hubschraubern losgeschickt werden, um Kampfgruppen aus den Überresten von Divisionen zu formieren.[58] Die Rückwärtigen Dienste hatten zwischen 30 und 50 Prozent ihres Bestandes eingebüßt. Der Nachschub brach in einigen Richtungen vollständig zusammen.[59] Die Wiederaufnahme der Offensive war nur durch die Einführung einer neuen »Front« möglich – eine Operation, die hier zum ersten Mal geübt wurde und die vom Eintritt der »Steppenfront« in die »Kursker Schlacht« inspiriert war. Jaruzelski bemerkte, solche Entsatzoperationen würden auf dem nuklearen Schlachtfeld häufig erforderlich sein, da die hohen Verluste der ersten strategischen Staffel nicht anders auszugleichen seien.[60]

Obwohl »Jug-81« sich explizit mit der Führung eines Angriffs nach einem frühzeitigen Atomwaffenschlag beschäftigte, bestärkt Generaloberst Stechbarths Manöverkritik eher den Eindruck, daß der Einsatz von Atomwaffen jeden Krieg in eine kaum noch kontrollierbare Katastrophe verwandeln würde. Der erste nukleare Schlagabtausch verminderte die Stärke der 9. Armee um 35 bis 40 Prozent. Die am nächsten Tag aufgenommene Offensive war schlecht geplant. Besonders das fast vollständige Außerachtlassen der Kernwaffenfolgeschäden hätte auch ohne Feindeinwirkung zu hohen Verlusten geführt.[61]

Die Anfangsphase des Krieges

Am 22. Juni 1941 startete mit dem deutschen Angriff auf die UdSSR einer der brutalsten Kriege der Menschheitsgeschichte. Der rasche Vorstoß der Deutschen unterwarf weite Teile des Landes einer rassistischen Ideologie, die in der Ausrottung der Juden und der Massentötung von Slawen ihre historische Aufgabe sah. Der traumatisierende Einfluß dieser Niederlage auf das sowjetische Militär kann kaum überschätzt werden. Dennoch stellt sich die Frage, warum eine Armee eine solche Niederlage erleiden konnte, die über mehr als 24000 Panzer – darunter etwa 1800 hochmoderne T-34 und KWs – und über mehr als 23000 seit 1938 gebaute Flugzeuge verfügte?[62] In den späten achtziger Jahren führte Gorbatschows Perestroika auch zu offenen Diskussionen über Militärgeschichte. Dabei wurde rasch klar, daß die Roten Armee 1941 auch deshalb so katastrophal geschlagen worden war, weil ihre offensive Vorkriegsdoktrin die strategische Defensive sträflich vernachlässigt hatte.[63]

Trotzdem hielten die Sowjets nach dem Zweiten Weltkrieg im wesentlichen an ihrer offensiven Vorkriegsdoktrin fest und beschrieben die Verteidigung auch weiterhin geringschätzig »als zeitweilige und aufgezwungene Kampfart«[64]. Dies war um so erstaunlicher, als der Warschauer Vertrag offiziell behauptete, niemals als erster Feindseligkeiten beginnen zu wollen. In den Manöverszenarien berücksichtigte der Warschauer Vertrag gewöhnlich diese politische Vorgabe seiner strategischen Doktrin.

Stets wurde angenommen, die NATO würde den Krieg mit einem Überraschungsangriff beginnen. Die Art aber, in welcher die Streitkräfte des Warschauer Vertrages einem solchen Angriff begegnen sollten, zeigt eine überraschende Ähnlichkeit zu jenen strategischen Annahmen und operativen Direktiven, die nach dem Beginn von Hitlers Überfall die katastrophale Lage der Roten Armee noch weiter verschlimmert hatten. Im Falle einer feindlichen Aggression hatte die sowjetische Vorkriegsdoktrin erwartet, daß die Antwortschläge der Deckungstruppen den Feind rasch vom sowjetischen Territorium vertreiben und den Krieg auf dessen eigenes Territorium tragen würden.[65] Am 22. Juni 1941 bestand folglich die erste Reaktion des sowjetischen Oberkommandos auf den deutschen Angriff in dem Befehl, den Feind mit einem Gegenangriff wieder auf sein Territorium zurückzuwerfen.[66] Wenig später ließ das sowjetische Oberkommando eine Order folgen, in der die großangelegte Offensive von drei Fronten verlangt wurde. Dabei lautete die Zielvorgabe, den Feind bis zum 24. Juni einzukesseln und dabei mit den eigenen Truppen auf dessen Territorium vorzustoßen.[67]

Auch die Rahmenhandlung des operativ-strategischen Manövers »Waffenbrüderschaft-80« ging davon aus, daß die NATO den »Östlichen« bei der Entfaltung der Truppen zuvorgekommen sei und mit zeitweiliger Kräfteüberlegenheit angriff. Am zweiten Tag des Manöverkrieges lief sich die Offensive der Westlichen aber fest, und am Abend desselben Tages konnte der Warschauer Vertrag bereits zur Offensive übergehen.[68] Offenbar sorgten sich die Östlichen nicht allzusehr um den Angriff ihres Gegners; jedenfalls legten die Befehlshaber der Vereinigten Streitkräfte bereits in ihren Anweisungen für die anfängliche Verteidigung größten Wert auf die Vorbereitung der nachfolgenden Offensive. Für eine strategische Verteidigung trafen sie hingegen keine Vorkehrungen:

> »Diese Möglichkeit [eines NATO-Angriffs, bevor die Östlichen voll entfaltet sind] kann zu der Entscheidung zwingen, zunächst die Aggression [des Gegners] abzuwehren, seine Haupt-

gruppierungen zu schwächen und durch aktive Verteidigungs- und entschlossene Angriffsgefechte günstige Bedingungen für den Übergang zum allgemeinen Angriff zu schaffen. Deshalb muß die Abwehr der Aggression des Gegners und die Durchführung der Angriffsoperation als eine Einheit betrachtet werden.«[69]

In seinem Bericht zum Manöver »Sewer-79« erläuterte Generaloberst Stechbarth die doppelte Rolle des Ausgangsraums: »Aus dem Ausgangsraum muß sowohl der organisierte Übergang zum Angriff als auch die Abwehr eines überraschend angreifenden Gegners möglich sein. Darüber hinaus soll er die Verwundbarkeit der Truppen bei einem eventuellen Kernwaffeneinsatz vermindern.«[70] Obwohl das XV. Armeekorps bei »Sewer-79« explizit mit der Verteidigung seines Ausgangsraums betraut war, unterstrich Stechbarth, daß selbst beim Angriff eines überlegenen Gegners nicht die spätere Offensive aus den Augen verloren werden durfte:

> »Das XV. AK erhielt die Aufgabe, einen Ausgangsraum zu beziehen und auszubauen. Aber zugleich damit die eindeutige Weisung, den Angriff überlegener Kräfte des Gegners abzuwehren. Es bestand also keine Ungewißheit darüber, daß von den zwei Funktionen des Ausgangsraumes in der konkreten Lage die Aufgabe, sich zu verteidigen, den Vorrang hatte. Davon abgesehen mußte eine solche Gruppierung im Ausgangsraum geschaffen werden, die in erster Linie diese Verteidigungshandlungen gewährleistete, aber zugleich auch sicherte, daß zum Angriff übergegangen werden konnte.«[71]

Während sich der Angriff der NATO wieder rasch festlief, benötigten die Östlichen nur drei oder vier Tage, um die Lage zu stabilisieren und ihre strategische Offensive einzuleiten.[72]

Die Übung »Jug-81« behandelte zum ersten Mal eine Problemstellung, die für den Warschauer Vertrag eigentlich als schlimmste Möglichkeit zu gelten hatte: den massierten Atomwaffenschlag gegen Truppen, die im Ausgangsraum zum Angriff bereitstanden.[73] Nach Ansicht der Manöverleitung wiesen die Befehle und Handlungen der Truppenführer bei der Lösung dieser Aufgabe erhebliche Mängel auf – was allerdings eine Folge der bisherigen Schwerpunktsetzung bei der Ausbildung war:

> »In der Erarbeitung und Formulierung klassischer Entschlüsse für Angriffsoperationen und -gefechte sind der Befehlshaber und die Kommandeure in der Regel geschult. Anders sieht das aus, wenn dem Angriff erst die Abwehr von möglichen Schlägen des Gegners vorausgeht. Hier muß ein weiteres Element in die Entschlußfassung einbezogen werden. Man kann sagen, daß zwei Entschlüsse gefaßt werden müssen.«[74]

»Jug-81« ist die einzige Übung, bei der die Einsicht zum Vorschein kommt, daß Verteidigung und Angriff zwei verschiedene Kampfarten mit recht unterschiedlichen taktischen Anforderungen sind. Die Verteidigung verlangt eine stärkere Tiefenstaffelung und Dezentralisierung der Truppen, um diese vor massiertem Feuer zu schützen. Der Angriff erfordert hingegen große Truppendichten, um den Gegner mit einer Kombination aus massiertem Feuer und überlegener Anzahl niederzuwerfen. Bei »Jug-81« mußte die schwierige Aufgabe gelöst werden, den Anforderungen beider Kampfarten fast zeitgleich gerecht zu werden: »Bei Gefahr des unmittelbar bevorstehenden Kernwaffeneinsatzes durch den Gegner müssen die Verbände in der Regel dezentralisiert und auf breiter Front untergebracht und die kompakten Stoßgruppierungen erst im letzten Moment, manchmal erst im Prozeß des Vorrückens zur Staatsgrenze geschaffen werden.«[75]

Aber selbst bei diesem Manöver gelang es der angreifenden NATO nicht, die Wirkung ihrer massierten Luftangriffe und Atomwaffenschläge auszunutzen, da sich ihre Truppen nicht rechtzeitig von den sofortigen Antwortschlägen der Gegenseite erholten. Die 9. Armee der Östlichen war dagegen nach nur zwei Tagen Schadensausbesserung in der Lage, ihre Angriffsoperation wiederaufzunehmen. Am Morgen des dritten Tages begann ihre Offensive, und am vierten Tag drang sie bereits mit großer Schnelligkeit in die Tiefe des gegnerischen Raums vor.[76] Dieser Übungsverlauf beleuchtet, daß der gesamte Handlungsablauf des Manövers in seinem Kern unglaubwürdig war. Hätte die NATO tatsächlich vorgehabt, einen Angriffskrieg mit taktischen Kernwaffenschlägen zu beginnen, so hätte sie ihre Truppen wohl zuvor auf die sicheren Gegenschläge des Warschauer Vertrages vorbereitet. Die NATO-Verbände hätten sich deshalb wahrscheinlich schneller von dem nuklearen Schlagabtausch erholt als die Einheiten der 9. Armee, die sich in ihren vollgepackten Konzentrierungsräumen kaum rühren konnten.[77]

Anläßlich der operativ-taktischen Übung »Hauptstoß-82« ging Stechbarth einmal mehr auf die Rolle des Ausgangsraums in der Anfangsphase des Krieges ein. Er unterstrich, »daß der Gegner in der gegebenen Operationsrichtung in der Lage ist, rechtzeitig starke Angriffsgruppierungen zu schaffen und vor unseren Truppen zum Angriff überzugehen«.[78] Hierzu bemerkte er weiter:

> »Die Abwehr von Angriffen starker, mitunter sogar zeitweilig überlegener Gruppierungen des Gegners aus dem Ausgangsraum für den Angriff ist, neben
> - der Zerschlagung einer sich bereitstellenden oder bereitgestellten Gruppierung des Gegners durch die Führung eines zuvorkommenden Schlages oder
> - der Zerschlagung der gegnerischen Truppen in einer Begegnungsschlacht in der Grenzzone
>
> eine der möglichen Methoden der Abwehr der bewaffneten Aggression des Gegners zu Beginn des Krieges.«[79]

Stechbarth schien bei dieser Aufzählung die reine Verteidigung des Ausgangsraums am wenigsten zu behagen. Zwar könne sie bei »geschickter Anwendung« durchaus effektiv sein, insgesamt sei sie aber eine »mehr passive Methode«. Dem Kommandeur der 13.

Armee warf er vor, seinen Handlungsentschluß »zu sehr auf die Abwehr eines Überfalls des Gegners ausgerichtet« zu haben, während »der unmittelbare Übergang zur Angriffsoperation ... nur als eine mögliche dritte Variante vorgesehen« wurde.[80]

Die Dokumente der Übung »Sojus-83« lassen indes erkennen, wie der Warschauer Vertrag einen Verteidigungskrieg hätte vortäuschen können, um seine präemptiv-offensive Strategie zu einem beliebigen Zeitpunkt zu exekutieren. Wie üblich ging das politische Szenario dieses »operativ-strategischen« Manövers davon aus, daß die NATO einen überraschenden Vernichtungsschlag gegen die östlichen Streitkräfte in der DDR, in Polen und der ČSSR führen wollte, um so geeignete Ausgangsräume für einen anschließenden Angriff auf die UdSSR zu gewinnen.[81] Die strategische Konzeption der östlichen Seite verlangte dagegen

- »die Abwehr der Aggression der NATO mit der Durchführung der strategischen Angriffsoperation«;
- »die Zerschlagung der Hauptgruppierungen der NATO-Streitkräfte durch die Führung aufspaltender Schläge, die Einnahme der Territorien Dänemarks, der BRD, der Niederlande, Belgiens und Frankreichs bis zum 35. bis 40. Kriegstag und ihre Herausführung aus dem Krieg«.[82]

Zu den Fragen, mit denen »Sojus-83« befaßt war, zählte darüber hinaus auch die Aufgabe, die »Aggression des Gegners mit der Heranführung gefechtsbereiter Verbände und Truppenteile unmittelbar aus den Objekten heraus« abzuwehren.[83] Diese riskante Vorgehensweise wurde aber nicht etwa von dem gelungenen Überraschungsangriff der NATO diktiert. Während der Manöverkrieg nämlich erst am 10. Juni ausbrach, hatte der Warschauer Vertrag bereits am 30. Mai »in einer Reihe von Verbänden der 1. operativen Staffel mit der gedeckten Mobilmachung begonnen«.[84] Am 3. Juni wurde der Alarm »Gefechtsbereitschaft bei Kriegsgefahr« ausgegeben, zu dem es präzisierend hieß: »Alle dazu gehörenden Maßnahmen werden *in den Standorten* durchgeführt.«[85] Erst am 9. Juni um 16:00 Uhr begannen die östlichen Streitkräfte ihre Kasernen zu verlassen. Keine dreizehn Stunden später standen sie bereits im Gefecht: Die »Stoßgruppierungen« der 1., 6. und 2. Front waren sogleich zum Angriff übergegangen und hatten schon am Abend des ersten Kriegstages den Sieg in der Grenzschlacht errungen.[86]

1979 hatte die NVA in der Tat eine neue Dienstvorschrift zur »Gefechtsbereitschaft« erhalten, die »die Überführung der bewaffneten Organe der DDR vom Friedens- in den Kriegszustand« regelte. Das neue Mobilmachungssystem sollte »der Erweiterung der Möglichkeiten« dienen, »operativ und gedeckt auf alle Kriegsvorbereitungen der NATO antworten zu können«.[87] Bei der Auswertung von »Sojus-83« wurde die besondere Bedeutung der »gedeckten Mobilmachung« nochmals hervorgehoben: »Im Verlaufe der Übung erwies sich die gedeckte Überführung der Streitkräfte in höhere Stufen der Gefechtsbereitschaft in Kasernen und anderen militärischen Objekten sowie deren Entfaltung zur Erfüllung von Gefechtsaufgaben aus den Objekten heraus als eine der wichtigsten Aufgaben bei der Herstellung der Gefechtsbereitschaft.«[88]

In einer Spannungsperiode hätte die »gedeckte Überführung in die volle Gefechtsbereitschaft«[89] den Warschauer Vertrag jedoch um die abschreckende Wirkung einer besser sichtbaren Form der Mobilmachung gebracht. Außerdem barg eine gedeckte Mobilmachung, bei der die Truppen erst im allerletzten Augenblick die Kasernen verließen, ein beträchtliches Risiko in sich. Dies mußte um so mehr dann der Fall sein, wenn sich der Gegner auf einen Aggressionskrieg vorbereitete. In seinem Abschlußbericht zu »Sojus-83« skizzierte Kulikow die immensen Schwierigkeiten, die bei einer solchen Entfaltungsoperation zwangsläufig auftraten. Der koordinierte Übergang der Verbände zum Angriff erforderte nämlich »eine exakte Abstimmung der Zeiten und Marschstraßen«. Die Raketentruppen und die Artillerie mußten beispielsweise noch vor der Masse der Schützen- und Panzerverbände in ihren Feuerstellungen eintreffen.[90]

Es ist leicht vorstellbar, zu welchem Chaos eine solche Entfaltungsoperation kollabieren mußte, falls sich der aggressionsbereite Gegner dazu entschließen sollte, der präemptiven Offensive der Östlichen seinerseits zuvorzukommen. Die Strategen des Warschauer Vertrages waren sich angesichts solcher Risiken offenbar sehr sicher, daß der Gegner nicht präemptiv angreifen würde. Das hohe Risiko einer solchen Operation wird noch deutlicher, wenn man sich den Zeitplan des Manövers in Erinnerung ruft. Die Östlichen fingen erst am 9. Juni um 16:00 Uhr an, ihre Kasernen zu verlassen. Nur 12 Stunden später, am 10. Juni um 4:40 Uhr, begann die NATO aber bereits »mit der Aggression auf das Territorium der DDR, ČSSR und Ungarns«.[91]

Die »Information Nr. 32 der Informations- und Richtungsgruppe« belegt indessen, daß »Sojus-83« inhaltlich kaum etwas mit der Abwehr einer westlichen Aggression zu tun hatte. Sorgfältig vermerkt dieses Dokument den Zeitplan des angenommenen Luftangriffs der NATO und hält fest, wann deren Flugzeuge in den Luftraum der DDR und ČSSR vordrangen. Eine andere Zeitangabe ist jedoch erheblich aufschlußreicher: »Der 3. Flotte [des WV] wurde um 02:04 Uhr am 10.06.83 durch den Befehlshaber der Vereinten Ostseeflotte der Befehl erteilt, begleitete U-Boote zu vernichten.«[92] Wer griff hier also wen an? Der Warschauer Vertrag eröffnete eindeutig die Feindseligkeiten, indem er um 02:04 Uhr mit der Versenkung von westlichen U-Booten begann. Der Kriegsbeginn wäre von der Masse seiner Streitkräfte aber wahrscheinlich trotzdem als NATO-Aggression erlebt worden:

»4. Angaben über den Beginn der Aggression gegen die ČSSR (10. 06.):

- seit 04:30 massierter Anflug Fliegerkräfte [der NATO];
- 04:40 – Beginn der Artillerievorbereitung;
- 04:40 – intensive funkelektronische Störung;
- ab 5:00 – erste Angriffe der taktischen Fliegerkräfte;
- erste Überflüge Staatsgrenze ČSSR um 05:05;
- erster massierter Luftangriff von 05:20 bis 7:30 ...«[93]

Später hätten vielleicht sogar noch überlebende Piloten und Artilleristen der NATO die Behauptung des Warschauer Vertrages bestätigt, daß die Westlichen mit ihren Angriffen die »Gegenschläge« der Östlichen ausgelöst und so den Krieg vom Zaun gebrochen hätten.

Die sowjetischen Strategen legten deshalb soviel Wert auf die gedeckte Mobilisierung in den Kasernen,[94] weil sie ihren Angriff völlig überraschend und zugleich mit maximaler Stärke führen wollten. Ein solcher Angriff, vor allem wenn er unprovoziert und ohne Vorwarnung erfolgt wäre, wäre für das westliche Bündnis zweifellos der schlimmste aller möglichen Ernstfälle gewesen.[95] Bei »Sojus-83« wurde in der Einweisung für die Schiedsrichter betont, daß die Operationen beider Seiten praktisch zeitgleich, »mit ganz geringfügigem Vorteil für den Gegner« einsetzen würden.[96] Der in der Ostsee angegriffenen NATO sollte an Land also nur soviel zeitlicher Vorsprung gelassen werden, wie nötig war, um ihr die Kriegsschuld unterschieben zu können.

Kriegspropaganda und Kriegsziele

1979 erhielt die NVA die überarbeitete Ordnung Nr. 30/9/115 zur Durchführung von »Spezialpropaganda«[97], im Sprachgebrauch der DDR-Armee der Euphemismus für Kriegspropaganda.[98] Diese Dienstvorschrift enthielt Entwürfe für Flugblätter, Funk- und Radiodurchsagen, politische Fragebögen, »politisch-demographische Auskunftskarten« sowie allgemeine Durchführungsrichtlinien. Die Vorlagen und Entwürfe bestätigen nicht nur den offensiven Charakter der sowjetischen Militärdoktrin, sondern erlauben auch interessante Rückschlüsse auf das Schicksal eines besiegten Westeuropa, dem die »sozialistische Umgestaltung«[99] all seiner politischen, sozialen und wirtschaftlichen Strukturen aufgezwungen worden wäre.

Wie nicht anders zu erwarten, wurde auch in der Ordnung zur

»Spezialpropaganda« der Kriegseinsatz des Warschauer Vertrages mit der Abwehr einer NATO-Aggression gerechtfertigt.[100] In dieser Hinsicht entsprach die »Spezialpropaganda« den entsprechenden Aussagen der sowjetischen Militärdoktrin. Doch wie bei den Manövern des Warschauer Vertrages fehlte auch in der Ordnung für Spezialpropaganda jegliche Vorkehrung für den Fall, daß die Armeen des Aggressors auf dem Territorium des sozialistischen Lagers operierten. Statt dessen erzählen die Entwürfe für Flugblätter die Geschichte einer schwer bedrängten NATO, deren Truppen ausschließlich defensiv kämpfen, dabei rasch überrannt und schließlich eingekesselt werden. Das erste Flugblatt wendet sich an eine Einheit der Bundeswehr, die nach zwei Tagen Krieg zwar noch in der Lage ist, ihre Stellungen zu halten, aber bereits schwere Verluste erlitten hat. Das zweite Flugblatt gilt Bundeswehrsoldaten, die von einem Kernwaffenschlag getroffen wurden. Das dritte Flugblatt ist an westdeutsche Soldaten und Bürger in einer eingekesselten Stadt gerichtet.[101] Gleiches gilt für die Lautsprecherdurchsagen: »Jäger vom Sechshundertelften! Jäger vom Sechshundertelften! Die Front rollt nach Westen – immer weiter weg von Euch.«[102]

Interessanterweise waren in der westdeutschen Dienstvorschrift zur »psychologischen Kampfführung« fast durchweg die gleichen Erwartungen für den Kriegsverlauf formuliert wie in der ostdeutschen »Spezialpropaganda«. Vor Ausbruch der Feindseligkeiten sollten die Soldaten des Warschauer Vertrages gewarnt werden, daß jeder Versuch, westdeutsches Territorium zu besetzen, auf heftigen Widerstand stoßen würde. Dabei sollte betont werden, daß ein Krieg nicht unausweichlich sei und alle Probleme in den wechselseitigen Beziehungen einvernehmlich gelöst werden könnten. Nach dem Ausbruch eines Krieges sollte sowohl auf die Fähigkeit der NATO hingewiesen werden, die Offensive der Östlichen zum Stehen zu bringen, als auch auf ihre Entschlossenheit, verlorenes Terrain zurückzuerobern. Außerdem sollte unterstrichen werden, daß die Bereitschaft der NATO, den Krieg fortzusetzen, allein von ihrer Entschlossenheit herrühre, die besetzten Gebiete ihrer Mitgliedsstaaten zu befreien. Während die politische Verantwortung der östlichen Führung für den Kriegsausbruch hervorgehoben werden sollte, war jede Drohung mit einer nachfolgenden Bestrafung strikt verboten.[103]

Es besteht also kaum ein Zweifel daran, daß die Politische Hauptverwaltung der NVA vom defensiven Charakter der westlichen »Kriegsvorbereitungen« ein einigermaßen zutreffendes Bild besaß. Um zu verstehen, für welche Art von Krieg die »Spezialpropaganda« die Begleitmusik liefern sollte, ist es nötig, auf die Klassenkampfmission der sozialistischen Streitkräfte zu verweisen. 1968 hatte das *Neue Deutschland* noch offen verkündet, ein zukünftiger Krieg werde für die Westdeutschen alle Züge eines nationalen Befreiungskrieges tragen und der NVA erlauben, ihre nationale Rolle als Befreiungsarmee zu spielen.[104] Die allgemeinen Richtlinien zur »Spezialpropaganda« belegen, daß der Warschauer Vertrag seiner millenarischen »Befreiungsmission« auch später keineswegs untreu geworden war und sich weiterhin anmaßte, im Interesse aller Völker zu agieren:

»(1) In der Argumentation sind vorrangig zu beweisen:

- Das beharrliche Ringen der Sowjetunion und der anderen sozialistischen Staaten um die Verhinderung des Krieges;
- der Widerspruch zwischen der Friedens- und Verteidigungsdemagogie der politischen und militärischen Führung der NATO-Staaten und der langfristigen, systematischen Aggressionsvorbereitung;
- der verbrecherische Charakter der NATO-Aggression, die revanchistischen Kriegsziele und die völkerrechtswidrige Kriegführung der NATO-Streitkräfte;
- die objektive Übereinstimmung der Kriegsziele der sozialistischen Staatengemeinschaft mit den Lebensinteressen der Völker der imperialistischen Staaten;
- die historische Verpflichtung der sozialistischen Streitkräfte, im Interessse der Völker den gerechten Verteidigungskrieg

bis zum endgültigen Sieg über die Kriegsschuldigen zu führen und die Wurzel imperialistischer Kriege für alle Zeiten auszurotten;

- die Verlogenheit der imperialistischen Behauptungen, die Niederlage des Imperialismus bedeute den Untergang der Völker;
- der Grundsatz der Politik der kommunistischen und Arbeiterparteien der Staaten des Warschauer Vertrages, die Schuld der imperialistischen Kriegstreiber nicht als die Schuld der Volks- und Soldatenmassen zu betrachten;
- die internationalistische Grundhaltung der sozialistischen Staaten und ihrer Streitkräfte am Beispiel der allseitigen Unterstützung der antiimperialistischen Kräfte im Machtbereich der NATO.«[105]

Unter den Flugblattentwürfen befand sich sogar der Aufruf eines übergelaufenen Bundestagsabgeordneten:

»Seite 1
Liebe Landsleute!
Ich wende mich an Sie in der Stunde gemeinsamer Not. Die letzten Tage haben uns tragische Ereignisse gebracht. Der Krieg ist auf unser Land zurückgefallen. In jeder Minute fordert er neue schreckliche Opfer. Als Abgeordneter des Parlaments fühle ich mich in dieser Situation meinen Wählern besonders verpflichtet.
Sie fragen sich: Wie konnte das Furchtbare geschehen?
Die Schuld trägt vor allem die Bundesregierung. Schuld sind all jene Politiker und Militärs unseres Landes, die mit diesem Krieg ihre Macht auszudehnen gedachten. Schuld sind die Aktionäre und Lobbyisten der Rüstung, die mit diesem Krieg skrupellos ihre Pfründenherrschaft vergrößern wollten.
Sie alle sind schuld an diesem schrecklichen Krieg.
Ich habe gegen diese wahnwitzige Politik in unserem Parlament Front gemacht.

Dafür wurde ich verfolgt und meiner Immunität als Abgeordneter beraubt.

Seite 2
Liebe Landsleute!
Ich befinde mich in diesen Stunden in Waldhausen, das am 13. Juli von den Truppen des Warschauer Paktes eingenommen wurde. Von der ersten Minute an haben die sozialistischen Militärbehörden gemeinsam mit verantwortungsbewußten Bürgern von Waldhausen alles Menschenmögliche getan, um das Chaos zu beseitigen und die unvorstellbare Not zu lindern.
Lassen Sie Vernunft walten, fassen Sie Mut. Tun auch Sie das Ihre, damit dieser grauenvolle Krieg bald beendet wird.
Kündigen Sie der schuldbeladenen Bundesregierung die weitere Gefolgschaft!
Legen Sie die Arbeit nieder!
Verweigern Sie den skrupellosen Generalen den Gehorsam!
Handeln Sie nach Ihrem Gewissen!
Das Gebot dieser Stunde heißt Frieden!
Frieden, damit in unserem leidgeprüften Land eine neue, eine gerechte Ordnung errichtet werden kann. Eine Ordnung, die frei ist von Krieg, sozialer Ungerechtigkeit und menschlichem Elend!
Ihr Dr. R. Bühnemann
Abgeordneter des Parlaments«[106]

Bei der Formulierung der »Spezialpropaganda« spielte die behauptete Kriegsschuld der NATO eine herausragende Rolle. Dabei ging es natürlich in erster Linie darum, die Legitimität der NATO-Regierungen zu untergraben. Andererseits sollte die Kriegsschuldfrage aber wohl auch als Rechtfertigung für die revolutionäre Gewalt dienen, die den Vormarsch des Warschauer Vertrages begleitet hätte. Obwohl die allgemeinen Richtlinien zur Spezialpropaganda betonen, daß die kommunistischen Parteien die »Schuld der imperialistischen Kriegstreiber nicht als Schuld der Volks- und Soldatenmassen ... betrachten«,[107] zählen dem Bühnemann-Flugblatt zufolge nicht nur führende Politiker und hohe Offiziere zu den Schuldigen, sondern auch die »Aktionäre und Lobbyisten der Rüstung«.[108]

Die allgemeinen Richtlinien bestätigen überdies, daß der Warschauer Vertrag den Dritten Weltkrieg als sozialen Vernichtungskrieg gegen die Bourgeoisie zu führen beabsichtigte. Denn allein durch die Vernichtung des Bürgertums als Klasse war es nach kommunistischem Verständnis möglich, »die Wurzel imperialistischer Kriege für alle Zeiten auszurotten«.[109] Die Listen jener Personen, die das MfS nach einer Besetzung Westberlins zu verhaften plante, geben auch Aufschluß über die potentiellen Opfer einer analogen Säuberung Westeuropas: Journalisten, hohe Beamte, Polizeioffiziere, Politiker, führende Mitglieder gegnerischer Organisationen, Spitzenmanager und herausragende Wissenschaftler waren zur Verhaftung vorgemerkt.[110] Die Listen der feindlichen Organisationen im »Operationsgebiet«,[111] die das MfS zusammenstellte, beinhalten zudem alle politischen Parteien, die großen Zeitungen, sämtliche heterodoxen kommunistischen Gruppierungen, Zusammenschlüsse von Neonazis, aber auch Amnesty International, den PEN Club in London, die evangelische und katholische Kirche sowie pazifistische Gruppen wie den Interkirchlichen Friedensrat der Niederlande.[112]

Die Politorgane der NVA, denen die Durchführung der »Spezialpropaganda« oblag, waren ebenfalls für die Erstellung von »politisch-demographischen Auskunftskarten« verantwortlich.[113] Diese Karten enthielten politische und demographische Daten zum gesamten westeuropäischen Kriegsschauplatz. Im Rahmen der gemeinsamen Manöver des Warschauer Vertrages wurde das Kartenmaterial einer ständigen Aktualisierung unterzogen. 1983 wurde so »die politisch-demographische Auskunftskarte über das Königreich Dänemark« fertiggestellt und das Kartenmaterial zur Bundesrepublik auf den neuesten Stand gebracht.[114]

Die Ordnung zur »Spezialpropaganda« enthält als Muster eine Karte für das »Ballungsgebiet Helmstadt/Hamelung«. Die

Karte gibt Auskunft zu Bevölkerungszahl und -dichte, zur konfessionellen Zugehörigkeit und den Resultaten der letzten Bundestagswahl. Der Bevölkerungsanteil der Ausländer wird ebenso erfaßt wie der Prozentsatz ehemaliger DDR-Bürger. Informationen zu »Sitz oder Einflußgebiet revanchistischer Organisationen«, hier eine Sudetendeutsche Landsmannschaft, fehlen nicht.[115] In der »Schlußfolgerung« wird die lokale Klassenstruktur beschrieben.[116] Kleine Diagramme gliedern die Klassenstruktur übersichtlich anhand der Kategorien Arbeiter, Bauern, Kleinbourgeoisie und Bourgeoisie.[117] Im Mittelpunkt der »Schlußfolgerung« stand aber selbstverständlich noch die Frage nach dem moralischen Zustand der Bevölkerung und ihrem Widerstandspotential.[118] Insgesamt wird deutlich, daß diese Karten die militärischen Politorgane in die Lage versetzen sollten, eine provisorische Verwaltung einzurichten und eine erste Welle von Verhaftungen einzuleiten. Da die DDR-Bezirke im Krisenfall Internierungslager für die inneren »Feinde« der SED anzulegen hatten,[119] ist anzunehmen, daß sich in den besetzten Gebieten bald ein ähnlicher Archipel GULag ausgebreitet hätte.

Die Politorgane der kommunistischen Armeen waren außerdem für die »politische Befragung von Kriegsgefangenen und Überläufern sowie von Zivilpersonen aus der Zone der Kampfhandlungen« zuständig. Die Ordnung Nr. 30/9/115 enthielt hierzu vorgefertigte Fragebögen. Neben Fragen, die Aufschluß über den moralischen Zustand der NATO-Truppen verschaffen sollten, stehen solche, die ein Schlaglicht auf die Kriegsziele des Warschauer Vertrages werfen. So sollten Kriegsgefangene unter anderem beantworten, ob sie immer noch an einen militärischen Sieg der NATO glaubten, was sie von den Kriegszielen des Warschauer Vertrages hielten, welche Entwicklungen sie für die Nachkriegszeit erwarteten und wie sie sich ihre persönliche Zukunft vorstellten. Überläufer sollten zusätzlich über die Gründe ihres Seitenwechsels Auskunft geben und erläutern, ob sie vor ihrer Desertion mit ihren Kameraden über etwaige politische Motive gesprochen hatten. Zivilisten sollten erklären, wie sie und ihre Bekannten über den möglichen Ausgang des Krieges dachten, ob sie eine Rückkehr der NATO in ihre Gemeinde erwarteten, was für einer politischen Zukunft ihr Land nach dem Sieg des Warschauer Vertrages wohl entgegensähe, welche Bürger ihrer Meinung nach »die Normalisierung des Lebens in ihrer Stadt« leiten sollten und weshalb sie die genannten Personen vorschlügen.[120] Berücksichtigt man die ausgeprägte Sammelwut, mit der kommunistische Polizeiorgane Daten anhäuften, dann ist es sehr wahrscheinlich, daß diese Fragebögen ebenfalls dazu dienen sollten, erste Personalakten über die Masse der Besiegten anzulegen. Anhand ihrer Antworten konnten zumindest die unerschütterlichen NATO-Loyalisten abgesondert werden.

Das Nationalkomitee Freies Deutschland, das im Zweiten Weltkrieg von den Sowjets aus deutschen Kommunisten und Kriegsgefangenen zu Propagandazwecken formiert worden war, zählte zu den Vorbildern der »Spezialpropaganda«.[121] In den »Beispielsprüchen für Funkpropaganda« findet sich folglich auch das Grußwort eines Stabsunteroffiziers an seine ehemaligen Bundeswehrkameraden. Da in der Ordnung Nr. 30/9/115 gefordert wurde, »bei der Darstellung der Kriegsschuld … zwischen der höheren Führung und den Truppenoffizieren zu differenzieren«,[122] kann man davon ausgehen, daß die Politorgane der NVA auch den einen oder anderen gefangenen Offizier für ihre Zwecke zu rekrutieren hofften.

Die Vorbereitungen des Warschauer Vertrages für die ökonomische Ausbeutung der besetzten Gebiete gewähren weitere Aufschlüsse darüber, wie die Kriegführung der sozialistischen Streitkräfte mit der sozialistischen Umgestaltung Westeuropas verzahnt worden wäre. So war vorgesehen, daß die vorrückenden Armeen große Teile ihrer Verpflegung in den »befreiten« Gebieten requirieren sollten. Die Logistiker des Warschauer Vertrages hofften, beim Vormarsch 60 Prozent ihres Nahrungsmittelbedarfs aus lokalen Quellen decken zu können.[123] Im Ergebnis des Manövers »Sojus-83« wurde die Forderung erhoben, die industrielle Basis des Gegners eingehender zu studieren, um beschädigtes Kriegsmaterial sogleich an Ort und Stelle ausbessern zu können.[124] Doch neben den Eingriffen in die Besitzverhältnisse, die zur Sicherstellung des raschen Vormarsches dienten, sollten die sozialistischen Armeen auch ganz normale Vermögenswerte expropriieren. »In Auswertung der Übung Sojus-83« drängte der Chef der Finanzökonomie der NVA, endlich »Aussagen darüber zu treffen, welches Führungsorgan Entscheidungen über die Erfassung, Abführung bzw. Weiterverarbeitung der auf gegnerischem Territorium vorgefundenen Zahlungsmittel, Wertpapiere, Edelmetalle u.a. trifft und einheitliche Regelungen zur Aufrechterhalung der Ware-Geld-Beziehungen auf gegnerischem Territorium vorbereitet und durchsetzt«.[125]

Was die »Aufrechterhaltung der Ware-Geld-Beziehung auf gegnerischem Territorium« anbelangte, spielte die DDR eine Vorreiterrolle. Die NVA hatte bereits einige Zeit vor ihren Waffenbrüdern das monetäre Instrument für die militärische Expropriation der besetzten Gebiete erhalten. Im Juni 1980 wurde der Nationale Verteidigungsrat der DDR darüber informiert, daß nun in Depots 4,9 Milliarden Mark »Militärgeld« bereit lagen. Im Kriegsfall sollte die NVA damit ihre Ausgaben auf gegnerischem Territorium bestreiten und ihre dort befindlichen Soldaten entlöhnen. Die vorstoßenden Truppen hätten das Militärgeld »auf gegnerischem Territorium« zur »Zweitwährung« erklärt und »den dort gültigen Zahlungsmitteln gleichgestellt«. Das »Weiterbestehen der Ware-Geld-Beziehung auf gegnerischem Territorium« sollte es den Truppen des Warschauer Vertrages erleichtern, »erforderliche Lieferungen und Leistungen« von der betroffenen Bevölkerung zu erhalten. Es ist überdies anzunehmen, daß die Zuteilung von Militärgeld die Soldaten von regellosem Plündern abhalten sollte. Für seine westlichen Empfänger hätte sich die Bezahlung mit Militärgeld aber nur formal von einer Plünderung unterschieden, da dieses Geld nicht einmal in der DDR Gültigkeit besessen hätte. Allein die ostdeutschen Münzen bis zu 2 Mark waren in beiden Währungszonen als Zahlungsmittel gültig.[126]

Diese Pläne weisen erstaunliche Parallelen zu den finanzpolitischen Arrangements auf, die zwischen 1939 und 1941 den Einmarsch der Roten Armee in Ostpolen und die anschließende Sowjetisierung des annektierten Gebietes begleitet hatten. Damals wurde der sowjetische Rubel zur Zweitwährung erklärt und dem polnischen Złoty gleichgestellt. Die ausgezehrten Sowjetsoldaten waren bestens mit Geld ausgestattet, so daß sie sich sogleich einem wahren Kaufrausch hingeben konnten. Da diesem massiven Zufluß sowjetischer Zahlungsmittel keine sowjetischen Warenlieferungen folgten, handelte es sich im Grunde um eine »schleichende Konfiskation von Privateigentum«. Die Einführung des Rubels war aber nur eine von vielen Maßnahmen, »die praktisch auf eine Aufhebung der Eigentumsrechte hinausliefen«.[127] Ein populärwissenschaftliches Buch aus der DDR verweist auf das strategische Ziel einer solchen Geldpolitik: Lenin hatte die inflationäre Entwertung der bestehenden Währung als Waffe genutzt, »um den Bourgeois und Kulaken ihre ökonomische Macht zu entreißen«. Später hatte er dann mit der Einführung einer neuen Währung die ökonomische Niederwerfung der besiegten Klassen vollendet.[128]

Neben dieser »allseitigen« Kriegsvorbereitung hatte die siegesgewisse SED auch schon Maßnahmen ergriffen, um die Helden dieses letzten Krieges zur Beendigung aller Kriege auszuzeichnen: 1968 wurden insgeheim der »Blücher-Orden« und die »Blücher-Medaille« gestiftet, die »für tapferen und heldenhaften Einsatz bzw. für mutige, initiativ- und erfolgreiche Truppenführung in Kampfhandlungen« verliehen werden sollten. Ein Briefwechsel zwischen Hoffmann, Honecker und Willi Stoph bezeugt, daß diese Orden auch noch in den achtziger Jahren auf der Agenda der SED-Führung standen.[129]

Ihrem Wesen nach waren die sozialistischen Armeen Instrumente einer millenarischen Kriegführung. Die politischen Ziele, die sie durchsetzen sollten, waren apolitisch, denn die Marxisten-Leninisten strebten mit den Mitteln des Klassenkampfes einen transhistorischen Zustand an, in dem alle Politik – sofern es sich dabei um den Konflikt und Ausgleich von unterschiedlichen Interessen handelte – zu einem Ende kommen sollte. Auch die sowjetamtliche *Geschichte des Zweiten Weltkrieges* verwies die »sozialistische Armee« unverhohlen auf ihre historische Aufgabe: »Die Partei weist ständig auf die welthistorische Bedeutung der Befreiungsmission der sozialistischen Armee zur Verteidigung der Völker gegen die imperialistischen Aggressoren hin.«[130]

Für Kommunisten reduzierte sich der Wert des menschlichen Individuums letztlich auf dessen Funktion im großen Räderwerk des endzeitlichen Kräfteringens. Lenin selbst hatte die vollkommene Unterwerfung aller Individuen unter die Erfordernisse eines totalen Klassenkampfes befohlen: »Wer nicht uneingeschränkt und rückhaltlos der Roten Armee hilft, wer nicht mit allen Kräften Ordnung und Disziplin in ihr wahrt, der ist ein Verräter, ein Fahnenflüchtiger, ein Anhänger Koltschaks, der muß schonungslos vernichtet werden.«[131]

Der erstaunliche Höhenflug der sowjetischen Militärtheorie in der Zwischenkriegszeit und die von Stalin rücksichtslos forcierte Schaffung einer modernen Rüstungsindustrie belegen, daß eine fruchtbare Symbiose zwischen kommunistischen Ideologen und ambitionierten Offizieren sehr wohl möglich war. Selbst Stalins Säuberung der Militärführung taugt nicht als Beleg für besonders angespannte Beziehungen zwischen dem Militär und der zivilen Führungsspitze, da ähnliche Säuberungen alle Bereiche der sowjetischen Gesellschaft trafen. Nach Chruschtschows kurzem anti-militaristischem Zwischenspiel erneuerte Breschnew den Primat des Militärapparates. Der Militärführung kam Breschnews ideologischer Konservatismus gut zupaß, da sich all ihre

Forderungen vortrefflich mit den traditionellen kommunistischen Feindbildern begründen ließen. Diese Feindbilder machten es den sowjetischen Militärs außerdem nur allzu leicht, jede Kritik zu unterdrücken und ihre bombastische Selbstverherrlichung mit der Verherrlichung des Krieges zu verbinden. In einem Lehrbuch der Sowjetarmee hieß es:

> »Die tragische Schönheit eines gerechten Krieges ist gleichermaßen weit entfernt von künstlerischer Schönfärberei, die Leiden verschweigt, wie von einer naturalistischen Auffassung des Krieges als bloßen Martyriums. Ein Krieg zur Verteidigung des sozialistischen Vaterlandes ist schön, allerdings nicht durch die Zerstörung materieller Werte, den Tod von Menschen und äußere Wirkungen, sondern durch sein hohes und edles Ziel, durch erhabenes Streben, durch die Heldentaten, die im Namen des Volkes und der Werktätigen der ganzen Welt vollbracht werden.«[132]

In der manichäischen Welt des Marxismus-Leninismus war die Vernichtung des Gegners immer ein trefflicher Anlaß für freudige Erregung.[133] In einem Lehrbuch zur moralischen und psychologischen Truppenführung wurde eine behavioristische Psychologie benutzt, um nahezu alle Amerikaner in gleichsam rassistischer Manier als psychopathische Killer darzustellen:

> »Von früher Kindheit an wird die Jugend der USA in militaristischem Geist, im Geist der Feindschaft und des Mißtrauens zu den Menschen erzogen. Schule, Kirche, Bildungseinrichtungen, Klubs und Jugendorganisationen, alles richtet sich letztlich darauf, junge Menschen aufs Killen vorzubereiten.«[134]

Im offiziellen Sprachgebrauch des Warschauer Vertrages waren die Soldaten der NATO niemals Soldaten, das heißt reguläre Kombattanten, sondern stets brutale »Söldner«:[135] »In der USA-Armee gibt es genügend Söldner, die aus Geldgier zu jedem Verbrechen fähig sind.«[136] Die kommunistischen Ideologen machten auch die christlichen Kirchen für die behauptete Brutalisierung der NATO-Soldaten verantwortlich: »Das religiöse Betäubungsmittel vergiftet das Bewußtsein der Soldaten und der Matrosen, es macht sie zu fanatischen Killern und Räubern.«[137] Solcherlei Dehumanisierung des zukünftigen Gegners gehörte zu der »Erziehung zum Haß auf den Feind«, die einen festen Platz in der ideologischen Ausbildung aller Ostblock-Armeen einnahm: »Schon in Friedenszeiten muß dieses Gefühl ausgeprägt sein, damit der sowjetische Soldat zu jeder Zeit sofort mutig und ohne ideologisch zu schwanken in den Kampf geht und gegen den Aggressor alle den sowjetischen Streitkräften zur Verfügung stehenden Mittel anwendet.«[138]

Angesichts der unglaublichen Brutalität, mit der die Deutschen ihren Vernichtungskrieg gegen die Völker der Sowjetunion führten, könnte man hier indes einwerfen, daß die krassen Feindbilder der Sowjetarmee wohl auch aus diesen historischen Erfahrungen abgeleitet waren. Gegen diese Annahme spricht aber, daß ähnliche Schreckensbilder vom Klassenfeind bereits 1939 den sowjetischen Einfall in die polnischen Ostgebiete begleitet hatten. Damals fachten sowjetische Offiziere und Kommissare den ethnischen Kleinkrieg unter den dortigen Volksgruppen weiter an, indem sie dazu aufriefen, Rache an den Ausbeutern zu nehmen. In zahlreichen Fällen ergriffen die sowjetischen Militärs selbst die Initiative und machten sich an die Liquidierung der »polnischen Pans«, das heißt, sie ermordeten Priester, Beamte, Offiziere und wohlhabende Landbesitzer.[139]

Die chiliastischen Kriegsziele des Kommunismus sind als der wahre Grund für die Haßerziehung in der sozialistischen Armee anzusehen. Durch ihren »Klassencharakter« waren die sozialistischen Armeen nämlich definitionsgemäß »ein Instrument der Diktatur des Proletariats«,[140] und als solches standen sie in der vordersten Front des revolutionären Kampfes. Im Falle eines Krieges wären diese Armeen die ersten kommunistischen Bürokratien gewesen, die mit der Bevölkerung Westeuropas in Berührung gekommen wären. Wie die sowjetische Armee in Ostpolen, so hätten die Streitkräfte des Warschauer Vertrages in einem solchen Falle die ersten Maßnahmen zur sozialen und politischen Säuberung Westeuropas durchgeführt.

Nach einem vollständigen Sieg über die NATO wäre die »internationalistische Pflicht« der sozialistischen Armeen zusehends von deren »innerer Funktion« abgelöst worden.[141] Erfahrungsgemäß bestand diese darin, als Instrument des Massenterrors an dem gigantischen Enteignungs-, Deklassierungs- und Liquidierungsprozeß der »sozialistischen Umgestaltung« mitzuwirken. Die propagandistische Dehumanisierung des Gegners sollte die sozialistischen Armeen mental auf den »Klassenkampf« gegen wehrlose Zivilisten und besiegte Soldaten einstimmen. Denn Lenins klassenloses Utopia hatte ja die Vernichtung des Klassenfeindes zur Voraussetzung. In der UdSSR, wo dieses Vernichtungswerk längst vollendet war, hatte die Armee ihre innere Funktion bereits verloren:

> »Mit dem Sieg des Sozialismus ... hatte sich die innere Funktion der Sowjetarmee, die mit der Niederhaltung des bewaffneten Widerstandes der Ausbeuterklasse beziehungsweise ihrer Überreste zusammenhing, erschöpft. Im Prozeß des Aufbaus der neuen Gesellschaft wurden die Ausbeuterklassen in der UdSSR liquidiert. ... ›Aus der Sicht der inneren Bedingungen‹, heißt es im Programm der KPdSU, ›braucht die Sowjetunion keine Armee.‹«[142]

Zugespitzt formuliert, benötigte die UdSSR also nur noch deshalb eine Armee, weil es im Ausland Klassenfeinde gab, die sich ihrer Liquidierung widersetzten.

Selbstvernichtung durch permanente Kriegswirtschaft

Wie jeder Glaube bedurfte auch der kommunistische Glaube an die Sieghaftigkeit der eigenen Sache bestimmter Rituale, um sich selbst am Leben zu erhalten. Der Glaube des sowjetischen Militärs, selbst in einem Atomkrieg noch siegreich sein zu können, benötigte natürlich gleichfalls spezifische Beschwörungsformeln, um allen Anfechtungen des gesunden Menschenverstandes trotzen zu können. Der sowjetische Partei-Militär-Komplex tat tatsächlich alles, um die materiellen Voraussetzungen eines solchen Sieges zu schaffen. Angesichts der geballten Vernichtungskraft der nuklearen Arsenale war dieses Streben natürlich widersinnig und letztlich zum Scheitern verurteilt. Zu guter Letzt beschleunigte der Wunsch der Militärs, im Krieg siegen zu können, nur den Zusammenbruch des Sowjetstaates im Frieden: Ende der achtziger Jahre schätzten sowjetische Experten, daß ihr Staat unter Breshnew und seinen Nachfolgern zwischen 15 und 30 Prozent seines Bruttosozialprodukts für »Verteidigung« ausgegeben hatte. 1989 versprach Gorbatschow, die sowjetischen Verteidigungsausgaben auf 13 Prozent des Bruttosozialprodukts begrenzen zu wollen.[143]

Die fixe Idee eines siegreich zu führenden Atomkrieges hatte vor allem im Bereich der Militärökonomie gravierende Folgen. Ausgehend von der Erkenntnis, daß »der Einsatz der modernen Waffen … die Einschränkungen hinsichtlich des bewaffneten Einwirkens auf das Hinterland des Gegners dem Wesen nach auf[hebt]«,[144] stellten sich die Sowjets darauf ein, bereits in der Anfangsphase eines neuen Weltkrieges große Teile ihrer »militärökonomischen Basis« zu verlieren. Den laufenden Kriegsverbrauch wollten sie deshalb vornehmlich aus »in Friedenszeiten geschaffenen Kriegsreserven« decken.[145] Konkret bedeutete dies, daß die Rüstungsanstrengungen, die nötig waren, um einen zukünftigen Krieg möglichst schon in dessen Anfangsperiode zu gewinnen, in die Vorkriegszeit verlagert werden mußten: »Was im

Frieden an grundlegenden militärökonomischen Maßnahmen versäumt wurde, kann im Fall eines Kernwaffenkrieges kaum mehr nachgeholt werden beziehungsweise kommt dann zu spät.«[146] Um allzeit gewappnet zu sein, mußte eben schon im Frieden Kriegswirtschaft herrschen: »Auch in der Friedenswirtschaft ist ständig und gegenwärtig sogar in zusehends größer werdendem Maße ein Teil der Produktion auf die Erzeugung von Rüstungsgütern oder die Befriedigung anderer militärischer Bedürfnisse eingestellt.«[147]

Das Ziel der sowjetischen Militärstrategie, den Gegner im Angriff auf seinem eigenen Territorium zu vernichten, ließ den Umfang der benötigten Reserven noch weiter anschwellen, da ja der Erfolg der Offensive eine entsprechende Kräfteüberlegenheit erforderte. Die sozialistische Militärökonomie suchte die wirtschaftliche Belastung durch derlei Reservenbildung zu minimieren, indem sie eine »zunehmende Kongruenz von ziviler und militärischer Produktion« proklamierte. In der Praxis bedeutete dies, daß auch bei der Herstellung ziviler Investitionsgüter, »die militärischen Anforderungen« berücksichtig wurden, »so daß sie im Bedarfsfall auch von den Streitkräften verwendet werden können«.[148] In der UdSSR hatte dies unter anderem zur Folge, daß keine energiesparenden Kleintransporter hergestellt wurden, sondern nur Militärlastwagen mit enorm hohem Treibstoffverbrauch.

Doch die Sowjets wären nicht sie selbst gewesen, wenn sie nicht versucht hätten, ihrer Rüstungsindustrie auch im Atomkrieg das Überleben zu sichern: Die »Dezentralisierung lebenswichtiger Produktionsbereiche und die Schaffung dublierender Werke« sollten ebenso dazu beitragen wie die »Dezentralisierung der materiellen Produktionsbasis und der berufstätigen Bevölkerung über das gesamte Territorium der Sowjetunion«.[149] Die westlichen Nuklearstrategen dürfte dies jedoch kaum vor unlösbare Probleme gestellt haben, denn jedwede Dublierung und Dezentralisierung von Industrieanlagen konnte relativ preiswert durch eine entsprechende Vermehrung der Atomsprengköpfe ausgeglichen werden. Die Entwicklung der sowjetischen Volkswirtschaft wurde hingegen in Bahnen gezwungen, die keiner ökonomischen Vernunft mehr gehorchten, sondern allein den fixen Ideen einer weltfernen Militärelite. In den achtziger Jahren wurde klar, daß der Primat des Militärs sogar die materiellen Grundlagen für eine langfristig erfolgreiche Verteidigungspolitik aufgezehrt hatte.

In seinem Kommentar zum Manöver »Wesna-80« ließ General Jaruzelski nicht unerwähnt, daß ihm eine »überraschende Zunahme des Bedarfs an Raketen und Munition« nicht wenig Kopfzerbrechen bereitet hatte. Jaruzelski veranschlagte den täglichen Nachschubbedarf einer »Front« (sowjetische Heeresgruppe; bei »Wesna-80« ungefähr fünf Armeen) mit zirka 30000 Tonnen. Die Masse dieses Nachschubs rollte jedoch nach wie vor über ein Eisenbahnnetz nach vorn,[150] das die NATO mit einer neuen Generation zielsuchender Munition immer leichter bekämpfen konnte. Drei Jahre später ergab das Logistikmanöver »Testat-83«, daß der Tagesbedarf einer Armee nicht wie bisher angenommen bei 5000 bis 7000 Tonnen lag, sondern bei 12000 bis 13000. Das Resümee des Manövers war wenig verheißungsvoll: »Im Verlauf der Übung zeigte sich, daß mit den herkömmlichen Mitteln eine rechtzeitige und sortimentgerechte Sicherstellung der Truppen nicht mehr gewährleistet werden kann.«[151]

Was auch immer den Logistikern der sozialistischen Militärkoalition eingefallen sein mag, um mit dem stetig steigenden Munitionsverbrauch immer neuer Waffengenerationen Schritt zu halten, der fortschreitende Zerfall der Infrastruktur dürfte ihnen einen Strich durch die Rechnung gemacht haben. Die Eisenbahn der DDR stand 1989 kurz vor dem Kollaps: Von den Gleiskörpern waren nach westlichen Maßstäben nur noch 23 Prozent voll funktionsfähig. Die meisten Brücken hatten ihre technische Nutzungsdauer längst überschritten und waren nur noch eingeschränkt tragfähig. Auch das rollende Material war total überaltert und verschlissen.[152] Die sozialistische Kommandowirtschaft, in deren Zentrum stets die militärischen Konsumbedürfnisse des Staates standen, erwies sich ironischerweise als unfähig, eine den militärischen Anforderungen entsprechende Infrastruktur zu schaffen. Während Honecker neidvoll auf die Investitionen blickte,[153] die in das Telekommunikationsnetz der Bundesrepublik flossen, mußte sein Verteidigungsminister eingestehen, daß das Telefonnetz der DDR kaum in der Lage war, im Kriegsfall die Minimalanforderungen der Streitkräfte zu befriedigen.[154]

Die Kriegshysterie in der UdSSR

Die Verwundbarkeit von Interkontinentalraketen

In den siebziger Jahren wuchs in den USA die Sorge, daß die in unterirdischen Silos stationierten Interkontinentalraketen (ICBM) zunehmend durch einen nuklearen Entwaffnungsschlag gefährdet seien. Manche Experten glaubten, daß die hohe Kernladung der sowjetischen ICBM und deren gestiegene Treffsicherheit die UdSSR mittlerweile in die Lage versetze, gezielte Schläge gegen die US-Atomwaffenbasen zu führen.[1] Mit einem solchen Entwaffnungsschlag könnten die Sowjets einen großen Teil der amerikanischen Atomwaffen ausschalten und die USA vor die bittere Wahl stellen, eine Niederlage hinzunehmen oder ihrerseits einen selbstmörderischen Vergeltungsschlag gegen die sowjetischen Städte zu führen. Besonders Caspar Weinberger, Verteidigungsminister der Reagan-Administration, warnte davor, daß durch diese Entwicklung die Glaubwürdigkeit der Abschreckung immer weiter untergraben werde.[2]

Zahlreiche Experten bezweifelten indes die Durchführbarkeit eines entwaffnenden Erstschlags: die technischen Mittel seien weitgehend ungetestet, und selbst eine relativ geringe Anzahl »überlebender« Raketen sei ausreichend, um einen verheerenden Gegenschlag zu führen. Überdies könne der Angreifer nie sicher sein, daß der Verteidiger nicht schon beim Anflug der feindlichen Waffen seine eigenen Raketen starten würde. Für einen Angreifer blieb das Risiko deshalb weiterhin unkalkulierbar.[3]

In der Welt des qualitativen Rüstungswettlaufs waren solche Diskussionen letztlich ein Symptom dafür, daß sich die ICBM-Technologie dem Ende ihrer militärstrategischen Lebenserwartung näherte. Angesichts eines allgemeinen Trends zu immer höherer Treffsicherheit boten andere Trägersysteme inzwischen ein besseres Verhältnis von Überlebensfähigkeit und der Möglichkeit, Punktziele zu vernichten.[4] Diese Entwicklung versetzte die Sowjets jedoch in eine erheblich schlechtere Lage als die Amerikaner.[5] Die UdSSR hatte nämlich 75 Prozent ihrer Atomwaffensprengköpfe auf ICBM montiert – die USA lediglich 25 Prozent. Die Sowjets hatten etwa 85 Prozent ihres Kernsprengstoffs auf eingebunkerte Interkontinentalraketen konzentriert, die USA nur 44 Prozent. Und schließlich umfaßte die ICBM-Streitmacht der UdSSR ungefähr 61 Prozent aller sowjetischen Trägersysteme, während deren Gegenstück nur 51 Prozent der US-Atomwaffenträger stellte.[6]

Die Abschreckungskräfte der USA waren überdies sehr viel gleichmäßiger auf die Triade aus Bombern, U-Booten und ICBM verteilt, als dies umgekehrt der Fall war. Die US-Atomstreitmacht war daher erheblich weniger durch eine qualitative Umgewichtung ihrer Bestandteile gefährdet. Wurden hingegen die sowjetischen ICBM obsolet, so untergrub dies ernsthaft die Sicherheit der UdSSR und konfrontierte den Kreml mit dem Zwang zu einer teuren Umrüstung. Mit den hohen, vor allem in der Breschnew-Ära getätigten Investitionen in ihre ICBM hatten die Sowjets sich selbst in eine gefährlich Zwangslage hineinmanövriert. Anders als dies manche Amerikaner vermuteten, hatten die sowjetischen Militärs jedoch nicht ICBM mit einer geradezu sagenhaften Kernsprengkraft gebaut, um damit die amerikanischen Interkontinentalraketen in ihren Silos zu vernichten. Einige Beobachtungen von Georgi Arbatow bestätigen, daß diese Waffen die USA vielmehr davor abschrecken sollten, im Kriegsfall ihre Atomwaffen zur Verteidigung Westeuropas einzusetzen:

> »Während [der siebziger] Jahre rüsteten wir wie Süchtige, ohne jegliche politische Notwendigkeit. Wir taten es nicht, weil wir mit einem Krieg rechneten oder eine Aggression aus dem Westen fürchteten. Ich erinnere mich an eine Unterhaltung, die ich 1976 oder 1977 mit einem unserer führenden Waffentechniker hatte. ›Warum machen wir das?‹ fragte ich ihn. ›Er-

warten die Generäle wirklich einen Atomkrieg?‹ ›Nein‹, antwortete er. ›Wenn überhaupt, sind die Militärs davon überzeugt, daß es zu keinem Atomkrieg kommen wird. Das ist genau der Grund, warum sie so freudig dabei sind, die gefährlichsten neuen Waffensysteme zu bauen, die man sich vorstellen kann.‹ Auch der Chef des Generalstabs, Marschall Kulikow, bestätigte diesen Verdacht. Während einer vertraulichen Unterhaltung beschrieb er die Explosion einer Atombombe und sagte, er sei überzeugt, daß jeder, der wisse, was für eine Art Waffe das sei, sie niemals einsetzen würde, einschließlich der Amerikaner. Aber als ich ihn fragte, warum wir dann solche großen Mengen nuklearer Waffen herstellten, konnte er keine vernünftige Antwort geben.«[7]

Während sich die Sowjets in den sechziger und siebziger Jahren durch ihre Jagd nach der strategischen Parität mit den USA selbst einen Rüstungswettlauf auferlegt hatten, wurde im Verlauf der achtziger Jahre die strategische Parität zwischen den USA und der UdSSR durch eine Reihe westlicher Modernisierungsprogramme in Frage gestellt. So wollten die USA ihre ICBM-Streitmacht nicht nur mit der MX-Rakete verstärken, sondern planten darüber hinaus mit der Trident II die Einführung einer U-Boot-gestützten Rakete (SLBM), die im Hinblick auf ihre Zielsicherheit den landgestützten ICBM kaum noch nachstand. Neue Bomber und luftgestützte Cruise missiles sollten die Fähigkeit des strategischen Bomberkommandos erhöhen, militärische Ziele in der ganzen Tiefe des sowjetischen Raumes anzugreifen. Seegestützte Cruise missiles verschafften der US Navy zudem ganz neue Möglichkeiten, von ihren Überwasserschiffen aus Schläge gegen strategische Ziele in der UdSSR zu führen. Überdies versahen die Briten ihre Polaris-U-Bootraketen mit neuen Sprengköpfen und planten die Anschaffung von Trident-II-Raketen. Auch die Franzosen wollten ihr Atomwaffenarsenal im Laufe des neuen Jahrzehnts beträchtlich verbessern. Die im Doppelbeschluß der NATO angedrohte Stationierung von 108

Pershing II und 464 landgestützten Cruise missiles war daher nur eine weitere Gewitterwolke an einem sich rapide verfinsternden Firmament.

Neben der kumulativen Wirkung der westlichen Militärprogramme wurde die sowjetische Position noch dadurch untergraben, daß das Land ökonomisch kaum mehr in der Lage war, die Militärausgaben aufzustocken. Im neuen Jahrzehnt sah sich der Kreml erstmals mit einer schrumpfenden Wirtschaft konfrontiert. Ein negatives Bevölkerungswachstum und die Erschöpfung leicht zugänglicher Rohstoffe verhießen das Ende des extensiven Wachstums, das bis dahin den ehrgeizigen Ausbau der Streitkräfte ermöglicht hatte. Die geringe Arbeitsproduktivität und die Überalterung der Industrieausstattungen waren zudem schlechte Voraussetzungen, um bei dem technologischen Wettlauf mitzuhalten, der etwa zur gleichen Zeit durch die Dritte Industrielle Revolution eröffnet wurde.[8] Es war abzusehen, daß sich die beispiellose Aufrüstung der sechziger und siebziger Jahre nicht länger würde durchhalten lassen. Anders als in diesen beiden Dekaden stand die sowjetische Armee nunmehr wachsenden Bedrohungen mit einem tendenziell sinkenden Haushalt gegenüber.[9]

Unter Druck verhandeln

Trotz ihrer rabulistischen Verhandlungspraxis,[10] die auch vor Betrug nicht haltmachte,[11] spricht einiges dafür, daß sich die Sowjets bei Abrüstungsverhandlungen regelmäßig übervorteilt fühlten. Der Sozialdemokrat Horst Ehmke berichtete über Breschnews Unterlegenheitsgefühl angesichts der fortschrittlicheren Kriegstechnik der NATO:

> »Breschnew klagte in einem langen nächtlichen Gespräch, der Westen habe die Sowjets übers Ohr gehauen. Aus eigner Kriegserfahrung wisse er, wie viele T-34 sie gegen einen deutschen Panzer gebraucht hätten. Und auch wir wüßten, daß bei

ihnen jede zehnte, bei uns aber nur jede fünfundzwanzigste Rakete nicht funktionieren würde. Dennoch hätten wir bei den Abrüstungsgesprächen auf einem 1:1-Schlüssel bestanden.«[12]

Wohl auch wegen dieses Unterlegenheitsgefühls hatte Marschall Gretschko, bis zu seinem Tode im Jahre 1976 sowjetischer Verteidigungsminister, Entspannung und Rüstungskontrolle stets warnend kommentiert.[13] Der Unwille des sowjetischen Oberkommandos wurde besonders erregt, weil die sogenannten Forward Based Systems (FBS), also jene US-Kernwaffen, die auf europäischen oder asiatischen Basen stationiert waren, weder im SALT-I-Vertrag noch im Abkommen von Wladiwostok oder im SALT-II-Vertrag Berücksichtigung fanden. Manche FBS waren durchaus in der Lage, sowjetisches Territorium anzugreifen. In den Augen des Kreml, der in seiner Wahrnehmung stark auf die USA fixiert war, waren die FBS daher strategische Waffen und nicht Teil eines eigenständigen europäischen Gleichgewichtssystems. Die Sowjets konnten und wollten nicht akzeptieren, daß diese US-Waffen vor allem dem psychologischen Wohlbefinden der europäischen NATO-Partner dienten.[14] Da sie den harten Widerstand des Militärs hatte überwinden müssen, rechnete es sich die KPdSU-Führung als ein großes Zugeständnis an, daß die FBS bei den Abrüstungsverhandlungen mit den USA ausgeklammert blieben.[15] Der Doppelbeschluß der NATO wurde folglich von Breschnews indigniertem Politbüro als Versuch gewertet, eine ungerechte und unvorteilhafte Ausgangslage noch weiter zuungunsten der UdSSR zu verschieben. Ein Bericht für den Nationalen Verteidigungsrat der DDR unterstrich im März 1983, daß die neuen Mittelstreckenwaffen der NATO erlauben würden, »ohne Einsatz der strategischen Kernwaffeneinsatzmittel der USA einen Raketen-Kernwaffenschlag … insbesondere gegen strategische Objekte im europäischen Teil der UdSSR … zu führen und damit einen bedeutenden Teil der strategischen Mittel der Sowjetarmee zu binden«.[16]

Über alle globalstrategischen Kalkulationen hinaus waren die

Pershing II und Cruise missiles aber vor allem ein wirksames Mittel gegen die konventionelle Kriegführungsstrategie des sowjetischen Generalstabs. Jedes Anwachsen des westlichen Kernwaffenbestandes machte es nämlich unwahrscheinlicher, daß sich ein Konflikt in Europa unterhalb der nuklearen Schwelle halten lassen würde.[17] Daß die neuen Systeme vor allem sowjetisches Territorium bedrohten, bedeutete zudem, daß ihr Einsatz wahrscheinlich zum Startschuß für einen allgemeinen Kernwaffenkrieg zwischen den beiden Supermächten werden würde.[18] Solche Aussichten mußten naturgemäß die militärischen Optionen der sowjetischen Machtpolitik erheblich vermindern.

Als Andrei Gromyko, der sowjetische Außenminister, im November 1979 Bonn besuchte, scheute er keine Anstrengung, die sowjetische Haltung hinsichtlich der FBS darzulegen. Auf einer Landkarte demonstrierte er Schmidt, daß »faktisch der gesamte europäische Teil der Sowjetunion« und »die am dichtesten besiedelten sowjetischen Gebiete durch die bereits vorhandenen Waffen erreichbar« seien. Ohne auf die SS-20-Rüstung einzugehen, beharrte Gromyko darauf, daß Schmidt und Carter unlängst von einem Gleichgewicht gesprochen hatten: »Wieso kann man dann jetzt erklären, daß ein Gleichgewicht der Kräfte erst dann vorhanden sein wird, wenn der Plan zur Stationierung neuer Mittelstreckenraketen realisiert wird. Entweder so oder so.«[19]

Gromykos Wahrnehmung war deutlich von jenem Gefühl der Einkreisung bestimmt, das der sowjetischen Außenpolitik seit jeher ihr besonderes Gepräge verliehen hatte. Seine Ausführungen zum »geographischen Faktor« erscheinen wie eine nuklearstrategische Fortschreibung von Stalins Einkreisungspanorama:

> »Die Sowjetunion hat keine Trägermittel in der Nähe des Territoriums der USA stationiert. Die USA verfügen über solche Trägermittel. Der SALT-II-Vertrag läßt diesen Umstand außer acht. Während des Treffens des Genossen Breschnew mit dem damaligen USA-Präsidenten Ford in Wladiwostok haben wir versucht, diese Frage zu stellen. ... Die amerikanische Seite

wandte sich kategorisch dagegen, diese Frage einzubeziehen. Da wir den Vertrag abschließen wollten, haben wir die amerikanischen Stützpunkte im Ausland ausgeklammert. Wir haben uns aber ausbedungen, daß bei den Verhandlungen zu SALT-III der geographische Faktor berücksichtigt werden muß. Wann aber wird das soweit sein? Bis jetzt ist nicht einmal SALT-II ratifiziert.«[20]

Die Parameter von Gromykos politischer Geographie zu akzeptieren lag indes keinesfalls im Interesse der Westeuropäer, die sich dann militärisch in der Position von Castros Kuba wiedergefunden hätten.[21]

Gromykos Verständnis von geographischer Asymmetrie und seine Sorge um die strategische Bedrohung, die von den US-FBS ausging, bestimmten auch die sowjetische Position in den Verhandlungen über Mittelstreckenwaffen, die am 17. Oktober 1980 in Genf aufgenommen wurden. Von Anfang an lehnten die Sowjets das amerikanische Angebot einer Null-Lösung vehement ab. Reagans Null-Lösung sah vor, auf die Stationierung von Pershing II und Cruise missiles zu verzichten, falls die UdSSR alle SS-20 sowie deren Vorläufer, die SS-4 und SS-5, verschrotten würde. Unter Hinweis auf die verbleibenden FBS der USA wies der Kreml diesen Vorschlag zurück, da er dem Westen einseitige Vorteile gewähre. Als Null-Lösung kam für Moskau nur »die Liquidierung aller in Europa vorhandenen Kernmittel mittlerer Reichweite der USA und der UdSSR« in Frage, »mit Ausnahme des Teils der sowjetischen Rüstungen mittlerer Reichweite, der in diesem Falle das Gegengewicht zu den Kernrüstungen Großbritanniens und Frankreichs darstellen würde«.[22]

Bei ihrer Kritik an der Null-Lösung übersahen die Sowjets geflissentlich, daß ihnen selbst beim Verzicht auf ihre Mittelstreckenraketen noch genug Bomber und Kurzstreckenraketen verblieben wären, um Westeuropa vollständig in Schutt und Asche zu legen. Die sowjetischen Verhandlungsvorschläge waren weniger vom Streben nach Abrüstung gekennzeichnet als vielmehr von dem Wunsch, US-Nuklearwaffen möglichst ganz aus Europa zu verbannen.

Obgleich der Aufstieg der westlichen Friedensbewegungen zunächst einen gegenteiligen Eindruck vermittelte, waren es aber in Wahrheit die Sowjets, die sich bei den Abrüstungsverhandlungen mit der Reagan-Administration in einer Position der Schwäche befanden. Wie oben dargelegt, erwuchs diese Schwäche aus der zunehmenden Verwundbarkeit der sowjetischen ICBM und aus deren Übergewicht innerhalb der sowjetischen Triade. Aus den Vorschlägen, die die Sowjets im Rahmen der START-Verhandlungen[23] zur Reduzierung der strategischen Rüstung machten, läßt sich deutlich ihre Furcht ablesen, der technische Fortschritt könne ihre ICBM entwerten.

Am meisten Sorgen bereiteten den Sowjets die Cruise missiles. Diese auch als Marschflugkörper oder Flügelraketen bezeichneten Waffen waren überaus zielgenau, verfügten über eine große Reichweite und konnten wegen ihrer geringen Größe auf den unterschiedlichsten Trägersystemen stationiert werden. Um die daraus erwachsenden Gefahren zu neutralisieren, drängten die Sowjets auf ein Verbot aller Cruise missiles mit einer Reichweite von mehr als 600 km. Da sie einen überraschenden und mit Kernwaffen geführten Enthauptungsschlag am meisten fürchteten, suchten sie außerdem vertraglich Zonen festzuschreiben, in denen sich weder schwere Bomber noch Flugzeugträger aufhalten durften.[24] Ihre Ängste waren insofern nicht ganz unbegründet, als ein Angriff mit Cruise missiles, Trident-II-Raketen und Stealth-Bombern mit einer erheblich reduzierten Vorwarnzeit durchführbar gewesen wäre.[25] Glaubwürdigen Berichten zufolge installierten die Sowjets aufgrund solcher Befürchtungen 1985 ein sogenanntes *dead hand system*, das bei einer internationalen Krise alle sowjetischen ICBM starten sollte, sobald der sowjetische Generalstab ausgeschaltet beziehungsweise von der Befehlskette abgeschnitten worden wäre.[26]

Die Aussicht, im Bereich der strategischen Waffen zu einem beiderseits befriedigenden Abkommen zu gelangen, wurde noch zusätzlich vermindert, weil die Militärexperten der Reagan-Administration die überschweren ICBM der UdSSR für eine Waffe hielten, mit der ein entwaffnender Erstschlag geführt werden konnte. In den Abrüstungsverhandlungen schlug sich diese Sichtweise in der Forderung nach dem Abbau der entsprechenden Systeme nieder. Für die Sowjets wiederum war dies inakzeptabel, da sie die schweren ICBM als »Grundlage« ihrer »strategischen Kräfte« sahen. In einem sowjetischen Informationsschreiben an die SED-Führung wurde den USA Anfang 1983 vorgeworfen, sie wollten, indem sie allein auf der Reduzierung der ICBM beharrten, »eine sozusagen ›vertragliche Grundlage‹« für die eigenen Rüstungsprogramme schaffen und der UdSSR gleichzeitig »eine weitgehende Umstrukturierung ihrer strategischen Kräfte« aufzwingen.[27] Die Sowjets befanden sich jedoch in einer wenig aussichtsreichen Zwangslage, da sie eine solche Umstrukturierung nur dann vermeiden konnten, wenn es ihnen gelang, die technologischen Standards der späten siebziger Jahre vertraglich festzuschreiben. Dies zu tun lag aber nicht im Interesse der USA, die durch ihre neuen High-Tech-Waffen in die Lage versetzt waren, den Sowjets auch gegen deren Willen eine Umstrukturierung aufzuzwingen.

Im März 1983 machte Ronald Reagan seine Absicht öffentlich, die USA mit einem weltraumgestützten Verteidigungssystem gegen ballistische Raketen (SDI) zu versehen. Für die sowjetische Raketenflotte, die nach Meinung der Sowjets in ihrer Glaubwürdigkeit als Abschreckungsinstrument ohnehin bedroht war, kam dies als ein weiterer Schlag, dessen langfristige Auswirkungen vorerst kaum abschätzbar waren.[28] Kurzfristig sorgten sich die Sowjets aber weniger um die strategischen Implikationen von SDI, sondern fürchteten eher die exorbitanten Kosten, die ihnen ein analoges Gegenprogramm aufgebürdet hätte. Dem Kreml waren die wirtschaftlichen und finanziellen Belastungen durch das Wettrüsten nur allzu bewußt. Breschnews Politbüro verstand sehr wohl, daß es Teil von Reagans Strategie war, das sozialistische Lager wirtschaftlich zu erschöpfen. Im festgefügten Koordinatensystem ihres politischen Denkens konnten die Sowjets aber nicht anders reagieren als Breschnew, wie ihn Ponomarjow im November 1981 zitierte:

»Natürlich schaffen das Wettrüsten, die aggressive USA-Politik zusätzliche Probleme für die Wirtschaft der UdSSR, für die Wirtschaft der sozialistischen Gemeinschaft. Insgesamt aber sind die Absichten des Gegners haltlos. Genosse L. I. Breschnew sagte im Gespräch mit der Labour-Delegation: ›Das sowjetische Volk hat bewiesen, daß es auf jegliche Opfer eingehen, aber nicht zulassen wird, mit ihm von der Position der Stärke aus zu sprechen.«[29]

Etliche Äußerungen Ponomarjows machen indes deutlich, daß der Kreml vor allem fürchtete, die Strategie Reagans könne dem kommunistischen Siegeszug in der Dritten Welt ein Ende setzen:

»Unter diesen Bedingungen [den kommunistischen Erfolgen in den siebziger Jahren] sagten die Drahtzieher des imperialistischen Lagers, die sich mit den objektiven Entwicklungsprozessen der menschlichen Gesellschaft nicht abfinden und tiefreichende innere Wurzeln der Befreiungsbewegung nicht sehen wollen: ›Stopp! Keine neuen Siege der Befreiungskräfte mehr!‹ Die USA und die NATO, die ihr imperialistisches Wesen offen bloßlegten, schoben die pharisäische Strategie der ›Menschenrechte‹ in den Hintergrund und wandten sich erneut der Gewalt als Hauptwaffe ihrer Außenpolitik zu, um eine ›soziale Revanche‹ für die Niederlage in den Jahren der Entspannung zu nehmen.«[30]

Seinen revolutionären Altruismus wollte sich der Kreml keinesfalls verbieten lassen:

»Die Linie Reagans ist ein Versuch, mit Hilfe militärischen, politischen und wirtschaftlichen Drucks und durch das Wettrüsten die UdSSR und die anderen sozialistischen Länder zu zwingen, ihr ›Verhalten‹ auf dem internationalen Schauplatz ›zu ändern‹, d. h. auf die Leninsche internationalistische Politik zu verzichten und die Völker, die nach Unabhängigkeit und sozialer Gerechtigkeit streben, der Willkür des Imperialismus preiszugeben.«[31]

Um diese Pläne des Imperialismus »zu durchkreuzen«, empfahl Ponomarjow die Forcierung des Friedenskampfes.[32] Folgt man dem Bedeutungszusammenhang, den er zwischen den amerikanischen Versuchen, die sowjetische Expansion in der Dritten Welt einzudämmen, und dem Friedenskampf herstellt, so wird deutlich, daß letzterer nur insofern defensiven Charakter trug, als es darum ging, die Vorbedingungen für die weitere Expansion des Kommunismus zu verteidigen. Im Januar 1980 sprach Ponomarjow folgerichtig von »einer großangelegten Gegenattacke des Imperialismus«.[33]

Auch in Axens Internationaler Abteilung sah man die Strategie der USA als eine Reaktion auf die Siege des Sozialismus. Im Januar 1980, also noch vor Reagans Wahlsieg, wurde das Vorgehen der USA von den Autoren eines Strategiepapiers als Versuch gewertet, »den historischen Fortschritt der sechziger und siebziger Jahre rückgängig zu machen und den weltrevolutionären Kräften den Weg zu neuen Erfolgen zu versperren«.[34] Washington beabsichtige, »durch die Drohung mit überlegenen militärischen Potentialen eine Unterstützung der UdSSR für bedrohte oder überfallene sozialistische Staaten und Entwicklungsländer zu verhindern«.[35] Angesichts des prinzipiellen Konflikts zwischen westlicher Eindämmungspolitik und marxistisch-leninistischem Expansionsstreben war ein beiderseitig befriedigender Ausgang der Abrüstungsverhandlungen in den frühen achtziger Jahren kaum zu erzielen. Der Widerstreit der Willen, der sich in der »Schlacht um die Euro-Raketen«[36] niederschlug, war also vorprogrammiert.

Die Gefahren einer manichäischen Weltsicht

Die Kriegshysterie, von der die kommunistischen Eliten in den frühen achtziger Jahren erfaßt wurden, entsprang nicht unwesentlich dem manichäischen Weltbild ihrer Ideologie. Selbst in den internen Strategiepapieren der SED-Führung wurde der Imperialismus als »der Hauptfeind der Menschheit« bezeichnet,[37] den allein die militärische Stärke des Sozialismus von »Krieg, militärischer Aggression, ökonomischer Erpressung und kolonialer Ausplünderung« abhalte.[38] Da »der Gegner« wesensmäßig böse war, brauchten die Kommunisten keinen Gedanken daran zu verschwenden, inwieweit ihre eigenen Handlungen die Ursache für feindseliges Verhalten seitens des Westens waren. Besonders die Sowjets hatten keinerlei Schwierigkeiten, fest daran zu glauben, daß ihre eigene Vorrüstung nichts mit dem Doppelbeschluß der NATO zu tun hatte.[39]

Als Breschnew im Mai 1980 zur Tagung des Politischen Beratenden Ausschusses sprach, verwarf er jeden Gedanken daran, daß die Revolution im Iran oder gar der sowjetische Einmarsch in Afghanistan Ursachen für die Abkühlung in den Ost-West-Beziehungen sein könnten.[40] Die Wende in der Politik der USA erklärte sich Breschnew vielmehr als »Klassenreaktion auf die Festigung der Positionen des Sozialismus, auf die Erfolge des nationalen Befreiungskampfes der Völker, auf das Anwachsen der demokratischen fortschrittlichen Kräfte in der kapitalistischen Welt«. US-Präsident Carter war für Breschnew der bösartige Urheber einer imperialistischen Gegenattacke: »Der Kurs Carters ist, kurz gesagt, ein gefährlicher, abenteuerlicher Kurs auf die Eskalation des Wettrüstens, auf die Verstärkung der Kriegsgefahr.«[41] Zum Beweis dafür, daß der Imperialismus bereits vor dem Einfall in Afghanistan zur Gegenoffensive übergegangen sei, führte Breschnew das Langzeitrüstungsprogramm der NATO an, das 1978 als Antwort auf die sowjetische Hochrüstung der sechziger und siebziger Jahre beschlossen worden war. Außerdem wies er darauf hin, daß der NATO-Doppelbeschluß 15 Tage vor dem sowjetischen Einmarsch in Afghanistan verabschiedet worden war. Die Tatsache, daß Carter den SALT-II-Vertrag nach Afghanistan von der Ratifizierung zurückgezogen hatte, interpretierte Breschnew als weiteren Beleg für die breit angelegte Gegenattacke des Imperialismus:

> »Parallel dazu setzte Washington faktisch die Sabotage der verschiedenen Abrüstungsverhandlungen, darunter auch im Genfer Ausschuß, fort. Ist denn nicht die Linie der USA in der Frage der Ratifizierung des SALT-II-Vertrages kennzeichnend dafür? Das ist doch, milde ausgedrückt, Wortbrüchigkeit mit dem Ziel, die militärischen Vorbereitungen und aggressiven Pläne der Imperialisten zu tarnen. Glieder dieser Kette bilden auch die Versuche der USA-Regierung, die Revolution in Afghanistan und in Iran mit verschiedenen Methoden zu ersticken.«[42]

Auch Armeegeneral Iwaschutin, der Chef der militärischen Aufklärung, nannte im Oktober 1980 als wahren Grund für die Verschärfung der Lage den Willen des Imperialismus, seine historische Niederlage abzuwenden:

> »Das ist eine Art verzweifelter Versuch des Imperialismus, den Lauf der Ereignisse zu seinen Gunsten umzukehren, nochmals mit Hilfe der Gewaltandrohung den Prozeß der historischen Veränderung zum Stehen zu bringen oder zumindest aufzuhalten, wobei man das Scheitern der Pläne, die Entspannung zur Festigung der eigenen Position im Kampf gegen den Sozialismus, gegen den Weltbefreiungsprozeß auszunutzen, berücksichtigt.«[43]

Für Iwaschutin bestand ebenfalls kein Zweifel daran, daß die imperialistische Gegenoffensive bereits vor Afghanistan entfaltet worden sei: »Die Abkehr der USA und ihrer NATO-Verbündeten von der realen Politik der Entspannung« und »die Forcierung der materiellen Vorbereitung eines Krieges gegen die Länder des Warschauer Vertrages« habe »bereits Ende 1977/Anfang 1978« »konkrete Konturen« angenommen. In Iwaschutins Augen war US-Präsident Carter maßgeblich für diese Entwicklung verantwortlich. Carters Wahlversprechungen von 1976 seien »eine einzige Demagogie«. Der gegenwärtige Wahlkampf in den USA sei von einer »Atmosphäre der Kriegshysterie, des militaristischen Rausches, der zügellosen Propaganda, ja man kann sogar sagen der Lobpreisung des Kernwaffenkrieges« geprägt. Es sei mithin egal, so Iwaschutin weiter, ob Carter oder Reagan die Wahl gewönne:[44]

> »Der amerikanische außenpolitische Kurs der achtziger Jahre wurde bereits klar abgesteckt. Zu seinem Hauptelement wird der Kriegskult. Sein Wesen läuft auf die uneingeschränkte Einmischung in die Weltangelegenheiten zur Erringung der globalen Hegemonie hinaus. Die meisten Regionen der Welt, vor allem die an energetischen Ressourcen reichen oder in strategischer Hinsicht wichtigen, wurden zu ›Sphären der Lebensinteressen‹ der USA erklärt, und zu deren Schutz demonstriert die gegenwärtige Administration ihre Bereitschaft, Streitkräfte einzusetzen.«[45]

Besonders emphatisch warnte Iwaschutin vor der neuen Kernwaffenstrategie der USA. Seit Mitte der siebziger Jahre hatten die Amerikaner unter dem Eindruck der strategischen Parität ihre Strategie tatsächlich auf die Möglichkeiten eines selektiven Kernwaffengebrauchs hin überprüft. Schläge gegen sowjetische Militäreinrichtungen sollten die USA in die Lage versetzen, im Kriegsfall den Eskalationsprozeß zu dominieren. Dem Aggressor sollte jeweils ein Schaden zugefügt werden, der dessen mögliche Gewinne übersteigen würde. Ziel dieser Strategie war es, den Angreifer zum Rückzug zu zwingen und so die Eskalation zum totalen Kernwaffenkrieg zu vermeiden.[46] Iwaschutin sah hinter der neuen US-Strategie naturgemäß eine andere Zielsetzung:

»In dieser Strategie wird auf die aktive Vorbereitung auf einen Kernwaffenkrieg orientiert. Sie sieht die Bereitschaft der strategischen Kernwaffenkräfte der USA zur Führung eines überraschenden zuvorkommenden Schlages auf militärische Objekte der Sowjetunion und der Länder des Warschauer Vertrages vor. Mit einem solchen Schlag sollen vor allem die strategischen Schlüsselobjekte vernichtet werden …«[47]

Auch Carters Hinwendung zu China beunruhigte Iwaschutin: »Die Vertiefung der militärischen Zusammenarbeit im Rahmen dieser Dreierachse [Tokio–Washington–Peking] ist ein neuer Faktor der Lagedestabilisierung in Asien und in der Welt insgesamt und erhöht die Gefahr eines neuen Krieges.«[48] Einzig der »Sieg« in Afghanistan vermochte Iwaschutins düstere Lageeinschätzung etwas aufzuhellen: »Die afghanische Revolution versetzte den Plänen der USA einen nicht wiedergutzumachenden Schlag, Afghanistan zu einem Brückenkopf im Kampf gegen die Sowjetunion und die nationale Befreiungsbewegung zu machen.«[49] Am Ende überwogen jedoch pessimistische Warnungen vor dem Anstieg der Kriegsgefahr:

»1. Die militärpolitische Lage in der Welt ist komplizierter geworden und weist eine Tendenz der Zuspitzung auf. Hauptursache dafür ist das Bestreben der imperialistischen Kreise, fortschrittliche historische Wandlungen aufzuhalten, das in der Welt entstandene Kräftegleichgewicht zu ihren Gunsten zu verändern …
2. Die Kriegsgefahr für die Welt und die Länder der sozialistischen Gemeinschaft geht von den USA und dem aggressiven NATO-Block aus. Die forcierten Kriegsvorbereitungen seitens der NATO mit dem klaren Ziel der Veränderung der strategischen Lage auf dem europäischen Kontinent zum einseitigen Vorteil des Nordatlantischen Bündnisses bewirkten die Zunahme der Kriegsgefahr in Europa.
3. Das Einschwenken Chinas auf die Position des Weltimperia-

lismus, der Ausbau seiner militär-strategischen Partnerschaft mit den USA und Japan auf antisowjetischer Grundlage verstärkt die Kriegsgefahr für die sozialistischen Länder im Fernen Osten und in Asien.«[50]

Iwaschutins Lageeinschätzung ist symptomatisch für die Art, wie politische und militärische Aufklärungsergebnisse den »Führern« des sozialistischen Lagers präsentiert wurden. So ging er zwar ausführlich auf die Rüstungsprogramme der NATO ein,[51] unterließ es aber, diese dem eigenen Militärpotential gegenüberzustellen. Die Bedrohungsperzeption »des Gegners« fand bei ihm keinerlei Beachtung. »Der Gegner« wurde statt dessen im Sinne der kommunistischen Eschatologie als bösartiger Feind des Friedens und des Fortschritts gebrandmarkt, dessen Militärpolitik nie etwas anderes als »Kriegskult« und »Forcierung der materiellen Vorbereitung eines Krieges« war.

Die Lageeinschätzungen zu Militärpolitik und Manövern der NATO, die dem Nationalen Verteidigungsrat der DDR vorlagen, überbieten Iwaschutins alarmistische Diktion sogar noch. »Die NATO-Ratstagungen im Dezember 1978 und ihre Auswirkungen auf die weitere Aggressionsvorbereitung der NATO-Staaten«[52] wurden beispielsweise folgendermaßen beschrieben:

»Die NATO betrachtet die achtziger Jahre als einen wichtigen Zeitabschnitt für die Durchsetzung ihrer aggressiven Ziele. Ausgehend von dem bereits erreichten hohen Stand der Aggressionsvorbereitungen sollen mit den bisher größten Rüstungsaufwendungen neue Qualitäten in der Fähigkeit und Bereitschaft zur Führung aller Arten von Kriegen gegen die Teilnehmerstaaten des Warschauer Vertrages erreicht werden.«[53]

Das Resümee des Nationalen Verteidigungsrates lautete deshalb:

»Die Information unterstreicht darüber hinaus, daß das gesamte personelle und materielle Potential des NATO-Paktes noch stärker auf die Entfesselung und Führung einer überraschenden militärischen Aggression gegen die Deutsche Demokratische Republik und die sozialistische Verteidigungskoalition vorbereitet wird. Dazu kommt, daß vor allem in der BRD militanter Antikommunismus, Revanchismus und Neonazismus zu ernstzunehmenden Faktoren einer latenten, jederzeit aktivierbaren ideologischen Kriegsbereitschaft geworden sind.«[54]

Generalmajor Reinhard Brühl, der Nestor der ostdeutschen Militärgeschichtsschreibung, räumte nach 1989 ein, daß solche Berichte der »Aufklärung« zwar die Erwartungen der politischen Führung befriedigten, dem Inhalt der reichlich sprudelnden Quellen aber kaum gerecht wurden.[55] Nach dem Zusammenbruch der DDR berichteten einige der unteren, aber fachlich gut qualifizierten Aufklärungsoffiziere, sie seien häufig dazu gezwungen worden, nüchterne Lageanalysen dem alarmistischen Weltbild ihrer Vorgesetzten anzupassen.[56] Die Führer des Warschauer Vertrages verließ sich somit auf ein System der Informationsauswertung, das ihre eigenen Vorurteile und Erwartungen beständig verstärkte.

Daß die Geheimdienstinformationen zu den Erwartungen ihrer Empfänger passen mußten, lag nicht zuletzt daran, daß im Kreml und im Oberkommando der Sowjetarmee die Erklärungsmuster des Kommunismus für eine nahezu vollständige Filterung der Wahrnehmung sorgten. Gerade in der Militärführung hatte das stalinistische Weltbild allen Anfechtungen der Zeit getrotzt. Als Beispiel mag eine Bemerkung Kulikows von 1981 dienen:

»Die Trauerfeierlichkeiten beim Tode von Kardinal Wischinski [Primas von Polen] bewiesen, daß die Polen auf religiösem Gebiet im 16. Jahrhundert leben. Er [Kulikow] unterstrich: nicht im 17. oder 18., sondern im 16. Während die Trauerfeier beim Tode Stalins in Moskau *drei* Stunden dauerte, waren die Trauerfeierlichkeiten beim Kardinal Wischinski *sechs* Stunden lang.«[57]

Kulikow war außerdem der Meinung, daß die »polnischen Kulaken« zu den Urhebern der polnischen Krise gehörten, weshalb man gegen sie entschlossen vorgehen müsse:

> »Es bleibt unverständlich, warum in Polen sich die ökonomische Lage nicht stabilisiert, obwohl praktisch alles vorhanden ist. ... Man muß jedoch den Mut haben, die Kulaken und Bauern zu zwingen, ihre Produkte an den Staat abzuliefern. Dort, wo es nicht freiwillig erfolgt, muß Gewalt angewandt werden und wenn notwendig auch mit Waffeneinsatz. Auch in der Sowjetunion mußte in einer bestimmten Entwicklungsetappe diese Methode angewandt werden.«[58]

Marschall Ustinow, von 1976 bis zu seinem Tode 1984 sowjetischer Verteidigungsminister, rechnete das »Kulakentum« ebenfalls zu den Urhebern der polnischen Krise.[59] Nach Verhängung des Kriegsrechts, im Dezember 1981, drängte die sowjetische Führung Jaruzelski, nun endlich die Landwirtschaft zu kollektivieren. Im März 1982 sah sich Jaruzelski sogar genötigt zu erklären: »Eine Kollektivierung ist in der Gegenwart in der Landwirtschaft nicht möglich.«[60] Die Sowjetunion hatte die Kollektivierung mehrere Millionen Tote gekostet.

Die Weltanschauung des sowjetischen Oberkommandos und der Partei-Elite von SED und KPdSU blieb von Lenins »Kto Kowo?« (Wer besiegt wen?) geprägt. Die internationale Politik hatte in den Augen dieser Männer den Charakter eines Nullsummenspiels, in dem nur Sieg oder Niederlage möglich waren und die militärische Stärke das letztendlich ausschlaggebende Argument blieb. Für sie war der Begriff Frieden ein Synonym für die wachsende Kraft des Sozialismus und den damit einhergehenden Niedergang des Imperialismus. In einem Strategiepapier aus Axens Internationaler Abteilung hieß es folgerichtig: »Die wichtigste Grundlage des Friedens ... ist die Brechung der militärischen Überlegenheit des Imperialismus.«[61]

Für seine Gläubigen mochte dieses manichäische Weltbild so

lange einigermaßen erträglich sein, wie die Stärke des Sozialismus anwuchs. Von dem Moment an, da der Sozialismus an Dynamik verlor, mußte die Gleichsetzung des Friedens mit der Stärke des Sozialismus eine zutiefst problematische Eigendynamik entfalten. Denn jeder Erfolg »des Gegners« mußte dessen mühevoll im Zaum gehaltene Kriegslüsternheit wiederbeleben. Genau davor warnte Breschnew 1980: »Die Stationierung neuer amerikanischer Raketen in Europa würde die Positionen jener Abenteurer in den USA stärken, die die Idee des sogenannten ersten Schlages propagieren.«[62]

Als Axen im Januar 1980 mit Ponomarjow und Sagladin zusammentraf, überwog bei ihnen jedoch immer noch der Optimismus. Zu diesem Zeitpunkt bestimmte nämlich noch nicht die finale Krise des Sozialismus ihre Lageanalyse, sondern der scheinbar unaufhaltbare Niedergang des Kapitalismus:

> »*Genosse Sagladin* wies in diesem Zusammenhang darauf hin, daß wir schon mehr als sechs Jahrzehnte von der Krise des Kapitalismus und ihrer Verschärfung sprechen, dabei auch Etappeneinteilungen usw. vorgenommen haben. Aber heute brauche man nichts mehr zu erfinden. Jetzt habe die Krise des Kapitalismus mit großer Heftigkeit alle Sphären des gesellschaftlichen Lebens der kapitalistischen Länder erfaßt. Die Krise habe seit 1973 eine völlig neue Qualität. Innere und äußere Krisenfaktoren verknüpfen sich aufs engste miteinander.«[63]

Sagladin erwartete, daß die Krise Spannungen innerhalb des kapitalistischen Lagers verstärken würde: »Sie [die Krise] führt zur wachsenden Differenzierung in und zwischen den kapitalistischen Ländern.« Carters Einstellung zum Atomkrieg schien ihm überdies ein Minimum an Sicherheit zu gewähren: »Carter hat selbst zugegeben, daß ein nuklearer Weltkrieg als Ausweg aus der Krise nicht möglich ist.«[64] Angesichts dieser Entwicklungen waren alle drei Männer zuversichtlich, daß es einer Massenbewegung »breitester politischer Kreise« gelingen könne, die »imperialistischen Gegenattacken und Hetzkampagnen« zu durchkreuzen.[65] Mit Reagans Einzug ins Weiße Haus sollte sich diese Zuversicht jedoch rasch verlieren.

Ronald Reagan

In gewisser Weise war die nukleare Abschreckung ein Problem des Glaubens: Letztlich war es von nachgeordneter Bedeutung, was in einem Krieg wirklich geschehen würde, erheblich wichtiger waren die Vorstellungen zum Kriegsverlauf, die die jeweils andere Seite im Frieden hegte. Im Kalten Krieg vollzog sich seit Ende der siebziger Jahre ein zweifacher Paradigmenwechsel. Während die realistischen Beschreibungen von Atomwaffenfolgewirkungen, die von sowjetischen Politikern in dieser Zeit abgegeben wurden,[66] erkennen ließen, daß man sich in der KPdSU allmählich der katastrophalen Folgen eines Atomkrieges bewußt wurde, suchten die Amerikaner die Abschreckung glaubhaft zu erhalten, indem sie ihrer Strategie durch die Option selektiver Atomwaffenschläge neue Flexibilität verschafften.[67] In den USA hatte diese Entwicklung ungefähr 1974 eingesetzt, als der damalige Verteidigungsminister James Schlesinger erste Überlegungen zur Neuformulierung der US-Strategie präsentiert hatte. Anstöße für diesen Strategiewechsel lieferten die nuklearstrategische Parität mit der UdSSR und die sowjetische Strategie zur siegreichen Führung von Atomkriegen.[68]

Zwar nahm die Neuformulierung der US-Strategie schon unter Carter in der Presidential Directive 59 (PD-59) konkrete Formen an, zu dieser Zeit konnten sich die Sowjets aber noch damit beruhigen, daß Carter sich unverhohlen zu seiner Angst vor einem Atomkrieg bekannte. In Reagans Fall ergaben dessen teilweise aus dem Zusammenhang gerissenen und wenig bedachten Äußerungen zusammen mit seiner Nähe zum protestantischen Fundamentalismus und seinem radikalen Antikommunismus ein Bild des Schreckens, das auch einen Atomkrieg wieder denkbar erscheinen ließ. Wenn Reagan die UdSSR zum »Fokus des Bösen in der modernen Welt« erklärte oder zu einem »Kreuzzug für die Freiheit« aufrief, so waren diese Äußerungen zwar durchaus all jenen Verunglimpfungen ähnlich, mit denen die Kommunisten ihren Friedenskampf führten.[69] Wenn es jedoch darum ging, Signale an die Menschen der UdSSR zu senden, so klangen solche Äußerungen wie die propagandistische Begleitmusik, mit der Hitler seinen Vernichtungskrieg zum »Kreuzzug Europas gegen den Bolschewismus« hochstilisiert hatte.

Mitte März 1981, knapp zwei Monate nach Reagans Amtseinführung, gab der Chef der Militäraufklärung dem Nationalen Verteidigungsrat der DDR einen ersten Überblick über die Militärpolitik der neuen Administration. Trotz seines Hangs zur dramatischen Überzeichnung der »Aggressionsvorbereitungen der NATO« waren die Ausführungen von Generalmajor Gregori diesmal nicht ganz aus der Luft gegriffen:

> »Die militärpolitischen und militärischen Aktivitäten, die die Reagan-Administration seit ihrer Amtsübernahme betreibt, gestatten unseres Erachtens bereits heute die Schlußfolgerung, daß die neue Führung der USA
> - zu den reaktionärsten in der Geschichte des Landes seit dem II. Weltkrieg gehört,
> - die aggressivsten Kreise des militärisch-industriellen Komplexes des USA-Imperialismus repräsentiert,
> - immer deutlicher die Rolle eines Vollstreckers forcierter Rüstungsprogramme riesigen Ausmaßes übernimmt.«[70]

Gregori betonte die Gigantomanie, die für Reagans Rüstungsprogramm ja tatsächlich charakteristisch war, und warnte, daß dies alles bisher Dagewesene in den Schatten stelle:

> »In der *Außen- und Militärpolitik* der Reagan-Administration zeigt sich immer deutlicher, daß

- die bereits von Carter eingeschlagene Linie der ›kalkulierbaren Konfrontation‹ gegenüber der Sowjetunion und den anderen Staaten der sozialistischen Gemeinschaft verschärft weitergeführt wird,
- der USA-Imperialismus einen erneuten Anlauf zur Wiederherstellung seiner Weltherrschaft und zur globalen Veränderung des internationalen Kräfteverhältnisses unternimmt,
- die Herstellung militärischer Kräfteüberlegenheit in den verschiedenen Regionen der Welt, insbesondere aber in Europa, angestrebt wird.

Die alle bisherigen Maßstäbe überschreitenden Kriegsvorbereitungen der USA und der NATO geben der Tendenz in der USA-Außen- und Militärpolitik, internationale Probleme zunehmend von einer Position der Stärke aus zu lösen, einen gefährlichen Auftrieb und kennzeichnen ein neues Herangehen der USA an die Klassenauseinandersetzungen mit dem Sozialismus in den achtziger Jahren.«[71]

Durch den sowjetischen Einfall in Afghanistan, die Revolution im Iran und die Formierung einer Schnellen Eingreiftruppe seitens der USA waren der Indische Ozean und der Persische Golf zu einer Spannungsregion ersten Ranges geworden. Reagans Bemühungen, die vitalen Interessen des Westens gerade in dieser Region militärisch abzusichern, sollten laut Gregori dazu dienen, »den Einfluß der Sowjetunion und der anderen sozialistischen Staaten zurückzudrängen« und »die strategische Lage in jedem dieser Räume zugunsten des Imperialismus zu verändern«.[72] Um »die politischen und militärischen Leitsätze der Strategie der flexiblen Reaktion« »im globalen Maßstab« anwendbar zu machen, so Gregori weiter, stärkten die USA ihre Fähigkeit zur Führung regional begrenzter Kernwaffenkriege.[73]

Im Februar 1982 erhielt die SED-Führung Besuch von Professor Bogdanow, dem Vize-Direktor des Instituts für USA- und Kanada-Studien (ISKAN) an der sowjetischen Akademie der Wissenschaften. Bogdanows Vortrag zur Politik der Reagan-Administration zeigt, daß selbst die nüchternen Politikforscher des ISKAN vom Auftreten der neuen Administration verunsichert waren. Bogdanow erklärte, daß in Washington gegenwärtig zwei Fraktionen um die Definitionsgewalt über die amerikanische Außenpolitik stritten. Eine Gruppe, die sich um den Außenminister Alexander Haig geschart hatte, bezeichnete Bogdanow als die »Antisowjetisten, ›Internationalisten‹«. Sie repräsentierten den gemäßigten Flügel der Reagan-Administration, da sie zwar für »eine energische Abwehr der SU« einträten, dieses Ziel »aber nicht auf dem Wege der militärischen Konfrontation« verwirklichen wollten. Daher hielt diese Gruppe daran fest, daß mit der UdSSR ein Modus vivendi gefunden werden müsse. Dies gälte um so mehr, als die USA auf ihre Verbündeten Rücksicht nehmen müsse, ohne deren Hilfe nicht viel zu erreichen sei.[74]

Wirkliche Gefahr drohte in Bogdanows Augen von der zweiten Gruppe, an deren Spitze Verteidigungsminister Weinberger stand. Diese »Antikommunisten, Neoisolationisten« kämen von der amerikanischen Westküste und stünden Europa desinteressiert bis feindselig gegenüber. Sie seien entschlossen, die USA durch eine »Reindustrialisierung« im Bereich der Hochtechnologien wieder unangefochten an die Spitze zu bringen. Überdies seien sie der Meinung, die UdSSR könne durch ein Wettrüsten in die Knie gezwungen werden. Doch dieses Wettrüsten richte sich auch gegen die amerikanischen Verbündeten in Westeuropa und Japan, die von den neuen Leuten aus Kalifornien ohnehin eher als wirtschaftliche Konkurrenten wahrgenommen würden. Sollte es indes nicht gelingen, Amerikas Vorherrschaft mit diesem Programm wiederaufzurichten, so Bogdanow, sei diese Gruppe entschlossen, sich »in die Festung Amerika zurückzuziehen«:[75]

> »Das Gefährliche daran ist, daß es eben in dieser Gruppe Leute gibt, die in der Lage sind, die auch bereit sind, auf den Knopf zu drücken. Diese Leute sind uns bekannt, und diese Leute sind völlig davon überzeugt, daß eine Konfrontation mit der UdSSR unausweichlich sei, und sie sind noch dazu der Meinung, je

eher das geschähe, desto besser sei es. ... Diese Leute, vor allen Dingen Weinberger, möchten sehr gerne mit uns ihre Kräfte messen. Und zwar bis zum Blutvergießen. Sie würden sehr gern einen solchen Platz dafür finden, wo das ein Minimum an Gefahr für die Amerikaner selbst mit sich bringt.«[76]

Bogdanow wollte Reagan nicht direkt zu dieser Gruppe zählen. Da der Präsident aber »einen starken antisowjetischen, antikommunistischen Instinkt« habe, sei es für diese Leute leicht, ihn zu beeinflussen.[77]

Im August 1982 erhielt Honecker einen Botschafter-Bericht aus Moskau, der ein weiteres Schlaglicht auf die tiefe Verunsicherung der sowjetischen Führung wirft:

»Die *internationale Tätigkeit der KPdSU gegenüber den kapitalistischen Ländern* ist in erster Linie darauf gerichtet, die negativen Auswirkungen der Reagan-Politik einzudämmen und alles Positive zu verteidigen, was mit und nach Helsinki erreicht worden ist. Dabei geht die sowjetische Führung davon aus, daß sie im Falle der jetzigen USA-Administration mit einem unberechenbaren Partner zu tun hat und mit der Fortsetzung des abenteuerlichen, den Weltfrieden bedrohenden Kurses gerechnet werden muß. Keiner der bisherigen USA-Präsidenten der Nachkriegszeit habe eine so fanatische antikommunistische Einstellung gehabt wie Reagan. Sein Haß auf den Kommunismus wird von unseren Gesprächspartnern als pathologisch bezeichnet.«[78]

Andropow und der KGB

Als Erich Mielke im Juli 1981 Moskau besuchte, entwickelte ihm Juri Andropow seine Sicht der Lage. Dabei ging dieser zunächst auf die wirtschaftspolitischen Probleme der UdSSR ein. Der KGB-Chef hatte insgesamt ein realistisches Bild von den Schwierigkeiten, welche die UdSSR beim Übergang von einem extensiven Reproduktionsmodell, das auf der leichten Zugänglichkeit von Rohstoffen basierte, zu einer intensiven, möglichst kostenschonenden Wirtschaftsweise zu bewältigen hatte. Kosten hatten in der sozialistischen »Kriegswirtschaft« nämlich bislang nie eine besondere Rolle gespielt:

> »Genosse L. I. Breschnew hat die Aufgabe gestellt, daß die Wirtschaft ökonomisch werden muß. Dies ist sehr schwierig. Das schnelle Wachstum unserer Volkswirtschaft in den letzten Jahren hat solche Wirtschaftler erzogen, die die Pläne um jeden Preis erfüllt haben. Jetzt muß man sie erziehen, mit jeder Kopeke zu rechnen. Dies kann nicht jeder. Deshalb werden nach meiner persönlichen Ansicht nicht alle Wirtschaftler diese Prüfung überstehen.«[79]

Die ökonomischen Probleme beunruhigten Andropow so stark, weil er ein Übergreifen der polnischen Gewerkschaftsbewegung auf die eigene Arbeiterklasse fürchtete:

> »Auswirkungen der polnischen Ereignisse gibt es im großen und ganzen im Lande noch nicht. Im allgemeinen gibt es eine negative Einstellung zu diesen Ereignissen. Aber in den westlichen Gebieten gibt es bestimmte Einflüsse. Es gibt eine kleine Gruppe von Werktätigen, die die Arbeit verweigerten. Es konnte mit parteilichen Mitteln geklärt werden. Aber es kann auch noch zu anderen Erscheinungen kommen. Darauf müssen wir eingestellt sein.«[80]

Andropow erklärte sich solcherlei Erscheinungen teils mit dem Schlendrian der verantwortlichen Kader, die auf die Arbeiter häufig keine Rücksicht nahmen,[81] teils mit der »politisch-ideologischen Diversion« des Imperialismus:

> »Das Hauptmittel des gegenwärtigen Kampfes ist die politisch-ideologische Diversion. Wir haben beide absolut recht gehabt.

Aber die Formen der politisch-ideologischen Diversion verändern sich. Die polnischen Ereignisse zeigen dies. Es zeigt die Wirkung der US-Spezialdienste im weitesten Sinne. Sie wollen unter den sozialistischen Ländern differenzieren und den Nationalismus schüren. Sie gehen von einzelnen Personen wie z. B. Sacharow ab. Sie versuchen in die Arbeiterklasse einzudringen. Sie versuchen Erregung zu erzeugen und nutzen dabei die Schwächen, daß unsere Ökonomen nicht flexibel genug sind, wo man vergessen hat, mit den Menschen zu arbeiten. Auch bei uns gibt es dies. Z. B. wurde in einem Betrieb wegen der Einführung neuer Normen gestreikt. Die Prüfung ergab, daß niemand mit den Menschen gesprochen hatte.«[82]

Zur Lösung dieser Probleme wollte Andropow den KGB verstärkt in den Betrieben aktiv werden lassen. Außerdem sollte die Revitalisierung der sozialistischen Gewerkschaften diese wieder zu einer wirklichen Vertretung der Arbeiterinteressen befähigen.[83] Sein Hauptmittel aber blieb die innere Repression:

»Unsere Hauptanstrengungen sind darauf gerichtet, die Einflüsse der ideologischen Diversion aus dem Ausland zurückzudrängen. Der Westen unternimmt größte Anstrengungen, um den ideologischen, den psychologischen Krieg gegen uns zu schüren. Sie wollen Zweifel, Unglauben und Angst in der sozialistischen Staatengemeinschaft entwickeln. Wir haben grundsätzlich keine Probleme. Unsere Bevölkerung ist gestärkt. Es gibt einige Hysterie, aber wir bereiten das Volk darauf vor, auf eventuelle Provokationen eingestellt zu sein. Wir sind für den Frieden und werden weiter dafür kämpfen. Aber man weiß nicht, wie die Reagan-Administration handeln wird. Genosse Breschnew hat gefordert, daß wir die entsprechenden Schlußfolgerungen ziehen müssen. Es gilt, eine umfangreiche prophylaktische Arbeit zu entwickeln. Gegen Personen, die gegen unsere Ordnung verstoßen, sind die Gesetze konsequent anzuwenden. Früher haben wir mit solchen Leuten sprechen, diskutieren können, aber unter den angespannten Bedingungen heute müssen wir sie festnehmen und sie bestrafen, damit sich um diese Leute keine feindlichen Gruppierungen bilden können.«[84]

Andropow sah all diese Probleme letztlich aber nur als Beleg dafür, daß der Imperialismus zu einer Gegenoffensive angetreten sei:

»Es geht nicht um einzelne politische Elemente, sondern um die strategische Zielsetzung des Imperialismus. Der Imperialismus will das internationale Kräfteverhältnis zu seinen Gunsten verändern und uns seine Linie aufzwingen. Auch in den jungen Nationalstaaten. Der Kampf wird sehr lang und anstrengend sein. Darauf sind wir eingestellt. Wir müssen den Völkern erklären, warum die Imperialisten zuerst für die Entspannung waren und jetzt dagegen sind. Dies hängt doch nicht mit den verschiedenen US-Präsidenten zusammen. Das Kräfteverhältnis wandelt sich, und die Imperialisten begreifen dies. Als die USA auf die Entspannungspolitik eingingen, mußten sie erkennen, daß die Kräfte des Sozialismus real sind. Dazu kam die Niederlage in Vietnam. Sie dachten, ihre Ziele durch die Entspannungspolitik durchsetzen zu können. Sie wollten viele Freiheiten für die Diplomaten, die Journalisten haben. Alles dies wurde ihnen nicht zugestanden. Die vulgären Reden von Reagan zeigen das wahre Gesicht des militärisch-industriellen Komplexes. Sie haben lange schon eine solche Figur gesucht. Jetzt haben sie in Gestalt von Reagan diese Figur endlich gefunden. Die Imperialisten haben begriffen, daß die Lage sich zu ihren Ungunsten entwickelt, z.B. in Angola, Äthiopien, Zentralamerika. Sie haben verstanden, daß die Beibehaltung der Politik der Entspannung uns größeren Nutzen und ihnen größeren Schaden bringt. Deshalb haben sie bei verschiedenen Anlässen versucht, die Entspannungspolitik abzubrechen (Verstärkung des Antisowjetismus, Wahlkampagne von Reagan usw.).«[85]

Die amerikanische Bereitschaft zur Führung eines nuklearen Überraschungsangriffs beurteilte Andropow aber eher nüchtern:

> »Reagan will das Wettrüsten als ein Instrument nutzen, um eine Reihe außen- und innenpolitischer Probleme zu lösen. Mit dem Wettrüsten wollen sie nicht nur die Überlegenheit über uns erreichen, sondern auch eine Reihe ökonomischer Probleme im Inneren lösen. Wir müssen zugeben, daß sie einiges erreichen konnten. Natürlich nur in der ersten Zeit. Später werden sie Schwierigkeiten haben.... Vielleicht ist es meine subjektive Meinung: Die USA bereiten den Krieg vor, *aber* sie sind nicht bereit, den Krieg zu beginnen. Sie bauen die Betriebe und Paläste nicht, um sie zu zerstören. Sie wollen die militärische Überlegenheit, um uns ›Schach‹ bieten und uns für ›matt‹ erklären zu können, ohne den Krieg zu beginnen. Vielleicht täusche ich mich. Sie wollen dies, *aber* wir werden dies nicht zulassen.«[86]

Andropow und Mielke stimmten überein, daß die »politisch-ideologische Diversion« weiterhin die größte Gefahr darstellte. Das Beispiel Polens, wo Andropow zufolge die kommunistische Partei von »revisionistischen Elementen« unterwandert und praktisch »auseinandergefallen« sei,[87] nahmen beide zum Anlaß, die eigene Arbeiterschaft verstärkt zu überwachen. Obgleich Mielke wie stets vor Selbstsicherheit nur so strotzte, verraten seine Ausführungen doch eine gewisse Unsicherheit: »Besonders wichtig ist die Frage, daß es dem Feind nicht gelingt, einen Einbruch in die Arbeiterklasse zu erzielen.... Ich wollte dies nur unterstreichen. Wenn es dem Feind nicht gelingt, einen Einbruch in die Arbeiterklasse zu erzielen, dann kann uns nichts passieren.«[88]

Was Reagans »Boykottpolitik« anbelangte, so glaubte Andropow, daß die westlichen »Wirtschaftsfachleute ... letzten Endes aber stärker sein« würden »als die Regierenden«.[89] Ost-West-Verhandlungen wie die Madrider KSZE-Folgekonferenz wollte er offensiv nutzen, um das westliche Bündnis aufzuspalten: »Wichtig ist, daß sich die USA mit ihren europäischen Partnern streiten.«[90] Die sogenannte Operation RYAN, durch die ermittelt werden sollte, ob der Westen einen atomaren Überraschungsangriff plante, wurde in diesem Gespräch nicht erwähnt. Andropow betonte zwar die Notwendigkeit, »unter allen Umständen die Pläne der Imperialisten aufzuklären«, konkrete Ausführungen machte er aber zu diesem Themenkomplex nicht. Er betonte vielmehr seine Zufriedenheit mit der guten Zusammenarbeit der Aufklärungsorgane von MfS und KGB.[91] Seine Replik zeigt, daß auch Mielke im Friedenskampf die beste Verteidigung gegen Reagan erblickte:

> »... Völlig einverstanden, daß die Aufklärung verstärkt werden muß. Es geht um die Grundfrage: Frieden oder Krieg! Es ist erforderlich, die aktiven Maßnahmen zu verstärken, um die Friedensbewegung zu unterstützen. Deshalb muß auch die Konferenz in Moskau sein, damit alle Minister wissen, wo die Koordinierung erfolgt.«[92]

Markus Wolfs Behauptung, Andropow habe bereits 1980 ernsthaft daran geglaubt, daß unter den gegebenen Umständen »ein atomarer Krieg eine reale Bedrohung« sei,[93] erscheint angesichts des oben zitierten Protokolls als wenig wahrscheinlich. Der britische Spionageexperte Christopher Andrew nennt den Mai 1981 als Beginn der Operation RYAN. Er weist jedoch auch darauf hin, daß die Operation auf Ustinows Initiative zurückging.[94] In den Gesprächen, die Mielke zwischen 1982 und 1984 mit der Führungsebene des KGB hatte, wurde es stets als wichtigste Aufgabe bezeichnet, keine Überraschung durch den Gegner zuzulassen. Rein quantitativ überwog bei diesen Unterredungen aber nach wie vor die Bekämpfung der politisch-ideologischen Diversion alle anderen Themenkomplexe.[95]

Die Beschäftigung mit der Möglichkeit eines atomaren Überraschungsangriffs entwickelte aber eine gefährliche Eigendynamik, zu der Mielke das seinige beigetragen haben dürfte. In einem Gespräch mit Generaloberst Fedortschuk, Andropows Nachfolger als KGB-Chef, warf Mielke im September 1982 das Problem von Luftraumverletzungen durch westliche Flugzeuge auf: Es sei sogar zu Landungen und Starts auf dem Territorium des Warschauer Vertrages gekommen. Mielke: »Haben dem Generalsekretär und dem Verteidigungsminister gesagt, wenn sie das können, dann können sie unter solchen Bedingungen auch andere gefährliche Handlungen begehen.«[96]

Obgleich Fedortschuk Andropows Sorge um die Einwirkung der »politisch-ideologischen Diversion« auf die Arbeiterklasse teilte,[97] scheint er vor einem Atomkrieg erheblich mehr Furcht gehabt zu haben als sein Amtsvorgänger: »Die Hauptsache ist, die Vorbereitung des Feindes auf einen Kernwaffenkrieg *rechtzeitig* aufzudecken.«[98] Fedortschuk war auch weniger optimistisch als Andropow, was die Möglichkeit betraf, die westlichen Staaten gegeneinander auszuspielen:

> »In diesem Zusammenhang sind die Widersprüche zwischen USA und BRD zu beachten. Ebenso zwischen den Monopolgruppierungen. Es kommt nicht auf die Partei an, die regiert. Die Widersprüche bleiben.
> Aber alle haben das gleiche Ziel:
> Liquidierung des Sozialismus! unter Verschärfung der internationalen Lage.«[99]

Trotz der sich beständig zuspitzenden Lage scheint Andropow an seinem vorsichtigen Optimismus festgehalten zu haben. Aber auch er blieb von Reagans Militärpolitik nicht unbeeindruckt. Im Januar 1983 sprach er vor dem Politischen Beratenden Ausschuß des Warschauer Vertrages zum Strategiewechsel der USA:

> »Die neue Runde des Wettrüstens, die uns von den USA aufgezwungen wird, weist prinzipielle, qualitative Unterschiede auf. Wenn die Amerikaner früher, wenn sie von ihren Kernwaffen sprachen, vorzugsweise betonten, daß diese vor allem ein Mittel der ›Abschreckung‹, der ›Eindämmung‹ seien, so ver-

hehlen sie jetzt, indem sie vervollkommnete Raketensysteme schaffen, keinesfalls, daß sie real für einen künftigen Krieg bestimmt sind. Daher rühren auch die Doktrinen eines ›rationellen‹, ›begrenzten‹ Kernwaffenkrieges, daher rühren auch die Behauptungen von der Möglichkeit, in einem länger andauernden Kernwaffenkonflikt zu überleben und zu siegen.

Es ist schwer zu sagen, wo hier Erpressung und wo eine wirkliche Bereitschaft zu einem verhängnisvollen Schritt liegen. Keinesfalls können wir jedoch eine militärische Überlegenheit der USA zulassen, und wir werden dies auch nicht zulassen. Das Gleichgewicht wird nicht gestört werden. Es ist jedoch damit zu rechnen, daß die Eskalation des Wettrüstens die militärisch-politische Situation unbeständig und unbestimmt machen kann. Es tauchen auch solche Waffenarten auf, die mit Hilfe nationaler Mittel schwer und vielleicht überhaupt nicht kontrolliert werden können.«[100]

Nach wie vor war Andropow allerdings optimistisch, was die Erfolgsaussichten des Friedenskampfes anging:

»Die jetzige Wende in der Politik der USA ist natürlich mit aller Ernsthaftigkeit zu betrachten. Man muß aber auch sehen, daß ihnen bei weitem nicht alles gelingt. Die Schwächen und Fehler ihres Kurses treten immer offenkundiger zutage. In der Absicht, uns einzuschüchtern, säten die Washingtoner Politiker Angst bei sich im Lande und bei ihren eigenen Verbündeten und riefen bei ihnen ein Gefühl der Erregung hervor. Im Westen wachsen die Befürchtungen, daß in Amerika Leute an die Macht gekommen sind, die fähig sind, eine Kernwaffenkatastrophe vom Zaune zu brechen.

Ist es denn nicht bezeichnend, daß, unabhängig vom Weltfriedensrat, in Westeuropa und in den USA selbst eine Massenbewegung gegen die Kernwaffen entstanden ist und an Kraft gewinnt, die hier und da schon politisches Wetter macht. Die Idee des Einfrierens der Kernwaffenarsenale genießt breite Unterstützung in der Demokratischen Partei der USA. Die Labour-Partei ist für die nukleare Abrüstung Großbritanniens eingetreten. Das sind bei weitem keine Kleinigkeiten. Reagans ›Vehemenz‹ verschärft die Widersprüche im westlichen Lager. Die Europäer, die Japaner und Kanadier sind nicht bereit, sich dem harten Konfrontationskurs Reagans zu unterwerfen.«[101]

Diese Äußerungen Andropows bestätigen das Bild, das der in die USA geflohene Diplomat Arkadi Schewtschenko von ihm gezeichnet hat. Schewtschenko zufolge war Andropow ein orthodoxer Marxist-Leninist, der im Friedenskampf das wichtigste Mittel zur Niederringung des Westens sah. So soll Andropow dagegen votiert haben, den Vietnamkrieg durch Verhandlungen zu beenden, da er sicher war, die USA früher oder später allein durch den Druck der Straße zum Rückzug zwingen zu können.[102] Wenn Andropow hoffte, die NATO durch den Friedenskampf noch vor dem Vollzug des Doppelbeschlusses in eine Krise stürzen zu können, dann mußten ihn die Ereignisse des Frühjahrs 1983 eines Besseren belehren. Bei der Tagung des Politischen Beratenden Ausschusses im Juni 1983 gestand Andropow ein, daß der Zusammenhalt des Westens eher noch gewachsen war:

»In jüngster Zeit wurden wir mit der Zusammenzimmerung einer militärisch-politischen Koalition der imperialistischen Hauptmächte – von Washington bis Tokio – konfrontiert. Davon zeugen die Ergebnisse der Konferenz der ›Sieben‹ [führenden westlichen Wirtschaftsnationen] in Williamsburg und die der Pariser NATO-Ratstagung. Die ideologisch-politische Basis dieser Koalition ist das Anwachsen des reaktionären Konservatismus und, ich würde sagen, Chauvinismus in den kapitalistischen Hauptländern. Auf dieser Welle errang Thatcher ihren Wahlsieg. Ähnliche Ideen verkündet die Regierung Japans. In der BRD leben erneut revanchistische Stimmungen auf. Kurz gesagt – für die gegenwärtige kapitalistische Welt ist ein Rechtsruck charakteristisch.«[103]

Angesichts dieser Entwicklung mochte sich Andropow auch nicht mehr über die Kollateralschäden freuen, die Reagans rhetorische Salven im Westen verursachten: »Die Erklärungen Reagans, der die Sowjetunion als ›Zentrum des Bösen‹ darstellt und zu einem ›Kreuzzug‹ gegen den Kommunismus aufruft, sind nicht nur einfach Rhetorik. Sie sind die Denkweise der gegenwärtigen amerikanischen Führer und jener, denen sie die Macht zu verdanken haben – der Monopole, die den militärisch-industriellen Komplex der USA bilden.«[104]

Andropows Hauptsorge galt indessen immer noch der finanziellen Belastung durch vermehrte Rüstungsausgaben und den dadurch notwendig werdenden Einschnitten in den Lebensstandard: »Sollte uns der Imperialismus zu Schritten zwingen, von denen die Rede ist ..., sind für uns zusätzliche Ausgaben für die Verteidigung nicht zu vermeiden. Das beabsichtigen wir dem Sowjetvolk direkt und aufrichtig zu sagen. Wir sind davon überzeugt, daß unsere Menschen verstehen werden, daß es hierbei angesichts der Gefahr eines Krieges um die Sicherheit des Landes geht.«[105]

Im September 1983 kam es zu einem Zwischenfall, der das gewaltige Gefahrenpotential verdeutlichte, das durch die wechselseitige Einschüchterung heraufbeschworen wurde. Als in der Nacht zum 1. September 1983 ein südkoreanisches Passagierflugzeug tief in den sowjetischen Luftraum eindrang und sich trotz 120 Warnschüssen nicht zur Landung zwingen ließ, wurde sowjetischen Abfangjägern der Befehl zum Abschuß gegeben. Am 19. September traf der stellvertretende KGB-Vorsitzende W.A. Krjutschkow in Berlin ein, um Mielke über den Vorfall zu unterrichten. Aus Krjutschkows Ausführung geht nicht klar hervor, wer den Befehl zum Abschuß gab. Die höchste Befehlsstelle, die er erwähnte, war ein nicht näher bezeichnetes lokales Kommando. Krjutschkow beteuerte jedoch, daß der Abschußbefehl nicht erteilt worden wäre, wenn die Sowjets erkannt hätten, daß es sich bei der Maschine um ein Zivilflugzeug handelte.[106] Im KGB wußte man mittlerweile, daß der koreanische Jumbo kein getarntes Aufklärungsflugzeug war. Die KGB-Spitze glaubte nun, daß es sich bei dem Vorfall um eine Provokation handelte, die von Teilen der Reagan-Administration bewußt herbeigeführt worden sei:

»Reagan hat erklärt, daß die Menschheit leider nie erfahren wird, wer das falsche Programm eingegeben hat. Man kann sagen, daß er damit diesen Fehler zugegeben hat; denn die Menschheit will wissen, wer dies getan hat und warum. Unter uns gesagt, wir haben von einem Amerikaner eine ganz interessante Information erhalten, worin er mitteilt, wie und durch wen die Maschine für den Flug vorbereitet wurde. In den nächsten Tagen werden wir dies den Amerikanern übergeben, ohne alles zu veröffentlichen. Damit wird dieser Amerikaner als Quelle ›geopfert‹. ... Es gibt Leute, die dieses Flugzeug bewußt in den Untergang geschickt haben.«[107]

Der grobschlächtige Mielke war seinerseits allerdings vor allem darüber enttäuscht, daß die Sowjets den Vorfall nicht für eine kraftvolle Propagandaoffensive genutzt hatten:

»Von Anfang an habe ich gesagt, man muß stärker in die Offensive gehen, ausgehend von der Tatsache, daß es eine organisierte Provokation war. Man muß doch sagen, daß die Amerikaner andere Nationen nutzen, um ihre Provokationen abzudecken. Diese Methode wenden sie häufig an. Man muß sofort sagen, daß es eine Provokation ist, um in die Offensive zu gehen. Dies mußte man sofort tun. Dies ist die einzige kritische Bemerkung. Andere Gedanken gibt es nicht. ... Man hätte etwas schneller in die Offensive gehen sollen. Natürlich muß man hören, was der Feind sagt. Alles andere hätte man dann zusätzlich machen können.«[108]

Den Sowjets stand nach diesem Vorfall indes nicht mehr länger der Sinn nach bombastischen Propagandaoffensiven. Sie hatten sich vielmehr zunächst zurückgehalten und in großer Nervosität abgewartet, wie Reagan reagieren würde.[109] Insgesamt schienen sie über Reagans relativ moderate Reaktion erleichtert zu sein:

> »Reagan hat solche Sanktionen gegen uns ergriffen, die für ihn als Präsidenten keinen Schaden bringen. Er will bei den Wahlen wieder kandidieren. Man kann sagen, dies sind ›leere Sanktionen‹. Er hat Dinge vorgeschlagen, die keine große Rolle in den Beziehungen zwischen unseren beiden Ländern spielen. Wir hatten mit Sanktionen gegen die Getreidelieferungen oder die Röhrengeschäfte gerechnet. Was Genf betrifft, hat er sofort gesagt, daß die USA verhandeln werden.«[110]

Krjutschkow ließ offen, ob die Sowjets nach dem Beginn der Raketenstationierung weiter verhandeln würden. Er betonte aber ihren Willen, den Friedenskampf entschlossen fortzuführen. Zwar beurteilte die KGB-Spitze die langfristigen Überlebenschancen vor allem Europas eher skeptisch, Krjutschkows Ausführungen lassen aber erkennen, daß er nicht davon ausging, ein dritter Weltkrieg stünde unmittelbar und unabwendbar bevor:

> »Werden wir weiterverhandeln, wenn stationiert wird?
> Wir sehen den Kampf für den Frieden noch nicht beendet. Selbstverständlich ist der Kampf sehr schwer, da eine ganz neue Situation entsteht. Man muß neue Positionen ausarbeiten. Wir führen eine sehr große Propagandakampagne durch. Tatsache ist, daß die Amerikaner mit der Stationierung die westeuropäischen Länder in ›Geiseln‹ verwandeln. In jedem Fall wird es dazu führen, daß Europa untergeht. Das ist eine ganz klare Sache. … Zur Frage des Krieges sagen wir, daß jetzt die Basis geschaffen wird. Ob es zum Krieg kommt, hängt von beiden Seiten ab. Aber man kann sagen, die Schwachen haben keinen Einfluß. Unsere Stärke ist der wichtigste Faktor, z. B. in Afghanistan. Dort geht der Kampf zwischen Sozialismus und Kapi-

talismus. Wenn wir schwach wären, würden wir dort geschlagen.«[111]

Trotz dieses fatalen Vorfalls scheint sich der KGB auch weiterhin primär darum gesorgt zu haben, daß Reagan die Verschärfung der internationalen Lage zur Liquidierung der »Befreiungsbewegung« in der Dritten Welt nutzen könnte.[112] Durch ihre globale Verstrickung hatten sich die Sowjets in eine überaus verwundbare Lage manövriert, die sie vielfach erpreßbar machte. Bei Mielkes Moskau-Besuch im Juli 1981 hatte Andropow diesem erklärt, daß die USA offen mit »Provokationen gegen Kuba« drohten, falls sich die Lage in Polen verschärfen sollte.[113] Wahrscheinlich war dies einer der Gründe, warum Andropow einen Einmarsch in Polen ablehnte und es vorzog, der unbotmäßigen Führungsmannschaft in Warschau mit der Verhängung von »wirtschaftlichen Sanktionen« zu drohen.[114] Die Frage, was zu tun sei, falls Reagan wirklich auf Kuba landen sollte, dürfte der Kreml-Spitze schlaflose Nächte bereitet haben. Wie ernst dieses Szenario genommen wurde, zeigt der Umstand, daß Castro 1984 Teile seiner in Äthiopien stationierten Truppen zurückbeorderte, um nach Reagans Wiederwahl besser für alle Eventualitäten gewappnet zu sein.[115]

Die Überdehnung seines Imperiums versetzte den Kreml in eine Lage, in der seine Kräfte längst nicht mehr ausreichten, um an allen Fronten zumindest den Status quo zu zementieren. Mehr noch: die verschiedenen Krisen in den einzelnen Gliedern des Imperiums vernetzten sich immer stärker und begannen, eine unkontrollierbare Eigendynamik zu entwickeln. Während Reagan auftrumpfte, sahen sich die Sowjets mit dem Wegschmelzen ihrer Handlungsoptionen konfrontiert. Daß ihre Nerven deswegen blank lagen, mag niemanden verwundern. Dies galt besonders für das Militär, das eben noch im imperialen Kraftrausch geschwelgt hatte und sich nun unversehens in einer Position partieller Wehrlosigkeit wiederfand.

Andropow und der KGB fürchteten sich also in erster Linie vor einem militärpolitischen Schachmatt, das es der UdSSR unmöglich machen würde, die krisenhaften Entwicklungen in der imperialen Peripherie unter Kontrolle zu halten. Ihre Angst vor einem Atomkrieg war gleichsam aus dieser Furcht abgeleitet. Die unübersichtliche Verzahnung krisenhafter Entwicklungen hatte ja in der Tat zu einer immensen Destabilisierung der internationalen Lage geführt. Der KGB und Andropow scheinen aber nicht erwartet zu haben, daß die USA einen nuklearen Überfall planten. Bei Marschall Ogarkow und Marschall Kulikow muß indes davon ausgegangen werden, daß sie von der schlimmsten Kriegspanik angesteckt wurden, die die UdSSR seit 1945 befallen hatte.[116] Beide Marschälle trugen deshalb bald ihr Scherflein zur weiteren Ausbreitung der Kriegshysterie bei, indem sie die Gegenwart mit den dreißiger Jahren und Reagan mit Hitler verglichen.[117]

Bereits im Mai 1981 hatte Ogarkow seine eigene Publicity-Kampagne zur drohenden Kriegsgefahr gestartet. In der *Krasnaja Swesda*, dem Organ des Verteidigungsministeriums, wies er auf das »unwandelbar aggressive Wesen des Imperialismus« hin und warnte, daß es eine deutliche Ähnlichkeit zwischen der Gegenwart und den dreißiger Jahren gäbe.[118] In einem weiteren Artikel, den er im Juli 1981 in dem Theoriejournal *Kommunist* veröffentlichte, bestand Ogarkow ausdrücklich darauf, daß es eine wirkliche Kriegsgefahr gäbe. Mehr noch: er übte öffentlich Kritik an der Partei, der er vorwarf, zu wenig zu tun, um der Bevölkerung diese Gefahr vor Augen zu halten.[119] In einem Land, dessen politische Führung traditionell vom Gespenst des Bonapartismus verfolgt wurde, war dies ein ganz und gar außergewöhnlicher Schritt.

Mitte September 1982 erläuterte Ogarkow seine Ansichten bei einem Treffen der Stabschefs der Warschauer Vertragsstaaten, zu dem die Rumänen vorsichtshalber nicht geladen worden waren:

»Die internationale Lage ist gegenwärtig sehr ernst und äußerst kompliziert. Sie ist nur vergleichbar mit der Situation in den dreißiger Jahren, kurz vor Ausbruch des 2. Weltkrieges. Der Beginn der Präsidentschaft Reagans erinnert an die Machtergreifung des Faschismus. Wie dieser organisiert die USA-Administration real den Kampf gegen den Sozialismus, besonders gegen die Sowjetunion.
Die Reagan-Administration ist offen zur Kriegsvorbereitung übergegangen. Das ist tagtäglich auf politischem, ökonomischem, diplomatischem und militärischem Gebiet zu spüren. Dabei muß berücksichtigt werden, daß Reagan nur ein Strohmann der aggressivsten Kreise des Imperialismus ist.«[120]

Ogarkow hegte starke Zweifel an der Rationalität der amerikanischen Führung:

»Die Politik der Reagan-Administration muß als abenteuerliche Politik eingeschätzt werden, die das Ziel verfolgt, die Weltherrschaft zu erringen. Die Kriegsgefahr ist in der gegenwärtigen Etappe auch deshalb so groß wie noch nie, weil die führenden Kreise des Imperialismus unberechenbar sind. Viele wollen das jedoch nicht einsehen. Auch bei uns gab es 1941 nicht wenige, die vor dem Krieg warnten, und viele, die an einen Krieg nicht glaubten. Dafür mußten wir, weil die Kriegsgefahr nicht real eingeschätzt wurde, sehr viele Opfer bringen.«[121]

Da es zum rhetorischen Standardrepertoire des Warschauer Vertrages gehörte, den Westen der Kriegsvorbereitung zu zeihen, suchte Ogarkow offensichtlich nach einer Steigerung und erklärte seinen Zuhörern, der Krieg habe bereits begonnen: »Die USA haben uns, der Sowjetunion und einigen anderen Staaten des Warschauer Vertrages, bildlich gesprochen bereits den Krieg erklärt. Es wird auf den verschiedensten Gebieten bereits gekämpft. Das Ziel des Imperialismus bestand schon immer darin, den Sozialismus zu vernichten.«[122] Besonders sorgte er sich um den wirtschaftlichen Niedergang des Sozialismus und dessen mögliche Auswirkungen auf das internationale Kräfteverhältnis. Als Ursache für den wirtschaftlichen Verfall des Ostblocks sah er aber nicht autochtone Gründe, sondern imperialistische Machenschaften:

> »Man darf die Kriegsgefahr, die gegenwärtig besteht, nicht übersehen. Lenin lehrt uns, daß der Krieg die Fortsetzung der Politik mit anderen Mitteln und die Politik der konzentrierte Ausdruck der Ökonomie ist. Da die Grundlage der militärischen Macht und der Kampfkraft der Streitkräfte die Ökonomie ist, läßt der Imperialismus nichts unversucht, um unserer Entwicklung auf diesem Gebiet Schaden zuzufügen, ihre Planmäßigkeit zu stören und bedeutende Schwierigkeiten zu schaffen. So führt gegenwärtig der USA-Imperialismus unterstützt durch einige andere NATO-Staaten den Hauptschlag gegen die Ökonomie der Sowjetunion und des sozialistischen Lagers.«[123]

In der sowjetischen Kriegstheorie ist der Wirtschaft stets überragende Bedeutung zugemessen worden. Die sowjetischen Strategen hatten den Krieg immer auch als einen wirtschaftlichen Wettstreit aufgefaßt, in dem die Produktivkraft des Industriepotentials maßgeblichen Anteil am Ausgang des Konflikts hatte.[124] Brach die Wirtschaft zusammen, so war dies gleichbedeutend mit der militärischen Niederlage.

Die Ängste, die der wirtschaftliche Verfall des Ostblocks bei Ogarkow weckte, wurden noch weiter angefacht, weil sich die Revolutionierung der Mikroelektronik – die wiederum vor allem vom Westen energisch vorangetrieben wurde – zunehmend auch im Bereich der konventionellen Waffen niederschlug. In seiner Rede vor den Stabschefs der Warschauer Vertragsstaaten warnte Ogarkow vor »der rasanten Entwicklung der herkömmlichen Waffen ..., deren Wirkungsweise immer mehr denen der Massenvernichtungsmittel näher kommt«. Was für ihn konkret hieß, daß die neuen zielsuchenden und hochpräzisen Gefechtsmittel »auf Hunderte von Kilometern treffsicher zum Einsatz gebracht werden und damit das Flächenfeuer durch Punktfeuer ersetzen« könnten.[125] Ähnliche Befürchtungen äußerte auch Marschall Kulikow, als er 1983 die Einsatzmöglichkeiten der neuen Generation konventioneller Waffen skizzierte: »Die Seite, die sie als erste zum Einsatz bringen kann, erhält eine Reihe bedeutender Vorteile. Auf neue Art würde sich dann die Frage des Kräfteverhältnisses der Seiten stellen.«[126]

Während das sowjetische Oberkommando einerseits von der nächsten Zukunft eine Revolutionierung der konventionellen Waffensysteme erwartete, sah es sich gleichzeitig von der fortschreitenden Überalterung der Gefechtsmittel seiner Bundesgenossen bedroht. Im Januar 1983 monierte Kulikow, daß die »vorhandene wissenschaftlich-technische und die Produktivbasis der verbündeten Länder ... ungenügend für die Modernisierung der Bewaffnung und Militärtechnik, für die Entwicklung und Produktion neuer Arten genutzt« werde. Er beklagte, daß manche Armeen zu ihren Waffenbeständen noch die altertümliche MiG-15 und den gleichermaßen überholten T-34-Panzer zählten.[127] Bei der 28. Sitzung des Militärrats des Warschauer Vertrages, im Oktober 1983, brandmarkte Kulikow erneut die mangelnde Bereitschaft der Teilnehmerstaaten, »real und kühn den Weg der Modernisierung zu gehen«. »Wörtlich fügte er [Kulikow] hinzu, daß ›wir Tiegel, Töpfe und sonst etwas produzieren, aber nicht das, was uns dient, um mit der NATO Schritt zu halten.‹ «[128] Die Kriegshysterie des sowjetischen Oberkommandos wurde also auch von der Furcht angeheizt, beim Wettrennen um die Revolutionierung der Militärtechnik den Anschluß zu verpassen und mit ansehen zu müssen, wie der wissenschaftliche Fortschritt die eigenen Kampfmittel wirkungslos und somit den Warschauer Vertrag wehrlos machen würde. In Clausewitz' Denken war aber der Zustand der Wehrlosigkeit gleichbedeutend mit der Kriegsniederlage eines Staates.

Einige von Ustinows öffentlichen Verlautbarungen deuten darauf hin, daß er Ogarkows Haltung kritisch gegenüberstand und eine moderatere Linie hinsichtlich der Notwendigkeit zusätzlicher Militärausgaben verfolgte.[129] Seine internen Äußerungen belegen indes, daß auch er zusätzliche Rüstungsausgaben für unabdingbar hielt. Ustinow hatte überdies bereits im Dezember 1979 bezweifelt, daß die Friedenskampagne die Stationierung der amerikanischen Mittelstreckenwaffen würde verhindern können:

> »Wir dürfen auch nicht auf die Labilität des Atlantischen Blocks hoffen. Die darin auftretenden Zwistigkeiten tragen gewissermaßen ›Familiencharakter‹. Letzten Endes streben die NATO-Staaten immer nach Einheit und erreichen diese auch meist im Namen ihrer Klasseninteressen.«[130]

In Ustinows Augen konnten die »Aggressionsvorbereitungen« der NATO nur durch vermehrte Rüstungsanstrengungen ausgeglichen werden.[131]

Erhebliche Meinungsunterschiede scheint es zwischen Ustinow und Ogarkow aber bei der Frage gegeben zu haben, ob ein Sieg in einem Atomkrieg noch möglich sei und welche Rolle den Atomwaffen im Krieg der Zukunft zukomme. Öffentlich erklärte Ustinow jedenfalls mehrfach, die Entfesselung eines Atomkrieges wäre gleichbedeutend mit Selbstmord.[132] Ogarkow beschrieb hingegen in seiner bereits zitierten Rede, wie man »in einem 3. Weltkrieg den Sieg erringen« müsse.[133] Allerdings muß Ustinows öffentlichen Verlautbarungen stets mit einem gewissen Mißtrauen begegnet werden. Als Verteidigungsminister der UdSSR richtete er diese nämlich nicht nur an das informierte Publikum zu Hause, sondern immer auch an den Westen. So hatte Breschnew 1977 zwar in Tula erklärt, daß die UdSSR sich in ihrer Militärpolitik vom Ziel der strategischen Parität und dem Prinzip der Hinlänglichkeit leiten lasse und keinesfalls nach Überlegenheit strebe. Ustinows interne Äußerungen geben indes starken Anlaß, daran zu zweifen, ob auch für ihn Breschnews offiziell proklamiertes Politikziel galt. Anläßlich des Manövers »Sapad-81« entwickelte Ustinow seine »Gleichgewichtsvorstellungen«:

»Als wichtigstes Anliegen nannte er dabei die Gewährleistung der Überlegenheit der UdSSR gegenüber den USA auf dem Gebiet der strategischen Angriffskräfte als unabdingbare Grundlage der Verteidigungsfähigkeit der sozialistischen Staaten und wirksames Abschreckungsmittel gegenüber den USA und den anderen NATO-Staaten. ... Ustinow führte aus, daß dafür die UdSSR alle notwendigen Kräfte und Mittel einsetzen werde, auch wenn das zeitweilig zu einer Verringerung des Tempos der Hebung des Wohlstandes des Sowjetvolkes führen könnte. Gleichzeitig müßten jedoch von allen Teilnehmerstaaten des Warschauer Vertrages Anstrengungen unternommen werden, *um auch zukünftig auf dem Gebiet der ›konventionellen‹ Streitkräfte das annähernde Gleichgewicht gegenüber den NATO-Streitkräften zu gewährleisten.*«[134]

Wahrscheinlich meinte Ustinow ebenfalls Überlegenheit, wenn er vom annähernden Gleichgewicht bei den konventionellen Streitkräften sprach. Angesichts ihrer desolaten Wirtschaftslage war ein solcher rhetorischer Rauchvorhang aber wohl auch nötig, um den sowjetischen Bundesgenossen jene Erhöhung ihrer Verteidigungsausgaben abzuringen, die Ustinow für erforderlich hielt. Im Dezember 1981 verlangte er von seinen Verbündeten nochmals umfangreiche Aufrüstungsmaßnahmen:

»Das ist um so mehr erforderlich, da die Sowjetarmee das größte Kontingent der Truppen der Vereinten Streitkräfte des Warschauer Vertrages stellt sowie die Lage und das Kräfteverhältnis der Truppen der Vereinten Streitkräfte in der ersten Staffel nicht günstig ist. Das Gleichgewicht der Kräfte, außer auf dem Gebiet der Raketenwaffen, ist zur Zeit nicht zu unseren Gunsten. Deshalb müßte das Kräftepotential der Vereinten

Streitkräfte bis 1985 um 10–20% erhöht werden, um das Gleichgewicht mit der NATO annähernd zu halten.«[135]

Angesichts dieser Einschätzung des Kräfteverhältnisses kann es nicht überraschen, daß die Vertreter des sowjetischen Partei-Militär-Komplexes kaum Spielraum für Zugeständnisse bei den Abrüstungsverhandlungen sahen. Juli Kwizinski, der sowjetische Chef-Unterhändler bei den Genfer INF-Verhandlungen, berichtet, daß Ustinow, dessen Protegé Sergei Achromejew und der mit Ustinow eng verbandelte Gromyko bereits vor Beginn der Verhandlungen das Interesse an einem Übereinkommen verloren hatten: »Die Militärs wollten keine Übereinkunft, und das Außenministerium der UdSSR unterstützte sie in allen Punkten.«[136] Von dem 1983 zum Marschall beförderten Achromejew erfuhr Kwizinski, daß der um Ustinow gescharte Teil der Militärführung die Aufstockung der Atomwaffenarsenale befürwortete, weil er befürchtete, daß der Westen die Fähigkeit erlangen könne, »mit Hilfe hoch-präziser konventioneller Waffen eine große Zahl unserer Atomwaffen außer Gefecht zu setzen, ohne einen Kernwaffenkrieg zu beginnen«. Das Scheitern der Verhandlungen begrüßte Achromejew als Vorwand, um die Stationierung neuer Kurzstreckenraketen in der DDR und ČSSR zu legitimieren. Auch für Gromyko war es essentiell, daß die UdSSR nicht auf ihre neuen Atomwaffen verzichtete.[137]

Obgleich sich Ustinow und andere Vertreter des Partei-Militär-Komplexes der wirtschaftlichen Gefahren bewußt waren, die der UdSSR durch das Wettrüsten drohten, beharrten sie darauf, daß ungeachtet aller Entbehrungen gesteigerte Militärausgaben erforderlich waren. Im Februar 1982 sagte Ustinow sinngemäß:

»Die Sowjetunion strebt nicht nach militärischer Überlegenheit. Sie unternimmt alles, um ihren Menschen ein Leben in Wohlstand zu sichern. Gleichzeitig muß die Sowjetunion aber auch beachten, daß aller heute und morgen erreichte soziale Wohlstand nichts wert ist, wenn übermorgen die Menschen im

Inferno eines Raketenkernwaffenkrieges umkommen. In diesem Zusammenhang führte er wörtlich aus, daß es besser ist, in einem alten Anzug und mit alten Schuhen weiterzuleben, als mit einem neuen schwarzen Anzug und neuen Schuhen in den ersten Stunden eines möglichen Krieges zu sterben.«[138]

Zu dieser Zeit verschärfte der ökonomische Niedergang der UdSSR bereits den Kampf der Bürokratiekomplexe um die knapper werdenden Ressourcen. Michail Gorbatschow, damals noch ZK-Sekretär für Landwirtschaft, rang im Rahmen seines »Lebensmittelprogramms« um höhere Ressourcenzuteilungen für den agro-industriellen Sektor. Bei seinen Bemühungen, die darniederliegende sowjetische Landwirtschaft zu revitalisieren, war laut Gorbatschow der »militärisch-industrielle Komplex« sein Hauptkonkurrent.[139] Trotz Ustinows dramatischer Kanonen-statt-neuer-Anzüge-Rhetorik erzielte das sowjetische Oberkommando mit seiner Kampagne zur Erhöhung der Militärausgaben nicht die gewünschte Wirkung. Unter dem Eindruck von immer beispielloser werdenden »Havarien« in der Landwirtschaft gewährte die politische Führung Gorbatschow im Mai 1982 schließlich die geforderten Investitionsmittel.[140]

Infolge dieser Entwicklung sah sich Ustinow offenbar genötigt, seinen Standpunkt zu modifizieren. Während eines Gesprächs mit Heinz Hoffmann am 14. Juni 1982 bestand er weiterhin darauf, daß der Kreml im Umgang mit der NATO Härte zeigen müsse. Die UdSSR werde niemals eine westliche Überlegenheit im Bereich der Nuklearwaffen zulassen. Sobald die neuen Mittelstreckenraketen der NATO in Europa einträfen, werde »die UdSSR zusätzlich weitere 200 bis 300 SS-20-Raketen stationieren«. Anders als bei den vorangegangenen Gesprächen betonte Ustinow jedoch diesmal, daß »die Forderung des Genossen Leonid Breschnew ›Brot und Verteidigung‹ … nach wie vor erstrangige Bedeutung« habe. Dabei machte er sich keinerlei Sorgen um die wirtschaftlichen Folgen einer solchen überaus kostenträchtigen Doppelstrategie: »Den USA und den NATO-Staaten wird es nicht gelingen, uns mit dem Wettrüsten ökonomisch in die Knie zu zwingen.«[141]

Am 27. Oktober 1982 sah sich Breschnew – inzwischen bereits mehr tot als lebendig – dennoch bemüßigt, auf einer eigens dazu einberufenen »Kommandeurstagung« der militärischen Führungselite hinsichtlich ihrer Kritik an den jüngsten Ressourcenzuteilungen Rede und Antwort zu stehen. Dabei gelang es dem Generalsekretär offenbar, wenigstens Ustinow wieder dauerhaft auf Linie zu bringen, der auf dieser Tagung zur Zurückhaltung angesichts der wachsenden Aggressivität des Imperialismus aufgerufen zu haben scheint.[142] Auch 1983 ließ Ustinow weiterhin erkennen, daß er nicht daran dachte, seine Zustimmung zur »Brot- und Verteidigungspolitik« zurückzuziehen. So versagte er Andropow selbst dann nicht die Unterstützung, als dieser in der erhitzten Atmosphäre des November 1983 betonte, daß der Lebensstandard steigen müsse.[143]

Ogarkow scheint hingegen die Unterstützung von Konstantin Tschernenko genossen zu haben, der nach seiner Niederlage im Kampf um die Nachfolge Breschnews die stalinistischen Erzreaktionäre um sich geschart hatte.[144] Nachdem Ogarkow sich in der ersten Hälfte des Jahres 1983 in Zurückhaltung geübt hatte, begann er bald wieder, offenherzig seine Meinung zu äußern. Am 9. Mai 1983 veröffentlichte er einen Artikel, in dem er die Errichtung einer zentralen Leitungsorganisation verlangte, die in ständiger Alarmbereitschaft sein sollte, um im Falle eines Krieges sofort mit der Führung von Operationen beginnen zu können. Da diese Leitungsorganisation auch die volle Kontrolle über die Kriegswirtschaft ausüben sollte, hätte deren Errichtung bereits in Friedenszeiten die Kontrolle des Militärs über die gesamte Wirtschaft ausgeweitet.[145] Bemerkenswert wird Ogarkows Forderung unter anderem deshalb, weil sie gut zu dem Lob paßt, mit dem er kurz zuvor an Marschall Schaposchnikow erinnert hatte.[146] In der Zwischenkriegszeit hatte Schaposchnikow zur Avantgarde der sowjetischen Militärtheoretiker gehört. Sein Hauptwerk, *Das Hirn der Armee*, war dem Verhältnis von Staat und Armee gewidmet.

Schaposchnikow war davon ausgegangen, daß die Kriege der Zukunft so gewaltige Ausmaße haben würden, daß sie nur durch eine einheitliche und gut koordinierte Anstrengung des gesamten Staates zu gewinnen seien.[147]

Stellt man jedoch Ogarkows Befürchtungen hinsichtlich einer bevorstehenden westlichen Aggression in Rechnung, so gewinnt dessen zustimmende Rezeption von Schaposchnikows Thesen einen überaus bedrohlichen Gehalt. In *Das Hirn der Armee* hatte sich der Autor nämlich auch mit Fragen der Mobilmachung beschäftigt. Da er sich dabei vor allem auf die Erfahrungen des Ersten Weltkriegs stützte, kam Schaposchnikow zu der Schlußfolgerung, daß der Beginn der Mobilmachung mit dem Ausbruch des Krieges gleichgesetzt werden könne:

> »Die Mobilmachung unserer Tage ist das Odium des Krieges, der Befehl der Regierung über die Auslösung der Mobilmachung ist eine faktische Kriegserklärung. Man kann sich alle Mühe geben, den Krieg diplomatisch zu rechtfertigen, kann beliebige Weißbücher oder Bücher sonstiger Farben herausgeben, kann Manifeste, Noten und Ultimaten verfassen, die Wirklichkeit aber wird immer eine Tatsache bleiben. Mobilmachung ist Krieg, eine andere Auffassung können wir uns nicht vorstellen.«[148]

Schaposchnikow hatte außerdem geschrieben, daß der Krieg der Zukunft wahrscheinlich durch die wirtschaftliche und moralische Erschöpfung der schwächeren Seite entschieden werden würde.[149] Daraus folgerte er, daß die wirtschaftliche Vorbereitung des Krieges besonders dann eine längerfristige und gründliche Mobilmachung erfordere, wenn eine Ermattungsstrategie die Kriegführung bestimmen würde.[150] Interpretiert man Ogarkows Äußerungen im Koordinatensystem von Schaposchnikows Militärtheorie, dann erscheint es möglich, daß Ogarkow Reagans Aufrüstungsprogramm für eine Generalmobilmachung hielt. Der NVA-General Hans-Werner Deim, der wohl zu den Zuhörern von Ogarkows Rede vor den Stabschefs gehört hatte, faßte jüngst zusammen, wie sich die Sowjets die Schritte vorstellten, die eine Aggression einleiten würden:

> »Die UdSSR hielt den Überraschungsschlag von allen sie wie einen Dreiviertelkreis umgebenden Stützpunkten, Basen und Territorien angesichts der offensiven Konfiguration der Gruppierungen und der Qualität der Mittel für eine sehr reale Gefahr. Dennoch ging sie nicht davon aus, daß nukleare und konventionelle Gefechtsköpfe massiert zu jedem beliebigen Zeitpunkt aus heiterem Himmel auf sie und ihre Verbündeten fallen würden. Ihnen voraus würden konzentriert über einen längeren Zeitraum und mit hoher Intensität alle Formen des politischen, ökonomischen, diplomatischen und psychologischen Kampfes zur Wirkung gebracht werden. Im September 1982 meinte Marschall Ogarkow anläßlich einer Übung im Weißrussischen Militärbezirk zu den Reaganschen Kreuzzugsideen, daß man sich etwa so die sozialpolitische Seite des gegen die UdSSR entfesselten offenen Krieges durchaus vorstellen könne.«[151]

Die polnische Krise tat ein übriges, um Ogarkow in seinem Glauben an einen bereits existierenden Kriegszustand zu bestärken. Mit Kulikow[152] war sich Ogarkow einig, daß die Krise Polens auch auf die Machenschaften des Westen zurückzuführen sei. In seiner Rede vor den Stabschefs wies er auf die Konsequenzen hin, die die Instabilität Polens für das internationale Kräfteverhältnis hatte:

> »Ein weiteres Ziel der imperialistischen Politik besteht darin, den jetzigen instabilen Zustand in der VR Polen so lange wie möglich aufrechtzuerhalten. Dabei verfolgt der Imperialismus sowohl politische als auch ökonomische und militärische Ziele. Polen ist von seiner Bevölkerung her und nach der quantitativen Stärke seiner Armee das zweitgrößte Land im Warschauer Vertrag. Es hat eine äußerst wichtige strategische Lage.«[153]

Angesichts berechtigter Zweifel an der Zuverlässigkeit ihres polnischen Bundesgenossen hatten die Sowjets bereits im Juni 1982 ein Großmanöver veranstaltet, bei dem sie prüften, »ob die operativ-strategischen Aufgaben der Vereinten Streitkräfte auch ohne Einsatz der Polnischen Armee und der Streitkräfte der SR Rumänien erfüllt werden können«.[154]

Bei der Bewertung der Lage in Polen wird Ogarkows Vorliebe für Schaposchnikow seine Ängste bestärkt haben. Dieser hatte nämlich ausgeführt, »daß Grenzverletzungen heutzutage nicht erst mit der Kriegserklärung einsetzen, ja nicht einmal erst vom Augenblick der Verkündung der Mobilmachung an, sondern durch Diversionsabteilungen bedeutend früher. Die Staaten können sich faktisch vor der formalen Kriegserklärung, ja sogar vor der Mobilmachung der Streitkräfte im Krieg befinden.«[155] Den Stabschefs der anderen Staaten des Warschauer Vertrages legte Ogarkow dar, daß der Imperialismus auf den inneren Zusammenbruch des Sozialismus hinarbeite:

> »Dazu dienen ihm [dem Gegner] vielfältige Maßnahmen der Störung und Unterbrechung der normalen Handelsbeziehungen, die die Lebensfähigkeit des gesamten internationalen Handelssystems in Frage stellen. Das Ziel ist, durch diesen ökonomischen Krieg
> - die Lage in der Sowjetunion und damit im sozialistischen Lager zu destabilisieren sowie
> - überall Unzufriedenheit mit der Politik in unseren Ländern hervorzurufen.«[156]

Am Ende seines Vortrags skizzierte Ogarkow den möglichen Verlauf eines zukünftigen Krieges, wobei er nochmals die zentrale Bedeutung des westeuropäischen Kriegsschauplatzes betonte: »Dort fällt die Entscheidung über den Ausgang des Krieges.«[157]

Angesichts des präemptiv-offensiven Charakters der sowjetischen Militärstrategie spricht einiges dafür, daß Ogarkow die KPdSU-Führung zu einem zuvorkommenden Angriff drängte.

Der Sowjetologe Jeremy Azrael behauptete 1987, ein zuverlässiger sowjetischer Gesprächspartner habe ihm im Sommer 1983 anvertraut, »daß Ogarkows Auftreten nicht mehr länger nur unakzeptabel, sondern ›gefährlich‹ geworden sei«. Ogarkow soll seine politischen Vorgesetzten gedrängt haben, »auf die bevorstehende Stationierung von US-Mittelstreckenraketen mit ›abenteuerlichen‹ Gegenmaßnahmen zu antworten«. Dies soll er überdies auf sehr einschüchternde Weise getan haben.[158] Im sowjetischen Sprachgebrauch wurden »abenteuerliche« Aktivitäten gewöhnlich mit den kriegstreiberischen Bestrebungen des aggressivsten Teils der imperialistischen Monopolbourgeoisie gleichgesetzt.

Für Ogarkows Kriegsbereitschaft sprechen auch seine Äußerung zum »nuklearen Paradox«. Mehrfach erklärte er, daß sich die gewaltigen Atomwaffenarsenale wechselseitig lähmten und auch im Kriege vom Einsatz abschrecken würden.[159] Im Mai 1983 begann Ogarkow, die strategische Bedeutung der neuen US-Mittelstreckenwaffen herunterzuspielen. Er beschäftigte sich noch intensiver mit dem »nuklearen Paradox« und warnte vor neuen konventionellen High-Tech-Waffen.[160] Wie wenig er von Atomwaffen und der von Ustinow und Achromejew betriebenen Renuklearisierung der sowjetischen Militärstrategie hielt, belegt ein Buch, das er 1985 nach seiner Ablösung als Generalstabschef publizierte. Darin warnte er ausdrücklich davor, daß sich der atomare Schirm nicht in eine moderne Variante der Maginot-Linie verwandeln dürfe.[161]

Ogarkow war offenbar nicht länger gewillt, den unbedingten Primat einer senilen politischen Führung zu akzeptieren, die ihr Unvermögen nicht zuletzt dadurch bewiesen hatte, daß sie gegen die ausdrückliche Empfehlung des Generalstabs den Befehl zum Einfall in Afghanistan gegeben hatte.[162] Eine Beobachtung Georgi Arbatows bestätigt, daß die politische Führung Ogarkows Umtriebe als Bedrohung wahrnahm:

> »Trotz seiner engen persönlichen Beziehungen zu Ustinow begann Andropow unser Militärprogramm und die Haltung

des Verteidigungsministers zur Rüstungskontrolle anzuzweifeln.... Er betrachtete gewisse hohe Militärs, darunter Nikolai Ogarkow, als politisch unzuverlässig. Im Verlauf eines Telefongesprächs in meiner Gegenwart nannte Andropow Ogarkow einen ›kleinen Napoleon‹. Kurz nach Andropows Tod verlor Ogarkow seine Position als Chef des Generalstabs. Später habe ich oft überlegt, daß es vielleicht Ustinow war, der Andropow gegen Ogarkow aufgebracht hatte. Ustinow waren Ogarkows Unabhängigkeit und sein Selbstbewußtsein deutlich unangenehm. Deshalb unterstützte er Achromejew so nachdrücklich, wobei er gegen alle Traditionen des militärischen Establishments verstieß. ... Aber auf die Weise konnte Ustinow Ogarkow 1984 durch Achromejew ersetzen. Ogarkows Rolle muß man im ganzen allerdings als schädlich ansehen: Er verlangte die Ausweitung der Armee und steigerte die Rüstungskosten.«[163]

Der Abschuß des südkoreanischen Verkehrsflugzeuges in der Nacht zum 1. September gab Ogarkow nochmals die Möglichkeit, sich in der Öffentlichkeit zu profilieren. Als er am 9. September auf einer Pressekonferenz zum Abschuß des Jumbos Stellung bezog, verwarf er vehement die Vorstellung, ein regionaler Befehlshaber könne unter ähnlichen Umständen einen dritten Weltkrieg auslösen. Besonders delikat wurde dieser Vorfall für die politische Führung aber auch deshalb, weil die Entscheidung für den Abschuß offenkundig ausschließlich innerhalb der militärischen Kommandostruktur getroffen worden war. Andropow soll erst nach dem Abschuß des Jumbos über den Vorfall informiert worden sein. Am 8. September, also einen Tag vor Ogarkows Auftritt vor der Weltpresse, forderte der Armeegeneral und Vize-Verteidigungsminister Iwan Schkadow pikanterweise, daß angesichts der stetig kürzer werdenden Vorwarnzeiten das Prinzip der militärischen Einzelleitung gestärkt werden müsse. Lokale Kommandeure, so Schkadow, müßten größere Vollmachten erhalten, um bei unvorhergesehenen Zwischenfällen sofort reagieren zu können.[164] Am 23. September wiederholte Ogarkow erneut seinen Vergleich zwischen dem derzeitigen Vorgehen des Imperialismus und den Aktionen des Faschismus in den dreißiger Jahren. Als sich im Januar 1984 Andropows Krankeit auf ihr letztes Stadium zubewegte, beschwor Ogarkow wieder den beispiellosen Charakter des gegenwärtigen »ideologischen und ökonomischen Kampfes«. Dabei warnte er auch davor, daß der Rüstungswettlauf die wirtschaftliche Entwicklung ganzer Staaten gefährde.[165]

Gleichzeitig begannen sich aber Andropows Gefolgsleute auf Ogarkow einzuschießen. Fjodor Burlatzki griff im November 1983 die Kubakrise auf, um einen publizistischen Schlag gegen die politischen Ambitionen des Militärs zu führen. In der *Literaturnaja gaseta* schrieb er den Brüdern Robert und John F. Kennedy folgenden Dialog zu:

> »Robert: ›Die Krise hat gezeigt, daß es das Schlimmste ist, was man machen kann, dem Militär zu gestatten, an politischen Entscheidungen teilzuhaben.‹
> John: ›Nein, nicht nur an politischen Entscheidungen – auch an militärischen.‹ «[166]

Im Juni 1984 führte Burlatzki einen weiteren Schlag gegen Ogarkow. Er schrieb über ein fiktives Gespräch, in dem ein Vater seinem Sohn versicherte, daß man die gegenwärtige Situation nicht mit den dreißiger Jahren vergleichen könne und daß das bestehende strategische Gleichgewicht den Frieden in den nächsten Dekaden gewährleisten würde.[167] Im September 1984 wurde Ogarkow schließlich von seinem Posten als Chef des Generalstabs und Erstem Stellvertreter des Verteidigungsministers abgelöst. Offiziell hieß es, er sei auf einen anderen Posten versetzt worden. Aber sowjetische Diplomaten ließen hinter vorgehaltener Hand verlauten, er sei wegen parteifeindlicher Tendenzen abgelöst worden. Nach einer gewissen Weile tauchte Ogarkow indes als Oberbefehlshaber des »Westlichen Kriegsschauplatzes« wieder auf. In Friedenszeiten war dies aber ein rein formales Kommando ohne wirkliche Zuständigkeiten.[168] 1987 hieß es im *Kleinen Lexikon: Sowjetstreitkräfte* zum Ende von Ogarkows Karriere lapidar: »Seit September 1984 ist er in verantwortungsvollen Dienststellungen in den Streitkräften tätig.«[169]

Angst als Waffe: Ein Resümee

Die Struktur von Ogarkows Wirklichkeitswahrnehmung war von einer politischen Religion geformt, die im Namen ihres Kampfes gegen das Böse für sich absolute Macht beanspruchte. Diese Ideologie brachte eine Art von Kreuzfahrerstaat hervor, der seine Außenwelt einzig in den Kategorien unversöhnlicher Feindschaft wahrnahm. Um seine Stabilität im Inneren aufrechtzuerhalten und gleichzeitig nach außen expandieren zu können, mußte dieses System Furcht verbreiten. Jean Delumeau, ein französischer Historiker des mittelalterlichen Christentums, benennt die Gefahren einer auf apokalyptischen Ängsten gegründeten Herrschaft:

> »Es ist notwendig, wirkliche Gefahr zu fürchten. Es ist nützlich, andere zu warnen, wenn sie in akuter Gefahr schweben. Die Furcht als Waffe läßt sich jedoch nicht ohne die ihr innewohnenden Risiken und Gefahren schwingen. Eine zu starke Betonung des Todes und des Makaberen, der Qualen des Jenseits, einer schlecht ausgeführten Beichte und Kommunion erwiesen sich als gefährlich für die psychologische Gesundheit einer gewissen Anzahl von Zuhörern.«[170]

Im Falle des mittelalterlichen Christentums hatte die Furcht zu einer individuellen Radikalisierung geführt und damit die Voraussetzung für die Reformation und die Spaltung der Kirche geschaffen. In den frühen achtziger Jahren verband sich bei Ogarkow die Erkenntnis des sowjetischen Niedergangs mit den furchteinflößenden Feindbildern des Kommunismus. Geleitet von der deterministischen Logik dieser Ideologie und den Konzepten der sowjetischen Militärstrategie, zögerte Ogarkow nicht, seine Befürchtungen auszusprechen und entsprechende Konsequenzen zu fordern. Dadurch wurde er zu einer Bedrohung für eine politische Elite, deren Machtprestige bereits stark durch das Scheitern ihrer Politikentwürfe gelitten hatte. Der Abschuß des südkoreanischen Jumbos stellte dieser Elite schließlich deutlich vor Augen, wieviel politische Kontrolle sie bereits an das Militär verloren hatte. Besonders beunruhigend war hierbei, daß die politische Führung sich nur noch bedingt dazu in der Lage sah, die Entscheidung über die Frage von Krieg oder Frieden zu treffen. Dieser Kontrollverlust konfrontierte den Kreml mit einer ganz neuen Art von Furcht – mit der Furcht vor der Kriegsfurcht der eigenen Militärs. Die Gefahren, die von einer möglichen Überreaktion des Oberkommandos ausgingen, ließen sich indes kaum bannen, solange die UdSSR ihr Verhältnis zum Westen dem Primat des internationalen Klassenkampfes unterordnete. Nur noch ein wirklicher Friedensschluß mit dem globalen Klassenfeind konnte diese kaum mehr kontrollierbare Situation entschärfen.

Strategie und Taktik des »Friedenskampfes«

»Der Krieg ist mehr für den Verteidiger als für den Eroberer da, denn der Einbruch hat erst die Verteidigung herbeigeführt, und mit ihr erst den Krieg. Der Eroberer ist immer friedliebend (wie Bonaparte auch stets behauptet hat), er zöge ganz gern ruhig in unsern Staat ein; damit er dies aber nicht könne, darum müssen wir den Krieg wollen und also auch vorbereiten ...«

[Carl von Clausewitz, *Vom Kriege.*]

»haha! geistreich!« [Lenins Randglosse in seiner Clausewitz Ausgabe.][1]

Die Eroberung eines Landes erfordert keinen Krieg. Als die deutsche Wehrmacht 1940 in Dänemark einfiel, leisteten die Dänen keinen Widerstand. Von der Übermacht des Aggressors eingeschüchtert, beschloß die dänische Regierung, sich dessen Willen zu beugen. Krieg als ein Widerstreit der Willen kann also vermieden werden, wenn der angegriffenen Seite die Bereitschaft fehlt, sich zu verteidigen. Die friedliche Unterwerfung eines angegriffenen Staates ist jedoch eher selten und von einer ganzen Reihe politischer und militärischer Faktoren abhängig. Diese Faktoren können indes durch politische Maßnahmen befördert werden, die der Aggression vorausgehen.

Die kommunistische Revolutionstheorie sah durchaus die Möglichkeit vor, daß eine proletarische Revolution ohne bewaffneten Aufstand oder Bürgerkrieg erfolgreich sein könne. Obgleich die friedliche Machtübernahme den Idealfall einer kommunistischen Revolution darstellte, schloß selbst dieser Idealfall nicht aus, daß nach der Machtübernahme mit revolutionärer Gewalt gegen den Klassenfeind vorgegangen wurde.[2] Die baltischen Staaten leisteten keinen Widerstand, als sie nach dem Hitler-Stalin-Pakt von der Sowjetunion annektiert wurden. Dies bewahrte aber große Teile ihrer Bevölkerung nicht davor, von Stalins Schergen enteignet, deportiert, zu Tode gehungert oder erschossen zu werden.[3]

Die Fortführung oder sogar Steigerung der Gewalt nach einer erfolgreichen Machtübernahme war aber keine zufällige Begleiterscheinung des Kommunismus. Stalin, der noch 1987 im *Kleinen Lexikon: Sowjetstreitkräfte* als »herausragender Theoretiker und Propagandist des Marxismus-Leninismus« gewürdigt wurde,[4] hatte von der gesetzmäßigen Verschärfung des Klassenkampfes beim Aufbau des Sozialismus gesprochen.[5] In der kommunistischen Revolutionstheorie stellte die Erringung der politischen Macht nämlich lediglich den Beginn der sozialistischen Revolution dar. Die sogenannte politische Revolution sollte durch die Errichtung der Diktatur des Proletariats die »gestürzten reaktionären Klassen« zunächst wehrlos machen, damit diese hernach gefahrlos enteignet und als Klassen liquidiert werden konnten.[6] In den zwanziger und dreißiger Jahren fielen ungefähr 8,5 Millionen Bauern Stalins Zwangskollektivierung und der Liquidierung der Kulaken als Klasse zum Opfer.[7] Ähnliche Akte genozidhaften Massenmordes ereigneten sich später auch in anderen kommunistischen Staaten. In den 70er und 80er Jahren wurde Äthiopien zum Opfer einer ähnlichen, von Menschen gemachten Hungerkatastrophe.[8] Krieg ist demnach weder eine notwendige Vorbedingung für Eroberungen noch für Genozide. Beide Arten der Gewalt werden jedoch immens durch die Wehrlosigkeit ihrer intendierten Opfer erleichtert.

Entspannung und revolutionärer Fortschritt

1979 erläuterte Boris Ponomarjow den ambivalenten Charakter von Stärke: »Stärke an sich ist nicht falsch. Worauf es ankommt, ist, wer sie hat und zu welchem Zweck sie eingesetzt wird. Stärke in imperialistischen Händen ist eine Quelle der Kriegsgefahr. Stärke in den Händen des Sozialismus ist ein Instrument der Friedenssicherung und der Verminderung der Kriegsgefahr. Dies war so in der Vergangenheit und ist heute auch noch wahr.«[9]

Für Kommunisten wie Ponomarjow oder Breschnew war die Entspannung nicht nur »das gesetzmäßige Resultat des neuen Kräfteverhältnisses in der Welt«,[10] das heißt der gewachsenen Stärke des Sozialismus, sondern stets auch ein Mittel, um den Vormarsch der antiimperialistischen Kräfte weiter zu beschleunigen. Im Oktober 1972 erklärte Mielke seinen Offizieren: »Die Periode des Nebeneinanderbestehens von sozialistischen und kapitalistischen Staaten ist eine Periode des verschärften Klassenkampfes, der auf verschiedenen Ebenen, mit verschiedenen Mitteln geführt wird.« Mielke stellte klar, daß die Politik der friedlichen Koexistenz, die den konzeptionellen Rahmen für die sowjetische Entspannungspolitik lieferte, nicht im Gegensatz zu den »Interessen der revolutionären Bewegung« stünde. Sie sichere vielmehr günstige Bedingungen für den Aufbau des Sozialismus, zügele »die aggressivsten imperialistischen Kräfte«, fördere »die Differenzierung zwischen den Imperialisten eines Landes und zwischen den imperialistischen Staaten«, erlaube den sozialistischen Staaten, ihr technologisches Potential durch die Zusammenarbeit mit den kapitalistischen Ländern zu stärken, und schwäche »die reaktionärsten Kräfte des Imperialismus auch in der Innenpolitik«, wodurch wiederum für die Kommunisten bessere Kampfbedingungen entstünden.[11]

1973 war es wohl Boris Ponomarjow, der die Grenzen sozialistischer Friedfertigkeit umriß:

> »Die Hauptleitlinien der Propaganda in Asien, Afrika und Lateinamerika zur Erläuterung der sozialistischen Politik sind klar. Dazu gehört der Leitsatz, daß unsere Philosophie des Friedens sich nicht auf einen Frieden schlechthin orientiert, sondern auf einen gerechten Frieden, der auf der Anerkennung des heiligen Rechts der Völker beruht, ihr Schicksal selbständig zu bestimmen. Dazu gehört die These, daß die friedliche Koexistenz nicht im Widerspruch steht zu dem Recht der unter-

drückten Völker, im Kampf für ihre Befreiung jeden Weg, darunter auch den bewaffneten, zu gehen. Dazu gehört der Leitsatz, daß die Politik der friedlichen Koexistenz nicht nur die Völker vor einem thermonuklearen Krieg bewahrt, sondern auch Voraussetzungen für die Lösung der kompliziertesten, schwierigsten ökonomischen und sozialen Probleme der Dritten Welt schaffen hilft.«[12]

Im Oktober 1980 umriß ein hoher SED-Funktionär die bisherige Erfolgsbilanz der Entspannungspolitik:

»Gerade in den 70er Jahren hat der Imperialismus, vor allem der USA-Imperialismus, unter den Bedingungen und in der Atmosphäre der Entspannungsfortschritte empfindliche Niederlagen und Rückschläge erlitten. Unter den Bedingungen der Entspannung gelang es den antiimperialistischen und revolutionären Kräften in der Welt ... neue bedeutsame Erfolge zu erringen. Damit konnte das internationale Kräfteverhältnis weiter zugunsten der Kräfte des Friedens und des Fortschritts verändert werden.«[13]

Im November 1980 erhielt Honecker von Axen das bereits erwähnte Strategiepapier,[14] in dem ebenfalls betont wurde, daß »der Entspannungsprozeß in immer größerem Tempo und Ausmaß den weltrevolutionären Fortschritt begünstigt hat«.[15] Die nächsten zwei Jahrzehnte erschienen daher »als die entscheidende Phase der internationalen Klassenauseinandersetzung«.[16] Die kommunistische Siegstrategie sah vor, »... in einer Friedensperiode von vier bis fünf Fünfjahrplänen die Überlegenheit des Sozialismus auf den ausschlaggebenden Gebieten des Kampfes und Wettbewerbes zwischen den beiden Systemen zu erlangen, zu behaupten und in entscheidendem Maße auszubauen. Das würde die Existenzkrise des Imperialismus in ausschlaggebender Weise beschleunigen.«[17]

Solche Analysen entsprangen nicht nur den millenarischen Erlösungshoffnungen des Kommunismus, sie spiegelten auch dessen rein machtpolitischen Realismus wider. 1973 sagte Breschnew im Vorfeld der Helsinkier Konferenz für Sicherheit und Zusammenarbeit in Europa (KSZE) zum Dualismus von Erlösungshoffnung und Pragmatismus: »Man muß Revolutionär sein und gleichzeitig realistisch denken.«[18] Dem kommunistischen Strategiedenken war eine vorübergehende Selbstbeschränkung ja nicht fremd, ging es doch davon aus, daß der Sieg nur in einem langen Ringen und in Etappen erfochten werden konnte.[19] Zeitweise Mäßigung in Erkenntnis der eigenen Schwäche bedeutete aber nie die Aufgabe des Kampfes und des weltrevolutionären Endziels. »Aber der Klassenkampf wird nicht aufhören, der ideologische Kampf wird weitergehen«, so Breschnew weiter.[20] Für ihn war die Entspannung nicht zuletzt ein Mittel, westliche Politiker zu konditionieren:

> »Unsere Außenpolitik ist Klassenpolitik. Sie ist keine prinzipienlose Politik.... Wir geben doch bei Brandt oder gegenüber Frankreich ideologisch nicht nach. Wir wollen sie dahin bringen, daß sie das Wort friedliche Koexistenz deutlich aussprechen lernen. Das ist das Wesen, das sind die Nuancen der Politik und Ideologie.«[21]

Gemäß ihrer offiziellen Definition konnte friedliche Koexistenz »niemals Klassenfrieden zwischen Ausbeutern und Ausgebeuteten« sein. Im Zeichen des nuklearen Patts galt sie als besonders »wichtige Form des internationalen Klassenkampfes«, weil sie als »die einzige Alternative zu einem thermonuklearen Weltkrieg« begriffen wurde.[22] 1980 bekräftigte auch Honecker nochmals, daß friedliche Koexistenz nicht mit der Anerkennung des Status quo einherging:

> »Der Imperialismus ... fordert von den revolutionären Kräften die Aufrechterhaltung des politischen und sozialen Status quo als Vorbedingung für Entspannung und friedliche Koexistenz.

Aber die Erhaltung der von ihm hervorgebrachten Ausbeutung und Diskriminierung kann niemals dem Frieden dienen! Der Kampf der Völker für Freiheit und Selbstbestimmung ist zugleich ein Kampf für Völkerverständigung und Frieden. Daher werden die sozialistischen Staaten diesen gerechten Kampf stets unterstützen.«[23]

Im Sinne dieser Befreiungsmission sahen sich die Ostblock-Führer dazu verpflichtet, den »Wirkungsbereich des proletarischen Internationalismus« stetig auszuweiten:[24]

»Angesichts der zunehmenden Internationalisierung ökonomischer, politischer und sozialer Prozesse in der Welt gewinnt der proletarische Internationalismus für die Strategie und Taktik der einzelnen nationalen Abteilungen der Arbeiterklasse und ihrer revolutionären Parteien sowie der internationalen kommunistischen Bewegung insgesamt außerordentlich an Bedeutung.«[25]

In der Praxis stand der proletarische Internationalismus für die Militärhilfe zugunsten von kommunistischen Partisanen und Regierungen oder für andere Formen der Einmischung in die inneren Angelegenheiten souveräner Staaten. Militäraktionen wie die Niederschlagung des ungarischen Aufstandes von 1956, die Unterdrückung des Prager Frühlings und die sowjetische Invasion in Afghanistan wurden allesamt unter dem Banner des proletarischen Internationalismus ausgeführt. Den Wirkungsbereich des proletarischen Internationalismus auszuweiten hieß logischerweise, die Einflußsphäre des Imperialismus aufzurollen. In der Ponomarjow zugeschriebenen Rede von 1973 wurde gefordert, dem Westen durch Friedenspropaganda die Fähigkeit zur militärischen Selbstbehauptung zu nehmen:

»Wir müssen ... einen solchen grundlegenden Wandel im Bewußtsein, in der Psyche der erdrückenden Mehrheit der Bevölkerung dieser Länder [des Westens] herbeiführen, damit in keinen, sei es auch noch so brisanten Situationen, nicht einmal bei einer militärischen Krise, eintreten kann, was während des 2. Weltkrieges geschah, als es dem Faschismus gelang, die Werktätigen durch soziale Demagogie und direkten Druck mit Chauvinismus und Rassismus zu benebeln, ihnen Waffen in die Hand zu drücken und [sie] in eine bewaffnete Aggression gegen den sozialistischen Staat zu führen.«[26]

Die Wehrlosmachung des Westens und nicht die Bewahrung des Friedens war das strategische Ziel des Friedenskampfes:

»Das bedeutet nicht pazifistische Predigt, sondern aktive Unterstützung der realen Kräfte, die am Frieden interessiert und für ihn zu kämpfen bereit sind, das bedeutet Entlarvung der Kriegs- und Aggressionspolitik. Zugleich ist die außenpolitische Propaganda ein wichtiges Instrument, das dem Sozialismus seine Mission als entscheidende Kraft der Weltbefreiungsbewegung erfüllen hilft.... Dabei müssen solche Formen, Methoden und Mittel des Kampfes angewandt werden, damit kein Durchbruch des Entspannungsprozesses provoziert und dem Gegner kein Vorwand geboten wird, den ›psychologischen Krieg‹ zu rechtfertigen und zu entfalten, *sondern in jeder Weise dazu beigetragen wird, die Entspannung unwiderruflich zu machen, die Erfolge in der Politik der friedlichen Koexistenz zu verankern und weiterzuentwickeln.*«[27]

In der kommunistischen Gesamtstrategie war die Entspannung demnach ein Mittel, den Westen psychologisch und militärisch zu entwaffnen. Unwiderrufliche Entspannung wurde hierbei stets als Folge einer militärischen Entspannung beschrieben, die ihrerseits als ein Prozeß aufgefaßt wurde, der dazu führen sollte, »die materielle Basis für die Kriegsgefahr Zug um Zug abzubauen«.[28] Im kommunistischen Sprachgebrauch wurde die Phrase »materielle Basis der Kriegsgefahr« gewöhnlich als ein Synonym für die Arsenale der NATO gebraucht. 1975 sagte Mielke klipp und klar, worum es letztlich ging: »Langfristig geht es darum, den Imperialisten die Mittel aus der Hand zu nehmen, mit denen sie die Welt in eine thermo-nukleare Katastrophe stürzen können«.[29] Ein Jahr zuvor hatte er sich zu den strategischen Zielen der Friedensoffensive geäußert:

> »Je stärker der Sozialismus ist, um so mehr beschleunigt er den revolutionären Weltprozeß... Wir stehen vor der Aufgabe, in der politisch-ideologischen Arbeit allen unseren Genossen immer wieder die *große Tragweite und die außerordentliche Bedeutung der Friedensoffensive der sozialistischen Staatengemeinschaft bewußt zu machen. Die Herbeiführung und Gewährleistung eines dauerhaften Friedens ist die entscheidende Voraussetzung für die Lösung der grundsätzlichen Fragen der Gegenwart, für den weiteren gesellschaftlichen Fortschritt.* Die Entscheidung der Frage Krieg oder Frieden ist deshalb eine *Kernfrage des Klassenkampfes*, der Frage ›wer – wen?‹«[30]

Offensichtlich waren die Kommunisten nicht so sehr daran interessiert, mit der Entspannung die Rolle der Gewalt in der Politik zurückzudrängen, sondern sie hofften, mit deren Hilfe ein globales Gewaltmonopol zu etablieren, das ihnen die Erreichung ihrer chiliastischen Politikziele erlauben würde. Die mit der Entspannung einhergehende Rüstungskontrolle sollte überdies dazu beitragen, zusätzliche Mittel für den Kampf der »nationalen Befreiungsbewegung« abzuzweigen. 1979 erläuterte ein Mitarbeiter Ponomarjows, welcher Zusammenhang zwischen SALT-II und Afrika bestand: »›Wir müssen sie gemeinsam an die Abrüstungsfrage heranführen. Die afrikanischen Staaten dürfen zu SALT II nicht schweigen.‹ Sie verstehen noch nicht den Zusammenhang zwischen Abrüstung und militärischer Unterstützung ihres Befreiungskampfes durch die sozialistischen Länder.«[31]

In einem Brief an die Kommunistischen Parteien Westeuropas ließ die KPdSU 1979 durchblicken, daß sie mit der Abrüstung die

Hoffnung auf eine Ausweitung des Klassenkampfes verband: »Die Realisierung dieser militaristischen Pläne [NATO-Doppelbeschluß] würde auch zur Festigung der Positionen der extremen rechten Reaktion in den westeuropäischen Ländern beitragen. Dies aber würde eine wesentliche Verschlechterung der allgemeinen Bedingungen für die Tätigkeit der linken Kräfte, des Klassenkampfes der Werktätigen bedeuten.«[32]

Da im Atomzeitalter die napoleonische Entscheidungsschlacht kein sinnvolles Mittel zur Fortsetzung der Politik mehr sein kann, suchten die Kommunisten ihre »historische Befreiungsmission« mit einer Strategie des indirekten Vorgehens zu realisieren. Solange die nukleare Abschreckung in Europa den Status quo zementierte, exportierten sie ihren revolutionären Kampf eben in andere Regionen der Erde. Revolutionen in der Dritten Welt sollten die »Umgestaltung der internationalen Wirtschaftsbeziehungen« erzwingen. Im Oktober 1980 erklärten Ponomarjow und Honekker, daß die Entwicklungsländer wirkliche Unabhängigkeit nur durch eine »tiefgehende ökonomische, soziale und gesellschaftliche Umgestaltung mit antikapitalistischem Charakter« gewinnen könnten. Der »neokolonialistischen Strategie« des Kapitalexports sollten sie mit der Verstaatlichung des Eigentums ausländischer Firmen begegnen.[33]

Die Führer des Ostblocks hofften also, mit ihrer Militärhilfe in der Dritten Welt politische Umwälzungen zu befördern, die in der kapitalistischen Ersten Welt zu einschneidenden Wirtschaftskrisen führen sollten. Die so verursachten ökonomischen Verwerfungen sollten dann die kommunistischen Parteien der kapitalistischen Länder ausnutzen. Der militärischen Stärke der sozialistischen Staaten kam derweil die Aufgabe zu, die westlichen Regierungen zu zwingen, der stückchenweisen Zerstörung ihres Gesellschaftssystems tatenlos zuzusehen. Im Kontext dieser Strategie war die Entspannung nicht einmal ein Waffenstillstand, sondern ein bloßes Ablenkungsmanöver, das die Massierung der »revolutionären« Kräfte so lange verschleiern sollte, bis diese gefahrlos zum Todesstoß ansetzen konnten.

»Letzte Siege«: Neutronenbombe and SALT II

Trotz der Siege von kommunistischen Befreiungsbewegungen in der Dritten Welt waren die siebziger Jahre bereits durch die fortgeschrittene Erosion des marxistisch-leninistischen Glaubens geprägt. In Westeuropa hatte der Sowjetkommunismus seine Anziehungskraft längst eingebüßt. Zwar waren die Jugendproteste der späten sechziger Jahre nochmals von einer kommunistischen Renaissance begleitet, diese Welle war aber bald im Obskurantismus der verfeindeten kommunistischen Sekten verebbt. Die Niederschlagung des Prager Frühlings und Solschenizyns Enthüllungen über den GULag hatten das Prestige des sowjetischen Kommunismus gründlich erschüttert.

In den siebziger Jahren distanzierten sich einige der einflußreichsten kommunistischen Parteien Westeuropas vom sowjetischen Modell. Nicht zuletzt die Frage der Gewalt führte zum Bruch zwischen Moskau und der italienischen KP; letztere war nämlich nicht mehr gewillt, am Ideal einer gewaltsamen Revolution festzuhalten. 1973 hatte Ponomarjow intern kritisiert, daß die IKP seit Jahren keine Vorbereitungen mehr für eine bewaffnete Erhebung träfe.[34] Das Vertrauen in die Friedfertigkeit der UdSSR hatte überdies inzwischen so starke Risse bekommen, daß sich selbst Georges Marchais, der Führer der orthodoxen FKP, genötigt sah, zu erklären, seine Partei werde Frankreich im Falle einer sowjetischen Invasion verteidigen.[35]

Die Linke Westeuropas war zu jener Zeit dabei, sich von ihrem alten manichäischen Glauben zu trennen, der alles Übel auf seiten des Imperialismus und alles Gute im sozialistischen Lager verortet hatte. Statt dessen erklärte die sogenannte Supermachttheorie den Ost-West-Konflikt nun mit der Rivalität zweier gleichermaßen unmoralischer Supermächte. Die Sowjets betrachteten diese Theorie als grobe Herabsetzung ihrer revolutionären Verdienste und als ein neues imperialistisches Ablenkungsmanöver zur Spaltung des fortschrittlichen Lagers.[36] Die nachlassende Anziehungskraft ihrer politischen Religion mag dazu beigetragen haben, daß die Sowjetkommunisten den Friedenskampf gegen den Westen intensivierten.

Kampagnen gegen westliche Rüstungsmaßnahmen spielten aber auch eine wichtige Rolle für die interne Mobilmachung. Als das sozialistische Lager im August 1977 seine internationale Kampagne gegen die sogenannte Neutronenbombe startete, geschah dies in enger Verzahnung mit der inneren Mobilmachung: Kundgebungen wurden organisiert, Unterschriften gesammelt, und die »Werktätigen« verpflichteten sich zur »freiwilligen« Produktionssteigerung.[37] Derlei Mobilisierungskampagnen waren gleichsam der Naturzustand eines Ideologiestaates, der seinen totalen Machtanspruch aus dem Kampf gegen einen allbösen Feind ableitete. In einem solchen Gesellschaftssystem erfüllte der Friedenskampf zahlreiche Funktionen: das Sammeln von Unterschriften schuf eine pseudo-demokratische Legitimation für die Politik der herrschenden Partei; die Bevölkerung wurde ein weiteres Mal gezwungen, sich unter ein Caudinisches Joch zu beugen; alle Kritiker des Staates, die sich weigerten, eine Unterschrift zu leisten, konnten zu Friedensfeinden gestempelt werden; Mängel in der Versorgung ließen sich auf die Bürde des von außen aufgezwungenen Friedenskampfes zurückführen. Daß der Friedenskampf das Ziel der gesellschaftlichen Integration bisweilen recht leidlich erfüllte, wird am Beispiel der evangelischen Kirchen der DDR deutlich. Bei vielen ihrer Würdenträger entbehrte der Friedenskampf nicht einer gewissen Popularität, da dessen Rhetorik es ihnen erheblich erleichterte, sich den Forderungen ihres »Friedensstaates« zu beugen.[38]

Während die Neutronenbombe in der Öffentlichkeit als neue »kapitalistische« Massenvernichtungswaffe gebrandmarkt wurde, die Menschen töte und Eigentum intakt lasse, war die *enhanced radiation weapon*, wie sie im Sprachgebrauch der NATO genannt wurde, tatsächlich für den taktischen Einsatz gegen massierte Panzerverbände gedacht. Von anderen Atomwaffen unterschied sie sich insofern, als sie eine geringere Hitze- und Druckwelle sowie weniger Rückstandsstrahlung produzierte.[39] Ihre Wirkung basierte auf einem Strom schneller Neutronen, der die Schutzeigenschaften von Panzern weitgehend neutralisierte. Anders als die sowjetische Propaganda beschrieb die *Sowjetische Militärenzyklopädie* die Panzerabwehr als Primärzweck der »Neutronenwaffe«.[40] Bei der Bedrohung für den Frieden,[41] die angeblich von dieser Waffe ausging, handelte es sich also vor allem um eine Bedrohung der Angriffsfähigkeit des Warschauer Vertrages, dessen Strategie auf dem tiefen Stoß der Panzertruppen basierte.

Die Kampagne gegen die Neutronenbombe wurde mit dem bewährten Instrumentarium kommunistischer Friedenskämpfe geführt, das wenig später auch gegen den Doppelbeschluß zur Anwendung kommen sollte. In der propagandistischen Darstellung wurde die Neutronenbombe aus jedem militärischen oder politischen Kontext gerissen. Sie wurde zur Personifikation einer drohenden Katastrophe stilisiert, die nur durch eine gemeinsame Anstrengung aller friedliebenden Menschen abgewendet werden könne. Um für die Kampagne gegen die Neutronenwaffe die Unterstützung von Menschen aller Weltanschauungen zu mobilisieren, wurde deren Motto – »Im Namen des Lebens – Ächtet die Neutronenbombe« – bewußt unpolitisch gehalten.[42]

Derweil versuchte der Kreml, die westlichen Regierungen mit allerlei Drohungen einzuschüchtern. Im Januar 1978 schrieb Breschnew an den US-Präsidenten Jimmy Carter, daß eine Produktionsentscheidung nicht nur die Entspannung und den Weltfrieden gefährde, sondern auch die fortlaufenden Abrüstungsverhandlungen. Bonn wurde darüber informiert, daß jeder Einsatz der Neutronenwaffe massive Gegenschläge mit Atomwaffen zur Folge hätte und daß bereits die Stationierung »unangenehme Folgen« haben würde.[43] Der Friedensrat der DDR erklärte, die Stationierung würde einen Bruch des Vertrags von Helsinki darstellen.[44]

Neben der Zielsetzung, ein konkretes Rüstungsprogramm der NATO zu vereiteln, verfolgte die Kampagne gegen die Neutronenbombe natürlich auch das Ziel, durch permanenten Druck den Spielraum für »solche reaktionären imperialistischen Kreise«

zu verengen, die »das Rad der Geschichte zurückdrehen und die Gefahr neuer militärischer Konflikte heraufbeschwören« wollten. In den Augen der Kommunisten hatte die Mobilisierung »der öffentlichen Weltmeinung« bereits ein solches Ausmaß erreicht, daß der Friedenskampf nun immer wirkungsvoller als Mittel zur Fortsetzung der Politik eingesetzt werden konnte.[45]

In der breiten Volksbewegung, die die Sowjets im Westen zu schaffen hofften, sollten Sozialdemokraten, Gewerkschafter und Christen in den Kampf gegen die Militärpolitik der NATO geführt werden.[46] Da einer solchen überaus heterogenen Massenbewegung stets der Zerfall drohte, wurden die Kampagnen in verschiedenen Ländern miteinander verzahnt. Dies geschah durch grenzübergreifende Ketten von Demonstrationen, die den Mobilisierungsgrad der nationalen Friedensbewegungen durch die Zusammenarbeit mit Gleichgesinnten aus anderen Ländern erhöhen sollten.[47] Dabei galt die niederländische Friedensbewegung mit ihrem starken Rückhalt in den Kirchen und ihrem fühlbaren Einfluß auf das Parlament als ein Referenzmodell, das auf andere NATO-Staaten übertragen werden sollte.[48]

Gleich im August 1977 hatten die niederländischen Kommunisten auf den Aufruf des Weltfriedensrates reagiert, eine Kampagne gegen die Neutronenbombe zu starten. Unter dem Slogan »Stoppt die Neutronenbombe« hatten sie eine breite Volksbewegung losgetreten, die Personen verschiedenster politischer und religiöser Ausrichtung einband. Innerhalb weniger Monate sammelte diese Initiative über eine Million Unterschriften. Die holländische Regierung sah sich deshalb genötigt, Washington davon in Kenntnis zu setzen, daß sie die Produktion von Neutronenwaffen nicht für erstrebenswert hielt.[49] Dieser Erfolg war aber nur deshalb möglich, weil die niederländischen Kommunisten Unterstützung von seiten des protestantischen »Interkirchlichen Friedensrates« (IKV) und der katholischen Friedensorganisation »Pax Christi« erhielten.[50]

Auch im Westen wurden also von den Kommunisten Unterschriften gesammelt. Dort sollte die Sammlung jedoch zunächst einmal dazu dienen, mit einer Art plebiszitärem Votum Einfluß auf die parlamentarische Politikebene zu gewinnen. Langfristig erhofften sich die Kommunisten von solchen Plebisziten aber vor allem außerparlamentarische Legitimität für den Kampf gegen die gewählte Regierung. 1983 erlebte diese Strategie ihren letzten Höhepunkt, als die Deutsche Friedens-Union (DFU) ein »Parlament der Mehrheit« einberief, das dem vom Volk gewählten Bundestag das Recht absprach, über Fragen der nationalen Sicherheit zu entscheiden.[51] Ein Lehrbuch der Sowjetarmee stellte 1977 unverhohlen klar, daß der Kampf um den Frieden eine der Losungen war, welche die Massen für die sozialistische Revolution mobilisieren sollten:

> »In der heutigen kapitalistischen Gesellschaft, in der die Möglichkeit entstand, die soziale Basis der sozialistischen Revolution zu erweitern, ist es äußerst wichtig, die Massen zusammenzuschließen. Es ist eine der bedeutsamsten Aufgaben der kommunistischen und Arbeiterparteien in den kapitalistischen Ländern, die Mehrheit der Werktätigen zu gewinnen und eine breite Front der antiimperialistischen Kräfte zu bilden. Der Kampf der kommunistischen und Arbeiterparteien für die Verwirklichung allgemeindemokratischer Losungen und für den Frieden trägt dazu bei, eine politische Massenarmee für die sozialistische Revolution zu schaffen. Der allgemeindemokratische Kampf schiebt die sozialistische Revolution nicht auf, sondern bringt sie näher. Die Front des antiimperialistischen Kampfes ist unteilbar; eine Niederlage, die der Imperialismus an einem Abschnitt erleidet, schwächt sein Gesamtsystem. Welche Etappen die revolutionären Massen auch immer durchlaufen müssen, welche Zwischenprogramme und -losungen die Kommunisten auch aufstellen, um die Werktätigen zusammenzuschließen, ihr Ziel bleibt stets der Kampf um die Beseitigung des Kapitalismus und für den Sozialismus.«[52]

Die Strategie, die den kommunistischen Sammlungsbewegungen zugrunde lagen, gingen auf Lenins Schrift *Der »linke Radikalismus«, die Kinderkrankheit im Kommunismus* zurück. Dort hatte er ultrarevolutionäre Tendenzen verworfen, die sich weigerten, den revolutionären Kampf zeitweise primär mit legalen Mitteln zu führen.[53] Lenin befürwortete einen revolutionären Pragmatismus, der legale und illegale Formen des Kampfes jeweils nach »einer nüchternen, streng objektiven Einschätzung *aller* Klassenkräfte« wählte.[54] Im Kontext dieser Strategie sollte die Mitarbeit in bestehenden Institutionen den Boden für deren Zerschlagung bereiten:

> »Solange ihr nicht stark genug seid, das bürgerliche Parlament und alle sonstigen reaktionären Institutionen auseinanderzujagen, seid ihr *verpflichtet, gerade* innerhalb dieser Institutionen zu arbeiten, weil sich dort noch Arbeiter befinden, die von den Pfaffen und durch das Leben in den ländlichen Provinznestern verdummt worden sind.«[55]

Vor dem bewaffneten Aufstand sollten die Kommunisten außerdem dafür sorgen, daß »alle uns feindlichen Klassenkräfte genügend in Verwirrung geraten sind, genügend miteinander in Fehde liegen«.[56]

Gemessen an diesen Kriterien, war die Kampagne gegen die Neutronenwaffe ein beachtlicher Erfolg. Einerseits war aus ihr eine international verzahnte und strukturell verfestigte Bewegung hervorgegangen, die sich auch künftig gegen die Militärpolitik der NATO einsetzen ließ,[57] andererseits war eine Stationierung verhindert und die Produktion der Neutronenwaffe zumindest verlangsamt worden. Als Carter im März 1978 überraschend erklärte, die Produktion der Waffe suspendieren zu wollen, war dies außerdem die unilaterale Aufkündigung aller vorangegangenen Versuche, die Produktion und Stationierung durch eine multilaterale Entschließung der NATO-Staaten zu legitimieren.[58] Besonders peinlich war Carters abrupter Meinungswechsel für Helmut

Schmidt und den britischen Premierminister Callaghan, da beide erst kurz zuvor in ihren eigenen Parteien erhebliche Widerstände gegen eine Stationierung überwunden hatten.[59]

Solche Erfolge stärkten naturgemäß den Glauben der Sowjets an die Sieghaftigkeit ihrer Sache. Im Januar 1979 sagte Ponomarjow:

> »Wir müssen sehen, daß das imperialistische Lager insgesamt, im globalen Maßstab und in der historischen Perspektive nicht in der Offensive ist. Gegenwärtig wird eine große Kampagne gegen die sozialistische Gemeinschaft und die kommunistischen Parteien gestartet. Das geschieht aber unter Druck der Tatsache, daß die sozialistische Gemeinschaft stärker geworden ist. Eine schwache Stelle ist unter anderem Rumänien. Aber insgesamt sind wir stärker, unsere Außenpolitik ist populärer, die Völker wissen, daß wir für den Frieden sind. Gleichzeitig werden bedeutende Stücke aus dem imperialistischen Lager herausgerissen.«[60]

Der Abschluß des SALT-II-Vertrages im Juni 1979 galt dem Kreml als weiterer Beleg für das Anwachsen seiner Macht: »Der erfolgreiche Abschluß von SALT II macht die weltpolitisch bestimmende Rolle des Sozialismus besonders deutlich.«[61] Den Verbündeten versicherte der Kreml stolz, SALT II sei Carter aufgezwungen worden:

> »Die USA-Regierung war gezwungen, SALT II unter dem Einfluß des veränderten internationalen Kräfteverhältnisses und auch des Friedenswillens des amerikanischen Volkes abzuschließen. Carter, der innenpolitisch wachsender Kritik ausgesetzt ist, steht unter außenpolitischem Erfolgszwang und ist im Interesse der Verbesserung seiner Position für eine Wiederwahl gezwungen, sich stärker für die Ratifizierung des Abkommens zu engagieren.... Eine Nichtratifizierung würde die Glaubwürdigkeit der USA als Partner internationaler Vereinbarungen

ernsthaft untergraben und sie als Kriegstreiber vor der ganzen Welt bloßstellen.«[62]

Im Juli 1979 beschrieb Ponomarjow, wie Breschnew in Wien Carters Versuchen eine Abfuhr erteilt hatte, ihn zum Verzicht auf »den Internationalismus«, das heißt »auf jede Unterstützung des revolutionären Befreiungskampfes«, zu überreden:

»Genosse L.I. Breschnew setzte J. Carter klipp und klar auseinander, daß die UdSSR nicht gewillt ist, die Entspannung durch prinzipielle Zugeständnisse, durch ein Abrücken von ihrer internationalistischen Linie im Weltgeschehen zu erkaufen. Dem Präsidenten wurde deutlich gemacht, daß die Wandlungen, die das Streben der Völker nach nationaler Befreiung, nach Unabhängigkeit, nach ökonomischem und sozialem Fortschritt bewirkt, den objektiven Charakter einer sozialökonomischen Entwicklung aufweisen.«[63]

Offenbar waren Breschnews Ausführungen Carter gegenüber nicht frei von einem drohenden Unterton gewesen:

»Allerdings versuchte der amerikanische Präsident im Verlauf der Wiener Verhandlungen unter ausgesprochener Mißachtung der Gleichberechtigung, unsere Härte und die Bereitschaft, grundsätzliche Positionen zu verteidigen, sozusagen auf die Probe zu stellen. Sie verstehen, daß solche Versuche ergebnislos blieben und begreiflicherweise ergebnislos bleiben mußten. … Nichtsdestoweniger liegt Grund zu der Annahme vor, daß Carter eine wichtige Wahrheit begriffen hat: In den sowjetisch-amerikanischen Beziehungen gibt es bestimmte Grenzen, die zu überschreiten durchaus nicht im Interesse der USA selber wäre.«[64]

Namens der SED begrüßte Axen den SALT-II-Vertrag als ein Mittel, um Westeuropa stärker von den USA wegzudrängen:

»Angesichts des realen militärischen Kräfteverhältnisses zwingt die Selbsterhaltung die Regierungen Westeuropas, wenn auch widerstrebend, so doch Zug um Zug, auf die friedliche Koexistenz einzugehen. SALT II kann diese Regierungen in ihrem Zweifel bestärken, daß die Machthaber der USA im Konfliktfalle wegen ihrer westeuropäischen Verbündeten die atomare Zerstörung der USA riskieren werden.«[65]

Trotzdem waren die Sowjets enttäuscht, daß SALT II nicht zu dem Abrüstungsabkommen geworden war, das sie ursprünglich angestrebt hatten. Es waren lediglich Höchstgrenzen und einige andere Beschränkungen für zukünftige Rüstungsprogramme vereinbart worden. Deshalb sahen die Kommunisten SALT II auch primär als ein Sprungbrett für weitere »Friedensoffensiven« an, die sich tendenziell gegen alle Maßnahmen der NATO zur Steigerung ihres Militärpotentials richteten. Bevor die NATO ihren Doppelbeschluß faßte, wurde zunächst noch ihr im Mai 1977 beschlossenes Langzeitprogramm ins Visier genommen.[66] Bereits im Juli 1979 hatten die Führer des sozialistischen Lagers eine weitere Intensivierung des Friedenskampfes vereinbart:

»Nachdrücklich wurde darauf hingewiesen, daß nach der Unterzeichnung des SALT-II-Abkommens keine Erscheinungen der Selbstzufriedenheit zugelassen werden dürfen, wie sie nach Helsinki festzustellen waren. Es dürfe keine Pause entstehen, die vom Gegner genutzt werden könnte. … Es bestand Übereinstimmung in der Auffassung, daß es vielmehr notwendig ist, die sich mit der Unterzeichnung des Abkommens ergebenden neuen Möglichkeiten für die Verstärkung der ideologischen Arbeit zu nutzen, den Friedenskampf, den Kampf gegen das Wettrüsten bedeutend zu intensivieren, noch breitere gesellschaftliche Kräfte dafür zu mobilisieren und den Druck der Öffentlichkeit auf die Regierungen der imperialistischen Staaten erheblich zu erhöhen. Es wurde darauf orientiert, solche Ereignisse wie den 40. Jahrestag des Beginns des zweiten Weltkrieges und den 35. Jahrestag des Sieges über den Faschismus umfassend zu nutzen.«[67]

Transmissionsriemen des Friedenskampfes

Bei ihren Kampagnen gegen die NATO im besonderen und die westlichen Demokratien im allgemeinen konnten sich die Kommunisten auf zahlreiche Frontorganisationen stützen, die sich den verschiedensten nichtkommunistischen Gruppen im Westen als vorgeblich unabhängige Gesprächspartner anboten. Die wichtigste dieser Organisationen war der Weltfriedensrat (WFR), der die Arbeit der nationalen Friedenskomitees als deren Dachverband koordinierte.[68] Zur Führung des Friedenskampfes wurden in der DDR aber auch alle anderen Organisationen mit Auslandskontakten mobilisiert.[69]

Bei Operationen auf westdeutschem Boden konnten sich KPdSU und SED auf die Mitarbeit der DKP verlassen, die trotz ihrer Insignifikanz auf parlamentarischer Ebene über ein erhebliches Potential an disziplinierten Kadern sowie über eine eigene Infrastruktur aus Verlagen und Buchläden verfügte.[70] Die DKP bot außerdem ihre eigenen Vorfeldorganisationen auf. Gruppen wie die Deutsche Friedens-Union (DFU), die Deutsche Friedensgesellschaft/Vereinigte Kriegsdienstgegner und das Komitee für Frieden und Abrüstung waren dabei auf die Führung des Friedenskampfes spezialisiert.[71]

Weitere Zugänge zum Meinungsbildungsprozeß im Westen wurden von den Geheimdiensten der sozialistischen Staaten eröffnet. Allein dem MfS stand eine ganze Reihe von gut plazierten Einflußagenten in der Bundesrepublik zur Verfügung. So agierte beispielsweise der FDP-Politiker William Borm als informeller Stasi-Sprecher in der Friedensbewegung. Der Friedensforscher-IM Gerhard Kade war maßgeblich an der Formierung der Gruppe »Generale für den Frieden« beteiligt, die er überdies mit MfS-Geldern versorgte.[72]

Im Kampf gegen den Doppelbeschluß war der Friedensrat der DDR wegen seiner Kontakte in die Bundesrepublik besonders wichtig. Folgendes Zitat mag zur Illustration für das Selbstverständnis dieser Organisation dienen:

»In der DDR kämpft eine große einheitliche Friedensbewegung in völliger Übereinstimmung mit der Außenpolitik ihres sozialistischen Staates. Jede ›Opposition‹ gegen sie wäre nicht nur störend, sondern objektiv friedensfeindlich. Die Friedensbewegung der DDR weiß sich mit allen friedliebenden Kräften verbunden, die sich der imperialistischen Aufrüstungs- und Kriegspolitik entgegenstellen ...«[73]

Der Friedensrat betreute die Frontorganisationen der DKP, veranstaltete regelmäßige Schulungen für deren Kader und fungierte als Kommunikationszentrum und logistische Drehscheibe. Ein enges Geflecht weltweiter Kontakte ermöglichte es ihm, internationale Kampagnen zu organisieren und ein scheinbar unabhängiges Echo auf seine eigenen Proklamationen zu erzeugen. Während der Friedensrat stets seine Unabhängigkeit beteuerte,[74] handelte es sich dabei in Wahrheit um eine Unterorganisation der SED, die ihre Befehle direkt von Honeckers Politbüro erhielt.[75] Sein Personal bezog er vom Staatsapparat, darunter auch vom Außenministerium.[76]

Besonders eng war jedoch die Kooperation zwischen Friedensrat und MfS. Die SED-Geheimpolizei erhielt alle internen Berichte des Friedensrates.[77] Zusätzlich wurden sämtliche Briefe, die ihn aus dem Westen erreichten, fotokopiert und nebst Kopie beider Seiten des Umschlags an die Staatssicherheit weitergeleitet.[78] Der Friedensrat diente dem Mielke-Ministerium außerdem als Datenbank, von der Informationen über westliche Friedensgruppen abgefragt werden konnten.[79] Für das MfS erstellte der Friedensrat bisweilen sogar detaillierte Charakterporträts zu seinen westlichen Besuchern.[80] Die Überwachung der westlichen Gäste des Friedensrates wurde gemeinschaftlich organisiert. Die politische Zuverlässigkeit der westlichen »Friedensfreunde« entschied darüber, ob die Stasi diese während ihres DDR-Aufenthaltes nur von einem ihrer Informellen Mitarbeiter (IM) im Friedensrat überwachen ließ oder ob sie aufwendige Beschattungsaktionen veranstaltete, die mehrere MfS-Bezirksverwaltungen in Atem hielten.[81] Natürlich überwachten die IM im Friedensrat auch diesen selbst: Sie lieferten zusätzliche Berichte über dessen Aktivitäten und das Verhalten seiner Funktionäre.[82]

Der Friedensrat schätzte die Besuche westlicher »Studiendelegationen« als Instrument zur Beinflussung linker Diskurse.[83] Obwohl die meisten Besuchergruppen aus der Bundesrepublik von Suborganisationen der DKP organisiert wurden, spiegelten deren Teilnehmer ein breites Spektrum der westdeutschen Linken wider. 1978 wurden zehn Gruppen aus der Bundesrepublik mit insgesamt 73 Teilnehmern empfangen. Daneben entsandten die Frontorganisationen der DKP 40 hochrangige Kader zu Gesprächen nach Berlin. 12 Funktionäre dieser Organisationen durften auf Kosten des Friedensrates in der DDR Urlaub machen. »Die Delegationsteilnehmer waren ihrer sozialen Herkunft nach vor allem Vertreter bürgerlicher Schichten«: Lehrer, Dozenten, Studenten, Sozialarbeiter und evangelische Pfarrer.[84] Der Friedensrat trug generös alle Kosten. 1978 zahlte er zum Beispiel für den viertägigen Aufenthalt von vier Mitgliedern des DKP-nahen »Komitees für Frieden, Abrüstung und Zusammenarbeit« 7030 Mark.[85]

Der Studienaufenthalt einer Delegation der DFU im Juni 1978 beleuchtet, wie der Friedensrat und seine Partner solche Besuche koordinierten, um Einflußpolitik zu betreiben. Die Gruppe bestand aus acht Hamburger Hochschuldozenten, von denen aber nur drei der DFU angehörten:

> »Der Zweck des Studienaufenthaltes dieser Delegation bestand darin, die DFU in ihrem Bemühen zu unterstützen, diese Kräfte stärker in ihre Aktivitäten einzubeziehen, bzw. über sie ihren Einfluß zu erweitern und speziell die berufliche Position von

Ingrid Kurz [Mitglied des Direktoriums der DFU] an der Fachhochschule politisch zu festigen.«[86]

Der Friedensrat nutzte solche Besuche, um den Geist eines demokratischen Antikommunismus im Namen des Friedens zu untergraben. Zur Erreichung dieses Ziels wurden die Besucher mit einer entwaffnenden Offenheit empfangen, als sei man gewillt, auch andere Meinungen und Weltanschauungen zu tolerieren. Im Namen des gemeinsamen Engagements für den Frieden wurden die Gäste gedrängt, ihre »Vorurteile und Vorbehalte« zu überwinden.[87] Die Toleranz des Friedensrates war aber tatsächlich nur eine konsequente Umsetzung von Lenins Ratschlag, so lange im Rahmen möglichst breiter Bündnisse zu agieren, wie die Kommunisten nicht stark genug waren, alle anderen sozialen und politischen Gruppen zu zerschlagen. Deshalb ist es auch nicht verwunderlich, daß der Friedensrat interne Besucher, die nicht vollständig mit seinen Positionen übereinstimmten, häufig anhand derselben Begriffe klassifizierte, die dem MfS normalerweise zur Erfassung von »feindlich-negativen Kräften« dienten. So wurden drei Mitgliedern einer westdeutschen Gruppe »kleinbürgerlich-pazifistische Positionen« bescheinigt.[88] In der DDR führte eine solche Klassifizierung zu »administrativen Maßnahmen« seitens der Geheimpolizei.[89] Aber auch die Analysen, die der Friedensrat zu seinen Westkontakten lieferte, waren keineswegs folgenlos, denn sie halfen dem MfS, Listen über »feindliche« West-Pazifisten anzulegen. Neben deren Adressen wurden auch Informationen über deren jeweilige »Feindtätigkeit« erfaßt.[90]

Der Friedensrat war bestrebt, seine Besucher davon zu überzeugen, daß selbst die pazifistischen Kritiker des Warschauer Vertrages »objektiv der Forcierung der NATO-Rüstungspolitik zuarbeiten« würden.[91] Seine Hauptaufgabe sah er aber zunächst einmal in der »Entlarvung der entspannungsfeindlichen Politik reaktionärer und imperialistischer Kreise, des Antikommunismus und Antisowjetismus« sowie in der Aufdeckung der »Propagandalüge und Meinungsmanipulation einer angeblichen Bedrohung aus dem Osten«.[92] Was die Meinungsbildung bei seinen Gästen anging, war der Friedensrat durchaus erfolgreich. Bisweilen gelang es sogar, eher konservativ eingestellte Menschen von der Friedfertigkeit des Sozialismus zu überzeugen.[93] Da westliche Pazifisten gewöhnlich glaubten, alte Feindbilder auflösen zu müssen,[94] fiel es ihren umgänglichen Gastgebern meist recht leicht, ihnen das Feindbild »von der alleinigen Verantwortung der USA und aggressivster NATO-Kreise am Wettrüsten und an der Atomkriegsgefahr« nahezubringen.[95]

Bedeutsamer für die taktischen Erfolge des Friedensrates waren aber zweifellos dessen Maßnahmen zur Unterstützung von Friedenskampagnen im »Operationsgebiet«. Es darf getrost bezweifelt werden, daß die Kampagne gegen die Neutronenbombe ohne die umfangreichen Materialspenden aus dem Osten viel auszurichten vermocht hätte. 1978 unterstützte der Friedensrat allein die Kampagne in der Bundesrepublik mit 25800 Anstecknadeln, 15000 Plakaten, 4250 Broschüren und sieben Filmkopien.[96] Der Friedensrat zeigte sich ebenfalls äußerst generös, wenn es um die Unterstützung individueller Projekte ging. 1980 erhielt ein evangelischer Pfarrer ein Paket mit 152 Brochüren und 10 Postern für seine Arbeit mit einer Gruppe von 40 Schülern.[97] Sogar mit harter Währung wurde geholfen: 1983 investierte der Friedensrat 40000,– DM, um sechs westdeutsche Friedenskämpfer zu einer Konferenz nach Tokio zu entsenden.[98] Der »Friedenströdel« aus Ostberlin spielte eine wichtige Rolle bei der Finanzierung westlicher Gruppen, die aus dem Verkauf von Postern und Anstecknadeln ihre laufenden Kosten bestritten. Im Juni 1978 bedankte sich zum Beispiel die DFG/VK-Niederkassel für Anti-Neutronenbomben-Plaketten, durch deren Verkauf Einnahmen in Höhe von 3000,– DM erwirtschaftet worden waren.[99]

Aus naheliegenden Gründen konnte der Friedensrat selbst im Westen natürlich nicht als Veranstalter von Demonstrationen in Erscheinung treten. Deshalb nutzte er »seine bilateralen Kontakte« zu lokalen Bündnispartnern, »um besonders in den NATO-Staaten eindrucksvolle Aktionen der breiten Öffentlichkeit anzuregen«.[100] 1979 organisierte der Friedensrat mit seinen Verbündeten in der niederländischen Friedensbewegung eine »internationale Stafette« unter dem Motto »Stoppt die Neutronenbombe – Stoppt die Massenvernichtungswaffen – Für weitere Entspannung und Abrüstung«. Den großen Zuspruch, den diese Stafette behauptetermaßen erfuhr, führte der Friedensrat auf seine Zusammenarbeit mit den holländischen »Freunden« zurück, deren Bewegung sowohl in den Niederlanden als auch auf internationaler Ebene über großes Ansehen verfüge. Die Leitung des Friedensrates war besonders erfreut, weil es gelungen war, die Beziehungen zwischen den Mitgliedsorganisationen des Weltfriedensrates und unabhängigen Friedensgruppen wie der britischen »Campaign for Nuclear Disarmament« (CND) zu festigen. Da eine permanente Mobilisierung der Bevölkerung möglichst aller westlichen Staaten erreicht werden sollte, wurden miteinander vernetzte internationale Aktionen wie diese Stafette dazu benutzt, stabile Kommunikationsstrukturen einzurichten, die über Grenzen hinweg einer Demobilisierung entgegenwirkten.[101]

Wie bei den meisten derartigen Veranstaltungen wurden auch bei dieser Stafette historische Jahrestage dazu benutzt, die kommunistische Abrüstungsbotschaft gegen Kritik zu immunisieren. Der 1. September hatte als erster Tag des Zweiten Weltkriegs im Kalender des Weltfriedensrates einen festen Platz. »Als Antikriegstag der friedliebenden Menschheit« diente er als Auftakt der alljährlichen »Herbstkampagne«. Die Tatsache, daß das Dritte Reich im Mai 1945 die Waffen gestreckt hatte, war Grund genug, »den Mai 1979 als internationalen Kampfmonat der Völker gegen das Wettrüsten ... zu gestalten«. Auch die Jahrestage der Atombombenabwürfe auf Hiroshima und Nagasaki waren im Kalender der Friedensräte als »Weltkampftage für das Verbot und die Ächtung aller Kernwaffen« verzeichnet. Im Herbst 1979 organisierten die Friedenskämpfer ihre Stafette zwischen dem 1. September und dem ersten Tag der Abrüstungswoche der Vereinten Nationen (24. Oktober). In dieser Zeit fanden in fast allen Ländern Europas Demonstrationen statt. Den abschließenden Höhepunkt bildete eine Abschlußkundgebung in Amsterdam, von der aus Boten mit einem Kommuniqué zur UNO-Abrüstungstagung nach New York reisten. Ein »internationaler Basar« half dabei, durch den Verkauf von Propagandamaterial einen Teil der Kosten zu bestreiten. Während sich all dies noch in der Planungsphase befand, befaßte sich der Friedensrat schon mit Maßnahmen »zur kontinuierlichen Fortführung der Weltkampagne«.[102] Auch 1980 sollte die Kampagne wieder von den Jahrestagen des Zweiten Weltkriegs umrahmt werden. Im militaristischen Jargon des Friedensrates firmierten die Aktivitäten der ersten Jahreshälfte als »Frühjahrsoffensive der Friedenskräfte bis zum 35. Jahrestag des Sieges über den Hitler-Faschismus«.[103]

Die Beschwörung des Nationalsozialismus und des Zweiten Weltkriegs waren wichtige Elemente in der Mobilisierungsstrategie des Friedensrates und seiner politischen Auftraggeber. Besonders in Deutschland besaß die Erinnerung an die Schande des Nationalsozialismus erhebliche moralische und emotionale Zugkraft. Die Mitglieder des Weltfriedensrates gaben sich dabei alle erdenkliche Mühe, direkte Verbindungen zwischen den Geschehnissen der Vergangenheit und den jeweils aktuellen politischen Entwicklungen in der Bundesrepublik herzustellen. So sollte der »Antikriegstag« am 1. September eine engumgrenzte Deutung der Geschichte festschreiben und diese so für den Friedenskampf der Gegenwart instrumentalisieren. Diese Indienstnahme der Vergangenheit erleichterte es den Kommunisten ebenfalls, die Gedenkveranstaltungen der demokratischen Linken zu infiltrieren. 1979 stellte der Friedensrat befriedigt fest, daß es dem KoFAZ gelungen sei, die Erinnerungsveranstaltungen des DGB in »eine Willenskundgebung« für Abrüstung umzuwandeln.[104]

Die Beschwörung des Nationalsozialismus sollte auch die Polarisierung der westdeutschen Gesellschaft verschärfen. Der CSU-Vorsitzende Franz Josef Strauß wurde so zur Zielscheibe einer Kampagne, die darauf abzielte, seinen Namen mit Faschismus und Krieg gleichzusetzen.[105] Verzerrte Feindbilder wie das vom kriegslüsternen Strauß verliehen den Aufrufen der kommunistischen »Friedensgruppen« ein dramatisches Gepräge, das auch dazu diente, Kritik innerhalb der Linken zum Verstummen zu bringen. Dämonische Finsterlinge wie Strauß ließen sich aber ebensogut dazu benutzen, jede Art von Einmischung in die inneren Angelegenheiten der Bundesrepublik zu rechtfertigen. 1979 stellte Honecker eine Verbindung zwischen Strauß und dem »deutschen Faschismus« her, die tendenziell dazu geeignet war, die Souveränität der Bundesrepublik aufzuheben:

> »Die Nominierung von Strauß für die Wahl als Bundeskanzler hat doch die Zeichen dafür gesetzt, daß die Frage, wie sich die Bundesrepublik Deutschland entwickelt, nicht nur eine innere Frage der Bundesrepublik Deutschland, sondern eine Frage aller Völker ist, die schon einmal vom deutschen Faschismus mit Krieg überzogen wurden.«[106]

Kodifizierung von Überlegenheit

Mancher westliche Militärexperte glaubte, daß die UdSSR keine strategische Doktrin für den Einsatz von Interkontinentalwaffen besäße, die mit jener der USA vergleichbar wäre. Sie gingen vielmehr davon aus, daß die sowjetische Doktrin über den Einsatz strategischer Kernwaffen lediglich die Konzepte fortschrieb, die schon für die operative Ebene galten.[107] Das Mißverständnis bei dieser Einschätzung lag allerdings darin, daß die strategische Doktrin der Sowjets im Dienste einer politischen Gesamtstrategie stand und ihr deutlich untergeordnet war. Obgleich diese politische Strategie die weltweite Liquidierung des Kapitalismus anstrebte, verwarfen ihre Urheber vehement jeden Gedanken daran, daß es notwendig oder gar wünschenswert sei, dieses Ziel durch einen Atomkrieg zu erreichen. 1977 erklärte Breschnew in Tula, daß die sowjetische Militärmacht darauf ausgerichtet sei, nicht nur einen Erstschlag zu verhindern, sondern auch einen Zweitschlag und überhaupt einen Nuklearkrieg.[108]

Der Atomkrieg war unzweifelhaft kein vernünftiger Weg, um jene millenaristische »Befreiungsmission« zu realisieren, die sich die Marxisten-Leninisten selbst aufgebürdet hatten. Dennoch hatte gerade in der Breschnew-Ära Clausewitz' Leitsatz vom Krieg als Fortsetzung der Politik mit anderen Mitteln weiterhin Gültigkeit. Die Lehre vom gerechten Revolutions- und Klassenkrieg wurde dabei ebenso aufrechterhalten wie der Glaube, die sozialen Ursachen aller Kriege würden erst mit dem weltweiten Sieg des Sozialismus verschwinden.[109] 1976 bezweifelte der DDR-Verteidigungsminister Heinz Hoffmann gar, daß eine sozialistische Revolution jemals erfolgreich sein könne, ohne militärische Gewalt einzusetzen:

> »Welche Rolle also spielt militärische Gewalt für Sieg oder Niederlage einer Revolution in der Epoche des Übergangs vom Kapitalismus zum Sozialismus? Kommt eine solche Revolution aus, ohne daß ein Schuß fällt, kann sie auf unblutigem Wege siegen? Bis jetzt kennt die Geschichte tatsächlich keinen Fall, in dem eine sozialistische Revolution zum Sieg geführt worden wäre, ohne daß die Kanonen ihr Machtwort gesprochen hätten, oder ohne daß sie mindestens gerichtet und geladen waren!«[110]

Hoffmann gab diese Erklärung in einer Rede ab, in der er darlegte, warum Clausewitz' Leitsatz vom Krieg als Fortsetzung der Politik selbst im Atomzeitalter noch Gültigkeit habe. Dabei betonte er aber, daß sich gerade überlegene Streitkräfte sehr vielseitig nutzen ließen: »Auch jene Formen des Einsatzes der Streitkräfte, die nach Clausewitz ›in bloßer Bedrohung des Gegners und in einem Subsidium des Unterhandelns‹ bestehen, sind ihrem Wesen nach Fortsetzung der Politik mit gewaltsamen Mitteln.«[111]

Den kommunistischen Strategen war demnach klar, daß militärische Macht auch im Frieden politisch nutzbringend eingesetzt werden konnte. Die Furcht vor einem Atomkrieg war in der Tat eine mächtige Waffe, wenn sie in den Händen von Menschen ruhte, die ihre eigenen Ängste kontrollieren konnten. Solchermaßen angewandt, konnte eine militärische Übermacht politische Verhandlungen rasch in ein Diktat verwandeln.

Militärische Übermacht war aber noch erstrebenswerter, wenn man Hoffmanns millennarische Weltanschauung teilte. In seiner Rede führte er weiter aus, die sozialistische Revolution vermöge »die neue, menschenwürdige Ordnung nur dann hervorzubringen, wenn sie die alte Klassenherrschaft bis auf den Grund niederreißt«. Hoffmann empfahl, die revolutionäre Gewalt keinesfalls zu sparsam zu dosieren, da man jede halbherzige Revolution früher oder später mit »großen Opfern bezahlen« müsse.[112] Und während Breschnew ein Jahr später in Tula behaupten sollte,[113] daß die UdSSR nicht nach militärischer Überlegenheit strebe, hatte Hoffmann ein Jahr zuvor noch gänzlich ungeniert erklärt, daß das sozialistische Lager die militärische Übermacht bereits besitze:

> »Nicht ein gewisses ›Minimum an militärischem Defensivpotential‹ unserer Koalition, auch kein sogenanntes ›Gleichgewicht des Schreckens‹ haben einen Zustand in den internationalen Beziehungen herbeigeführt, den die Menschheit erleichtert als Wende vom kalten Krieg zur Entspannung empfindet. Die im zähen Kräfteringen der Nachkriegsjahre hart erkämpfte militärische Überlegenheit der Sowjetunion und ihrer Verbündeten über die imperialistischen Hauptmächte war es, die den Frieden sicherer, die antiimperialistischen Kräfte selbstbewußter gemacht und den weltrevolutionären Prozeß vorangebracht hat.«[114]

Hoffmanns Einschätzung des militärischen Stärkeverhältnisses entsprang nicht etwa der chronischen Selbstüberschätzung kommunistischer Agitatoren, sondern beruhte auf nüchternen Analysen, die im übrigen auch im Westen von der Mehrheit der qualifizierten Beobachter geteilt wurden.[115] Es ist daher wahrscheinlich, daß auch Breschnew Überlegenheit meinte, wenn er von Gleichgewicht oder Parität sprach. So stellte er im November 1977 zum Beispiel fest, in Mitteleuropa herrsche ein militärisches Gleichgewicht zwischen Ost und West.[116] Dies war aber unzweifelhaft nicht der Fall.[117] Die Wiener »Verhandlungen über die gegenseitige Reduzierung der Streitkräfte und Rüstungen in Mitteleuropa« (MBFR) blieben nämlich nur deshalb ergebnislos stecken, weil der Warschauer Vertrag darauf beharrte, seine eigenen Truppen um 188 000 Mann schwächer einzuschätzen als die NATO. Gleichzeitig weigerte sich das sozialistische Lager jahrelang, jene elementaren Informationen zur Stärke und Anzahl seiner Divisionen bereitzustellen, die zur Klärung der strittigen Zahlenfrage notwendig gewesen wären.[118]

In analoger Weise forderten die Sowjets im Rahmen der KSZE-Nachfolgekonferenzen das Einfrieren der Rüstungshaushalte. Als aber Schweden verlangte, zunächst einmal alle Militärbudgets offenzulegen, wurde dies vom Ostblock abgelehnt. Die Begründung, die dafür SED-intern gegeben wurde, ist recht aufschlußreich:

> »... ohne Verbindung zu konkreten Abrüstungsmaßnahmen würden detaillierte Angaben zum Militärhaushalt [es] der NATO ermöglichen, Rückschlüsse auf die Struktur, den Gesamtumfang, die Ausrüstung der Teilstreitkräfte und anderer Organe der Landesverteidigung zu ziehen, was sie befähigte, weitere Rüstungsmaßnahmen zu motivieren.«[119]

Auf der Ebene der Bewaffnung war die SS-20 die Verkörperung einer Strategie,[120] die durch das Zusammenwirken von Abrüstungsbetrug, militärischer Einschüchterung und forciertem Friedenskampf den Sieg im Kalten Krieg erzwingen wollte. Im Vergleich zu anderen Atomwaffen schien die SS-20 in der Tat eine ganze Reihe von politischen und militärischen Vorzügen zu bieten. Zum einen ermöglichte es ihre große Reichweite, selbst dann ganz Westeuropa abzudecken, wenn ihre Abschußrampen sehr weit östlich des Ural stationiert waren. Zum anderen erlaubte es die große Mobilität der Startrampen, auch solche Raketen schnell in für Europa gefährliche Feuerstellungen zu verlegen, die ursprünglich zu weit östlich stationiert gewesen wären, um Westeuropa zu gefährden.

Da die Sowjets bei den KSZE- und MBFR-Verhandlungen stets überaus empfindlich auf Vorschläge zur Ausweitung des geographischen Bezugsraums reagierten,[121] ist anzunehmen, daß sie die Mobilitäts- und Reichweitevorteile der SS-20 als Mittel sahen, diese Waffe aus den Abrüstungsverhandlungen herauszuhalten und so für sich ein hegemoniales Drohpotential zu reservieren. Mit ihrer vergleichsweise niedrigen Explosivkraft je Sprengkopf (20 kt) und ihrer hohen Zielgenauigkeit war die SS-20 außerdem dazu geeignet, die gröberen Aufgaben eines operativ-taktischen Schlachtfeldeinsatzes zu übernehmen. Gleichzeitig stellte die Vielzahl der stationierten Startkomplexe und Sprengköpfe sicher, daß der Kreml Westeuropa jederzeit das sprichwörtliche Euroshima androhen konnte. Die SS-20 konnte eine ganze Reihe von anderen Nuklearwaffen ersetzen, ohne daß der Warschauer Vertrag dadurch militärische Optionen eingebüßt hätte. Dies wird auch an der Verhandlungsposition deutlich, die die Sowjets einnahmen, nachdem die ersten US-Mittelstreckenwaffen in Europa eingetroffen waren. Als Tauschobjekt für die Cruise missiles und Pershings bot die UdSSR sogleich jene Kurzstreckenraketen an, die sie im Rahmen ihrer »Gegenstationierungen« in der DDR und der ČSSR installiert hatte.[122]

Die Vielzahl ihrer militärischen und diplomatischen Einsatzoptionen schien die SS-20 zu einer diplomatischen Trumpfkarte zu machen, die der sowjetischen Führung eine gute Ausgangsposition für ihre Kampagne gegen die US-Atomwaffen in Europa verschaffte. In Gorbatschows rückblickender Analyse hätte jedoch eine realistischere Einschätzung der westlichen Reaktionen der massiven Stationierung der SS-20 Einhalt gebieten müssen. Die Frage, warum sich Breschnews Politbüro trotzdem auf solch »ein unverzeihliches Abenteuer« einließ, beantwortet Gorbatschow mit einer vage gehaltenen Vermutung: »Möglicherweise glaubte die politische Führung, wenn wir unsere Raketen stationierten, würden die Friedenskämpfer im Westen Gegenmaßnahmen schon verhindern. Wenn dem so war, dann waren das reichlich naive Gedankengänge.«[123]

Anders als Gorbatschow annimmt, wurden die sogenannten Friedenskämpfer aber nicht in erster Linie deshalb aufgeboten, weil die militärischen Vorteile abgesichert werden sollten, die sich die Sowjets von der Stationierung der SS-20 versprachen. Eher das Gegenteil war der Fall: Die Akkumulation immer neuer militärischer Optionen sollte den »antiimperialistischen« Kräften im Westen den politischen Spielraum verschaffen, um auf »friedlichem« Wege an die Macht zu gelangen. Im *Militärlexikon* der NVA wurde ein deutlicher Zusammenhang zwischen der Option einer friedlichen Machtergreifung und militärischem Drohpotential hergestellt:

> »Infolge des wachsenden Einflusses des sozialistischen Weltsystems und des Aufschwungs der internationalen Arbeiterbewegung wird es heute möglich, die Macht der Arbeiterklasse in einer Reihe von Ländern mit friedlichen Mitteln zu erobern. Diese unter bestimmten Bedingungen des Klassenkampfs mögliche Entwicklung setzt jedoch voraus, daß die revolutionäre Arbeiterklasse auch auf den bewaffneten Kampf vorbereitet ist, um den friedlichen Weg der Eroberung der politischen Macht zu sichern und, falls unumgänglich, schnell und erfolgreich die friedlichen durch nichtfriedliche Kampfformen zu ersetzen.«[124]

Die orthodoxen Kommunisten Westeuropas hatten ihre Hoffnung auf eine Machtergreifung längst mit dem sowjetischen Militärpotential verknüpft. Vadim Sagladin, Ponomarjows Erster Stellvertreter, faßte im Januar 1980 Gespräche zusammen, die er kurz zuvor mit Marchais geführt hatte. Dabei hatte sich dieser offenbar scharf von Enrico Berlinguer, dem Führer der IKP, distanziert. Diesem warf er vor, die Bedeutung des sowjetischen

Militärpotentials für eine friedliche Machtergreifung komplett zu verkennen:

»Genosse Marchais hat ... heftige Kritik an Berlinguer und der IKP geübt. ... Berlinguer müsse verrückt geworden sein, er [Berlinguer] stellte die Grundlage seiner eigenen Politik in Frage. Er sagte, man könne gegenwärtig, wenn man die internationale Lage einschätzt, nicht vom Kräfteverhältnis ausgehen. ... Berlinguer vertrete die Meinung: Man könne nicht zulassen, daß die Sowjetunion oder die USA stärker würden. Nach Aussage des Genossen Marchais ist die Stärke der Sowjetunion aber die Garantie für das Leben und die Entfaltung der Arbeit der FKP. Je stärker die Sowjetunion, desto gewisser ist der friedliche Weg zum Sozialismus in Frankreich. Man kann nicht für den friedlichen Weg eintreten und gleichzeitig die Konzeption des Kräfteverhältnisses negieren.«[125]

Bei der DKP, deren Vertrauen in die Wahlurnen aus leidvoller Erfahrung noch geringer war als das der FKP, gründete man die Hoffnung auf eine Machtergreifung ausschließlich auf den »proletarischen Internationalismus« des sozialistischen Lagers. Peter Schütt, ehemals Mitglied des Parteivorstands, berichtete unlängst, worüber der DKP-Chef Herbert Mies mit anderen Kadern 1977 im trauten Kreise schwadronierte:

»Er [Mies] verwies auf die Erfahrungen der Genossen in Chile, verurteilte die Abweichung der Genossen in Frankreich und Italien von den revolutionären Grundprinzipien und kam schließlich zu dem Schluß, die Illusion von einem friedlichen und gewaltlosen Übergang zum Sozialismus habe sich erledigt. Im Ernstfall könne die Lösung nur lauten: revolutionärer Kampf an allen Fronten zum gewaltsamen Sturz der Bourgeoisie, so wie es die Große Proletarische Oktoberrevolution 1917 in Rußland vorexerziert habe. Die RAF habe trotz ihrer Widersprüche gezeigt, daß das staatsmonopolistische System der

> BRD weder unangreifbar noch unerschütterlich sei. Wenn andere, so wurde an diesem parteiinternen Abend am roten Kamin von anderen Altstalinisten spekuliert, die Festung sturmreif schössen und das Land ins Chaos stürzten, dann würden die Kommunisten in diesem Chaos nicht untergehen, sondern im Gegenteil die Gunst der Stunde nutzen, um sich als richtungweisende Gegenmacht zu präsentieren und die Ordnung im Lande auf revolutionäre Weise, notfalls mit Hilfe der Waffenbrüder jenseits der Grenzen, wiederherzustellen.«[126]

So unrealistisch solche Szenarien damals auch gewesen sein mögen, angesichts der sowjetischen Truppenmassen blieben sie ein denkbarer Zukunftsentwurf, dessen Realisierbarkeit mit jeder weiteren Schwächung des Westens greifbarer wurde.

Auch Mielke hatte 1976 die FKP und die IKP scharf dafür kritisiert, daß sie die Errichtung der Diktatur des Proletariats bei der Beseitigung des Kapitalismus für verzichtbar hielten:

> »Es ist ein Unterschied, ob eine kommunistische Partei angesichts der konkreten Klassenkampfsituation im Lande in der täglichen Massenagitation die Propagierung der Diktatur des Proletariats nicht in den Vordergrund stellt, oder aber die Richtigkeit dieser allgemeingültigen Gesetzmäßigkeit völlig in Frage stellt und auf die Diktatur des Proletariats ›verzichtet‹, wie dies auf dem XXII. Parteitag der FKP beschlossen wurde. Damit gleitet sie in der Grundfrage der Revolution, der Frage der Macht, objektiv auf Positionen des Sozialdemokratismus ab. … Es ist doch so: Wenn eine Partei den Kapitalismus beseitigen und den Sozialismus anstreben will, dann muß sie doch gerade diese Veränderung des internationalen Kräfteverhältnisses, das Wachstum des Sozialismus und aller revolutionären Ströme für den eigenen Kampf im nationalen Rahmen nutzen und darf sie nicht negieren. Dann muß sie doch die Einheit und Geschlossenheit mit allen revolutionären Kräften stärken und darf nicht gegen sie auftreten.«[127]

Das *Kleine Politische Wörterbuch* der SED legte der »Strategie und Taktik der revolutionären Arbeiterklasse« den Gedanken zugrunde, daß sich die Weltrevolution etappenweise entfalten würde. Deshalb sollte die Arbeiterklasse ihre Aktionen stets auf das »Hauptziel ... in der jeweiligen Etappe« konzentrieren. Aufgabe der »politischen Strategie« war die »Festlegung der Hauptstoßrichtung des revolutionären Kampfes«, die Bestimmung des »Hauptklassenfeindes« und des »Hauptverbündeten«.[128] Diese Konzeptionen gründeten natürlich wieder auf Lenins Schrift *Der »linke Radikalismus«, die Kinderkrankheit im Kommunismus.* Dort beschrieb er, wie die Bolschewiki zunächst mit den Liberalen gegen den Zaren, dann mit den bäuerlichen Sozialrevolutionären gegen die bürgerlichen Liberalen gekämpft hatten, um sich am Ende schließlich auch der »linken Sozialrevolutionäre« zu entledigen. In Lenins Augen durften temporäre Allianzen ruhig mit programmatischen Zugeständnissen erkauft werden, solange »der politische und ideologische Kampf« gegen den zeitweiligen Verbündeten nicht eingestellt wurde.[129]

Mit Beginn des Friedenskampfes gegen die NATO waren der Hauptklassenfeind des Sowjetkommunismus die »aggressivsten Kreise des Imperialismus«. Zu deren Bekämpfung sollte ein Bündnis mit dem »realistisch denkenden Flügel« im »imperialistischen Lager« geschlossen werden. Große Hoffnungen wurden dabei auf die Sozialdemokratie gesetzt, da deren gesamte Politik auf der Entspannung zwischen Ost und West basierte.[130] Die zentrale Stellung, die die Entspannung in ihrem Denken einnahm, machte viele Sozialdemokraten tatsächlich zu lammfrommen Opfern sowjetischer Erpressungsversuche. Die Drohungen der Sowjets, daß weitere Rüstungsmaßnahmen des Westens ein gefährliches Wettrüsten entfesseln und die Entspannung zu Grabe tragen würden, zielten darauf, die Sozialdemokraten an ihrer empfindlichsten Stelle zu treffen.

Während das sozialistische Lager seinen ganzen Charme aufbot, um die SPD zum Bruch der atlantischen Solidarität zu verleiten, wurde intern angedeutet, daß diesem Bundesgenossen irgendwann das Schicksal von Lenins diversen Verbündeten zuteil werden sollte. 1982 war Lenins *Der »linke Radikalismus«, die Kinderkrankheit im Kommunismus* die zentrale Schulungslektüre in der NVA. Dieser Text sollte dazu dienen, »tiefer in die Leninsche Revolutionstheorie einzudringen und sowohl das Verständnis für die Dialektik und Widersprüchlichkeit des weltrevolutionären Prozesses als auch die Überzeugung von seinem weiteren unaufhaltsamen Voranschreiten zu entwickeln«.[131] Zwei Jahre zuvor hatte sich ein FDJ-Funktionär erlaubt, Lenin zu zitieren:

»In einer Zeit, da die Friedenssicherung an der Trennlinie zwischen den Welten erfordert, daß unsere Massenmedien im gutnachbarlichen Ton von nützlichen Gesprächen zwischen Politikern der DDR und der BRD, von der Übermittlung herzlicher Grüße mit ebenso herzlichen Erwiderungen berichten, hat die mündliche Agitationslinie ergänzende Aufgaben zu erfüllen. Uns Parteiarbeitern und FDJ-Funktionären ist es doch stets erlaubt, Lenin zu zitieren, zum Beispiel aus seinem Brief an die Amerikanischen Arbeiter, wo Wladimir Iljitsch über seine Verhandlungen mit einem – im damaligen Falle französischen – Imperialisten schrieb: ›Wir drückten einander die Hand, obwohl wir wußten, daß jeder von uns seinen Partner hätte ganz gern aufknüpfen lassen.‹ (Heiterkeit)«[132]

Die westlichen Friedensbewegungen

Ein neues Schisma der Linken

In der Schlußphase jener Belagerung, die Lenin über das »kapitalistische Port Arthur«[1] verhängt hatte, hingen die Siegeshoffnungen der Kommunisten wesentlich vom Erfolg des Friedenskampfes ab. Der Friedenskampf sollte gleichsam durch beständiges Sappieren die Bereitschaft der westlichen Bevölkerungen unterhöhlen, das eigene System auch angesichts der Schrecknisse eines möglichen Atomkrieges zu behaupten. Trotz ihrer langjährigen Bemühungen scheint jeoch selbst die SED überrascht gewesen zu sein, als in der Bundesrepublik in den frühen achtziger Jahren eine neue Friedensbewegung mit beispielloser Kraft in den öffentlichen Raum trat.[2] Vermutlich wäre es den Kommunisten in Ost und West niemals aus eigener Kraft gelungen, eine Massenbewegung von solcher Größe zu entfalten. Diese erstaunliche Entwicklung war nur durch die Geburt einer neuen chiliastischen Bewegung möglich, die ihre Entstehung ironischerweise nicht zuletzt dem Friedenskampf mit seinen hypertrophen Warnungen vor einem Atomkrieg verdankte. Bald sollte sich zeigen, daß dieser neu entstandene ökologische Chiliasmus den Kommunismus in seinem Selbstverständnis in Frage stellte. Durch die Umweltprobleme, die durch die stete Expansion der Industriegesellschaft immer bedrohlicher wurden, und die Gefahr der nuklearen Selbstauslöschung stellte sich nämlich die Frage, ob nicht die gesamte Industrialisierung ein selbstmörderischer Irrweg war. Auf die traditionelle Linke mußte eine solche Fragestellung indes zutiefst irritierend wirken, da der Glaube an die Erlösung der Menschheit durch die Fortschritte einer modernen Industriezivilisation zu den Kernbestandteilen des marxistischen Weltbildes gehörte.

Obwohl die Ökologiebewegung hochgradig heterogen war, gelang es ihr dennoch, mit den Grünen eine politische Partei zu formieren, die 1983 in den Bundestag einziehen konnte.[3] Zunächst schien es zwar, als wären die Grünen durch ihre Forderungen nach einseitiger Abrüstung und dem Austritt der Bundesrepublik aus der NATO vor allem für die westliche Allianz eine Bedrohung, doch es war die traditionelle Linke, die am meisten von ihnen zu fürchten hatte. Der Aufstieg der Grünen besiegelte ein neues Schisma der Linken, welches sehr wohl mit dem Auseinanderbrechen der Arbeiterbewegung in der Folge von Lenins Revolution verglichen werden kann. Indem sie den marxistischen Urglauben an die Erlöserkraft des industriellen Fortschritts verwarfen, erschütterten die Grünen das ideologische Fundament sowohl der Sozialdemokratie als auch des Kommunismus.

Ungefähr ab 1982 wurde die Friedensbewegung zu dem Schlachtfeld, auf dem die drei Konfessionen der Linken um die ideelle und institutionelle Vorherrschaft stritten. Während sich die Kommunisten auf den Kommandohöhen der Friedensbewegung eingegraben hatten, stellten die Grünen die Masse ihrer Anhänger und ihre prominentesten Fürsprecher. Die Sozialdemokraten spielten den Part der Nachzügler, die verzweifelt versuchten, sich einen Platz in der Bewegung zu sichern. Der revolutionäre Eifer und die eschatologischen Ängste der Grünen ließen sich aber weder in den kommunistischen Friedenskampf einbinden, noch mochten sie zum schwerfälligen Etatismus der Sozialdemokratie passen. Hierauf vereinigten sich Teile der SPD mit der DKP zu einer informellen Koalition, die auf die Eindämmung der Grünen abzielte.

Im Dezember 1983 beraubte der Stationierungsbeginn die Friedensbewegung jenes kleinsten gemeinsamen Nenners, der sie bis dahin einigermaßen zusammengehalten hatte. 1984 konnten die schwelenden Fehden ungehindert zum Ausbruch kommen und die Energien der Bewegung im internen Machtkampf erschöpfen. Gleich allen anderen millenarischen Bewegungen sah sich die Friedensbewegung nun von einem Erosionsprozeß bedroht, der die mobilisierten Massen unaufhaltsam auseinandertrieb.

Die Wurzeln der Grünen

Anfang der achtziger Jahre entstanden die Grünen durch die Fusion zahlreicher neuer sozialer Bewegungen, die ihrerseits ihre Entstehung jener Vervielfachung des politischen und kulturellen Experimentierens verdankten, das seit den späten sechziger Jahren die gesellschaftspolitische Evolution in den westlichen Industriegesellschaften prägte. Ein wachsendes Bewußtsein für die fortschreitende Verheerung der »natürlichen« Umwelt sorgte im Laufe der siebziger Jahre dafür, daß sich in den Industriegesellschaften eine Welle existentieller Verunsicherung ausbreiten konnte, von der ein ganz erheblicher Mobilisierungssog ausging. In der Bundesrepublik führte dies zunächst zum Entstehen der Bürgerinitiativen, die als lokale Protestgruppen gegen die Entscheidungen einer übermächtigen Staatsbürokratie zu Felde zogen. Gemäß ihrem Selbstbild bekämpften sie eine technokratische »Megamaschine«, deren geistloses Wüten die biologischen Grundlagen allen Lebens bedrohte. Der Kampf gegen die Kernenergie verschaffte den Bürgerinitiativen einen gemeinsamen Gegner, dessen proklamierte Gefährlichkeit ihnen half, ihre Energien auch für ein größeres Politikfeld zu bündeln.[4]

Ein anderer Vorläufer der Grünen waren die »Spontis«, die seit Mitte der siebziger Jahre nicht zuletzt aus der Auseinandersetzung mit den zahlreichen kommunistischen Sekten und deren hermetischen Theoriediskussionen entstanden waren. Im Grunde waren die Spontis eher ein heterogenes subkulturelles Netzwerk als eine politische Bewegung. Sie artikulierten das oft widersprüchliche politische Bewußtsein all jener »urbanen Stämme«, die sich im Gefolge der kulturellen Revolution von 1968 im öffentlichen Raum hatten etablieren können. Angesichts der Breite dieses Spektrums konnten sich die Spontis nur als Vertreter eines gänzlich undogmatischen Politikverständnisses entwickeln, dem Gefühle wichtiger waren als elaborierte Gedankengebäude. Im Unterschied zur traditionellen Linken waren die Spontis auch nicht länger bereit, in der Arbeiterklasse den Träger einer zukünftigen Revolution zu erblicken. Statt dessen hofften sie, ein autonomes subkulturelles Netzwerk könne den Boden für den Zusammenbruch des »Schweinesystems« bereiten. Der radikalste und am stärksten von anarchistischen Vorstellungen beeinflußte Teil der Spontis sammelte sich indes nicht bei den Grünen, sondern bei den sogenannten Autonomen, die die Masse der Gewalttäter bei den Demonstrationen jener Jahre stellten.[5]

Auch viele ehemalige Mitglieder kommunistischer Sekten fanden zu den Grünen. Deren Rolle läßt jedoch kaum eine Generalisierung zu. So stellten in der Berliner Alternativen Liste ehemalige Angehörige der maoistischen KPD die sogenannte Pickelhaubenfraktion, die »antisowjetische« Positionen vertrat, eine Wiedervereinigung Deutschlands befürwortete und sich aktiv um Kontakte zur DDR-Opposition bemühte. Die Hamburger Grün-Alternative Liste wurde hingegen von Ökosozialisten dominiert, die antiimperialistische Positionen mit deutlicher Nähe zum sowjetischen Kommunismus propagierten.[6] Insgesamt waren im fundamentalistischen Flügel der Grünen zahlreiche Personen vertreten, die zwar den Inhalt ihrer poltischen Religion, nicht aber deren strukturelles Rahmenwerk gewechselt hatten. Ihre Heilserwartung bezog sich nun zwar nicht länger auf den wissenschaftlichen Kommunismus, dafür aber auf die wissenschaftliche Ökologie. In den Augen vieler Grüner war die Ökologie längst kein Teilgebiet der Biologie mehr; sie galt ihnen als neue Königin der Wissenschaften, von der sie sich in einer naiv anmutenden Wissenschaftsgläubigkeit auch auf alle politischen Fragen »wahre« Antworten erhofften.[7] Typisch dafür war die Bundestagsabgeordnete Manon Maren-Griesbach: »Ökologie ist zwingend. Ihren Einsichten können wir uns bei Strafe des Untergangs nicht entziehen, hierin sind wir unfrei, denn es handelt sich um über uns hinausgreifende, mit uns selber schaltende Gesetze des Seins.«[8]

Es sind indes gerade solche Selbstzeugnisse, die belegen, daß die Grünen Fundamentalisten nicht in einem wissenschaftlich, sondern in einem religiös geprägten Universum dachten. Daher waren sie auch nicht daran interessiert, an politischen Prozessen teilzunehmen, um in Koalitionen Teile der Grünen Agenda zu verwirklichen. Sie konzentrierten ihre Hoffnungen lieber auf das Kommen eines ökologischen Millenniums, auf eine kathartische Krisis, die die Bevölkerung endlich zu einer Massenbekehrung veranlassen würde.[9] Zu einer kohärenten Theorie wurde der ökologische Fundamentalismus bezeichnenderweise allein von dem DDR-Dissidenten und marxistischen Philosophen Rudolf Bahro verdichtet, der nach einem Gefängnisaufenthalt 1979 aus der DDR ausgewiesen worden war. Bahro, der die Grüne Partei 1985 wieder verließ, blieb der einzige Denker, der sich bemühte, die diffusen Elemente der Grünen Weltanschauung in einer Synthese zu verbinden.[10] In der Friedensbewegung bekämpfte Bahro energisch den Einfluß der DKP. Er stritt für eine unabhängige Friedensbewegung, die die Blockgrenzen überschreiten und so zu einer Bewegung der Bekehrung in den Metropolen werden sollte. Seine Gedanken waren denen des Briten E.P. Thompson sehr ähnlich, der wie Bahro ein kommunistischer »Renegat« war und ebenfalls davor warnte, daß die Industriegesellschaft ins Stadium des Exterminismus eingetreten sei, das als letztes Stadium der Zivilisation den Weltuntergang vorantreibe.[11]

Der Fall Bahro belegt recht anschaulich, wie die millenarischen Traditionen des Christentums über den Marxismus zur Ökologie- und Friedensbewegung weiterwanderten. Tatsächlich rezipierte Bahro diese Traditionslinie ganz bewußt. Das Ergebnis war allerdings eine eher unoriginelle Mixtur aus uralten millenarischen Motiven und Lenins politischen Theorien.[12] Bahro glaubte, daß die bevorstehende ökologische Apokalypse allein durch den Ausstieg aus der bisherigen Zivilisation zu bewältigen sei. Die Erneuerung der Menschheit war in seinen Augen eine zwingende Voraussetzung dafür, dem exterministischen Räderwerk der »Großen Maschine« doch noch entkommen zu können.[13] Um diese allumfassende Transformation zu steuern, forderte er eine diktatorische Rettungsregierung, die aufzulösen war, sobald die Periode des Übergangs von der Industriegesellschaft zu »Ökotopia« vollendet wäre. Um das universelle Interesse am Fortbestand des Lebens zu schützen, sollte diese Diktatur mit absoluten politischen und moralischen Vollmachten ausgestattet werden.[14] Für die SPD als »Partei des gemäßigten Exterminismus« hatte Bahro allenfalls Verachtung übrig.[15]

Eine Genealogie der Grünen wäre unvollständig, wenn sie deren Beziehung zur SPD unberücksichtigt ließe. Joschka Fischer hat das Verhältnis der Grünen zu ihrer sozialdemokratischen »Mutterpartei« in Analogie zu dem Schisma beschrieben, das der Ausbruch des Ersten Weltkriegs über die SPD gebracht hatte. Damals hatten sich Teile der SPD aus Protest über die Gewährung der Kriegskredite abgespalten und die USPD formiert: »Vielleicht handelt es sich bei den Grünen lediglich um eine Taschenbuchausgabe der USPD, und die alte Mutter Sozialdemokratie befindet sich gegenwärtig wieder einmal in einer ihrer großen Lebenskrisen.«[16]

Aber auch der interne Konflikt zwischen den Fundamentalisten (Fundis) und dem realistischen Flügel (Realos) der Grünen glich dem historischen Konflikt, der in der Arbeiterbewegung über den Vorrang von Reform oder Revolution ausgetragen worden war. Die Realos sahen sich dabei als radikale Reformer; durch eine konstruktive Zusammenarbeit mit der SPD wollten sie langsam deren Agenda verändern. Die Fundis setzten dagegen auf die Zerschlagung der SPD, weil sie glaubten, so eine eigene Mehrheit gewinnen zu können.[17] In der Auseinandersetzung mit Bahro hat Fischer pointiert auf den apolitischen Charakter des grünen Fundamentalismus hingewiesen: »Bahro hat nichts Geringeres mit der Grünen Partei vor als den Ausstieg aus der Industriezivilisation und dem Weltmarkt und eine Revision der europäischen Geschichte seit der Neuzeit.«[18]

Die Grünen: Bündnispartner oder Widersacher?

Bereits 1979 hatte der Friedensrat der DDR Interesse an der westdeutschen Ökologie- und Anti-Atomkraft-Bewegung gezeigt. Von den westdeutschen »Freunden« des Friedensrates wurde der Bundesverband Bürgerinitiativen Umweltschutz (BBU) »als ein Reservoir für die Verbreiterung der Bewegung für Frieden und Abrüstung betrachtet«. Die Frontorganisationen der DKP hatten bereits Pläne für gemeinsame Aktionen entwickelt:

> »... Ein Kongreß ›Ökologie und Friedensbewegung‹ soll Ende Oktober durchgeführt werden. Gemeinsame objektbezogene Aktionen der Friedensorganisationen (besonders DFG/VK und DFU) und der Bürgerinitiativen gegen Kernkraftwerke und für Umweltschutz werden zur Zeit und besonders in der UNO-Abrüstungswoche vielerorts in der BRD durchgeführt.«[19]

In den Reihen der SED war die Freude über den Aufstieg der westdeutschen Ökologiebewegung jedoch keineswegs einhellig. Im Juli 1979 warnte Kurt Hager, der Ideologiepapst der SED, vor den neuesten Ablenkungsmanövern der »bürgerlichen Ideologie«, welche die »gesellschaftlichen Widersprüche im Kapitalismus verschleiern« sollten. In seinen Augen war die Thematisierung des Umweltschutzes »Ausdruck eines tiefen Unbehagens angesichts der Verschiebungen im Kräfteverhältnis zwischen Sozialismus und Imperialismus«.[20]

Für die westdeutsche DKP war die Formierung der Grünen Partei tatsächlich eine existentielle Bedrohung. Im April 1980 erläuterte der DKP-Vorsitzende Herbert Mies Honecker, daß seine Partei im Verhältnis zu den Grünen eine gewisse Berührungsangst habe überwinden müssen, da sich in deren Reihen auch zahlreiche Antikommunisten befänden. Erst jüngst habe die DKP begonnen, die Grünen als ein Reservoir fortschrittlicher Kräfte wahrzunehmen. Als Erfolg wertete Mies, daß der BBU unlängst Beschlüsse gegen die Stationierung neuer Atomraketen verabschiedet hatte. Mies' Sorge über den Aufstieg der Grünen war angesichts der prekären Situation seiner Splitterpartei verständlich. Die Mitgliedschaft der DKP rekrutierte sich vor allem aus Angehörigen der bildungsbürgerlichen Schichten. Trotz seiner Versicherung an Honecker, die DKP werde demnächst den Anteil der »Betriebsarbeiter« in ihren Reihen vergrößern,[21] blieb die Partei personell auf eine intellektuelle Boheme angewiesen, die nun ganz massiv zu den Grünen abwanderte. Der Aufstieg der Grünen setzte dem bescheidenen Boom der kommunistischen Splitterparteien ein Ende, wie er noch für die siebziger Jahre zu verzeichnen gewesen war.[22] Als die Alternative Liste in Berlin das erste Mal zu Wahlen antrat, verlor die örtliche Dependance der SED, die Sozialistische Einheitspartei Westberlins (SEW), sogleich die Hälfte ihrer wenigen Wähler.[23] Honecker hingegen, der allerdings auch keine Wählerwanderungen zu fürchten hatte, zeigte sich bei seinem Gespräch mit Mies über Aufstieg und Agenda der Grünen nicht sonderlich beunruhigt: »Sicher sind manche Leute vom Gegner entsandt, aber zu den ›Grünen‹ und anderen Umweltschutz-Organisationen gehören auch viele ehrliche, besorgte Menschen.«[24]

Nach diesem Gespräch bemühte sich die DKP pflichtschuldig darum, auf dem Wege der Infiltration die Kontrolle über die Grünen zu erringen. Solche Hoffnungen wurden nicht zuletzt durch den Umstand genährt, daß die Grünen zunächst eine überaus heterogene Bewegung waren, die sich erst noch als Partei formieren mußte und dabei selbst nicht recht wußte, wen sie ein- oder ausschließen sollte. Aufgrund dieses offenen Charakters der Grünen spekulierte die DKP-Spitze anfangs darauf, ihren eigenen Kandidaten Plätze auf den Listen der Grünen zu verschaffen oder aber die Grünen in »ein Wahlbündnis aller linken Kräfte« zu verstricken. Bei den Grünen scheint es maßgeblich Petra Kelly gewesen zu sein, die durchsetzte, daß das Liebeswerben der DKP erfolglos blieb.[25] Für den Prozeß der Parteibildung war eine solche

Grenzmarkierung von großer Bedeutung. Ohne diese Grenzziehung hätten die Grünen wahrscheinlich niemals die Legitimität errungen, die sie brauchten, um als neuer politischer Faktor auf der Bonner Bühne zu reüssieren.

Die Arbeitskontakte zu den Grünen wurden aber gewöhnlich eher von den Frontorganisationen der DKP hergestellt als von der Partei selbst. Dabei spielte die DFU (Deutsche Friedens-Union) eine zentrale Rolle. Mit dem »Krefelder Appell« erzielte sie den größten Mobilisierungserfolg, der jemals einer kommunistischen Frontorganisation beschieden war. Am 15. und 16. November 1980 hatte die DFU die Repräsentanten verschiedener Friedens- und Ökologiegruppen zu ihrem Forum nach Krefeld eingeladen. Zum Abschluß der Veranstaltung unterschrieben die Teilnehmer einen gemeinsamen Appell, der den Raketenbeschluß der NATO als verhängnisvolle Fehlentscheidung brandmarkte. Neben bewährten Friedenskämpfern wie Oberst a.D. Josef Weber, Pastor Martin Niemöller und dem Stasi-IM Gerhard Kade traten bei dem Forum auch Petra Kelly und die ehemaligen NATO-Generale Gert Bastian und Michil von Meyenfeld auf, was erheblich zum Erfolg der Veranstaltung beigetragen haben dürfte.[26] Innerhalb der nächsten sechs Monate unterschrieben 800000 Bundesbürger den »Krefelder Appell«, der die sowjetischen SS-20-Raketen gänzlich unerwähnt ließ.[27]

Die fehlende Erwähnung der SS-20 war natürlich kein Zufall, sondern entsprach der Entstehungsgeschichte des Krefelder Appells. Erste Vorüberlegungen zum Krefelder Forum finden sich in einem Maßnahmeplan des Friedensrates vom Mai 1979. Darin wurde angeregt, für den September oder Oktober 1980 »ein Welttreffen aller Gegner des Wettrüstens in einem NATO-Staat – möglichst der BRD« einzuberufen.[28] Für die DFU waren das Forum in Krefeld und der gleichnamige Appell zunächst einmal auch nur ein Teil jener Selbstverpflichtungen, die sie als Mitglied des WFR auf dem »Weltparlament der Völker für den Frieden« in Sofia routinemäßig eingegangen war:

»Die Umsetzung des Appells von Sofia heißt, sich mit voller Kraft für eine neue Qualität von Massenaktionen gesellschaftlicher Kräfte einzusetzen. Ein erster Schritt dazu wird in der BRD das Forum ›Der Atomtod bedroht uns alle‹ am 15./16. November in Krefeld sein.«[29]

Bei dem Krefelder Forum hatte es sich auch keineswegs um eine Zusammenkunft unabhängiger Rüstungsgegner gehandelt, sondern um den »IX. Unionstag« der DFU:

»Ein Höhepunkt der Arbeit der DFU wird der IX. Unionstag am 14./15. November in Krefeld sein ... Zum Unionstag sollen Gäste aus möglichst vielen KSZE-Teilnehmer-Staaten eingeladen werden, die diese Gelegenheit nutzen können, um über weitere Aktionen zur Verwirklichung der KSZE-Schlußakte, zur europäischen Sicherheit, gegen den Rüstungskurs der NATO und die Brüsseler NATO-Raketenpläne vom Dezember 1979 zu beraten.[30]

Bereits im Dezember 1980 antwortete der linke Flügel der SPD auf die Krefelder Initiative mit dem »Bielefelder Appell«. Inhaltlich unterschied sich dieser kaum von seinem Vorbild: Der Doppelbeschluß wurde als gefährliche Fehlentscheidung verurteilt, die es zu revidieren gelte.[31] Wie SED und DKP den »Bielefelder Appell« sahen, geht aus einer Notiz hervor, die der SED-Funktionär Herbert Häber im Februar 1981 zu einem Treffen mit Herbert Mies verfaßte:

»Es gab Übereinstimmung, daß es richtig war, nach den Bundestagswahlen sofort auf die möglichst breite Entfaltung der Bewegung gegen die Raketenbeschlüsse der NATO Kurs zu nehmen. ... Die Führung der Partei [DKP] arbeitet weiter daran, die jetzt entstandene Bewegung maximal zu verstärken. Von besonderer Wichtigkeit ist einmal der Krefelder Appell, der durch eine Initiative der DFU zustande kam. ... Ebenso wichtig ist die Bielefelder Initiative von Sozialdemokraten. Zu den Initiatoren gibt es Verbindungen. Es war und bleibt richtig, daß sich diese Initiative auf die Gewinnung von Mitgliedern und Funktionären der SPD konzentriert. Bestrebungen, sie möglichst rasch an den Krefelder Appell anzuschließen oder sogar dem bestehenden Komitee für Frieden und Abrüstung zuzuordnen, sind unterbunden worden.«[32]

1981 ließ die Friedensbewegung die Mobilisierungsphase hinter sich und begann als Massenbewegung zu einem handlungsfähigen politischen Faktor zu werden. Diese Entwicklung war nicht allein den Bemühungen von SED und DKP zu verdanken, sondern auch eine Folge der militanten Rhetorik von US-Präsident Reagan. Bei der Bonner Großdemonstration vom 10. Oktober 1981 demonstrierte die Friedensbewegung erstmals eindrucksvoll ihr ganzes Potential.[33] Die Mobilisierung war auch deshalb so erfolgreich verlaufen, weil es gelungen war, wesentliche Teile der evangelischen Kirchen in die Friedensbewegung einzubinden. Auf dem Evangelischen Kirchentag in Hamburg im Juni 1981 war die Entscheidung darüber gefallen, im Oktober in Bonn zu demonstrieren. Der niederländische IKV und dessen Vorsitzender Mient Faber hatten eine wichtige Rolle bei der Mobilisierung ihrer deutschen Glaubensbrüder gespielt und auch wichtige Impulse für die Demonstration in Bonn gegeben.[34] Das Aufgebot der 300000 Menschen, die sich an der Demonstration beteiligten, überstieg deutlich das klägliche Häuflein, das die DKP sonst aus eigener Kraft ins Feld führen konnte.

In den Augen der SED blieb der Aufschwung der Friedensbewegung dennoch mit einem Makel behaftet. Insgesamt war es nämlich nicht gelungen, die »Arbeiterklasse« – gemäß der kommunistischen Weltanschauung das eigentliche revolutionäre Subjekt – in die Friedensbewegung einzubeziehen. Mehr noch, die DGB-Führung stand der Friedensbewegung zunächst unverhohlen feindselig gegenüber. 1981 verbot der DGB seinen Mitgliedern, ihre Gewerkschaftszugehörigkeit bei der Unterzeichnung des »Krefelder Appells« zu erwähnen. Zunächst drang lediglich die äußerste Linke der Gewerkschaftsbewegung auf eine Teilnahme an der Friedensbewegung.[35] Zwar wirkte sich der Druck von dieser Seite und die Veränderung in der Haltung der SPD schließlich auch auf die Position der Gewerkschaftsführung aus,[36] dies änderte aber kaum etwas an der Gleichgültigkeit, mit der die Arbeiter der Friedensbewegung begegneten. 1985 stellte der Friedensrat resigniert fest, daß die mangelnde Beteiligung der Arbeiterklasse noch immer das größte Manko der Friedensbewegung sei. Die wenigen Beispiele, die angeführt werden konnten, unterstrichen nur nochmals, daß sich solche Aktivitäten zumeist auf die berufsmäßigen Gewerkschaftsfunktionäre beschränkten.[37] Was ihren gesellschaftlichen Habitus anbelangte, standen die professionellen Gewerkschaftsfunktionäre jedoch meist jenen bildungsbürgerlichen Schichten näher, die die »Massenbasis« der Friedensbewegung stellten,[38] als dem gewerkschaftlichen Fußvolk in den Fabriken. Alle Hoffnungen, daß die westdeutschen Arbeiter die Raketenstationierungen durch einen Generalstreik vereiteln würden, mußten an deren Gleichgültigkeit scheitern. Im Oktober 1983 waren die Gewerkschafter lediglich bereit, die Arbeit »für Frieden und Abrüstung« symbolisch einige Minuten lang niederzulegen.[39]

»Feindliche Stützpunkte und spalterische Kräfte«

Aufgrund der strikt dualistischen Struktur ihrer Ideologie konnten orthodoxe Kommunisten den pluralistischen Charakter der westlichen Gesellschaft kaum wirklich verstehen. Sie waren bestenfalls in der Lage, den Westen als ein Konglomerat rivalisierender, jedoch gleichartig strukturierter Machtzentren zu begreifen. Für die heterogenen und widersprüchlichen Diskurse des Westens fehlte ihnen jedes Verständnis. 1984 gab Vadim Sagladin eine erstaunliche Demonstration dieses Unvermögens, als er

DKP-Genossen seine neuesten Erkenntnisse zur Supermachttheorie eröffnete:

> »Bemerkenswert sei auch, daß man in den USA über die Supermachttheorie sehr beunruhigt wäre. Was die Supermachttheorie bedeute, sei unserer Partei klar, wie selbst auch vielen Friedenskräften. Die USA hätten aber eine wachsende Unruhe über die Supermachttheorie, weil sie ja in jedem Fall einschließe, daß auch von den USA Gefahren ausgingen.«[40]

Diese an sich banale Erkenntnis war insofern bemerkenswert, als es bis dahin gültige Lehrmeinung gewesen war, die Supermachttheorie als imperialistisches Ablenkungsmanöver zur Verunglimpfung der UdSSR zu betrachten. Darum waren Sagladin seine neuen Erkenntnisse auch noch nicht ganz geheuer, weshalb er die Frage aufwarf, »ob es nicht so sei, daß die Konzeption der gleichen Verantwortung der Supermächte vor allem in elitären Kreisen verbreitet sei, während die Basis instinktiv eine richtige Haltung« einnähme.[41] Solche Einschätzungen verdeutlichen die stupende Fähigkeit der Kommunisten, komplizierte Sachverhalte in das primitive Schema eines Freund-Feind-Denkens zu pressen, welches jedweden Kritiker des Realsozialismus zum Feind und Agenten eines einzigen und zugleich universellen Gegners stempelte. Diesem Muster entsprechend, hatte das MfS zum Beispiel die Gefangenenhilfsorganisation Amnesty International als »imperialistische Propagandaeinrichtung nach ›innen‹ und gleichzeitig als antikommunistisches und neokolonialistisches Diversionsinstrument nach ›außen‹« klassifiziert. Grund für diese Einschätzung waren »die angeblichen Grundsätze der Neutralität«, mit denen sich Amnesty zur Betreuung »je eines Gefangenen aus den sozialistischen, kapitalistischen und Ländern der Dritten Welt« verpflichtete.[42]

Da die Grünen dazu neigten, die Industriegesellschaft in ihrer Gesamtheit als böse zu verwerfen, waren sie mehrheitlich nicht gewillt, für eine der beiden rivalisierenden Verkörperungen der

»Megamaschine« Partei zu ergreifen. Statt dessen wurde der originärste Teil dieser Bewegung von dem starken Bedürfnis getrieben, den ganzen Kalten Krieg samt der ihm zugrundeliegenden Machtstruktur zu überwinden. Dieser Teil der Grünen hoffte, mit Hilfe einer paneuropäischen Friedensbewegung die »Blockkonfrontation« aufzuheben. In der Bundesrepublik waren Petra Kelly, Gert Bastian, Lukas Beckmann und Rudolf Bahro die wichtigsten Fürsprecher einer solchen Bewegung. Auf internationaler Ebene spielten Mient Faber und Wim Bartels vom IKV, die britischen »Bertrand Russell Peace Foundation« (BRFP) und E. P. Thompsons Kampagne für »European Nuclear Disarmament« (END) eine wichtige Rolle für das Zustandekommen einer blockübergreifenden Friedensbewegung.

Die Kommunisten reagierten auf diese neue Herausforderung in der für sie charakteristischen Weise: Die sogenannten »feindlichen Stützpunkte und spalterischen Kräfte«[43] in der Friedensbewegung wurden alsbald zur Zielscheibe einer bösartigen Kampagne, die sich sowohl die Verbindungen des Friedensrates als auch die Möglichkeiten der östlichen Geheimdienste zunutze machte. Zwar legten SED und MfS bei ihrer Friedenskampfstrategie höchsten Wert auf die Formierung möglichst breiter Bündnisse, wer aber an der Friedfertigkeit des Sozialismus zu zweifeln wagte oder sich für die unabhängigen Friedensgruppen in den Ostblockländern einsetzte, der wurde automatisch als »Gegner« bekämpft. Im Juli 1983 faßten zwei MfS-Offiziere zusammen, welche Kräfte als Bündnispartner inakzeptabel waren:

> »Diese Kräfte orientieren vordergründig auf die objektivistische ›Gleichstellung von Sozialismus und Imperialismus‹, auf die Entwicklung einer sogenannten ›unabhängigen‹ Friedensbewegung in den sozialistischen Staaten und für die Koppelung der Friedensfrage mit bürgerlichen Menschenrechtsauffassungen im Sozialismus. Das Ziel der rechtsextremen Kräfte der feindlichen Zentren der politisch-ideologischen Diversion bleibt vorrangig die Diskriminierung des Sozialismus und die

Zerstörung der gewachsenen bündnispolitischen Möglichkeiten für den Friedenskampf. Diese antikommunistischen Kräfte sind im Sinne der marxistisch-leninistischen Bündnispolitik und im Vergleich zu den Hauptkräften der Friedensbewegung in Westeuropa nicht bündnisfähig, bzw. sind destruktiv.«[44]

Gemäß dem kommunistischen Wahrnehmungsmuster, das hinter der Vielzahl der Opponenten stets den einen »Gegner« erblickte, wurden den »spalterischen Kräften« unlautere Motive und Beziehungen zu westlichen Geheimdiensten angedichtet:

»Diese feindlichen Kräfte innerhalb der Friedensbewegung verrichten objektiv das Handwerk und die Interessen der aggressivsten Kreise der NATO. Obwohl es keine unmittelbaren Beweise gibt, so sprechen die Indizien dafür, daß es sich bei ihnen um gekaufte Elemente des imperialistischen Systems handelt. Für sie (Faber, Bartels, Thompson u.a.) ist ›friedenspolitisches Engagement‹ identisch mit Kampf um die Beseitigung des Sozialismus und Restaurierung des Kapitalismus.«[45]

Diesem Deutungsmuster folgend, behauptete Mielke, daß Petra Kelly »vermutlich Agentin der CIA« sei.[46] Den Kommunisten lag nichts ferner, als den »spalterischen Kräften« zuzubilligen, daß sie von nachvollziehbaren Ängsten motiviert waren. Lieber bemühten sie das Instrumentarium der Verschwörungstheorien:

»Der erhebliche Aufschwung der Friedensbewegung und deren wachsender Einfluß auf die öffentliche Meinung in den NATO-Staaten hat bei den aggressivsten und reaktionärsten Kräften des US-Imperialismus und seiner Hauptverbündeten in der NATO heftigste Reaktionen ausgelöst. Sie sind zu Beginn der 80er Jahre zum Gegenangriff gegen die Friedensbewegung in Westeuropa und den USA übergegangen. Durch einen komplexen, abgestimmten und zentral gesteuerten Einsatz aller zur Verfügung stehenden ideologisch-propagandistischen, psychologischen, geheimdienstlichen und weiteren subversiven Mittel, Methoden und Kräfte versuchen die aggressivsten imperialistischen Kreise, die weltweite Friedensbewegung zu diskreditieren, zu spalten, in eine antisozialistische Bewegung umzulenken und sie als Faktor der Weltpolitik auszuschalten. ... Zu den komplizierten Bedingungen, unter denen die Friedenskräfte ihren Kampf um Frieden, Abrüstung und Abwendung der Gefahren eines nuklearen Weltkrieges führen müssen, gehören die Herausbildung, Formierung und Aktivierung einer Vielzahl spalterischer Kräfte, Gruppierungen und Organisationen, die von innen heraus Wühl- und Zersetzungstätigkeit zu betreiben versuchen. Die 80er Jahre haben deutlich gezeigt, daß die Friedensbewegung faktisch einem Zweifrontenkrieg ausgesetzt ist.«[47]

Die »spalterischen Kräfte« vertraten allerdings zum Teil wirklich Thesen und Politikansätze, die in hohem Maße dazu geeignet waren, die tiefsitzenden Ängste der SED wachzurütteln. Anders als die SPD, die die Stabilisierung des Status quo längst zum Selbstzweck ihrer Sicherheits- und Ostpolitik hatte werden lassen, hatten viele Vertreter der unabhängigen Friedensbewegung nicht vergessen, daß dieser Status quo, das heißt die Teilung Deutschlands und Europas, die eigentliche Ursache des Ost-West-Konflikts war. Auf den jährlichen Konventen der unabhängigen und paneuropäischen Friedensbewegung wurde auch über die »Wiedervereinigung Europas« und die »Befreiung Europas von den Supermächten« diskutiert. Mient Faber plädierte in einem Strategiepapier dafür, »nicht darauf zu warten, ›daß die Systemkrankheit, an der die osteuropäischen Gesellschaften leiden, von selbst zum Tode führen wird‹«. Im Schulterschluß mit osteuropäischen Bürgerrechtsgruppen wie Charta 77, KOR und Solidarność suchten Gruppen wie das »Europäische Netzwerk für den Ost-West-Dialog« nach Wegen, »wie ›die negativen Vermächtnisse von Jalta und Potsdam überwunden‹ und ›Ansätze für eine gesamteuropäische Friedensbewegung‹ gefunden werden können«.[48] Weiteren Anlaß zu Unbehagen und zusätzlichen Stoff für ihre Verschwörungstheorien bot den Kommunisten der Kampf um die Menschenrechte, den die »spalterischen Kräfte« mit ihrem friedenspolitischen Engagement verbanden:

»Parallel zu der von den aggressivsten Kreisen der NATO in Gang gesetzten Menschenrechtsdemagogie, die auf das engste mit der imperialistischen Friedensdemagogie verknüpft ist, sind die tonangebenden spalterischen Kräfte ebenfalls bemüht, die Menschenrechts- mit der Friedensfrage zu verbinden. Ziele und Absichten, Argumentation und Intensität des Vorgehens auf diesem Gebiet unterscheiden sich kaum voneinander.«[49]

Da sie davon ausgingen, auch »der Gegner« denke in den Parametern Leninscher »Strategie und Taktik«, interpretierten die Kommunisten die Menschenrechtsaktivitäten der »spalterischen Kräfte« als ein Kampfmittel, »um die Friedensbewegung von der Hauptstoßrichtung des Kampfes abzulenken und auf Nebengleise zu orientieren«.[50] Die Reaktion der Kommunisten auf den Vorwurf der Menschenrechtsverletzung war aber nur ein weiterer Beleg für ihren Unwillen, die Vielschichtigkeit der Welt wahrzunehmen:

»Der Stellenwert, den die feindlichen Kräfte der Menschenrechtsdiskussion zur Desorientierung der Friedensbewegung einräumen, spiegelt sich in zugespitzter Form in Versuchen wider, die sozialistischen Länder wegen ›menschenrechtswidriger Zustände‹ anzuklagen; ... Eine besonders zügellose Diffamierung des Sozialismus als Gesellschaftssystem stellt die Verbreitung der Lüge dar, wonach in den sozialistischen Ländern Bürger wegen ihres Engagements für den Frieden unterdrückt, inhaftiert oder in sonstiger Weise drangsaliert würden. Die Verurteilung einzelner Personen, die unter der Friedensflagge in den sozialistischen Ländern Straftaten begangen haben, wird ... zum Anlaß genommen, um die Friedenskräfte in den NATO-Staaten in eine antisozialistische Frontstellung zu bringen und die Friedens- und Abrüstungspolitik der Warschauer Vertragsstaaten als ›unglaubwürdig‹ und ›verlogen‹ zu denunzieren.«[51]

Die Unfähigkeit der Kommunisten, in den Ländern Osteuropas eine unabhängige Friedensbewegung zu dulden, ist ein weiterer Indikator für die Friedensunfähigkeit ihrer Ideologie. Da sie sich selbst im Monopolbesitz des Friedens wähnten, stempelten die Kommunisten alle Kritiker und Oppositionellen stets auch zu Friedensfeinden. Ein Dokument des Friedensrates veranschaulicht, daß es das gleiche monopolistische Friedensverständnis war, das neben dem globalen Klassenkampf gegen den Imperialismus auch die interne Unterdrückung einer unabhängigen Friedensbewegung motivierte. Hier heißt es unter anderem:

»In der DDR ist Friedenspolitik Staatspolitik. ... Eine vom DDR-Friedensstaat und von seiner Friedenspolitik ›unabhängige‹ Bewegung kann logischerweise nur eine Bewegung gegen den Frieden, gegen den Staat und seine Politik sein.«[52]

Natürlich mußten sich die Kommunisten beim Kampf gegen die »spalterischen Kräfte« und deren Konvente größere Zurückhaltung auferlegen als beim Vorgehen gegen die unabhängige Friedensbewegung in der DDR. Die taktischen Prinzipien, auf deren Grundlage MfS, SED und Friedensrat beide Kampagnen führten, glichen sich jedoch: »Politisch-operative Differenzierung« und »operative Zersetzung« zum Zwecke der »Zersplitterung, Desorganisierung und Isolierung feindlich-negativer Kräfte« prägten in beiden Fällen ihre Taktik. Dies schloß auch die Möglichkeit einer »politisch-ideologischen Rückgewinnung« einzelner Opponenten ein.[53] Insgesamt wird deutlich, daß die Kommunisten nicht nur den immer gleichen »Gegner« zu bekämpfen glaubten, sondern dabei auch stets dasselbe Instrumentarium strategischer und taktischer Leitsätze zur Anwendung brachten. So sollte auf das niederländische IKV mit einer Strategie der politisch-operativen Differenzierung eingewirkt werden, um »die feindlichen Kräfte mit Faber an der Spitze zu isolieren« und »das progessive Potential innerhalb des IKV noch stärker zum Tragen zu bringen«.[54]

Im Kampf gegen die von der Bertrand Russell Peace Foundation zusammen mit dem IKV und END organisierten »Spalterkongresse«[55] konnte die SED auf ein dichtes Netz westlicher Unterstützer zurückgreifen. Bereits im Oktober 1982 besuchten Westberliner Symphatisanten den Friedensrat, um das gemeinsame Vorgehen gegen die für den Mai 1983 geplante »2. Konferenz für europäische atomare Abrüstung« in Westberlin abzustimmen.[56] Bedeutsamer für die Zersetzungsmaßnahmen gegen die »spalterischen Kräfte« war indes die Zusammenarbeit des Friedensrats mit dem »Finnischen Friedenskämpferverband«, da letzterer in den Organisationskomitees der »Spalterkongresse« mitwirkte. Im September 1982 kam der Generalsekretär der finnischen Friedenskämpfer, Dr. Pakaslahti, nach Ostberlin, um den Friedensrat über den 1. END-Convent in Brüssel und seine Begegnungen mit den Westberliner Organisatoren der »2. Konferenz« zu informieren. Pakaslahti hielt es für zweckdienlich, sich möglichst lange sabotierend an den Vorbereitungen zu beteiligen, um dann erst im letzten Moment abzuspringen.[57] Andere kommunistische Frontorganisationen verfolgten zunächst eine ähnliche Linie der »teilnehmenden Sabotage«. Die DFG/VK meldete dem Friedensrat im Januar 1983, daß sie beabsichtigte, die Veranstalter öffentlich wegen »der Desorientierung und Ausschaltung der Masse der Friedensbewegung« anzuprangern, sich gleichzeitig aber »ein Mitdiskutieren auf dem Kongreß selbst noch offen« halten wolle.[58]

Das Konzept der »teilnehmenden Sabotage« scheiterte jedoch aus zwei Gründen. Zum einen entschieden sich die Organisatoren der Konferenz, die Teilnahme auf solche Gruppen zu beschränken, die den »European Appeal« der Bertrand Russell

Peace Foundation unterzeichnet hatten. Da dieser Appell fest auf dem Boden der Supermachttheorie stand, war er für die kommunistischen Friedenskomitees inakzeptabel. Zum anderen trugen die Sowjets mit ihrer heftigen Reaktion auf diese Teilnahmebeschränkung selbst dazu bei, sich Einflußkanäle zuzuschütten. So hatte das »Sowjetische Komitee zum Schutz des Friedens« gleich vorab damit gedroht, es werde seinen weltweiten Einfluß dazu benutzen, die Konferenz scheitern zu lassen, falls es nicht als gleichberechtigter Mitveranstalter teilnehmen dürfe. Nachdem diese Drohung die Veranstalter nicht hatte umstimmen können, den Friedenskomitees mehr als nur einen Beobachterstatus einzuräumen, schickte G. A. Schukow, der Vorsitzende des sowjetischen Friedenskomitees, im Dezember 1982 seine offizielle Absage als Rundschreiben an die wichtigsten Friedensgruppen Westeuropas.[59] In überaus undiplomatischem Ton bezichtigte Schukow die Organisatoren der Konferenz, die Friedenskomitees der sozialistischen Staaten böswillig zu diskriminieren und »die Teilnehmer der Friedensbewegung in einen regelrechten Kalten Krieg gegen die Öffentlichkeit der sozialistischen Staaten« hineinziehen zu wollen.[60] Außerdem erklärte Schukow apodiktisch, daß angesichts der sowjetischen Abrüstungsvorschläge das »Konzept der ›gleichen Verantwortung‹« nicht mehr statthaft sei, »da dieses Konzept der Desorientierung, Schwächung und Untergrabung der Friedensbewegung dient und darauf abzielt, die aggressive, militaristische Politik der USA und der NATO zu rechtfertigen«.[61]

Die Bilanz von Schukows Briefkampagne fiel indes eher zwiespältig aus. Seine wüsten Vorwürfe führten dazu, daß sich die niederländische KP vom Weltfriedensrat distanzierte.[62] Der Druck von Fabers IKV trug zudem dazu bei, daß sich die holländischen Kommunisten sogar vom »wissenschaftlichen Sozialismus« lossagten:

> »Die Bewegung ›Stopp der Neutronenbombe …‹ scheint gegenwärtig nicht in der Lage, die Führungsrolle in der nieder-

ländischen Friedensbewegung zu übernehmen. Eine Ursache dafür ist sicher in der Politik der KPN zu finden, die sich auf ihrem letzten Parteitag deutlich von einigen Grundprinzipien des wissenschaftlichen Sozialismus distanzierte, ihre Beziehungen zu einigen kommunistischen Parteien der sozialistischen Staaten abbrach und beschloß, Beziehungen zu Organisationen wie Solidarność (Polen), Charta 77 (ČSSR) und der ›unabhängigen Friedensbewegung‹ in der DDR aufzunehmen. ... Gleichzeitig unterstützt diese Politik objektiv diejenigen Kräfte in der Friedensbewegung, die auf ihre Spaltung und Umfunktionierung in eine den Interessen der herrschenden Kreise dienende Bewegung hinarbeiten. Dazu gehört die Leitung der IKV (bes. Faber).«[63]

In der Bundesrepublik war Schukows Bemühungen mehr Erfolg beschieden. Christliche Gruppen wie die »Aktionsgemeinschaft Dienst für den Frieden« und die »Aktion Sühnezeichen/Friedensdienste« beschlossen, nicht nach Berlin zu kommen. Der Erfolg blieb jedoch zwiespältig, da sich diese Gruppen ebenfalls weigerten, an der Prager Weltversammlung des Weltfriedensrates teilzunehmen, die für Ende Juni geplant war.[64] Immerhin sah aber Rudolf Steinke, einer der Westberliner Organisatoren des »Spalterkongresses«, in Schukows Kampagne den Grund für »das Ausbleiben einer großen Zahl von Persönlichkeiten aus Politik und Wissenschaft, mit deren Teilnahme an der Konferenz fest gerechnet worden sei«.[65]

Weniger beeindruckt von Schukows Öffentlichkeitsarbeit waren die SED und ihr Friedensrat. Schon im November 1981 hatte Axen bei der Beratung der ZK-Sekretäre für ideologische und internationale Fragen dem Weltfriedensrat vorgeworfen, »einengende Positionen« zu vertreten, die die Zusammenarbeit mit den neuen Friedensbewegungen unnötig erschweren würden.[66] Bei der Moskauer Beratung im März 1983 erklärte Axen zwar seine Unterstützung für Schukows Brief, gleichzeitig ließ er aber durchblicken, daß man in Ostberlin eher auf weiche Maßnahmen zur »Rückgewinnung« setzte: »Im Zusammenhang mit dem Westberliner Spalterunternehmen nehmen wir nicht gegen ehrliche Friedensanhänger Stellung, sondern nur gegen Aktivitäten jener Kräfte, die diese Veranstaltung nutzen wollen, um den wahren Interessen und Bedürfnissen der Friedensbewegung Schaden zuzufügen.«[67]

Anläßlich einer »Konsultation«, bei der KPdSU, DKP, SED und SEW am 14. April 1983 ihre Maßnahmen gegen den Westberliner »Spalterkongreß« abstimmten, bekräftigte Manfred Feist, der Vertreter der SED, zwar nochmals die Zustimmung seiner Partei zur Boykottierung des Konvents,[68] er kritisierte aber auch »verschiedene unbedachte Aktionen des Weltfriedensrates«, welche »die Gewinnung von neuen Verbündeten« erschwerten.[69] Seitens der SED fürchtete man nämlich, in Westberlin ganz ohne Sprachrohr dazustehen, falls alle »positiven Kräfte« Schukows Boykottaufruf folgen sollten. Feist wollte daher das »Auftreten namentlich festgelegter befreundeter Persönlichkeiten« organisieren, die sich aber »nicht als Vertreter von Bewegungen und Organisationen, sondern als Einzelpersönlichkeiten« im Sinne der SED äußern sollten. Außerdem plante Feist, »auf solche Bewegungen und Persönlichkeiten (z.B: Kelly und Bastian) einzuwirken, deren Teilnahme schon feststeht, damit sie ihre in der Vorbereitung geäußerten Positionen auch auf dem Konvent in offensiver Weise vertreten«. Zu diesem Zweck hatte die SED »bereits mit Friedensbewegungen bzw. Bruderparteien in den Niederlanden, in Dänemark, Schweden und Finnland entsprechende Gespräche geführt«.[70]

Die SEW hatte ebenfalls einen Maßnahmenkatalog erarbeitet. Um den Konvent zu behindern oder zu beinflussen, ließ sie in dessen Vorfeld und Verlauf von der »Westberliner Friedensbewegung« eine Vielzahl von Aktionen organisieren. Strohmänner von SEW und DKP sollten auf dem Konvent selbst in Erscheinung treten: »Mit Hilfe verbündeter Kräfte (die keineswegs hochgradig sein sollen, um die Veranstalter nicht noch aufzuwerten) soll gewährleistet werden, daß unsere Positionen dargelegt und antikommunistische Ausfälle zurückgewiesen werden. Es gibt bereits entsprechende Vereinbarungen und Zusagen.«[71]

Die DKP verpflichtete sich, speziell auf »Leute« wie Kelly, Bastian und den SPD-Politiker Oskar Lafontaine einzuwirken, »damit sie die von ihnen bejahte Schlüsselfrage der Friedensbewegung, die Raketenfrage, auch als die dominierende Frage auf dem Konvent aufwerfen und sich gegen Positionen wenden, die den einigenden Nenner der heutigen Antikriegsbewegung verlassen bzw. entstellen. In diesem Sinne sei auch an die Gewinnung eines Sprechers der Bielefelder Initiative gedacht. Es müsse dafür gesorgt werden, daß es auf die Organisatoren zurückschlägt, wenn sich der Konvent von der Raketenfrage entfernt.«[72]

Trotz all ihrer Bemühungen gelang es den Kommunisten nicht, den Westberliner Konvent in ihrem Sinne umzupolen oder an organisatorischen und finanziellen Schwierigkeiten scheitern zu lassen. Teilweise war dies der SPD zu verdanken, die seit Anfang 1983 ganz massiv in die Friedensbewegung drängte.[73] Laut Stasi-Bericht mühte sich der SPD-Bundestagsabgeordnete Freimut Duve redlich, den Konvent publizistisch vorzubereiten.[74] Andererseits bezogen Teile der Sozialdemokratie Positionen, die sich kaum mehr von denen der DKP unterschieden. Der Landesvorsitzende der Westberliner SPD, Werner Pfaff, lehnte Anfang Januar 1983 in einem Gespräch mit Rudolf Steinke die aktive Mitarbeit seines Landesverbandes am Konvent ab, da »Rücksicht auf die Jungsozialisten genommen werden müßte, die als Organisation und auch in der Mehrheit ihrer Einzelmitglieder die Konferenz strikt ablehnen würden«.[75] Bei der Hinwendung der SPD zum kommunistischen Friedenskampf spielten die Jusos eine Vorreiterrolle. Bezeichnenderweise schreckten die Westberliner Jungsozialisten nicht einmal davor zurück, Steinke zu bezichtigen, er erhalte Geld von der CIA.[76] Schon im Dezember 1982 war bei einem »Treffen über ›Perspektiven und Probleme einer blockübergreifenden Friedensbewegung‹« deutlich geworden, daß sich die SPD-Jugend politisch längst auf kommunistischen Positionen bewegte:

»Vor allem von den *Jungsozialisten* wurde das Treffen mit dem vorgenannten Themenschwerpunkt als *Versuch* seitens des ›Arbeitskreises [atomwaffenfreies Europa]‹ bewertet, die *Friedensbewegung zu spalten.* Der Stellvertretende Bundesvorsitzende der Jusos, *Olaf Scholz,* beschuldigte Steinke offen der Spaltertätigkeit.«[77]

Daß der Westberliner Konvent zu einem großen Ärgernis für die SED und ihre westdeutschen Genossen wurde, war in erster Linie einigen Grünen und END zu verdanken. Während nämlich die Sozialdemokraten dem von Bahr ausgegebenen Dogma der Nichteinmischung folgten,[78] ließen es sich diese »Kräfte« nicht nehmen, ihre friedenspolitischen Aktivitäten auch östlich des Eisernen Vorhangs zu entfalten. Am 12. Mai reisten Bastian, Kelly, Roland Voigt, Lukas Beckmann und Gaby Potthast in die »Hauptstadt der DDR«, um auf dem Alexanderplatz für den Frieden zu demonstrieren. Dies führte zu ihrer sofortigen Verhaftung und Ausweisung. Bei den Grünen war man auf diese Reaktion der DDR-Staatsorgane vorbereitet. Als die Nachricht von der Verhaftung eintraf, wurden bei der Westberliner Konferenz Flugzettel verteilt und ein Freilassungsappell verfaßt. Letzteren unterzeichneten sogar die anwesenden Vertreter der SPD. Nach der Rückkehr der Grünen distanzierten sich aber Gert Weißkirchen und Freimut Duve namens ihrer Partei von diesem Demonstrationsversuch, da »diese Aktion den Friedensgruppen in der DDR« schade.[79] Jene Vertreter der unabhängigen DDR-Friedensbewegung, die in Westberlin nur deshalb das Wort ergreifen konnten, weil die SED sie zuvor ausgebürgert hatte, waren allerdings anderer Meinung:

»Im Anschluß daran ergriff Jürgen Fuchs das Wort.
Er führte aus, daß er darüber sprechen möchte, welche Konflikte ihn bewegt haben, als er bei der Armee in der DDR gedient habe. ›Ich habe selbst erlebt, wie einem Offizier die Schulterstücke abgerissen worden sind, weil er einen Befehl verweigerte. Und das ist ein Beispiel dafür, vor welchen Gewis-

senskonflikten ein jeder junge DDR-Bürger steht, eine eigene Entscheidung zu treffen, um sich mit einer Befehlsverweigerung für eine bessere Sache einzusetzen. Man brauche erst Menschenrechte in der DDR, ehe man über die Erhaltung des Friedens sprechen kann. Vielleicht kann mein Freund Peter Rösch, ehemaliger Jenaer, jetzt in Westberlin lebend, etwas zu dieser Problematik sagen.‹
Rösch begrüßte die Aktion auf dem Alexanderplatz und bedankte sich recht herzlich für diese gelungene Sache. Der Friedensbewegung in der DDR ist damit demonstriert worden, daß sie jegliche Unterstützung vom Westen bekommt und, was sehr wichtig ist, von fortschrittlichen Kräften aus dem Westen. Viele, viele sollten in die DDR reisen, um dort mit den Menschen über Menschenrechte und den Frieden zu reden. Dabei sollten viel mehr auch die offiziellen Kontakte genutzt werden. Nur so wird es möglich sein, die Friedensgruppen in der DDR aktiv zu unterstützen und die Regierung zu zwingen, endlich die Menschenrechte zu respektieren.«[80]

Dafür, daß zumindest einige in die DDR reisten, sorgten wiederum die Vertreter von END, indem sie in Ostberlin ein Treffen mit DDR-Pazifisten arrangierten. Schon 1982 hatte E.P. Thompson gefordert, »sich mit den ›unabhängigen Friedensgruppierungen‹ in [den] sozialistischen Ländern in Verbindung zu setzen, um nicht als ›Helfershelfer‹ kommunistischer Regimes zu gelten«. Informationen des MfS zufolge, waren seit Ende September 1982 »eine Reihe END-Vertreterinnen mit Tagesvisum in die Hauptstadt der DDR eingereist«, um Kontakt mit den »in der ›Friedensarbeit‹ engagierten DDR-Bürgerinnen« aufzunehmen.[81] Da man sich seitens der SED bewußt war, solche Kontakte nicht völlig unterbinden zu können, versuchte man mit einer Kanalisierungsstrategie den »Schaden« zu begrenzen:

»In christlichen Kreisen der Westberliner Friedensbewegung, die die 2. Konferenz zwar nicht mittragen, aber vielfältige Kon-

> takte mit aktiven Organisatoren und Teilnehmern dieser Konferenz unterhalten, wird auf Bestrebungen von Teilnehmern hingewiesen, anläßlich dieser Konferenz auch mit unterschiedlichen Friedensgruppen in der DDR Kontakt aufzunehmen. Um diese Bestrebungen zu kanalisieren, sei durch Vertreter der Westberliner Friedenskoordination Verbindung mit dem Generalsekretär des Friedensrates der DDR, Rümpel, aufgenommen worden. Rümpel habe zugesichert, daß Partner aus christlichen Friedensgruppen der DDR für solche Gespräche zur Verfügung stehen würden.«[82]

Da dem MfS Rainer Eppelmann, der couragierte Pfarrer der Ostberliner Samariter-Gemeinde, als wichtiger Anlaufpartner für END und den IKV bekannt war, war die Vermutung nicht abwegig, daß das Treffen der Unabhängigen in seiner Gemeinde stattfinden sollte.[83] Dies war aber nicht der Fall. Anders als die Stasi bis in den Mai 1983 sicher ermittelt zu haben glaubte, fand das Treffen auch nicht am 16. Mai statt,[84] sondern bereits am 11. Mai. Ebenfalls erst im nachhinein erfuhr das MfS, daß die Wohnung von Ulrike und Gerd Poppe als Begegnungsstätte gedient hatte.[85]

In den »spalterischen Kräften und Feindstützpunkten« war den kommunistischen Friedenskämpfern ein Gegner erwachsen, der deren hegemoniale Inanspruchnahme des Friedensbegriffs durch öffentlichkeitswirksame Aktionen konterkarierte. Ausgerechnet auf seiner Prager »Weltversammlung« mußte der Weltfriedensrat ein Debakel erleben, welches nochmals verdeutlichte, daß der Friedenskampf gegen den Westen nicht ohne Rückwirkungen auf das sozialistische Lager bleiben konnte. Auch diesmal war es die Überreaktion der kommunistischen Staatsorgane, durch welche die Propagandashow zur Peinlichkeit wurde. Eine ungenehmigte Demonstration von etwa 300 Personen, die anstößige Slogans wie »Wir wollen Frieden … und Freiheit«, »Schafft die Armeen ab« und »Entwaffnet die Soldaten« skandierten, wurde von der Polizei umstellt und mit Handgreiflichkeiten und Verhaftungen aufgelöst. Zum Eklat kam es aber erst, als sich drei Grüne sowie zwei Vertreter der britischen Campaign for Nuclear Disarmament (CND) in einem Park mit Václav Havel und Vertretern der Charta 77 trafen. Das Vorgehen der Polizei, die das Treffen unter Drohungen auflöste und die Filme der anwesenden Fernsehteams beschlagnahmte, veranlaßte die Grünen dazu, unter Protest abzureisen.[86]

In der DDR registrierte man die Fehlschläge des WFR bereits seit längerem mit Sorge. Bei einem Treffen zwischen dem Friedensrat der DDR und dem polnischen Friedenskomitee, das bereits im März 1983 stattgefunden hatte, verwarfen Ostdeutsche und Polen die rigide Haltung des WFR-Sekretariats als nicht mehr zeitgemäß und kontraproduktiv. Die Polen befürworteten eine subtile »Differenzierungsstrategie«, mit der sie unter anderem Fabers Einfluß innerhalb des IKV zurückdrängen wollten. Fabers Rebellion gegen »die bisherige Weltstruktur« sollte von innen heraus, durch die Beeinflussung des Kräfteverhältnisses zu Fall gebracht werden.[87] Trotz ihres vordergründigen Festhaltens an der »offiziellen Haltung des Friedensrates der DDR« betonten auch dessen Vertreter, daß sie ungeachet des Boykotts den Schwerpunkt ihrer Arbeit ähnlich wie die Polen setzten. Durch die Stärkung bilateraler Kontakte sollten »positive Kräfte« gewonnen werden.[88] Die Kritik an Romesh Chandra, dem dogmatischen Präsidenten des WFR, hätte kaum einhelliger ausfallen können. Der Friedensrat warf dem WFR vor, »erst relativ spät eine richtige Einstellung zu den neuen Friedensbewegungen in den westeuropäischen Ländern gefunden« zu haben. Die Polen erwarteten vom WFR, sich »mehr mit der neuzeitlichen Philosophie der Friedensarbeit [zu] beschäftigen«. »Dann würde es wahrscheinlich auch keine Abkehr von Friedensbewegungen geben, wie gegenwärtig der belgischen.«[89]

Mochten die kontraproduktiven Ausfälle Chandras und Schukows in Polen und der DDR auf noch soviel Mißfallen stoßen, zu Veränderungen im Stil des WFR kam es deshalb noch lange nicht. Um bei den Sowjets ein Einlenken zu bewirken, waren selbst nach der Prager »Weltversammlung« noch einige weitere Debakel notwendig. Im Januar 1984 erzielte der Weltfriedensrat bei der außerordentlichen Tagung seines Präsidiums weitere Eigentore. Die an den Ort der Tagung, Westberlin, geknüpfte Erwartung, den Einfluß des WFR in Westeuropa auszuweiten, erfüllte sich in keiner Weise. Dafür machte der Friedensrat besonders Chandra verantwortlich, der die Positionen des WFR »so sektiererisch« dargelegt hatte, »daß es zu ernsten, z. T. unnützen Divergenzen mit Vertretern aus verschiedenen kapitalistischen Ländern kam«.[90] Allerdings stand auch diesmal Schukow hinter Chandras »sektiererischem Auftreten«. In einem internen Vorgespräch hatte er Chandra ermahnt, »daß auf dieser Präsidiumstagung eine klare Sprache gesprochen werden müsse, ›ohne nach der Breite zu schielen‹«. Auf die anwesenden Vertreter Westberliner Friedensgruppen hatte Chandras These, »die Friedensfrage sei nicht loszulösen von allen anderen antiimperialistischen Kampfaufgaben zur Veränderung der Gesellschaft«, jedoch nicht besonders anziehend gewirkt.[91]

Mit ihrem Dogmatismus verprellten Chandra und Schukow nicht nur die umworbenen Friedensbewegungen Westeuropas, sie vertieften auch die immer offensichtlicher werdenden Gräben zwischen dem sozialistischen Lager und einer ganzen Reihe westeuropäischer KPs. Da auch die »Gegenmaßnahmen«, mit denen die UdSSR auf den Stationierungsbeginn geantwortet hatte, auf breite Ablehnung stießen, fand sich das sozialistische Lager in Westberlin auf der Anklagebank wieder. Besonders vehement rebellierten die Franzosen gegen die politischen Zumutungen aus Moskau:

> »Der Nationalsekretär der französischen Friedensbewegung, Genosse Yves Cholière, polemisierte gegen die Forderung, daß alle Kernwaffenmächte die Verpflichtung übernehmen, nicht als erste Kernwaffen einzusetzen. Er begründete das damit, daß in Anbetracht der Bedeutungslosigkeit der Feuerkraft der französischen Raketen ohnehin kein französischer Präsident als erster Kernwaffen einsetzen könne. Sowohl mit dieser Argumen-

tation als auch mit der Weigerung, Reagan als Schuldigen für die gefährliche internationale Zuspitzung beim Namen zu nennen, geriet er in die Isolierung.«[92]

Tatsächlich waren aber eher die Friedensräte des sozialistischen Lagers isoliert:

> »Vor der Abstimmung im Plenum wurden Erklärungen abgegeben. Von der japanischen Delegation: ›Wir sind nicht bereit, einer Position zuzustimmen, die den Standpunkt nur einer Gruppe der sozialistischen Länder wiederspiegelt.‹ Amerigo Terenzi, Mitglied der Zentralen Revisionskommission der IKP: ›Dieser Text ist für die Friedensbewegung nicht zumutbar.‹ Französische Delegation: ›Obwohl viele in dieser Erklärung erwähnte Positionen akzeptiert werden, nimmt die Delegation nicht an der Abstimmung teil, da der gesamte Tenor den heutigen Erfordernissen der Schaffung einer breiten Aktionseinheit im Friedenskampf nicht dienlich ist.‹«[93]

Für den Februar 1984 war das Athener »Treffen der Vertreter von Aktionsbewegungen der KSZE-Länder« anberaumt, bei dem sich die kommunistischen Friedensräte direkt mit »den vom Gegner bezahlten Agenten und Berufsprovokateuren wie Faber, Bartels, Müller, Graalfs, Ken Coates« auseinandersetzen mußten.[94] Wichtiger für den stürmischen Verlauf des Athener Treffens waren aber die Spannungen, die der Friedenskampf inzwischen in den Reihen der kommunistischen Weltbewegung hervorgerufen hatte. Von seiten der Franzosen mußte sich das sozialistische Lager wieder herbe Kritik gefallen lassen. Einer ihrer Vertreter benannte die SS-20 als Ursache für das gegenwärtige Ungleichgewicht in Europa. Der ehemalige Admiral der französischen Marine Sanguinetti, der dem WFR und den »Generalen für den Frieden« angehörte, verteidigte zusammen mit einem weiteren Franzosen das Kernwaffenpotential seines Landes und beschuldigte die UdSSR, Westeuropa zu bedrohen. Selbst der niederländische Kommunist Nico

Schouten, der die Kampagne gegen die Neutronenwaffe organisiert hatte, kritisierte die Gegenstationierungen der Sowjets. Die »Spalter« übten sich dagegen eher in Zurückhaltung. Allein E.P. Thompson wagte den Frontalangriff, indem er den »Friedenskomitees der sozialistischen Länder die Dialogfähigkeit« absprach sowie »eine ›Entspannung von unten‹« »und eine Fortsetzung und Verstärkung der Kontakte ›über die Grenzen hinweg‹« forderte. Die empfindsamen Vertreter der DDR mußten außerdem noch zwei »Provokationen« über sich ergehen lassen:[95]

> »Gegenüber der DDR wurden von den gleichen Kräften zwei erfolglose Provokationsversuche gestartet; einmal mit einer Unterschriftenaktion unter einen Brief, in dem die Freilassung angeblicher Friedenskämpfer gefordert wird, zum zweiten mit einem weiteren angeblichen Brief von DDR-Bürgern, in dem ebenfalls für ein ›ungehindertes Wirken von Friedenskräften‹ plädiert und gegen eine ›Kriminalisierung von Friedenskräften‹ aufgetreten wird. Von diesem zweiten, auf der Konferenz ausgelegten Schreiben hat sich der Sprecher der Aktion Sühnezeichen, A. Zumach, in der abschließenden Plenarsitzung ausdrücklich und scharf als von einer Aktion, die dem Friedenskampf schadet, distanziert.«[96]

Unter dem Eindruck der zweifelhaften Erfolge, die Schukows Boykottpolitik bisher eingebracht hatte, vollzog sich aber selbst in Moskau ein gewisses Umdenken. Jedenfalls besuchte am 23. Mai 1984 ein stellvertretender Vorsitzender des sowjetischen Friedenskomitees den Friedensrat. Er berichtete, »daß vor seiner Abreise aus Moskau im Sowjetischen Friedenskomitee die Meinung bestand, am [END-]Konvent in Perugia teilzunehmen«. Auch persönlich sprach er sich für die Teilnahme aus, da »man die Auseinandersetzung mit einem so ernst zu nehmenden Gegner nicht allein den progressiven Bewegungen in den kapitalistischen Ländern überlassen darf«.[97]

Aufgrund dieser Kehrtwendung reisten im Mai »Vertreter der

Friedenskomitees« der Ostblock-Staaten nach Brüssel, um mit dem Liaision-Komitee von END über ihre Teilnahme am »3. Konvent« in Perugia zu verhandeln.[98] Im Bericht des Friedensrates wurde wiederholt auf die ruhige und sachliche Atmosphäre dieses Treffens hingewiesen, bei dem Faber und der harte Kern der Unabhängigen offenbar eher defensiv agierten.[99] »Nach vielen nützlichen bilateralen Gesprächen«, die im Vorfeld vor allem mit den Sozialdemokraten geführt worden waren, hatte sich das »Kräfteverhältnis« bereits deutlich zugunsten der Friedenskomitees verschoben: »Besonders von italienischer Seite und von BRD-Teilnehmern (Jo Leinen, Weißkirchen) wurde um eine maximal gleichberechtigte Teilnahme der Friedenskomitees der sozialistischen Länder gekämpft.«[100]

Daß es den Kommunisten nur um die feindliche Übernahme der Konventsbewegung ging, hätten die sozialdemokratischen Teilnehmer aber spätestens begreifen müssen, als es darum ging, ob den »unabhängigen Friedensbewegungen« Osteuropas gestattet werden würde, eigene Vertreter nach Perugia zu entsenden. Dazu war die Mehrheit der Ostblockstaaten natürlich nicht bereit. Die Argumentationsführung ihrer Friedenskomitees zielte vielmehr darauf ab, sogar jene Ostblock-Oppositionellen von der Teilnahme am 3. Konvent auszuschließen, die im Exil im Westen lebten. Da die Teilnahme von Dissidenten für die »END-Bewegung« zu den Kernfragen gehörte, bei denen »keinerlei Kompromißbereitschaft« bestand, mühte sich Gerd Weißkirchen, von den DDR-Vertretern wenigstens ein symbolisches Entgegenkommen zu erwirken:[101]

> »Weißkirchen bat uns im persönlichen Gespräch, doch diese Realität zu respektieren und seitens der DDR wenigstens kleine Zeichen zu setzen. Er meinte, daß wenigstens so ein paar ›halbe Unabhängige‹ als Entgegenkommen, wie z.B. Christa Wolf und Herr Garstecki vom Bund der Evang. Kirchen, nach Perugia kommen könnten. Alles andere wäre unsere Sache. Solche Ansinnen des Handels mit Menschen wurden von uns ent-

schieden zurückgewiesen. Wir betonten, daß es alleiniges Recht der DDR, des Friedensrates und des Bundes ist, über die Teilnahme zu entscheiden und wir jede diesbezügliche Einmischung verurteilen und ablehnen.«[102]

Ungeachtet solcher Erfahrungen sorgten sich die Sozialdemokraten hauptsächlich darum, daß das Treffen zur vollen Zufriedenheit der sozialistischen Friedenskomitees ablief:

»Nach der Sitzung wurden vor allem von seiten der Italiener (Gianotti, Rassimelli) und von der BRD (Jo Leinen, Weißkirchen) besorgte Fragen gestellt, ob wir mit dem Ergebnis zufrieden seien und die Möglichkeit sehen, nach Perugia zu kommen. Genannte Vertreter sowie Griechen, Quäker, Pakaslahti u. a. erklärten uns, daß es im Liaision-Komitee lange und harte Auseinandersetzungen gegeben habe. Die Spalter-Kräfte seien sehr in der Defensive gewesen. Mehr als dieses Ergebnis wäre nicht erreichbar gewesen, da die Kräfteverhältnisse so sind.«[103]

Am »3. Konvent in Perugia« nahmen tatsächlich Vertreter der Friedenskomitees der UdSSR, Polens, Bulgariens, Ungarns und Kubas teil. Die Rumänen entsandten einen Botschaftsmitarbeiter als Beobachter. Die ohnehin im Ruche der Heterodoxie stehenden Ungarn wagten es sogar, drei »Unabhängige« mitzubringen.[104] Allein der Friedensrat der DDR blieb fern. Wahrscheinlich fürchtete man sich in Ostberlin vor der Konfrontation mit den ausgewiesenen Mitgliedern der unabhängigen Friedensbewegung. Vielleicht war man aber auch nur dem Rat von Pakaslahti gefolgt, der eine Nichtteilnahme befürwortet hatte, da dann die Diskussion über die Absage der Friedenskomitees den Konvent thematisch beherrschen würde.[105] Angesichts der Repressalien, denen die »unabhängige Friedensbewegung« der DDR ausgesetzt war, wollten sich die SED-Genossen wohl auch die Kritik ersparen, die in Perugia an ihrem Staat geübt wurde:

»Ein *drittes* Charakteristikum der Spalterkongresse äußert sich darin, daß sie stets als eine Tribüne für haßerfüllte antisowjetische und antisozialistische Provokationen mißbraucht werden. Während an die Adresse der sozialistischen Länder Aufforderungen gerichtet werden, ›Feindbilder‹ abzubauen, atmen die Provokationen den Geist bösartiger Verteufelung und Verketzerung gegenüber den Friedenskräften sozialistischer Länder. …

In Perugia, Sommer 1984, wurden u. a. folgende Provokationen dieser Art bekannt:

- Während der Eröffnungsveranstaltung betraten 59 Personen (adäquat zur Zahl der eingeladenen ›Unabhängigen‹), die rote Tücher als ›Maulkorbbinden‹ trugen, den Tagungsraum, drangen zur Tribüne und forderten auf Transparenten Aktionsfreiheit für die ›unabhängigen Bewegungen‹ in den sozialistischen Ländern, darunter für ›Schwerter zu Pflugscharen‹ in der DDR.
- Der norwegische ›Friedensforscher‹ Galtung überbrachte der Plenartagung Grüße sog. unabhängiger Friedensgruppen der DDR.
- Ehemalige Bürger sozialistischer Länder, meist aktive Angehörige konterrevolutionärer Gruppierungen wie ›Solidarność‹, KOR, Charta 77 u. a. erhielten die Möglichkeit, auf Plenartagungen ihre gegen den Sozialismus gerichteten Konzepte und Erklärungen zu verbreiten.
- Während der Konferenz wurde als Ausdruck des Protestes gegen die Nichtbeteiligung sog. unabhängiger Friedenskräfte aus sozialistischen Ländern eine Schweigeminute abgehalten; und auf der Tribüne wurden Schilder mit den Namen von angeblich verurteilten ›Friedensfreunden‹ aufgestellt.
- Eine extrem antisowjetische Provokation stellte das in einem anderen Zusammenhang schon genannte Auftreten von Vertretern der sog. ›Nationalen Einheitsfront Afghanistan‹ dar; sie verlasen eine Botschaft, in der die internationalistische Hilfe der Sowjetunion in infamer Weise verleumdet

und terroristische Aktionen afghanischer und ausländischer Konterrevolutionäre gegen die Demokratische Republik Afghanistan gerechtfertigt wurden.«[106]

Immerhin bescherten derlei Provokationen der Stasi Vollbeschäftigung. So mußte das MfS unter anderem aufklären, wer die Unterzeichner einer Petition waren, »in der die Forderung nach ›unverzüglicher Freilassung der Friedensfreunde von Weimar und aller anderen in Ostdeutschland wegen ihres Friedensengagements Inhaftierten‹ erhoben wurde«.[107] Die vom MfS angefertigte Liste der Unterzeichner enthielt neben Wohnungsangaben kurze Hinweise zu deren Sündenregister.[108]

Um die Initiative an der »Friedensfront« wieder an sich zu bringen, setzte der WFR auf weitere Treffen in Finnland und Griechenland. Laut Pakaslahti sollte so die Basis der Konventsbewegung gegen die um Faber gescharte Führung mobilisiert werden.[109] Dafür, daß alle diesbezüglichen Zielvorgaben verfehlt wurden, sorgten indes wieder Chandra und Schukow.[110] In einem Gespräch mit einem Vertreter der DFG/VK wiederholte Schukow im Oktober 1984 seinen apodiktischen Bannspruch zu den »Spaltern«:

»Guido Grünewald, DFG/VK – BRD, unterrichtete den Unterzeichner über ein persönliches Gespräch mit Juri Schukow. Dieser hätte geäußert, daß alle Bewegungen, die weiter mit Faber zusammenarbeiteten, zum feindlichen Lager gehörten und entsprechend behandelt werden. Grünewalds Meinung wäre gewesen, daß Faber isoliert werden müßte, er jedoch Verdienste in der Friedensbewegung habe und eine abrupte Trennung für die im IPCC vertretenen Organisationen nicht möglich sei.«[111]

Nach ihrem Zusammenprall in Perugia waren sowohl die Kommunisten als auch die »Spalterkräfte« stark angeschlagen. Dort, wo die »Spalter« stark waren, beschleunigte sich der Zerfall der kommunistischen Weltbewegung. Als im Dezember 1984 eine Delegation des Friedensrates die Niederlande besuchte, bot sich ihr ein Bild des Jammers. In ihrem Bericht schätzten sie ein, daß die niederländische KP »mit der Theorie des Marxismus-Leninismus gebrochen habe« und »völlig liberalisiert« sei.[112] Nico Schouten war mit seiner Bewegung wider die Neutronenbombe zwischen alle Fronten gerutscht. Von der KPN wurde seine »Organisation in keiner Weise mehr unterstützt«. Was das Verhältnis zu den sozialistischen Staaten anbelangte, sah sich Schouten zum Taktieren und zur Übernahme von Positionen des IKV gezwungen.[113] Bei den kommunistischen Friedenskämpfern der Niederlande herrschte ein Gefühl der Resignation vor, das durch den Eindruck, »daß die Teilnahme der meisten sozialistischen Länder am Konvent in Perugia nur für Faber und die anderen Spalterkräfte von Nutzen gewesen wäre«, noch verstärkt wurde.[114]

Diese und ähnliche Eindrücke mögen die sozialistischen Staaten dazu veranlaßt haben, 1985 die »4. Konferenz über atomare Abrüstung in Europa« wieder zu boykottieren.[115] Gerade im MfS war man zu dem Schluß gelangt, daß die starken innenpolitischen Turbulenzen, die der Friedenskampf inzwischen in der DDR ausgelöst hatte, ein eher defensives Verhalten ratsam erscheinen ließen. Es ging nunmehr nur noch darum, zu verhindern, daß sich die unabhängige DDR-Friedensbewegung »als eine gleichberechtigte, legale politisch-alternative Kraft innerhalb der DDR und Partner der westlichen Friedensbewegung« etablieren konnte.[116]

Nach Perugia eskalierten aber auch in der Konventsbewegung die Konflikte. Der Sozialdemokrat Jo Leinen profilierte sich dabei als wichtigster Widersacher Fabers:

»Gegenwärtig gäbe es im Liaison-Komitee weitere scharfe Auseinandersetzungen um die Frage der gleichberechtigten Zusammenarbeit mit den Friedensräten der sozialistischen Länder, besonders in Vorbereitung auf den 4. Konvent 1985 in Amsterdam. Dabei zeichnen sich zwei Richtungen ab:

1. Eine von Faber u.a. vertretene Linie, künftig keine Friedensräte der sozialistischen Länder mehr einzuladen, sondern nur noch die wahren Partner der Konventsbewegung, die sogenannten ›Unabhängigen‹.
2. Eine von Jo Leinen u.a. vertretene Linie: Entweder mit den Friedensräten der sozialistischen Länder oder überhaupt keine Vertreter aus diesen Ländern.

Die Vertreter der VR Polen und der VR Ungarn brachten zum Ausdruck, daß ihre Teilnahme am 3. Konvent in Perugia wichtig und nützlich gewesen sei. Diese hätte den Spaltern den Spielraum eingeschränkt. Mit Hilfe der Sozialdemokraten besonders der BRD und anderer Kräfte könnte es möglich sein, die Entwicklung der Konventsbewegung weiter positiv zu beeinflussen. Es wurde die Notwendigkeit unterstrichen, nach den Herbstaktionen und nach dem 2. Dialogforum in Athen (Dezember 1984) eine gemeinsame Strategie und Taktik festzulegen, um rechtzeitig, aktiv und gleichberechtigt an den Vorbereitungen zum 4. Konvent in Amsterdam mitzuwirken. Es müsse jede Chance genutzt werden, um die Spalter weiter zurückzudrängen.«[117]

Derlei Hoffnungen waren nicht unbegründet, denn die Sozialdemokraten in der Konventsbewegung reagierten mittlerweile ebenso empfindsam auf »Provokationen« wie die Friedenskomitees. Ein MfS-Bericht zu Perugia hielt fest:

> »Die vor allem von Beckmann, Esche und Grunwald initiierten Provokationen führten zu scharfen Auseinandersetzungen innerhalb der BRD-Delegation. Die Vertreter der SPD, Gert Weißkirchen (MdB) und Wolfgang Biermann (Referent beim Parteivorstand), hatten in einer Erklärung die ›Demonstration mit Transparenten der unabhängigen östlichen Friedensbewegung auf der Eröffnungsveranstaltung‹ als eine Provokation im ›Stile des Kalten Krieges‹ und als ›primitiven Antikommunismus‹ scharf zurückgewiesen.«[118]

Da sich die Stasi außerdem noch auf mindestens einen hochrangigen IM innerhalb von END stützen konnte,[119] hätten ihre Zersetzungsmaßnahmen wohl irgendwann zum Auseinanderbrechen der Konventsbewegung geführt. Die Entscheidung im Kampf der beiden torkelnden Widersacher fiel indes weder in den Gremien der Konventsbewegung noch in denen des WFR. Letztlich war es auch bei dieser Konfrontation Gorbatschows radikaler Politikwechsel, der zur vollständigen Niederlage der kommunistischen Dogmatiker führte. Ein IM-Bericht vom August 1988 zeigt, daß man schließlich ausgerechnet in Moskau der Lauterkeit der »Spalter« Tribut zollte. Zur Beobachtung der Vernichtung der SS-20-Raketen luden die Sowjets nämlich Mient Faber vom IKV und die nicht minder »berüchtigte« Mary Kaldor von END ein.[120]

Angesichts der Vorreiterrolle, die gerade das ungarische Friedenskomitee wenig später bei der Hinwendung zu den oppositionellen Pazifisten im Osten und den »Spalterkräften« im Westen spielte,[121] war es sicherlich nicht falsch, wenn der Sozialdemokrat Wolfgang Biermann in Perugia verlangt hatte, »sowohl mit den Offiziellen als auch mit den Unabhängigen den Dialog zu führen«.[122] Hätten Faber und seine Mitstreiter aber eine gleichberechtigte Teilnahme der sozialistischen Friedenskomitees an der Organisation ihrer Konferenzen zugelassen, dann wären sie rasch ähnlich marginalisiert worden wie die Grünen in den Leitungsgremien der westdeutschen Friedensbewegung.

Die westdeutsche Friedensbewegung

In der Bundesrepublik wies der Kampf um die Friedensbewegung eine ähnliche Konstellation auf wie beim Ringen um die Konventsbewegung. Nur war es hier so, daß die Grünen als Herausforderer agierten, die sich mühten, die Friedensbewegung aus der Umklammerung der DKP zu befreien. Trotz ihres schlechten Abschneidens bei Wahlen war die DKP ein politischer Faktor, der aufgrund seiner großen organisatorischen und finanziellen Stärke keinesfalls vernachlässigt werden konnte. Ein wesentlicher Stützpfeiler ihres Einflusses waren natürlich die zahlreichen Frontorganisationen, die von der DKP mehr oder minder vollständig kontrolliert wurden.[123]

Die explosionsartige Vermehrung lokaler Friedensinitiativen verschaffte der DKP zusätzliche Möglichkeiten zur Erringung von institutioneller Macht. Die »Friedensinitiative (FI) München-Moosbach« mag als Beispiel für die Mechanismen dieses Prozesses dienen. Laut Besuchsbericht des Friedensrates war diese Gruppierung »ein äußerst loser Zusammenschluß unterschiedlicher politischer und sozialer Kräfte«, die »sich untereinander nur schlecht« kannten. Grundkonsens war der Krefelder Appell, wobei einige Mitglieder ihre Proteste auch gegen die SS-20 richteten.[124] Der Besuchergruppe, die 1983 in die DDR kam, gehörte neben zwei Mitgliedern der DKP sogar ein Lehrer mit Sympathien für die CSU an. Die Organisation lag aber fest in den Händen der DKP-Mitglieder. Der Sprecher der Besuchergruppe war ebenso einer der Ihren wie die Vertreter, die die Friedensinitiative zur nächsten Tagung des Koordinierungsausschusses der Friedensbewegung entsenden wollte.[125]

Rudolf Bahro hat darauf hingewiesen, daß in solchen Gruppen die institutionelle Macht den DKP-Aktivisten in der Regel von selbst zufiel, da sie bereit waren, die meiste Arbeit auf sich zu nehmen, und über die größte Organisationserfahrung verfügten.[126] Bei den Tagungen des Koordinierungsausschusses konnten die Grünen von der kommunistischen Mehrheit deshalb rücksichtslos niedergestimmt und -gebrüllt werden. Ulrich Tost, zu jener Zeit Mitglied des Bundesvorstandes der Grünen, hat beschrieben, wie hilflos die Grünen zunächst der kommunistischen Dominanz in den basisdemokratischen Leitungsgremien der Friedensbewegung gegenüberstanden.[127] Angesichts eines solchen Kräfteverhältnisses ist es nicht verwunderlich, daß selbst Resolutionen, die nur verhaltene Kritik an der UdSSR übten, keine Mehrheit fanden.[128] Jede Kritik an der daraus resultierenden Einseitigkeit der Friedensbewegung wurde von der DKP wiederum als Spaltungsversuch denunziert. Typisch für diese Denkungsart ist ein SED-Papier von 1984, daß auch den fortschreitenden Auflösungsprozeß der Friedensbewegung widerspiegelt:

»Die Mitarbeit bestimmter Vertreter der Grünen war auf der letzten Aktionskonferenz der Friedensbewegung durch spalterische Bestrebungen gekennzeichnet. Sie stellten ihre Forderungen nach ›Emanzipation von den beiden Supermächten‹ und nach ›blockübergreifender Friedensbewegung‹ in den Vordergrund. Außerdem versuchten sie, die Friedensbewegung für die Einmischung in die inneren Angelegenheiten der sozialistischen Länder und durch Organisierung konterrevolutionärer Aktivitäten zu mißbrauchen.«[129]

Das Dokument führt weiter aus, daß »an solchen Aktivitäten« auch Funktionäre der SPD beteiligt waren. Dabei handelte es sich aber um Ausnahmen. Typisch für die damalige Situation in der Friedensbewegung war eher der Schulterschluß zwischen Sozialdemokraten und Kommunisten. Ohne Unterstützung von seiten der Sozialdemokraten wäre es zu diesem Zeitpunkt der DKP kaum mehr möglich gewesen, die sowjetischen Gegenstationierungen durch eine Resolution der westdeutschen Friedensbewegung absegnen zu lassen:

»Es wurde eine Resolution – gegen die Stimmen der der Partei der Grünen angehörenden Konferenzteilnehmer – angenommen, in der anerkannt wird, daß diese Maßnahmen eine Antwort auf die US-amerikanische Stationierung darstellen. Zugleich wurde festgestellt, daß die Politik der Stärke der USA und der NATO ›bis heute der Hauptgrund für den Rüstungswettlauf und die damit verbundene Kriegsgefahr‹ ist.«[130]

1984 wäre es der DKP ohne die informelle Zusammenarbeit mit den Sozialdemokraten wohl auch nicht mehr gelungen, eine Resolution der Grünen mit 60 Prozent der Stimmen abzuwürgen, in der diese einen Brief an Honecker anregten, in dem die Freilassung von inhaftierten DDR-Pazifisten gefordert werden sollte.[131]

Die Zusammenstöße zwischen den Grünen und der DKP waren das Ergebnis eines längeren Prozesses, der die anfänglichen Bundesgenossen zu erbitterten Feinden hatte werden lassen. Daß sich die Grünen ihre Lauterkeit bewahrten, anstatt sich von den Einheitsbeschwörungen der DKP einlullen zu lassen, war in starkem Maße ein Verdienst von Petra Kelly, die als ›heilige Querulantin‹ allein ihrem Gewissen und eben nicht irgendwelchen vorgeblichen Sachzwängen folgte. 1981 war sie die erste Unterzeichnerin, die die Einseitigkeit des Krefelder Appells rügte:

> »In einer kürzlichen Beratung mit Weber, Bastian und Ridder hat Petra Kelly im Auftrage des Vorstandes der ›Grünen‹ verlangt, daß das Zweite Krefelder Forum eine kritischere Haltung zur sowjetischen Politik einnimmt. Das wurde von den Teilnehmern abgelehnt, auch von Bastian. Er erklärte, die Krefelder Initiative habe deshalb so große Kraft, weil sie sich auf eine zentrale Frage konzentriere, auf die Verhinderung der Stationierung neuer US-Raketen auf dem Territorium der BRD. Wer andere Themen einführen will, mache das Bündnis kaputt. Ebenso wurden Forderungen der Kelly abgewiesen, in die Schlußerklärung eine Solidarisierung mit der polnischen Konterrevolution sowie die an die Sowjetunion und die DDR gerichtete Forderung ›Hände weg von Polen‹ aufzunehmen.«[132]

Mit ihrer Kompromißunfähigkeit haben die Kommunisten aber selbst dazu beigetragen, die friedenspolitischen Aktivitäten der Grünen zu radikalisieren und über den Eisernen Vorhang zu drängen. Um ihre eigene Agenda zu verwirklichen, benötigten die Grünen nämlich eine Legitimität, die sie kaum erlangen konnten, wenn sie in der Friedensbewegung der stets untergebutterte Juniorpartner der DKP blieben. Da die Organisationsstrukturen der Friedensbewegung fest im Griff der Kommunisten ruhten, konnten sich die Grünen nur als unabhängiger Faktor profilieren, indem sie sich den Dissidenten und Pazifisten des Ostens zuwandten. Es ist symptomatisch für dieses »dialektische« Wechselverhältnis, daß Kelly sowohl dafür kämpfte, die DKP von den Wahllisten der Grünen auszuschließen, als auch zu jenen Grünen gehörte, die Kontakte zur DDR-Opposition suchten.

1983 begann schließlich die SPD als aktiver Teilnehmer in die Friedensbewegung zu drängen. Die Grünen standen dieser Entwicklung mit durchaus gemischten Gefühlen gegenüber. Lukas Beckmann, der Sprecher der Grünen im Koordinationsausschuß der Friedensbewegung, warnte davor, daß durch die Beteiligung der Sozialdemokraten die Unabhängigkeit der Bewegung in Frage gestellt werde. Der Linksschwenk der SPD war allerdings für die Grünen auch als Partei gefährlich, denn dadurch entstand die Gefahr, daß viele Wähler der Grünen zur SPD zurückwandern könnten.[133]

Im Gegensatz zu den Grünen freuten sich SED und DKP über den Linksschwenk der SPD. Daß Willy Brandt und andere führende Funktionäre der SPD und der Gewerkschaften nun erstmals gemeinsam mit hochrangigen DKP-Funktionären vor das Publikum traten, erfuhren die westdeutschen Kommunisten nicht zu Unrecht als ungeheure Aufwertung ihres Friedenskampfes.[134] Es entbehrt allerdings nicht einer gewissen Ironie, daß die Beteiligung der SPD mäßigend auf die Kommunisten wirkte. Als Gläubige ihrer eigenen Klassenkampfdogmatik wollten sie nämlich keinesfalls die »wiedergewonnene« Einheit der Arbeiterklasse aufs Spiel setzen. Aufgrund des »Mißtrauens der Arbeiter gegenüber ungewohnten, zum Teil spektakulären Kampfformen«[135] sollte die Radikalisierung der Friedensbewegung unbedingt vermieden werden.[136] Die Fixierung der DKP auf immer größere Demonstrationen und immer breitere Bündnisse verschärfte aber ihre Konflikte mit den Grünen, die nach der Raketenstationierung auf illegale Akte bürgerlichen Ungehorsams setzten.[137]

Die Illusion, daß sich die Arbeiter eines Tages erheben würden, um die Raketenstationierung doch noch zu stoppen, war aber nicht der einzige Denkfehler in der kommunistischen Friedenskampfstrategie. Im Grunde beschränkte sich diese darauf, ein möglichst breites Bündnis um den Minimalkonsens der Stationierungsverhinderung zu scharen.[138] Nach dem Beginn der NATO-Stationierung war dieser Minimalkonsens jedoch dazu verdammt, ein merkwürdiger Anachronismus zu werden, der allenfalls noch das Scheitern der Friedensbewegung akzentuierte. Solche Mängel in der strategischen Konzeption verwiesen indes auf die prekäre Lage ihrer Urheber. Bahro sah die Fixierung der DKP auf Volksfrontbündnisse um kleinste gemeinsame Nenner als Ausdruck einer tiefen Resignation, die daher rühre, daß diese Partei längst alle Hoffnung aufgegeben hatte, die Revolution je aus eigener Kraft erreichen zu können. Statt dessen hätte sie all ihre Hoffnungen auf die UdSSR gerichtet, deren Anspruch auf militärische Parität die DKP deshalb auch so vehement verteidigen würde.[139] Bahro sah die DKP als politischen Anachronismus, dem die Grünen bald einen Todesstoß versetzen würden.[140]

1984 trat die DKP aber erst einmal zu einem letzten Großangriff auf die Grünen an. Die Grünen waren der DKP nicht nur wegen ihrer »Spaltertätigkeit« ein Dorn im Auge: Der Einzug der Grünen in den Bundestag verschob das Kräfteverhältnis in der außerparlamentarischen Politik just in dem Augenblick, als ihre Fähigkeit, lose Aktionsbündnisse zu dominieren, der DKP den größten Einflußgewinn ihrer Geschichte beschert hatte. Auf der parlamentarischen Politikebene konnte die DKP aber nicht mehr mithalten. Während Mies und seine Genossen auf der Ebene der Aktionsbündnisse hängenblieben, konnten sich die Grünen nun im Bundestag als Sprecher der Friedensbewegung profilieren. Seitens der DKP hatte man gehofft, durch die dominierende Stellung der Partei im Koordinierungsausschuß der Friedensbewegung zum außerparlamentarischen Gegenüber der SPD aufsteigen zu können – die Wahlsiege der Grünen ließen solche Hoffnungen endgültig Makulatur werden.

Nachdem alle Versuche der DKP gescheitert waren, ihre Kandidaten auf den Listen der Grünen zu plazieren oder mit diesen ein Wahlbündnis einzugehen, sollte die DFU einen außerparlamentarischen Rat formieren, der im Namen der Friedensbewegung auf die Raketengegner im Parlament einwirken sollte. Im April 1983 hieß es hierzu:

> »Als wesentliches Problem wurde diskutiert, wie die Raketengegner im Parlament ... gemeinsam mit der außerparlamentarischen Bewegung wirksam werden könnten. Dabei wurde erstmals die Idee der Verkörperung der Friedensbewegung in Gestalt eines außerparlamentarischen Rates zur Unterstützung der Friedenskräfte im Parlament zur Sprache gebracht. Dies könnte eine Voraussetzung für ein späteres Wahlbündnis der Friedensbewegung auch für die 1984 anstehenden Wahlen zum Europaparlament sein. (Die Grünen streben schon jetzt ein separates internationales Wahlkonzept an.)«[141]

Von einem solchen Wahlbündnis der Friedensbewegung erwartete aber selbst die DFU-Führung höchstens einen »Achtungserfolg«.[142] Es bestand aber dennoch die Möglichkeit, daß ein solches Wahlbündnis genug Wählerstimmen auf sich ziehen konnte, um ein Scheitern der Grünen an der 5-Prozent-Hürde zu bewirken. Im Dezember 1983 nutzte die DKP ihre Vorherrschaft im Koordinierungsausschuß, um eine »Friedensliste« aus der Taufe zu heben, die bei den »sogenannten Europawahlen« antreten sollte. Zugunsten dieses Zusammenschlusses verzichtete die DKP sogar auf eine eigene Kandidatur.[143] Noch im Mai 1984 äußerte sich Mies sehr optimistisch zu den Perspektiven der Friedensliste:

> »Niemand könne gegenwärtig sagen, wie viele Wähler dies Bündnis auf sich vereinen kann, zumal die SPD bei den Europawahlen um jedes Zehntel Prozent hinter dem Komma kämpft. Das Zustandekommen der Friedensliste ermöglicht es, weitergehende Überlegungen hinsichtlich künftiger Wahlbündnisse dieser Art anzustellen.«[144]

Wenn die Grünen dann erst einmal zwischen Friedensliste und SPD zerrieben waren, so hoffte Mies wohl, wäre es ein leichtes, die SPD vollständig ins Schlepptau des Friedenskampfes zu nehmen:

»Die Partei [DKP] widmet der Weiterentwicklung der Aktionseinheits- und Bündnispolitik ständige Aufmerksamkeit. Möglichkeiten, mit Sozialdemokraten und führenden Gewerkschaftern ins Gespräch zu kommen, sind bedeutend gewachsen. Die Vorbereitungen auf den 40. Jahrestag der Befreiung vom Hitlerfaschismus sollen genutzt werden, um in großer Breite die Diskussion über die Erfordernisse der Aktionseinheit und von demokratischen Bündnissen anhand der positiven Erfahrungen aus den Jahren 1945 bis 1947 in Westdeutschland zu führen.«[145]

Die westdeutschen Wähler erwiesen sich indes erneut als unüberwindliche Hürde für die Ränke der DKP. Obwohl die Kommunisten ihrer Friedensliste »ein beachtliches Ergebnis« attestierten,[146] konnte solcherlei Eigenlob nicht verhehlen, daß die DKP keines ihrer Ziele erreicht hatte. Die Friedensliste zog nicht ins Parlament ein, und die Grünen erzielten mit einem Stimmenanteil von 8,2 Prozent einen sensationellen Wahlerfolg.

Das schlechte Abschneiden der Friedensliste war nicht der einzige Fehlschlag, der dem Friedenskampf 1984 beschieden war. Durch den Austritt von Kelly und Bastian verlor die »Krefelder Initiative« ihre respektabelsten Signatare. Die beiden begründeten ihren Schritt mit der Weigerung der »Krefelder Initiative«, die unabhängige Friedensbewegung in der DDR zu unterstützen.[147] Der Austritt von Kelly und Bastian inspirierte auch andere dazu, diesem Beispiel zu folgen. Einige Mitglieder der Gruppe »Künstler für Frieden« erwogen sogar, auf das »4. Krefelder Forum« mit einer Gegenveranstaltung zu reagieren.[148]

Eine von der DKP initiierte »konsultative Volksbefragung«, die als inoffizielles Plebiszit parallel zur Europawahl stattfinden sollte, geriet ebenfalls in den Sog der Auseinandersetzung zwischen der DKP und den Grünen.[149] Lukas Beckmann verwarf diese Kampagne als Neuauflage des »Krefelder Appells«. Zu diesem Zeitpunkt hatte er bereits alle Illusionen hinsichtlich der Kooperation mit der DKP verloren und betrachtete es inzwischen als Fehler, überhaupt jemals mit dieser Partei zusammengearbeitet zu haben, da die Friedensbewegung dadurch in die gesellschaftliche Isolierung geraten sei.[150] Resigniert forderten Beckmann und andere Grüne mittlerweile die Auflösung des Koordinationsausschusses der Friedensbewegung. Ihre Hoffnung, die Friedensbewegung so dem Einfluß der SPD und der DKP entziehen zu können,[151] mußte indes an dem informellen Bündnis zwischen diesen beiden Parteien scheitern.

Während sich die Grünen aus der Umklammerung durch den kommunistischen Friedenskampf befreiten, übernahmen große Teile der SPD die Sichtweise von SED und DKP. Die Jusos spielten bei diesem Prozeß wieder eine Vorreiterrolle. Bei ihrem Bundeskongreß im April 1984 verwarfen sie sogar die Supermachttheorie, »weil sie von den eigentlichen Ursachen der Aufrüstung ablenke«. Die SPD-Jugend sah von nun an »die ›Hauptursache der Friedensgefährdung in den aggressiv-imperialistischen US- und NATO-Strategien‹«. Die sowjetischen Gegenstationierungen hielten die Jungsozialisten offenbar für legitim, jedenfalls beschrieben sie diese »eindeutig als Folge der amerikanischen Raketenstationierung«. Auf der Grundlage dieser Positionen traten die Jusos »entschieden für die Einheit der Friedensbewegung ein«.[152] Die SPD-Führung zeigte wenig mehr Zurückhaltung bei der Annäherung an die kommunistischen Friedenskämpfer. Entsprechend enthusiastisch fiel die Reaktion der SED-Führung aus: »Erstmals seit Jahrzehnten traten führende SPD-Politiker gemeinsam mit Mitgliedern des Parteivorstandes der DKP auf Abschlußkundgebungen zu den Ostermärschen auf, und in den meisten regionalen Friedensinitiativen arbeiten Kommunisten und Sozialdemokraten zusammen.«[153] Nun »bekannte sich« selbst »der Vorsitzende der SPD, Willy Brandt, mit seiner Unterschrift am 17. Juni 1984 bei der Volksbefragung der Friedensbewegung gegen die Raketenstationierung zum Schulterschluß zwischen der SPD und der Friedensbewegung«.[154]

Ungeachtet dessen, daß die Friedensbewegung 1985 ihr Potential sichtlich erschöpft hatte,[155] ließ bei der SPD die Bereitschaft nicht nach, mit der DKP in der Friedensbewegung »allseitig« zusammenzuarbeiten. Als die »Krefelder Initiative« im September 1985 in Hannover zu einer Konferenz lud, waren nicht nur bewährte Friedenskämpfer wie Herbert Mies mit von der Partie, sondern auch der SPD-Bürgermeister von Hannover und Gerhard Schröder, der spätere Bundeskanzler. Was den Stil dieser Konferenz anging, so hatte die DKP inzwischen keine Hemmungen mehr, im Beisein von SPD-Politikern die Veranstaltungsrituale der SED zu kopieren: »Mitglieder der Kinderorganisation ›Junge Pioniere‹ überreichten der Konferenz 3798 Unterschriften, die sie unter den Appell der Naturwissenschaftler ›Wir warnen vor der Strategischen Verteidigungsinitiative‹ gesammelt hatten.«[156]

Die SPD und der Friedenskampf

Die sozialdemokratische Ostpolitik

Der Bau der Berliner Mauer im August 1961 wurde zum traumatischen Ausgangspunkt für die Ostpolitik der SPD. Für Willy Brandt und Egon Bahr, seinen engen Freund und Mitarbeiter, besiegelte die Mauer das endgültigen Scheitern aller bisherigen westlichen Strategien. Ihrer Meinung nach bestätigte der Mauerbau, daß weder die gewachsene Stärke der Bundesrepublik noch die fortwährende Nichtanerkennung des SED-Regimes den Status quo der deutschen Teilung überwinden konnte. Überdies waren Brandt und Bahr zutiefst von der Laxheit enttäuscht, mit der die Amerikaner auf die Mauer reagierten. Sie hatten den Eindruck, daß Kennedy sogar erleichtert über den Mauerbau war, da dieser in den Augen des US-Präsidenten das Ende aller sowjetischen Versuche bedeutete, sich das gesamte Berlin einzuverleiben.[1] Die hilflose Empörung, die das vom Bau der Mauer verursachte Leid bei ihnen hervorrief, und der Wunsch, dieses Leiden irgendwie abzumildern, wurden ebenso zu einem Ausgangspunkt für die Ostpolitik von Bahr und Brandt wie ihre Furcht davor, daß ein schleichender Prozeß der Entfremdung die Teilung Deutschlands für immer besiegeln könnte.

Im Juli des Jahres 1963 präsentierten Brandt und Bahr die Schlußfolgerungen, die sie aus dem Mauerbau gezogen hatten. Im Zentrum von Bahrs Überlegungen stand die Einsicht, daß die Einheit Deutschlands nur mit der UdSSR, weder gegen noch ohne sie, erreichbar sei. Er verwarf die Ansicht, das SED-Regime könne gestürzt werden. Die bisherigen Erfahrungen hätten gezeigt, daß politische Instabilität und Widerstand seitens der Bevölkerung lediglich zur Verschärfung der Unterdrückung führten. Bahr empfahl dem Westen daher eine Stabilisierungspolitik, die die Ostberliner Machthaber beruhigen und zu einer Liberalisierung ihrer Herrschaftspraxis ermutigen sollte:

> »Wir haben gesagt, daß die Mauer ein Zeichen der Schwäche ist. Man kann auch sagen, sie war ein Zeichen der Angst und des Selbsterhaltungstriebes des kommunistischen Regimes. Die Frage ist, ob es nicht Möglichkeiten gibt, diese durchaus berechtigten Sorgen dem Regime graduell soweit zu nehmen, daß auch die Auflockerung der Grenzen und der Mauer praktikabel wird, weil das Risiko erträglich ist. Das ist eine Politik, die man auf die Formel bringen könnte: *Wandel durch Annäherung.*«[2]

Die Tatsache, daß das SED-Regime am besten im paranoiden Klima eines permanenten Belagerungszustandes gedieh, sprach in der Tat für Bahrs Strategie des »Wandels durch Annäherung«. Brandt und Bahr war überdies sehr wohl bewußt, daß das Überleben der SED allein der sowjetischen Militärpräsenz und der Undurchdringlichkeit der Mauer geschuldet war. Im Austausch für die formale Anerkennung der DDR hofften sie, immer mehr Schlupflöcher in der Mauer zu schaffen, die schließlich zur Erosion des gesamten Bauwerks führen sollten.[3] Indem er die Aussöhnung zwischen Deutschland und seinen östlichen Nachbarn vorantrieb, trug Brandt nicht unwesentlich zum späteren Zerfall des Warschauer Vertrages bei. Mit ihrer impliziten Anerkennung der polnischen Westgrenze schuf die Ostpolitik die Voraussetzung dafür, daß sich nach 1970 die Angst vor einem deutschen Revanchismus in Polen zunehmend verlor. Das gegen Deutschland gerichtete Militärbündnis zwischen Polen und der UdSSR, das Stalin durch die Westverschiebung Polens hatte verewigen wollen, verlor rasch an Bedeutung, nachdem Brandt die noch aus dem Krieg stammenden Konfliktlagen weitestgehend neutralisiert hatte.

Andererseits war Bahrs These, die Stabilisierung kommunistischer Regime würde zu einer Liberalisierung der Herrschaftspraxis führen, insofern verfehlt, als jede Liberalisierung unweigerlich zur Destabilisierung der kommunistischen Herrschaft führte. Wenn Stabilität wiederum eine notwendige Vorbedingung dafür sein sollte, daß die Kommunisten sich überhaupt auf die sozialdemokratische Entspannungspolitik einließen, so war, wie Timothy Garton Ash es treffend formuliert hat, »die Entspannung ... schlecht für die Entspannung«.[4] Daran wird die ganze Krux der Brandtschen Ostpolitik deutlich: Sie wußte zwar, wie man unter den rigiden Bedingungen der frühen sechziger Jahre im Ostblock einen Zerfallsprozeß in Gang setzen konnte. Für den Fall, daß dieser Zerfallsprozeß Wirkung zeigen sollte, besaß sie jedoch keinerlei Konzepte mehr.

Als der Aufstieg der Solidaritäts-Bewegung in Polen den Untergang des Kommunismus einleitete, fand sich die SPD in einem Zustand ratloser Verstörtheit wieder. Durch ihren Glauben, die Ziele ihrer Ostpolitik seien nur im Verbund mit den kommunistischen Machthabern zu erreichen, stand die SPD am Ende Jaruzelskis Junta näher als der freien Gewerkschaftsbewegung. Für die Haltung der SPD war es bezeichnend, daß Herbert Wehner der erste westliche Politiker von Rang war, der Jaruzelskis Militärdiktatur durch einen Besuch in Warschau politische Anerkennung zollte.[5]

Was Bahrs politische Konzeptionen nachgerade gefährlich machte, war aber weniger das Dogma der Stabilisierungspolitik, sondern seine Überlegungen zur militärischen Sicherheit. Wie Bahr unlängst erklärte, sah er die NATO stets als Antipode zur deutschen Einheit: »Als die Bundesrepublik der NATO beitrat, war ich überzeugt, das würde für eine nicht überschaubar lange Zeit die Wiedervereinigung unmöglich machen.«[6] Ähnliche Überlegungen hatte er bereits 1985 publiziert, als er die »deutsche Schizophrenie« in der Diskussion über die NATO und die offene deutsche Frage bemängelte: »Die deutsche Frage ist nicht akut, solange es die NATO gibt. Niemand kann bestreiten, daß NATO und deutsche Teilung für unabsehbare Zeit siamesische Zwillinge sind.«[7] Um die deutsche Teilung zu überwinden, hatte Bahr daher immer auf ein zukünftiges gesamteuropäisches Sicherheitssystem gehofft, das die beiden Militärblöcke ersetzen sollte. Er glaubte, ein solches System könne aus Rüstungskontroll- und Truppenabzugsvereinbarungen hervorgehen.[8] Gemäß seinen Aussagen vor der Enquete-Kommission des Bundestages sah Bahr Rüstungskontrolle als einzige Möglichkeit, der UdSSR jenes Militärpotential zu entwinden, auf dem allein ihre Machtposition in Mitteleuropa ruhte.[9]

Die Gefahren von Bahrs Überlegungen erwuchsen aus dem Umstand, daß Breschnews Politbüro nicht gewillt war, sich von seinem Militärpotential zu trennen. Im Gegenteil, der Kreml hatte nie einen Zweifel daran gelassen, daß für ihn die Entspannung und die Stärkung der sowjetischen Militärmacht zusammengehörten.[10] Die persönliche Affinität, die Brandt und Bahr gegenüber Breschnew empfanden, hat wohl dazu beigetragen, ihnen die Augen davor zu verschließen, daß Breschnew mitten im Frieden ein riesiges Rüstungsprogramm auf den Weg gebracht hatte. Die Art, wie Bahr Breschnew in seinen Memoiren porträtiert, wirft indes die Frage auf, ob sich seine luftigen Ideen überhaupt jemals auf eine tiefergehende Analyse der Wirklichkeit und nicht nur auf seine intuitive »Logik« gestützt haben:

> »Das allgemeine Urteil, er [Breschnew] verkörpere die Ära der Verkrustung und Erstarrung, die vielleicht sogar Gorbatschows innere Reformen unmöglich gemacht habe, könnte objektiv zutreffen, obwohl Russen Mitte der neunziger Jahre sich verklärt an Ordnung und Wohlstand unter Breschnew erinnern. Der Ausruf ›Wenn wir doch wieder so weit kämen!‹ zeigt das Scheitern westlicher Hoffnung, daß Demokratie und Marktwirtschaft nach dem Ende der Sowjetunion schnell eine große Erfolgsstory werden würden. ... Er [Breschnew] hatte nicht nur die Waffen globaler Reichweite, sondern die europäische Dimension im Auge. Es wäre ungerecht, nicht anzuerkennen, daß er die jahrzehntelange Linie sowjetischer Aufrüstung ›gebrochen‹ hat, aus welchen Gründen auch immer. Bresch-

new war der notwendige Übergang zu Gorbatschow; was jener vollzog, hat Breschnew eingeleitet. Für den Weltfrieden war er ein Gewinn.«[11]

Da er Breschnews Wirken als Gewinn für den Weltfrieden verbuchte, suchte Bahr die Schuldigen für das Wettrüsten stets im Westen. So schiebt er selbst heute noch die Verantwortung für das jahrelange Stagnieren der Wiener MBFR-Verhandlungen dem Bundesaußenminister Genscher zu.[12] Bei seinem Freund Georgi Arbatow hätte er aber inzwischen nachlesen können, warum diese Verhandlungen nicht vorankamen:

»Ein anderer Fehler betraf Europa. Wir [die Sowjets] brachten es fertig, zwei unterschiedliche, einander sogar ausschließende Strategien auf einmal zu verfolgen. Eine davon war die Entspannung und die Schaffung eines zuverlässigen kooperativen Sicherheitssystems. ... Die andere war eine fieberhafte Aufrüstung, die über unsere Möglichkeiten hinausging und jede Vernunft überstieg. Zusätzlich betrogen wir sowohl die Öffentlichkeit als auch unsere Partner bei den Verhandlungen in Wien, was die wahre Größe unserer Streitkräfte anging.«[13]

In der zweiten Hälfte der siebziger Jahre, als die meisten Fragen in den Ost-West-Beziehungen gelöst waren, die sich unter den gegebenen Umständen irgendwie lösen ließen, drängte Bahr auf immer neue Zugeständnisse im Bereich der militärischen Sicherheit, um so den Ost-West-Dialog zu revitalisieren. Bahrs Bereitschaft, einseitig abzurüsten, führte ihn zunehmend in Konflikt mit Helmut Schmidt, der im militärischen Gleichgewicht die Basis der Entspannungspolitik sah.[14] Doch Bahr war nicht der einzige in der SPD, der bereit war, die Stabilität des militärischen Gleichgewichts für eine immer illusorischer werdende Entspannungspolitik zu opfern. 1979 warnte Brandt, »es wäre gefährlich, wenn wir unser Gesamtkonzept der Entspannungspolitik im (militärischen) Gleichgewicht verkümmern ließen«.[15] Hans Apel, Schmidts letzter Verteidigungsminister, mußte mit ansehen, wie sich auf allen Führungsebenen der SPD ein Wirklichkeitsverlust breitmachte, dem mit Sachargumenten nicht mehr beizukommen war.[16]

Dieser Wirklichkeitsverlust war schon in der behavioristischen Logik angelegt, die das Fundament von Bahrs Strategie des »Wandels durch Annäherung« bildete. Dieser Behaviorismus verniedlichte die kommunistischen Führer zu ungebärdigen Kindern, die man am besten durch freundliche Ermunterung auf den Pfad der Tugend zurückführen könne. Derlei selbstzentriertem Denken galten alle Handlungen der kommunistischen Machthaber als bloßes Reagieren auf westliche Aktionen. Die Suche nach eigenen Fehlern, die die Ostblockherrscher »provoziert« haben könnten, verdrängte deshalb nicht nur die Frage nach deren Selbstwahrnehmung, sondern auch die nach deren Zielen und Strategien.

Die junge Disziplin der Friedensforschung folgte bei ihrer Analyse der Militär- und Abrüstungspolitik ähnlichen Prämissen. Zyklen reaktiver Wechselwirkungen ersetzten auch hier die Frage nach den jeweiligen Absichten der politischen Führungen. Clausewitz' Erkenntnis, daß es sich bei Kriegen um die Fortsetzung der Politik mit anderen Mitteln handelt, blieb dagegen beinahe vollständig ausgeblendet. Wohl weil sie einer »linken«, letztlich Rousseauschen Anthropologie anhingen, zogen es viele Friedensforscher vor, den Ausbruch von Kriegen monokausal mit unpersönlichen Prozessen wechselseitiger Einschüchterung zu erklären.[17] Angesichts der überwältigenden Probleme, denen sich die Entspannungspolitik Ende der siebziger Jahre gegenübersah, war es nicht verwunderlich, daß Bahr und andere Sozialdemokraten bei solchen Konzepten Zuflucht suchten. Die Vorstellung einer gleichsam autonomen Rüstungsspirale erleichterte es ihnen, der Frage auszuweichen, welche politischen Intentionen hinter der sowjetischen Aufrüstung standen. Statt dessen sah Bahr in der Abschreckung die Hauptursache für den Rüstungswettlauf:

»Der Maßstab der Rüstungsentscheidung sind die eigenen Bedrohungswahrnehmungen und die eigenen Interessen, nicht die des Gegners. ... Es gibt ein ständiges Rüsten und Nach-Rüsten und Nach-Nach-Rüsten usw. Abschreckung und Rüstung sind Zwillinge.«[18]

In seinen theoretischen Schriften befürwortete Bahr ein System der »gemeinsamen Sicherheit«, das aus einem wechselseitigen Prozeß gleichgewichtiger Abrüstung hervorgehen sollte.[19] Im Bereich der praktischen Politik verfolgte er jedoch eine Linie, die sich nicht um militärische Ausgewogenheit scherte, sondern allein die einseitige Streichung westlicher Rüstungsprogramme und die Demontage der westlichen Abschreckungsstrategie zum Inhalt hatte.

Die Rolle der SPD in der sowjetischen Strategie

Zu Beginn des Jahres 1979 überwog in der Haltung der SED zur SPD noch ein Moment der Furchtsamkeit, das man letztlich darauf zurückführen kann, daß die Herrschaft der SED auf ausländischen Bajonetten ruhte, während die SPD ihr Regierungsmandat freien Wahlen verdankte. Direkte Parteibeziehungen zur SPD lehnte Honecker damals noch ab.[20] Das Bild, das sich die SED von der SPD machte, war außerdem von Helmut Schmidt und dessen Loyalität zur NATO bestimmt. Axen erklärte im Juli 1979, daß »sich die Positionen der sozialdemokratisch geführten Regierung in der Praxis gar nicht so weit von denen der eingefleischten Rüstungspolitiker« unterschieden. Gerade Axens Ausführungen zur Ostpolitik der SPD lassen die defensiven Instinkte einer Partei erkennen, die um den illegitimen Charakter ihrer Herrschaft wußte. Konstitutiv für Axens Wahrnehmung war die Furcht vor ebenjenem Erosionsprozeß, den die Ostpolitik ursprünglich hatte auslösen sollen.[21] Als der Berliner SPD-Parteitag im Dezember

1979 den NATO-Doppelbeschluß absegnete, sah die SED darin ein Zeichen für die Rechtsdrift der Partei. Daß dieses »Ja« gegen starken Widerstand der SPD-Linken erkämpft worden war, wurde zwar vermerkt, wirkte sich aber ansonsten nicht auf den Tenor der Schlußfolgerungen aus.[22]

Die Haltung der Sowjets zur SPD war dagegen kaum von der Sorge um die negativen Folgen der Ostpolitik beeinflußt. Der Kreml sah die gesamte westeuropäische Sozialdemokratie als einen etwas kapriziösen Partner, den es in eine immer engere Beziehung zu verstricken galt. Bei ihren Beziehungen zur SPD ließ sich die KPdSU von Lenin leiten: Bündnisse mit Sozialdemokraten konnten so lange freimütig eingegangen werden, bis die Machtfrage eindeutig zugunsten der Kommunisten gelöst war. Moskau begrüßte Brandts Ostpolitik folglich als ein vielversprechendes Trittbrett auf dem Weg zur Neuordnung Europas. Folgt man Arkadi Schewtschenko, der 1978 von seinem Posten als stellvertretender UNO-Generalsekretär flüchtete, so bezeichnete Gromyko Brandt 1970 als den »Hebel«, mit dem man Europa vom amerikanischen Einfluß befreien könne.[23] Zum strategischen Rahmenwerk von Gromykos Deutschlandpolitik schrieb Schewtschenko:

> »Gromyko und andere haben oft darauf hingewiesen, daß die Bundesrepublik Deutschland zwar zum Westen gehöre, daß ihre geopolitischen Interessen sie jedoch allmählich in die Neutralität und schließlich vielleicht näher zur Sowjetunion als zu den Vereinigten Staaten treiben würden. Diese Ansicht beruht auf der Annahme, daß wir durch Propaganda und Erpressung die vorhandenen pazifistischen Strömungen in der Bundesrepublik so sehr stärken würden, daß die Angst vor einem Atomkrieg die Oberhand gewinnen könnte. Die sowjetische Politik sollte Bonn mit dem Glauben erfüllen, daß nur die Sowjetunion – nicht die Vereinigten Staaten – diesen Schrekken abwenden könne. Wir beabsichtigten diese Entwicklung mit dem ständig wiederholten Hinweis zu unterstützen, daß

die Sowjetunion Deutschlands natürlicher und historischer Wirtschaftspartner sei. Außerdem wollten wir immer wieder betonen, daß es in Moskaus und nicht in Washingtons Macht stand, die Wiedervereinigung Deutschlands oder vorläufig wenigstens erweiterte Kontakte mit der DDR zu ermöglichen.«[24]

Schewtschenko berichtete, daß Breschnews Politbüro Anfang der siebziger Jahre übereingekommen war, eine Wiedervereinigung Deutschlands nur dann zuzulassen, wenn die Bundesrepublik die NATO verließe und sozialistisch würde.[25]

Ende der siebziger Jahre konzentrierte sich der Kreml tatsächlich zunehmend darauf, die Sozialdemokratie als strategischen Verbündeten für den Friedenskampf zu gewinnen. Im Oktober 1979 reiste die Arbeitsgruppe der Sozialistischen Internationale (SI) für Fragen der Abrüstung nach Moskau, wo Breschnew sie persönlich empfing. Dabei beschwor er die Entspannung und die KSZE-Schlußakte als gemeinsame Errungenschaften von Sozialdemokraten und Kommunisten. Aber nun sei dies alles in Gefahr: »Die Feinde der Entspannung und der Abrüstung haben ihre Waffen jedoch noch nicht gestreckt. Wenn man ihnen keine Abfuhr erteilt, können sie all das durchkreuzen, was an Nützlichem getan worden ist.«[26] Breschnew hielt den Sozialdemokraten vor, sie täten nicht genug, um diese Leute davon abzuhalten, die Entspannung durch einen Rüstungswettlauf zunichte zu machen.[27] Für die Kritiker der Hochrüstung des Warschauer Vertrages fand er folgende Worte:

»Militärs und Politiker des Westens belehren uns, daß unsere Streitkräfte in Europa angeblich ›die Erfordernisse der Verteidigung übersteigen‹. Gleichzeitig droht man uns mit Doktrinen der ›Abschreckung‹, rechnet in Interviews und Artikeln aus, wie viele Dutzende Millionen von Sowjetmenschen, wie viele Städte der Sowjetunion durch die Waffen der NATO zu vernichten sind und hält die UdSSR in einem Ring von Militärstützpunkten, die faktisch auf unser gesamtes Territorium ausgerichtet sind. Danach hat man auch noch die Stirn, von einer ›sowjetischen Bedrohung‹ zu krakeelen!«[28]

In ihrem Bericht an die SED legte die KPdSU nochmals dar, daß sie die SI-Arbeitsgruppe eingeladen hatte, um »breiteste demokratische gesellschaftliche Kräfte zum Widerstand gegen die neuen gefährlichen Pläne der NATO zu mobilisieren«. Der SI sollten Positionen nahegebracht werden, »die den Interessen eines effektiven Kampfes für die Einstellung des Wettrüstens, der Herstellung einer faktischen Zusammenarbeit der Kommunisten und Sozialdemokraten auf diesem Gebiet entsprechen«.[29] In den folgenden Jahren sollten ähnliche Treffen und regelmäßige Anschreiben dafür sorgen, daß der sowjetische Standpunkt stets eine gebührende Berücksichtigung in den politischen Konzeptionen der SI und ihrer Mitgliedsparteien fand.[30]

Im Januar 1980 wies Ponomarjow Axen an, alle verfügbaren Kanäle zur Beinflussung der sozialdemokratischen Parteien zu nutzen. Die Sozialdemokraten sollten davon überzeugt werden, daß allein der Imperialismus für die gegenwärtigen Spannungen verantwortlich sei. Während dieses Gesprächs schnitt Ponomarjow die Frage an, ob man auch den Kontakt mit Kalevi Sorsa, dem Vorsitzenden der Finnischen Sozialdemokraten, zu diesem Zweck nutzen sollte.[31] Sorsas Rolle in der SI wirft tatsächlich zahlreiche Fragen auf. Das Zentralkomitee der KPdSU war von seinem Wirken jedenfalls so beeindruckt, daß es ihm noch im gleichen Jahr ein streng geheimes Geburtstagsgeschenk zukommen ließ, das ihn für seine »vertrauensvolle Zusammenarbeit« im Bereich der Entspannungspolitik und der Abrüstung belohnen sollte.[32] Ponomarjow hoffte, daß Sorsa, der zum Vizevorsitzenden der SI gewählt worden war und deren Arbeitsgruppe für Abrüstung koordinierte, Willy Brandt für den Kampf gegen die Nachrüstung gewinnen könne. Ideologische Bedenken über die Zusammenarbeit mit den Sozialdemokraten wischte er als Leninist souverän beiseite:

»Es entspreche der Leninschen Taktik, sagte Genosse Ponomarjow, mit allen zusammenzutreffen, wenn es nötig und wo es möglich ist, um unsere Positionen darzulegen. Wir haben hierbei keine Illusionen, aber solche Kontakte erlauben es, uns an die einfachen Mitglieder der sozialistischen und sozialdemokratischen Parteien zu wenden.«[33]

Im Oktober 1981 trafen sich die kommunistischen Parteien des sowjetischen Blocks, um über die »Entwicklung der Sozialdemokratie in der Gegenwart« zu beraten. Während einige Lateinamerikaner noch glaubten, daß die Sozialdemokratie nur ein »taktischer Verbündeter im Kampf gegen den Imperialismus sein« könne, insgesamt »jedoch strategischer Feind der kommunistischen Bewegung« bleibe, nutzte die KPdSU das Treffen, um klarzustellen, daß den Parteien der SI ab sofort die Rolle von strategischen Verbündeten zugedacht war. Der ideologische Kampf gegen die Sozialdemokratie sollte zugunsten des Friedenskampfes zurückgestellt werden.[34]

Einen Monat später subsumierte die SED-Führung die Erfordernisse der neuen Linie in einem Strategiepapier. Das Engagement der Sozialdemokratie für die Entspannung wurde dabei wieder auf die gewachsene Macht des Realsozialismus und die Erfolge der »nationalen Befreiungsbewegung« zurückgeführt. Diese Entwicklung hätte die Sozialdemokraten ermuntert, eine »Politik des ›dritten Weges‹« einzuschlagen. Inzwischen strebten sie sogar »nach einer ›Vermittlerrolle zwischen den Großmächten‹«.[35] Das Papier wies auf die zentrale Rolle hin, die die sozialdemokratische Entspannungspolitik auch im Hinblick auf die Finanzierbarkeit des Wohlfahrtsstaates spielte. Zwischen dem Ideal des Wohlfahrtsstaates und hohen Verteidigungslasten bestünde ein prinzipieller Konflikt, den die Sozialdemokraten mit Hilfe der Entspannungspolitik zu lösen gehofft hatten. Vor allem die SI hätte deshalb in den siebziger Jahren »eine Reihe von Grundsatzdokumenten zu Fragen der militärischen Entspannung erarbeitet«, die Aussagen enthielten, »die mit wichtigen Positionen der sozialistischen Länder und der Kommunisten übereinstimmen«.[36] Wieder wurde Sorsas Anteil hervorgehoben:

> »Die ›Arbeitsgruppe der SI zur Abrüstung‹ unter Leitung von K. Sorsa hat eine umfangreiche Arbeit geleistet, und mit der Bildung der ›Unabhängigen Kommission für Abrüstung und Sicherheit in der Welt‹ unter Leitung von O. Palme, der auch Vertreter der sozialistischen Länder angehören, ist ein Gremium geschaffen worden, das mit einem breiten Kreis von Kräften den Dialog führt. Von besonderer Bedeutung ist, daß sich die SI zum Gespräch mit der KPdSU über Fragen der Entspannung und Rüstungsbegrenzung bereit erklärt hat und eine Reihe Begegnungen auf höchster Ebene stattgefunden haben. Die Friedensvorschläge der UdSSR werden überwiegend als ›nachdenkenswert‹ charakterisiert.«[37]

Die »Palme-Kommission« sollte also als Sprachrohr benutzt werden, um die »Friedensvorschläge der UdSSR« einem noch breiteren Publikum annoncieren zu können.

Das Strategiepapier registrierte erfreut das breite Engagement von großen Teilen der Sozialdemokratie in der Friedensbewegung. Im Falle der SPD sei es ein Novum, »daß sozialdemokratische Mandatsträger, Mitglieder zentraler Führungsgremien und Vorstände von Landes- und Bezirksorganisationen gegen die Hochrüstungspolitik der BRD-Regierung auftreten«.[38] Die SED hoffte, möglichst große Teile der Sozialdemokratie »für die Schaffung einer breiten Antikriegsfront gegen die Konfrontations- und Hochrüstungspolitik der USA und der NATO zu gewinnen u. eine umfassende Unterstützung für die Friedenspolitik der sozialistischen Staatengemeinschaft zu erreichen«.[39] Das Bündnis mit den Sozialdemokraten sollte natürlich auch im Sinne der kommunistischen Gesamtstrategie dazu benutzt werden, »die Kampfbedingungen der Kommunisten und anderer revolutionärer Kräfte« zu verbessern.[40] Obwohl das »sozialdemokratische Friedensengagement« durch seine »neutralistischen und pazifistischen Positionen« Defizite aufweise,[41] wurde »die *strategische* Bedeutung eines *langfristigen* Zusammenwirkens« mit der Sozialdemokratie unterstrichen.[42]

Der Fall eines weit entfernten Dominosteins

1991 demonstrierten viele Deutsche gegen westliche Bemühungen, eine irakische Invasionsarmee aus Kuwait zu entfernen. Der pazifistische Rigorismus dieser Menschen wurde von einer Welle apokalyptischer Ängste getragen, die Deutschland als hilfloses Opfer einer unverantwortlichen Politik sowie einer inhärenten Ausrottungslogik der Industriegesellschaft sahen.[43] In solchen Szenarien war den USA die Rolle des Hauptschurken zugedacht – nicht etwa Saddam Hussein, dem irakischen Diktator, der mit dem Überfall auf Kuwait bereits den zweiten Aggressionskrieg seiner Karriere unternommen hatte. Da Gorbatschow dem alliierten Feldzug zur Befreiung Kuwaits zugestimmt hatte und deutsche Soldaten nicht beteiligt waren, entsprang die deutsche Angst keiner realistischen Bedrohung für die Bundesrepublik oder deren Bevölkerung. Dessenungeachtet zeigen Slogans wie »Ich habe Angst« und »Ich will leben«, daß sich mit dieser »Massenhysterie« eine tiefsitzende, schon lange schwelende Besorgnis endlich ein Ventil geschaffen hatte.[44] Wenn man die Wurzeln dieser Besorgnis und damit auch den tieferen Grund für die Entfremdung zwischen der SPD und der NATO in den frühen achtziger Jahren verstehen will, ist es unumgänglich, auf das Jahr 1979 zurückzublicken, als der Fall eines weit entfernten Dominosteins die Bundesrepublik Deutschland plötzlich um die relative Sicherheit zu bringen schien, die sie bis dahin durch ihre geopolitischen Lage genossen hatte.

1979 führte die iranische Revolution zum Sturz des Schahs von Persien, der zwar zu den Schmuddelkindern unter den westlichen Verbündeten gehört hatte, dem aber um so größere Bedeutung als Garant westlicher Interessen in der lebenswichtigen Golfregion zukam. Zunächst wurde die erste islamische Revolution der Welt von vielen Kommentatoren nicht recht ernst genommen und als Trittbrett für den unaufhaltsamen Vormarsch des Kommunismus gesehen. *Der Spiegel* entwarf bereits Horrorszenarien, in denen eine kommunistische Gegenregierung einen möglichen Bürgerkrieg im Iran mit Hilfe einer sowjetischen Invasion für sich entschied. Was könnten die USA tun, wenn sich die Sowjets solchermaßen zu den Herren einer Region machten, die immerhin 60 Prozent der westeuropäischen und 74 Prozent der japanischen Erdölimporte lieferte? Die »neo-imperialistischen Strategen in Washington« könnten im Gegenzug Kuba besetzen. Angesichts der wirtschaftlichen Bedeutung der Golfregion, so folgerten die Auguren des *Spiegel*, käme einer solchen Aktion aber allenfalls symbolische Bedeutung zu. Eine wirklich bedeutsame Gegenoffensive sei allein von Deutschland aus möglich.[45]

Die Theorie, die Randall Collins 1980 zum bevorstehenden Zusammenbruch des sowjetischen Imperiums formulierte, stützte sich auf die historische Beobachtung, daß überdehnte Großmächte bei dem Versuch, ihre weit auseinanderliegenden Besitztümer zusammenzuhalten, früher oder später demütigende Niederlagen in der Peripherie erleiden. Solche Niederlagen beschädigen auch das interne Machtprestige dieser Mächte und die Legitimität ihrer Herrschaftseliten. Verbindet sich dieser Legitimitätsverlust noch mit einer Zerrüttung der Staatsfinanzen, die gewöhnlich aus den hohen Militärausgaben erwächst, so kann rasch eine revolutionäre Situation entstehen, die wiederum den Auftakt für den rapiden Zusammenbruch des multiethnischen Staatskolosses bildet. Daß der Zusammenbruch sich gewöhnlich erheblich schneller vollzieht als der imperiale Aufstieg, liegt daran, daß lokale Niederlagen der Zentralmacht das Signal für weitere Aufstände in anderen Provinzen geben.[46] In den späten siebziger Jahren konnte man Collins' Theorie aber auch auf die globale antisowjetische Koalition anwenden, über die Washington präsidierte. Seit ihrem Rückzug aus Vietnam hatten die USA in der

Dritten Welt weitere Niederlagen erlitten. Die amerikanische Wirtschaftskraft schien vom Verfall bedroht. Und die UdSSR hatte im Bereich der strategischen Atomwaffen die Parität errüstet. Die Schwäche Amerikas drängte sich deshalb ins Bewußtsein der Westdeutschen. Die Erosion des sicherheitspolitischen Konsenses in der Nachrüstungsdebatte war auch eine Reaktion auf diese Schwächewahrnehmung. Die Advokaten einer neuen Sicherheitsarchitektur begründeten ihre Forderungen bezeichnenderweise damit, daß Sicherheit unter den gegebenen Bedingungen nicht länger durch unilaterale Aufrüstung, sondern nur noch durch Partnerschaft mit dem Osten erreichbar sei.[47]

Wiewohl jene Sozialdemokraten, die am heftigsten gegen den Doppelbeschluß und die Abschreckungsstrategie der NATO polemisierten, unaufhörlich vor den Gefahren warnten, die angeblich aus den anonymen Mechanismen des Rüstungswettlaufs erwüchsen,[48] war es doch eher die Angst vor einem sowjetisch-amerikanischen Konflikt am Golf, die ihr Handeln motivierte. Ende der siebziger Jahre sah beispielsweise Egon Bahr zwei mögliche Szenarien für den Ausbruch eines neuen Weltkrieges. Entweder die Sowjets würden unter soviel Druck gesetzt, daß sie bei einem Befreiungsschlag Zuflucht suchten, oder – in Bahrs Augen das wahrscheinlichere Szenario – ein Konflikt in der Dritten Welt könne auf Europa übergreifen.[49]

Erhard Eppler verwarf Reagans Versuch, die Überlegenheit des Westens wiederherzustellen, weil dann nur noch eine Seite abgeschreckt wäre.[50] Seiner Meinung nach war die Aufrechterhaltung der nuklearen Parität zwingend notwendig, um die USA vom militärischen Eingreifen in der Golf-Region abzuhalten.[51] Offenbar sorgte sich Eppler nicht um die Möglichkeit eines sowjetischen Zugriffs auf eine Region, die für die wirtschaftliche Stabilität Westeuropas von unerhörter Wichtigkeit war. Statt dessen bezichtigte er die USA eines schamlosen Imperialismus: »Hier soll die alte imperiale Weltmachtpolitik wieder auferstehen unter den Bedingungen des Atomzeitalters.«[52]

Eppler unterstellte den USA, sie brauchten die Pershing II einzig und allein, um aus der strategischen Sackgasse der Parität auszubrechen und von der UdSSR gegebenfalls weltpolitische Folgsamkeit zu erpressen. In seiner Darstellung wurde die Pershing II zu einer Enthauptungswaffe, die auf die sowjetische Kommandostruktur zielte.[53] Bei seinen Ausführungen pflegte Eppler jedoch tunlichst zu übersehen, daß die Pershing II nicht einmal bis Moskau fliegen konnte – eine Tatsache, die nicht einmal die Militärliteratur der DDR in Abrede stellte.[54] Die Behauptung, die Pershing II könne Moskau erreichen, hat indes Bahr jüngst in seinen Erinnerungen wiederholt. Noch haarsträubender als diese Unwahrheit sind die strategischen Überlegungen, die er daraus ableitet:

> »Ich entwickelte ihm [Richard Perle], mit der Stationierung der Pershing II könne Moskau erreicht werden, aber solange die sowjetische Weltraumüberwachung zeigen würde, daß die Amerikaner ihre strategischen Raketensysteme nicht aufsteigen lassen, müßte Moskau zu dem Schluß kommen, der große Atomkrieg könne vermieden, der Schlagabtausch auf Europa begrenzt werden. Dies sei das Interesse der beiden Supermächte. Aber das bedeute die Abkopplung Europas von Amerika.«[55]

1985 war es allerdings Bahr selbst, der überlegte, wie man Europa von Amerika abkoppeln könne. In einem Essay schrieb Bahr, daß die globalen Interessen der USA in naher Zukunft mit ihrem Engagement in Europa kollidieren könnten. Deshalb empfahl er einen fast vollständigen Abzug der USA aus Europa und die Errichtung eines Sicherheitssystems, in dessen Rahmen die westeuropäischen Armeen einzig als Gegengewicht zu den Truppen der sowjetischen Satellitenstaaten dienen sollten. Von ihren europäischen Bundesgenossen nicht länger beeinträchtigt, so resümierte Bahr, wären die beiden Supermächte endlich in der Lage, ihre schnellen Eingreiftruppen in einer globalen Katzbalgerei aufeinanderzujagen.[56]

Der *Spiegel*-Herausgeber Rudolf Augstein behauptete 1981 ebenfalls, die USA verfolgten den Doppelbeschluß, weil sie damit

Europa als Geisel nehmen und die Loyalität der Bundesrepublik erpressen wollten.[57] Derlei Theorien über Pläne Washingtons, mit den neuen Mittelstreckenwaffen einen auf Europa begrenzten Atomkrieg zu führen, konnten indes nur verfochten werden, weil die *Spiegel*-Experten sowjetische Drohungen, die USA würden automatisch zum Ziel von Gegenschlägen, falls US-Atomwaffen die UdSSR treffen sollten, kurzerhand als unglaubwürdige Drohung vom Tisch wischten. Diese These wurde mit der Behauptung gerechtfertigt, die Sowjets könnten gar nicht gegen die USA selbst zurückschlagen, da sie keine Waffe besäßen, die die Zielgenauigkeit der Pershing II mit deren niedriger Nuklearsprengkraft verband.[58] Die Sowjets waren jedoch nicht bereit, die USA ungestraft Atomwaffenschläge gegen ihr Territorium führen zu lassen, weshalb sie 1985 das bereits erwähnte *dead hand system* installierten, das dafür sorgen sollte, daß alle sowjetischen Atomraketen gestartet wurden, falls das sowjetische Kommandosystem in einer Krisensituation zusammenbrach.[59]

Die Abkehr von den Werten des Westens

Als sich die SPD am 22. November 1983 auf einem Sonderparteitag gegen den von Helmut Schmidt initiierten NATO-Doppelbeschluß festlegte, war dies nicht nur eine Abkehr von ihrer bisherigen Sicherheitspolitik, sondern auch ein Zeichen für die Entfremdung, mit der große Teile der Partei mittlerweile der westlichen Wertegemeinschaft gegenüberstanden. Statt dessen bewegte sich die SPD auf eine Position der Äquidistanz zu, die sich nicht allein auf die Sicherheitspolitik beschränkte, sondern die fundamentalen Unterschiede zwischen pluralistischer Demokratie und kommunistischem Totalitarismus nicht länger zur Kenntnis nehmen wollte.[60]

Ein Grund für diesen erstaunlichen Bruch mit der eigenen Tradition war der Ansturm von neuen Mitgliedern, den die SPD in den siebziger Jahren erlebt hatte. In der politischen Sozialisation der Generation, die die Masse der neuen Mitglieder stellte, spielten die Proteste gegen den Vietnamkrieg und der revolutionäre Romantizismus von 1968 eine zentrale Rolle. Der Essayist Hans Magnus Enzensberger artikulierte die Grundstimmung seiner Generation, als er 1968 schrieb, die herrschende Klasse der USA läge »mit einer Milliarde von Menschen in einem unerklärten Krieg mit allen Mitteln, von Ausrottungs-Bombardements bis zu den ausgefeiltesten Techniken der Bewußtseins-Manipulation«.[61]

Solchen antiamerikanischen Verschwörungstheorien lag oft ein kompensatorisches Bedürfnis zugrunde: Mit Slogans wie »USA–SA–SS« ließen sich nämlich auch Schuldgefühle externalisieren. Derlei Bocksgesänge waren aber auch ein Ausdruck für die latenten Ressentiments einer Generation junger Deutscher, von denen viele noch alt genug waren, um sich schaudernd an die amerikanischen Bombenangriffe im Zweiten Weltkrieg zu erinnern.[62] Eine große Zahl junger SPD-Genossen hatte überdies ihre ersten politischen Erfahrungen in der Universitätspolitik gesammelt, wo »Volksfrontbündnisse« zwischen Jusos und Kommunisten längst an der Tagesordnung waren.[63] Diese »Volksfrontbündnisse« wurden möglich, weil sich in den Reihen der Jusos ein neo-marxistisches Denken durchgesetzt hatte, dessen vorrangiges Ziel in der Errichtung eines westeuropäischen Sozialismus bestand. 1969 brachte der damalige Juso-Bundesvorsitzende Karsten Voigt die Prioritäten jungsozialistischer Politik auf eine griffige Formel: »Wir wollen die Errichtung des Sozialismus bei uns und in Westeuropa. Dazu brauchen wir die Entspannung.«[64]

Als Egon Krenz kurz nach dem sowjetischen Einfall in Afghanistan westdeutsche Jugendorganisationen besuchte, traf er auf keinerlei Kritik, viel Sympathie und eine offen gezeigte Antipathie für den US-Präsidenten Jimmy Carter – auch bei Gerhard Schröder, dem damaligen Juso-Vorsitzenden:

> »Schröder und die weiteren Mitglieder des Bundesvorstandes der Jungsozialisten brachten in den Gesprächen ihre Sorge über die Unberechenbarkeit und Gefährlichkeit der von der

Carter-Administration verfolgten Außenpolitik zum Ausdruck. Diese Politik sei eindeutig eine Politik der Stärke und würde die Rückkehr zum ›kalten Krieg‹ bedeuten. Wenn man die Entscheidungen Carters einschätze, dann hätten die Jungsozialisten ›viel Respekt vor jedem Dorfpolitiker in der BRD‹. Auf die Rolle der BRD im Hinblick auf die Verschärfung der internationalen Lage angesprochen, äußerte Schröder, daß die Bundesrepublik unter einem erheblichen Druck der USA stünde und kaum souveräne, unabhängige Entscheidungen treffen könne. ... Die Jungsozialisten würden zwar nicht davon ausgehen, daß die sowjetischen Truppen bis zum 20. Mai 1980 Afghanistan verlassen werden. Sie würden aber ein deutliches Zeichen begrüßen, das aller Welt zeigt, daß von der Sowjetunion keine Bedrohung für den Mittleren Osten ausgeht. Für die Jungsozialisten sei die sowjetische Politik insgesamt nicht aggressiv. Eine Bedrohung für Westeuropa würden sie nicht sehen.

Die Jungsozialisten seien gegen jegliche Boykottmaßnahmen. Man müsse aber berücksichtigen, wie die Menschen in der Bundesrepublik psychologisch vor allem durch die von der CDU/CSU beherrschten Massenmedien beeinflußt seien. Wir [Krenz et al.] mögen immer bedenken, daß die BRD ein kapitalistischer Staat sei.«[65]

Die Tendenz, die parlamentarische Demokratie mit Hinweis auf angebliche Meinungsmanipulationen zu relativieren und zugleich kommunistische Verbrechen zu verharmlosen, trat auch bei einigen älteren Sozialdemokraten zutage, die, wie Erhard Eppler oder Günter Gaus, dem »nationalistischen« SPD-Flügel zuzurechnen waren. In Epplers Fall war diese Haltung aber auch im christlichen Millenarismus verwurzelt. Laut Eppler waren die westlichen Gesellschaften von jenen großen sozialen Utopien abgefallen, die unter anderem von Thomas Morus und Karl Marx in Fortschreibung der jüdisch-christlichen Tradition formuliert worden waren. Statt dessen folge die westliche Gesellschaft nun den »kleinen banalen, schäbigen Utopien« des Konsums und »der vollkommenen Sicherheit«.[66] »Die schäbige Utopie der absoluten Sicherheit« beherrschte in Epplers Augen auch die Strategien der NATO. Tatsächlich sei aber das, »was Technokraten uns als Sicherheit bieten, ... eine nekrophile, todessüchtige Utopie«, die zwangsläufig zum »atomaren Holocaust« führen müsse.[67] Eine Rettung, so versicherte Eppler, sei nur möglich, wenn die Menschheit diese falschen Utopien aufgeben und zu ihren alten Utopien zurückkehren würde:

> »Die alte Utopie des Propheten Micha, die Schwerter zu Pflugscharen umzuschmieden, erscheint jetzt als unerläßliche Umkehr zum Leben. Sie zielt, wie jede große Utopie, auf die neue Gesellschaft, die dem neuen Adam und der neuen Eva Raum gibt, ihre Entfaltung ermöglicht, aber ebenso auf den neuen Menschen, der diese neue Gesellschaft baut. Nur geht es diesmal um die Utopie, ohne die Leben sich nicht halten kann. Der alte Adam unseres Jahrhunderts, der Adam bürgerlicher Herkunft, ist zu einem Lebewesen geworden, das in der Umwelt, die es sich selbst geschaffen hat, nicht überleben kann. Der alte Adam ist eine nicht überlebensfähige Spezies, wie es deren viele im Laufe der Erdgeschichte gegeben hat. Nur mit dem Unterschied, daß diese Spezies Mensch den Rest der Lebewesen, vielleicht sogar den Gesamtorganismus Erde mit verderben kann.«[68]

Um zum »neuen Adam« zu gelangen und die Welt vor der drohenden Vernichtung durch den »alten Adam« zu bewahren, empfahl Eppler kurzerhand eine neue Weltrevolution:

> »Dies bedeutet, bezogen auf die Weltwirtschaft, daß sich die industrialisierte Welt des Nordens nicht mehr lange durch weit überlegene militärische Macht den Ansprüchen des Südens entziehen kann. Dies bedeutet aber auch, daß die Menschen weder im Süden noch im Norden sich damit abfinden können,

> daß ein paar hundert multinationale Konzerne ihnen diktieren, wie sie sich ›entwickeln‹, was sie konsumieren sollen, oder gar, wer sie regieren darf. Wo die Utopie von der gewaltlosen Welt lebensnotwendig geworden ist, wird auch die Utopie von der ausbeutungsfreien, klassenlosen Welt rehabilitiert, und zwar überall, wo es Klassen und wo es Ausbeutung gibt, also in Ost und West, in Nord und Süd.«[69]

Der »Aufstand des Lebens gegen den Tod, … des Lebendigen gegen das Nekrophile, Todessüchtige in der technisierten Welt«, den Eppler vom Verschmelzen der Ökologie- und der Friedensbewegung erhoffte, verlangte natürlich wieder nach einer millenarischen Umdeutung der Begriffe Krieg und Frieden. Angesichts des bürgerkriegsartigen Charakters, den die Friedensdemonstrationen zu jener Zeit häufig trugen, hatten Epplers Ausführungen zu diesem Thema deutlich apologetischen Charakter. Durch ihre dialektische Begriffsverschiebung eigneten sie sich aber auch dazu, im vorgeblichen Kampf gegen den »Tod« nahezu jede Art von Gewalt zu rechtfertigen:

> »Wo Krieg nicht mehr die Fortsetzung der Politik mit anderen Mitteln, nicht mehr den bewaffneten Streit, ein zeitlich begrenztes militärisches Kräftemessen, sondern schlicht Auslöschung bedeutet, ist ›Frieden‹ auch nicht mehr das, was vor dem ›Krieg‹ war und danach wieder sein wird, nicht mehr das Ende oder das Ausbleiben des Kampfes. Wo ›Krieg‹ ein anderes Wort für ›Tod‹ wird, muß ›Frieden‹ ein anderes Wort für ›Leben‹ werden. Dann ist das Gegenteil von Frieden nicht mehr Unfrieden, Konflikt, Streit, sondern Tod. … Von daher ist es nicht mehr ganz korrekt, ›inneren Frieden‹ – wie dies politische Parteien tun – in eine Parallele zum ›äußeren Frieden‹ zu setzen. Wenn innerer Friede weniger Streiks, Demonstrationen oder einfach weniger Konflikte meint, so hat dies nicht mehr viel zu tun mit dem Frieden, der Leben heißt. Innere Konflikte, etwa um die Wege zum Frieden, können sehr wohl ein Zeichen

der Lebendigkeit sein, dafür, daß Menschen sich technokratisch-nekrophilen Zwängen widersetzen.«[70]

Wie Schröder, so zögerte auch Eppler nicht, SED-Funktionären zu bestätigen, daß die parlamentarische Demokratie eigentlich ein Schwindel sei, um die wahren Machtstrukturen in der kapitalistischen Bundesrepublik zu bemänteln.[71] Schließlich verkündete Eppler sogar, daß es – zum Beispiel in der Dritten Welt – Einparteienherrschaft gäbe, die tolerierbar sei, weil die Demokratie innerhalb der Partei als freie Diskussion zwischen Parteiflügeln stattfände.[72] Immerhin gehörte Eppler aber nicht zu den Sozialdemokraten, die die uneingeschränkte Gültigkeit der Menschenrechte in Frage zu stellen versuchten.[73]

Günter Gaus, der erste Ständige Vertreter der Bundesrepublik in der DDR, vertrat hingegen ein Weltbild, das viel Ähnlichkeit mit dem der SED aufwies. In der zweiten Hälfte der achtziger Jahre, nach dem Ende seiner politischen Karriere, agierte Gaus dann auch als wichtigster Apologet der SED in den westdeutschen Medien.[74] Er propagierte eine marxistische Interpretation der deutschen Geschichte, die es ihm erlaubte, die Schuld des deutschen Nationalismus an der Katastrophe des Nationalsozialismus zu minimieren. Der Nationalist Gaus zog es vor, die Schuld für den Aufstieg Hitlers fast vollständig dem Antikommunismus der Mittelklassen anzulasten. Diesen warf er außerdem vor, ihr Antikommunismus habe nach dem Krieg die Teilung Deutschlands erleichtert, da er es Adenauer erlaubt habe, von gesamtdeutschen Experimenten Abstand zu nehmen, die eine Machtbeteiligung der Kommunisten erfordert hätten.[75] Obgleich Gaus freimütig die Politik der SED als Ursache für den Exodus des gesamten ostdeutschen Mittelstandes benannte, beschrieb er diese Flucht dennoch als selbstsüchtige Tat, mit der das Bürgertum die soziale Teilung Deutschlands besiegelt habe:[76]

»Wer zu einem gehörte, kam ja ohnehin über die grüne Grenze in den Westen. Die nationale Solidarität, bürgerliche Sonntagstugend, bürgerliches Abiturthema, war schwächer als die Angst [vor den Kommunisten]. Man kann es auch marxistisch definieren: Das Klasseninteresse siegte über die Nation.«[77]

Die Metaphern und historischen Analogien, mit denen Gaus seine Analyse garnierte, zeigen ihn als einen linken Nationalisten, dessen Ressentiments sich vor allem gegen die Westbindung der Bundesrepublik richteten.[78] Mit dem Konstrukt eines »totalitären Antikommunismus« erklärte Gaus die Bonner Republik kurzerhand zu einem rigiden Ideologiestaat, dessen »überwiegend restaurative Ausrichtung« durch »eine – schon ziemlich brüchige – Pluralismusstukkatur« kaschiert werde.[79] Auch die individuellen Menschenrechte handelte er mit dem ihm eigenen Zynismus ab:

»Die Menschenrechte in ihrer Individualausprägung, unverzichtbar für uns Privilegierte, sind dabei das stärkste Argument der hiesigen Konfession. Da es als Feldgeschrei gebraucht wird, übertönt es die Einsicht, daß die Freiheitsdefinition mittels des berühmten Milchmanns, der es ist, wenn es morgens um sechs an der Tür klingelt, den systemübergreifenden neuartigen Freiheitsbedrohungen in den Industriegesellschaften schon nicht mehr gerecht wird.«[80]

Legt man das Bild zugrunde, welches die SED beständig von der Bundesrepublik entwarf, so zeigt sich, daß Gaus jedes Leitmotiv der SED-Propaganda mit einer Rechtfertigung unterfütterte. Zum westdeutschen Militarismus schrieb er:

»Wenn Militarismus nicht im Sinne eines Operettenklischees als der Glanz des schmucken, bunten Tuchs definiert wird, sondern als Vorrang des militärtechnischen Denkens vor dem politischen – dann ist die Bundesrepublik Deutschland ein *militaristischer Staat.* Mit ihren Verbündeten im Nordatlantikpakt hat sie gemeinsam bewirkt, daß die Ostpolitik des westlichen Blocks binnen weniger Jahre in ihrem Kern auf militärische Erwägungen, Maßstäbe, Forderungen reduziert worden ist. Bis in höchste politische Ämter verbreitete sich der Stolz, beschlagen zu sein in allen Expertenfragen wie ein Major im Generalstab.«[81]

Im Vergleich zu seiner Schilderung der Bundesrepublik wirkte Gaus' DDR wie eine Insel der Seligen. Erfreut konstatierte er, daß die Ostdeutschen keine Anzeichen eines schwindenden gesamtdeutschen Bewußtseins zeigten. Selbst Honecker sang gerne deutsche Volkslieder, die er bereitwillig als die Volkslieder aller Deutschen identifizierte.[82] Gaus war vom antifaschistischen Pathos des SED-Staats begeistert. Ihm schienen die Vorsätze, die 1945 das politische Neuerwachen Deutschlands begleitet hatten, in der DDR weit lebendiger zu sein als in der Bundesrepublik.[83] So verwundert es nicht, daß er die Verbrechen des Kommunismus durch Relativierung beschönigte:

»Von Macht war die Rede; wie sie bei uns sittsam erscheint in den Schranken des Parlaments; und wie die Kommunisten sie in Frage gestellt sahen, als in ihrem deutschen Staat gegen Biermanns Ausbürgerung protestiert wurde. Wahr ist ..., daß die Machtfrage sich für die Machthaber in Osteuropa seit 1945 schärfer gestellt hat als in Westeuropa, in Westdeutschland, wo die Macht, von den wechselnden Parlamentsmehrheiten abgesehen, bei den alten Eigentümern so gut wie ganz verblieb. Ich meine, Schlußfolgerungen, wie weit man im Ernstfall mit Macht, nach innen wie nach außen, in dem einen und in dem anderen Weltsystem gehen wird, sollen aus der bisherigen europäischen Nachkriegszeit nicht gezogen werden.«[84]

Populistische Sicherheitspolitik

Ein wichtiger Katalysator für die Abkehr der SPD von der Sicherheitspolitik Helmut Schmidts war zweifellos der Aufstieg der

Grünen, denen sich viele Stammwähler der SPD zugewandt hatten. In dem Kampf um den linken Flügel ihrer Wählerschaft, den der Aufstieg der Grünen eröffnete, verschob sich das interne Machtgefüge innerhalb der SPD rasend schnell zugunsten des national-pazifistischen Flügels um Eppler. Besonders Brandt scheint gehofft zu haben, Eppler könne jene Wähler zurückgewinnen, die die SPD an die Grünen verloren hatte.[85] Der sicherheitspolitische Durchmarsch der Parteilinken war aber auch der Sogkraft der Demoskopie geschuldet: Umfragen schienen zu belegen, daß es in der Bevölkerung eine Zweidrittelmehrheit gegen die Stationierung gäbe.[86] Tatsächlich mag ihr Linksschwenk die SPD sogar vor einer größeren Abspaltung bewahrt haben. 1983 beschrieb Eppler einem SED-Funktionär sein gespaltenes Verhältnis zu den Grünen:

> »Sehr kritisch äußerte sich Eppler über die Situation bei den Grünen. Er sei mit ihnen von Anfang an sehr verbunden, und es habe ja sogar einmal die Idee gegeben, daß er der Führer der Grünen werden solle. Jetzt aber müsse er sagen, sie spielten in der Friedensbewegung sogar eine schädliche Rolle. Sie wollen die Friedensbewegung für sich monopolisieren, sie spalten und sie diffamieren, vor allem die SPD und den DGB und die DKP.«[87]

Dessenungeachtet war die mangelnde Widerstandskraft vieler SPD-Mitglieder gegenüber den Argumenten der Friedensbewegung auch eine Folge fehlender Kompetenz im Bereich der Sicherheitspolitik. Vor den Debatten um die Nachrüstung war die Militärpolitik stets die arkane Domäne einiger weniger Experten gewesen, deren Sprache von unverständlichen und euphemistischen Abkürzungen nur so wimmelte und deshalb den meisten Sozialdemokraten unverständlich blieb.[88] Nicht zuletzt Bahr sollte später eingestehen, daß er »vieles auf dem Gebiet der Rüstungskontrolle nachzulernen« hatte, als er 1980 das Amt des Sicherheits- und Abrüstungsexperten der SPD antrat.[89]

In der Debatte um den Doppelbeschluß konnte die sicherheitspolitische Leere in den Köpfen vieler Sozialdemokraten rasch von den Sensationsberichten der Presse okkupiert werden. Ihren Lesern präsentierten *Der Stern, Der Spiegel* und die *Frankfurter Rundschau* die Verteidigungspolitik der NATO als gefährliche Mischung aus Inkompetenz, Verschwörungen des militärisch-industriellen Komplexes und amerikanischem Weltherrschaftsstreben.[90] Der antiamerikanische Tenor dieser Berichte spiegelte sich bald in den Aussagen wider, mit denen zahlreiche Sozialdemokraten die Genfer Verhandlungen über Mittelstrekkenwaffen kommentierten. Indem sie aber die Verantwortung für das Scheitern der Verhandlungen noch vor deren Abschluß allein den USA aufbürdeten,[91] machten sich Bahr und andere Sozialdemokraten zu Verteidigern der sowjetischen SS-20. Wären ihre »Abrüstungsvorschläge« realisiert worden, dann hätte die UdSSR ein hegemoniales Drohpotential gegenüber den atomwaffenlosen NATO-Staaten konzediert bekommen. Zwar lehnte Bahr damals Reagans Null-Lösung kategorisch als Propagandaofferte ab,[92] heute zeigt er indes keinerlei Scheu, die Lorbeeren für die globale Null-Lösung, die im INF-Vertrag von 1987 erreicht wurde, für sich selbst zu reklamieren:

> »1982/83 waren wir anderer Meinung als Helmut Schmidt, haben aber nicht falsch gelegen. Denn der INF-Vertrag läßt sich doch nicht als eine Konsequenz aus dem NATO-Doppelbeschluß ableiten. Das Abkommen von Washington ist fest verbunden mit KPdSU-Generalsekretär Michail Gorbatschow, dessen Aufstieg nun wirklich niemand vorhersehen konnte.... Im übrigen ist der INF-Vertrag nichts anderes als die Verwirklichung der Null-Lösung, welche die SPD hartnäckig verfochten hat.«[93]

Im Gegensatz zu Bahrs geschönter Erinnerung waren die einzigen Null-Lösungen, die er jemals ernsthaft vertrat, solche, die eine einseitige Entwaffnung des Westens vorsahen. Anfang 1983 polemisierte er gegen das »Gerede über ein Zwischenabkommen«, das es der NATO erlauben würde, in verringertem Umfang zu stationieren: »Wir sollen uns gedanklich wegbewegen von einer Lösung, die die Stationierung amerikanischer Raketen überflüssig macht. Das ist nicht akzeptabel.«[94] Seit ihrem Parteitag vom November 1983 forderte die SPD von den Sowjets auch keinen vollständigen Verzicht auf die SS-20 mehr, sondern nur noch eine zahlenmäßige Verringerung.[95]

In Bahrs Denken spielten Kampagnen gegen westliche Verteidigungsprogramme aber auch eine wichtige Rolle als ein unschlagbar geglaubtes Zugpferd für Wahlkämpfe. 1976 empfahl er Schmidt, die Abrüstung aus wahltaktischen Gründen an die Spitze seiner politischen Agenda zu stellen: »Das Thema wird die gleiche Wirkung haben wie die erste Phase der Ostpolitik. Es wird die Phantasie der Menschen beschäftigen, die Partei integrieren, die Koalition solidarisieren und die Opposition spalten.«[96]

Ein Jahr später demonstrierte Bahr in der Praxis, wie er das Thema auszuschlachten gedachte. Fast sofort nach dem Einsetzen der sowjetischen Kampagne gegen die Neutronenbombe eröffnete er einen eigenen Feldzug gegen diese neue NATO-Waffe.[97] Die hochgradig emotionale und moralisierende Art, in der Bahr seine Kritik formulierte, paßte schlecht zu einem Mann, der sich normalerweise viel auf seine Logik und seinen politischen Realismus zugute hielt. Bahrs Emotionalisierung der Sicherheitspolitik brach überdies mit der betonten Sachlichkeit, mit der die SPD in den sechziger und frühen siebziger Jahren dieses Politikfeld behandelt hatte.[98] Die Sprachbilder, die Bahr zur Charakterisierung der Neutronenwaffe verwandte, waren denen der sowjetischen Kampagne keineswegs unähnlich:

> »Seit ein paar Tagen nun bekommen wir in den Zeitungen die Wirkung der Neutronenbombe erklärt. Auf eine kurze Formel gebracht, ist dies eine Waffe, die keinen oder nur geringen Sachschaden anrichtet, aber die Menschen ›sauber‹ tötet. Dies

soll der letzte Fortschritt sein? Ist die Menschheit dabei, verrückt zu werden?
Es ist eine Menschheitsfrage; denn noch nie konnte eine neue Waffe Monopol eines Landes bleiben. Hier wird die Skala aller Werte auf den Kopf gestellt. Zum Ziel ist die Erhaltung des Materiellen geworden, der Mensch ist zweitrangig. Daß man Produktionsanlagen, Straßen und Kommunikationssysteme fast unmittelbar ›danach‹ wieder benutzen kann – das ist der Sinn.
Der Fortschritt besteht auch darin, daß es leichter ist, die Leichen von Menschen zu beseitigen als die Trümmer von Städten und Fabriken. Mit seinem Gehirn macht sich der Mensch zu weniger als einem Sklaven der Maschinen: Im Ernstfall ist nicht der Mensch, sondern die Maschine erhaltenswert. Die Neutronenbombe ist ein Symbol der Perversion des Denkens.«[99]

In der SPD trat Bahr mit seinen Äußerungen einen Erdrutsch los, der zunächst den Hamburger SPD-Parteitag vom November 1977 erschütterte und später Schmidts Gleichgewichtspolitik unter sich begrub.[100] Letztlich machte Bahrs Vorgehen die äußere Sicherheit der Bundesrepublik zum Spielball einer hochgradig emotionalisierten öffentlichen Debatte. Auf diesem Wege waren von den Sowjets bei Abrüstungsverhandlungen gewiß keine Konzessionen zu erlangen, dagegen ließ sich sehr wohl das westliche Bündnis aus den Angeln heben. In der Debatte um den NATO-Doppelbeschluß ließen Bahrs Beiträge das Bestreben erkennen, nationalistische Gefühle gegen die USA in ihrer Eigenschaft als nukleare Schutzmacht der Bundesrepublik zu mobilisieren. Es war wohl im Sinne einer langfristigen Abkopplungsstrategie, wenn er ab 1982 behauptete, es existiere ein prinzipieller Interessenkonflikt zwischen den Staaten mit Atombewaffnung und denen ohne; die Unterschiede zwischen nuklearen und nichtnuklearen Staaten seien ebenso elementar wie die »zwischen demokratischen und nichtdemokratischen Staaten«:

»Die Nuklearmächte entscheiden über das Schicksal der nichtnuklearen Mächte. Die nichtnuklearen entscheiden nicht über das Schicksal der nuklearen. Wir entscheiden nicht einmal über unsere eigene Existenz. Dies wird auf Dauer unerträglich. Diese Ungleichheit muß jedes Bündnis zerbrechen.«[101]

Angesichts dieser »atomaren Klassenunterschiede« empfahl Bahr den Nicht-Atomwaffenstaaten eine gemeinsame Politik, in deren Zentrum ihr Interesse stehen müsse, »nicht zu Geiseln zu werden, über die verfügt wird«: »Die Konsequenz heißt Werben für eine gemeinsame Politik der nichtnuklearen Staaten mit dem Ziel: Keine Atomwaffen auf dem Boden von Staaten, die darüber nicht verfügen.«[102] Wäre diese Forderung realisiert worden, dann hätten sich in Europa keine US-Atomwaffen mehr befunden. Zwar machte Bahr die Umsetzung dieses Plans von der Existenz eines konventionellen Gleichgewichts abhängig, er betonte jedoch stets, daß im globalen Maßstab kein großer Unterschied zwischen der NATO und dem Warschauer Vertrag bestünde.[103]

Da Bahr stets darauf beharrte, daß der UdSSR zum Ausgleich für die britischen und französischen Systeme eine erhebliche Anzahl SS-20 zugestanden werden müsse,[104] hätte die Umsetzung seines Denuklearisierungsplans den Sowjets faktisch die nukleare Hegemonie über die nichtnuklearen NATO-Staaten eingeräumt. In Bahrs Logik untergrub dies aber nicht die Abschreckung, da die Sowjets wüßten, »daß Amerika niemals zulassen würde, daß Europa unversehrt in die Hände der Sowjetunion fällt«.[105]

Bahr sah im Sicherheitsstatus von Westberlin ein Vorbild für Westeuropa:

»Das amerikanische Argument [gegen den Abzug ihrer Atomwaffen] könnte sein, daß man die amerikanischen Truppen nicht ohne die Fähigkeit, sich taktisch nuklear verteidigen zu können, lassen will. Aber hierauf wäre zu antworten, daß die amerikanischen Truppen dann unter demselben Risiko und unter denselben Bedingungen zu kämpfen hätten wie die

Deutschen und alle anderen. … Was die Sicherheitsstruktur angeht, wären die nichtatomaren Partner des Bündnisses in einer vergleichbaren Lage, wie Amerikaner, Franzosen und Engländer es in Westberlin sind: Das Risiko für die Angegriffenen ist gleich; das Risiko für den Angreifer bleibt zuletzt unkalkulierbar, also zu groß. Und das funktioniert in Berlin, es würde für West-Europa erst recht funktionieren.«[106]

Inspiriert von den Strategiediskussionen der Friedensbewegung, formierte die SPD 1982 eine Arbeitsgruppe »Neue Strategien«. Diese Arbeitsgruppe war auch ein Versuch, die dahinschmelzende Minderheit der Schmidt-Anhänger mit der triumphierenden SPD-Linken zu versöhnen. Hans Apel und andere fochten dort ein verzweifeltes Rückzugsgefecht gegen die weitreichenden Vorschläge von Bahr und Oskar Lafontaine.[107] Nur mit Mühe konnte die Arbeitsgruppe dazu gebracht werden, die nukleare Abschrekkung wenigstens noch als Übergangsstrategie auf dem Wege zu einem System der gemeinsamen Sicherheit zu akzeptieren. Die strategischen Konzepte, die als Ersatz für die nukleare Abschrekkung diskutiert wurden, waren ihrem Inhalt nach jedoch nichts weiter als konventionelle Kriegsführungsstrategien. Zu Recht wurden diese Konzepte einer rein defensiven Verteidigung wegen ihrer einseitigen Fixierung auf die militärstrategische Ebene kritisiert.[108] Aus Furcht vor einem nuklearen Krieg befürwortete die SPD paradoxerweise Strategien, die einen konventionellen Krieg wieder führbar machten. Die Diskussion um diese neuen Strategien besitzt aber noch einen geheimdienstlichen Aspekt: In den sechziger Jahren waren ähnliche Strategien bereits eingehend in der SPD diskutiert worden. Damals war es vor allem Karl Wienand, der Vorsitzende des Arbeitskreises Sicherheitsfragen, der auf eine Denuklearisierung der NATO-Strategie und eine Verkleinerung der Bundeswehr drängte.[109] Inzwischen ist bekannt, daß Wienand ein »Informeller Mitarbeiter« des MfS war.[110]

Die Abkehr der SPD von der NATO war begleitet von einer immer herzlicher werdenden Kooperation mit der SED, die alsbald in Beratungen zu chemie- und atomwaffenfreien Zonen, einer deutsch-deutschen Sicherheitspartnerschaft[111] und in einem gemeinsamen Papier zum Streit der Ideologien mündete. Diese Annäherung kann jedoch nicht allein mit den Konfliktlagen der Nachrüstungsdebatte erklärt werden, vielmehr zählten wieder die Erblasten der deutschen Vergangenheit zu den Triebkräften für die Bereitschaft, mit den Kommunisten zu paktieren. Die von der Krise der Entspannungspolitik erzeugte Panik begünstigte die Wiederbelebung einer Volksfrontmythologie, die auf die Zeit zwischen Hitlers Machtergreifung und dem Hitler-Stalin-Pakt zurückging. In der Bundesrepublik entfaltete diese neuen Volksfrontmythologie nicht zuletzt deshalb eine besondere Anziehungskraft, weil sich mit dem »Widerstand« gegen den »nuklearen Holocaust« Schuldgefühle wegen Auschwitz hervorragend kompensieren ließen.[112] Wie in den Protesten gegen den Vietnamkrieg, so spielte die Externalisierung von Schuldgefühlen auch diesmal wieder eine wichtige Rolle.

In einem zweiten »Nürnberger Tribunal«, das die Friedensbewegung 1983 veranstaltete, wurde den Westalliierten des Zweiten Weltkrieges vorgeworfen, mit der Casablanca-Direktive von 1942 »die unterschiedslose Flächenbombardierung gegen deutsche Städte« vereinbart und »damit die – bis dahin weitgehend eingehaltene – kriegsvölkerrechtliche Grundregel der Schonung von Zivilisten außer Kraft« gesetzt zu haben. Auf diese Weise hätten Großbritannien und die USA den Weg für »die Verwendung von Atomwaffen als Mittel zur nationalen Interessendurchsetzung« bereitet.[113] Daß die Fragen, die Auschwitz aufwarf, von diesem Tribunal einfach zur Seite geschoben wurden und zwei sowjetische Delegierte den Versuch blockieren konnten, die Menschenrechtsverletzungen in der UdSSR zu thematisieren, interpretierte der Philosoph André Glucksmann als Handel zwischen Grünen und Sowjets: »Ablehnung der Pershing II und stillschweigende Tolerierung der SS-20 im Tausch gegen die Tilgung von Auschwitz«.[114] Glucksmann verwies darauf, daß die Sowjets die Nazi-Barbarei schon lange als Kampfmittel instrumentalisierten:

> »Der Kreml setzt seit langem auf die Demoralisierung Deutschlands. Als ich im August 1982 das Lager Auschwitz besuchte, entdeckte ich dort eine nach der ›Deutschen Demokratischen Republik‹ benannte Baracke inmitten der fünfundzwanzig anderen, welche die von den Nazis geschundenen europäischen Völker symbolisieren sollen. Diese Geschichtsfälschung und die kommunistische Verlogenheit dokumentieren die Lektion, die aller Welt unablässig eingehämmert wird: Die Bundesrepublik (im Westen) und die Deutsche Demokratische Republik (im Osten) sind zwar erst nach der Niederlage Hitlers entstanden, aber nur die erstere gilt als Erbin seiner Verbrechen, während die zweite schon Widerstand leistete, bevor sie überhaupt existierte. Wer mit uns ist, ist Antifaschist wie wir, lautete die Losung der Sowjets, die mit einer einzigen Handbewegung sowohl die deutschen KZs als auch die russischen Lager und den Hitler-Stalin-Pakt beiseite fegten.«[115]

In Anbetracht ihrer eigenen Tradition des Widerstandes gegen den Nationalsozialismus und Kommunismus hätte die SPD mehr Widerstandskraft gegen die Verlockungen der antifaschistischen Generalabsolution aufbringen müssen. In der Debatte um den NATO-Doppelbeschluß zeigte eine Reihe von schiefen historischen Analogien, daß besonders die SPD-Linke keineswegs gegen die Verlockungen eines antifaschistischen Mythos à la SED gefeit war. Bei einer Friedensdemonstration mit kommunistischer Beteiligung stilisierte ein Juso-Funktionär die Bundeswehr mitsamt ihrem sozialdemokratischen Verteidigungsminister zum Hort eines reaktionären Militarismus, während er sich selbst in die Tradition des antimilitaristischen Kampfes der Arbeiterbewegung stellte.[116] Gaus scheute sich nicht, Schmidt mit Franz von

Papen zu vergleichen, der 1933 Hitlers Griff zur Macht als dessen Vizekanzler ermöglicht hatte. Lafontaine ging sogar soweit, Schmidt »Sekundärtugenden« zu bescheinigen, die ihn auch für das Kommando in einem Konzentrationslager qualifizieren würden.[117] Bald war es in der SPD Usus, mit Hinweis auf die Tatsache, daß das SED-Regime weniger schrecklich war als das Dritte Reich, die Erfüllung von Honeckers Geraer Forderungen zu verlangen. Am vehementesten wurde die Auflösung der Zentralen Erfassungsstelle in Salzgitter gefordert, die die Verbrechen des SED-Regimes dokumentierte. Dies begründete Hans-Jochen Vogel nachträglich mit einer gedanklichen Verrenkung, die die Unvergleichlichkeit der nationalsozialistischen Verbrechen aufbot, um die schmutzige Weste der SED weißzuwaschen.[118]

Bedeutsam für die Annäherung der SPD an die Positionen der SED war aber auch die Virtuosität, mit der sich die SED-Führung die kollektiven Neurosen und Ängste ihrer westlichen Gesprächspartner zunutze machte. 1983 erklärte Gaus, »daß zwischen Ost und West eine Entwicklung in Gang gesetzt worden ist, die längstens in zehn, fünfzehn Jahren zu einem Krieg in Europa führen wird«. Er begründete dies mit der wachsenden »Geneigtheit zum Krieg«, die er bei den »totalitären Antikommunisten« im Westen festgestellt haben wollte.[119] Die Dokumente der SED zeigen jedoch, daß sich Gaus' Ängste aus einer anderen Quelle speisten. In seiner Zeit als Leiter der Ständigen Vertretung wurde er von Honecker häufig an die Schrecken des Atomkriegs erinnert.[120] Diese Erinnerungen trugen zuweilen durchaus den Charakter von Drohungen:

> »Es liege im Interesse der Entspannung und der Zusammenarbeit, daß beide deutschen Staaten einen Beitrag zur Ergänzung der politischen Entspannung durch die militärische leisten. Er habe H. Schmidt gesagt, stellte E. Honecker [gegenüber Gaus] fest, die Bundesrepublik sei ein dicht bevölkertes Land, wahrscheinlich sogar das am dichtesten bevölkerte Europas. Die Provozierung eines Atomschlages würde von ihr nichts übrig lassen.«[121]

Honecker war aber einfühlsam genug, die Drohung mit der nuklearen Peitsche durch das Angebot eines politischen Zuckerbrotes zu ergänzen. Im Oktober 1979 verglich er Breschnews Abrüstungsvorschläge mit der »Stalin-Note« von 1952, in der der sowjetische Diktator die Wiedervereinigung Deutschlands als Preis für dessen Neutralisierung angeboten hatte. Dieses Angebot sei damals von den Westmächten leichtfertig beiseite geschoben worden. Heute, so Honecker, stehe man indessen vor der Frage, »ob man genügend Realitätssinn besitze, um die Politik der Entspannung mit Aussicht auf Erfolg fortsetzen zu können, oder ob man sich mit offenen Augen in den Abgrund eines neuen Weltkrieges stürzen wolle«.[122] Gaus scheint Honeckers Analogie weiterverbreitet zu haben, jedenfalls wiederholte Eppler den Vergleich etwas später fast wörtlich.[123]

Es war sicherlich auch das verzweifelte Bestreben, die Entspannung vor dem Herannahen eines Zweiten Kalten Krieges zu retten, das Bahr und andere Sozialdemokraten immer tiefer in die Fänge der SED trieb. Heute nimmt Bahr für sich eine Position ehrlicher Äquidistanz in Anspruch, die ihn dazu befähigt habe, eine logische Realpolitik ohne ideologische Irrungen zu verfolgen.[124] Die SED-Akten zeigen Bahr jedoch nicht als jemanden, der verzweifelt zwischen den verfeindeten Lagern zu vermitteln versuchte, sondern eher als einen Mitstreiter, der mit der SED beratschlagte, wie man die Rüstungsprogramme der NATO am besten vereiteln könne. Am 4. September 1981 bot Bahr Axen in einem »Vier-Augen-Gespräch« eine »enge, vertrauliche Abstimmung« an:

> »Was wird, wenn die Amis weiter verrückt spielen? Dann kommt schließlich der Punkt, da die BRD nein sagen muß. Relativ leicht ist dies in bezug auf die Neutronenwaffe, da dafür kein Beschluß der NATO vorliegt. Sie können es als sehr sicher betrachten, daß es hinsichtlich der Ablehnung der Neutronenwaffe eine geschlossene Haltung der SPD und der großen Mehrheit der Bevölkerung der BRD gibt.
> Was aber alle weiteren Fragen, vor allem die Raketenstationie-

rung betrifft, so ist dies komplizierter. Das geht nicht ohne die USA, ohne die UdSSR, ohne die DDR, ohne die beiden Bündnisse. Auf alle Fälle erfordert die Abwendung der Stationierung der Raketen eine enge, vertrauliche Abstimmung zwischen DDR und BRD. Wir dürfen dann auch in entsprechenden Fällen und Situationen kein Kontra von hier bekommen.«[125]

In Bahrs Augen war dies die Lektion, die aus der Kampagne gegen die Neutronenwaffen gezogen werden mußte:

»Ich war der erste, der die Neutronenwaffe aus ethischen Gründen abgelehnt hat. Danach hat die UdSSR die Kampagne massiv geführt. Das führt manchmal zu Belastungen für uns. Sie wissen, daß in unserer Öffentlichkeit sofort im Zusammenhang mit meiner Äußerung gesagt wurde, Bahr sei für den sowjetischen Standpunkt.
Also ich meine, wir müssen ein bißchen mehr koordinieren in der Frage der Neutronenwaffe und der Raketenverhandlungen.«[126]

Vor Beginn der Genfer Verhandlungen forderte Bahr bereits die Einbeziehung der französischen und britischen Atomwaffen.[127] In seinem »Vier-Augen-Gespräch« mit Axen wiederholte er diesen Gedanken:

»Alles zusammengenommen: Das vernünftigste Ergebnis ist: keine USA-Raketen in Westeuropa. Als Gleichgewichtslösung bleiben dann auf der einen Seite die britischen und französischen Mittelstreckenraketen, auf der anderen Seite eine begrenzte Anzahl sowjetischer Mittelstreckenraketen, und in der Mitte, BRD und DDR usw., Null. Wenn das nicht zu erreichen sein wird, dann werden Kurzstreckenraketen in der DDR stationiert, was die Nuklearisierung der DDR bedeuten würde.«[128]

Tatsächlich waren Bahrs Ausführungen häufig dazu geeignet, die UdSSR zur Unnachgiebigkeit bei den INF-Verhandlungen zu ermutigen. Die selbstgestellte Frage: »Was wird, wenn die Amis weiter verrückt spielen?«, beantwortete Bahr in einer Weise, die den revolutionären Appetit seines Gesprächspartners geweckt haben dürfte: »Die Amis (Formulierung von Bahr) wissen ganz gut, daß bürgerkriegsähnliche Zustände entstehen, wenn die Raketen während der Verhandlungen stationiert werden.«[129] Alles in allem blieb die Art, in der Bahr mit seinen ostdeutschen Gastgebern kommunizierte, der gleichen Naivität und Arglosigkeit verhaftet, die auch in dem hagiographischen Bild von Breschnew zum Vorschein tritt, das er in seinen Erinnerungen entworfen hat. So mag Bahr wirklich geglaubt haben, er stärke bei Honecker und Axen das Zutrauen in den Verhandlungswillen der USA, wenn er ihnen versicherte, »daß das Bündnis in seinem Zusammenhalt gefährdet würde, wenn Amerika nicht verhandeln würde«.[130] Dies wird die Sowjets in ihrer ohnehin schon geringen Bereitschaft, Zugeständnisse zu machen, aber genausowenig bestärkt haben wie seine treuherzige Versicherung, die Bundesrepublik werde »aus dem Bündnis ausfallen«, falls sie diesen »Scheiß-Beschluß« einseitig aufhebe.[131]

Die antiamerikanischen Ausfälle, zu denen Bahr sich bei seinen Visiten in Ostberlin und Moskau verstieg, zeigen ihn im günstigsten Falle als einen stark überforderten Politiker, der angesichts der Krise in den Ost-West-Beziehungen restlos den Kopf verlor. Es macht jedenfalls keinen besonders durchdachten Eindruck, wenn er der SED-Führung einerseits erklärte, er fürchte einen neuen »August 1914«,[132] andererseits aber die hypertrophen Ängste seiner Gesprächspartner noch zusätzlich anfachte, indem er ihnen darlegte, wie sehr er selbst den Amerikanern mißtraute:

> »Lassen Sie mich das mal so formulieren – das möchte ich eigentlich nicht im Protokoll haben: Ich glaube, daß sie [die Amerikaner] uns nicht betrügen können. Ich weiß nicht, ob sie es wollen; denn die Information wird lückenlos sein, und die

Information wird sicher nicht nur durch die Amerikaner erfolgen, sondern sicher auch durch die Sowjetunion.«[133]

Wenn es in den Reihen der sowjetischen Führung eine sich gefährlich hochschaukelnde Kriegsfurcht gegeben hat, dann erzielte Bahrs folgender Versuch, beruhigend zu wirken, sehr wahrscheinlich eher das Gegenteil des Gewünschten:

»Nun können Sie sagen, und das ist natürlich ein ganz ernster Punkt, die Politik der Sowjetunion ist berechenbar, die der Amerikaner halten Sie nicht für berechenbar. Also, wenn wir hier eine Verhandlung hätten und an einem offiziellen Verhandlungstisch säßen, würde ich natürlich mit Entrüstung zurückweisen, daß Sie meinem Verbündeten Unberechenbarkeit vorwerfen. Aber da wir nicht an einem Verhandlungstisch sitzen, kann ich sagen, ich habe auch Sorge. Bloß, von einem gehe ich eigentlich aus. Ich gehe davon aus, daß die den eigenen Untergang auch nicht wollen und auch am Leben bleiben wollen.«[134]

Intern bewerteten die SED-Genossen »das Treffen mit E. Bahr« als »einen Beitrag zur Unterstützung und Ermunterung der Friedenskräfte in der BRD«. Bahrs Gastgeber sahen dessen Ausführungen zudem als Zeichen der Schwäche: »Die Gespräche machten deutlich, daß die SPD-Führung versucht, in der Kernfrage, Aufhebung des Brüsseler Raketenbeschlusses, angesichts des Druckes der Friedensbewegung zu lavieren.«[135] Daß Bahr mit dem Gedanken spielte, den Vollzug des Doppelbeschlusses auf dem nächsten SPD-Parteitag zeitlich verschieben zu lassen, bewerteten die SED-Genossen als Beschwichtigungspolitik zur Spaltung der Friedenskräfte:

»Im internen Gespräch deutete E. Bahr die Möglichkeit an, auf dem im April 1982 stattfindenden Parteitag der SPD eine zeitliche Verschiebung der Stationierung der amerikanischen Mittelstreckenraketen in Westeuropa zu beschließen. Einerseits

> zeigt dies das Dilemma der SPD-Führung, aber auch deutlich den Versuch, mit solchen Manövern die Friedensbewegung zu lähmen, zu spalten, zu desorientieren und die sozialistischen Länder zu beschwichtigen. Der Zurückdrängung der Friedensbewegung dient auch die von E. Bahr vertretene Behauptung, die Fortschritte bei der Rüstungskontrolle und Abrüstung hingen entscheidend von den Verhandlungen zwischen den Regierungen ab.«[136]

Insgesamt haben die Aktivitäten Bahrs und anderer Sozialdemokraten also erheblich dazu beigetragen, bei den Führern des Ostblocks die Überzeugung zu verfestigen, die Nachrüstung der NATO könne mit Hilfe des Friedenskampfes anstatt durch Verhandlungen abgewendet werden. Dies zeigte sich deutlich bei der Beratung der ZK-Sekretäre für internationale und ideologische Fragen, die Anfang November 1981 in Moskau stattfand. Dort berichtete Axen von seinem Gespräch mit Bahr:

> »Bei der Begegnung des Genossen Erich Honecker mit ... Egon Bahr zeigten sich deutlich die wachsenden Besorgnisse, Unsicherheiten und Widersprüche in der Haltung führender Kreise der BRD, die Probleme, die sich aus dem USA-Kurs für die Innen- und Außenpolitik der BRD, darunter auch für ihre Existenz, für ihre Beziehungen zu den sozialistischen Ländern, insbesondere zur DDR, ergeben. Bahr mußte letztlich zugeben, daß es zur Politik der friedlichen Koexistenz, zur Politik der Rüstungsbegrenzung und Abrüstung keine vernünftige Alternative gibt.«[137]

Sollte Bahr gehofft haben, sich als »ehrlicher Makler« zwischen den Supermächten zu installieren, so erteilte Axen diesem Anerbieten in Moskau eine Abfuhr:

> »Eines der wichtigsten Manöver zur Schwächung der Friedensbewegung ist der insbesondere von der Regierung der BRD

unternommene Versuch, den Brüsseler Raketenbeschluß mit der primitiven Behauptung zu retten: Dank dieses Brüsseler Beschlusses sei es z. B. der BRD und anderen westeuropäischen NATO-Staaten überhaupt erst möglich geworden, die Regierung der USA zu Verhandlungen zu veranlassen. Um so mehr gilt es immer wieder nachzuweisen, daß vom Brüsseler Raketenbeschluß die akute Gefahr für den Frieden in Europa und in der Welt ausgeht. Deshalb halten wir es für besonders wichtig und vorrangig, beharrlich die Anstrengungen aller Friedensanhänger auf die Verhinderung des Raketenbeschlusses der NATO zu lenken.

Eine solche klare, konsequente Orientierung der Friedensbewegung erscheint um so notwendiger, als zum Beispiel die Führung der SPD den Eindruck zu erwecken sucht, als werde sie bei den bevorstehenden Verhandlungen zwischen der UdSSR und den USA als eine Art Wächter oder Schiedsrichter wirken, der nach beiden Seiten darauf achtet, daß es zu Verhandlungsergebnissen kommt.

Diese Äußerungen von einer angeblichen Mittlerrolle westeuropäischer NATO-Staaten sind ein konkreter Ausdruck der berüchtigten Theorie über die beiden ›Supermächte‹, mit der immer wieder versucht wird, die Friedensmission der UdSSR und des Weltsozialismus zu verleumden und die Verantwortung des Imperialismus für Aufrüstung und Kriegsgefahr zu leugnen.«[138]

Angesichts des »machtvollen Aufschwungs«, den insbesondere die westdeutsche Friedensbewegung erlebte, war Axen zuversichtlich, daß es einer geschickten Politik gelingen könne, Mißhelligkeiten in den atlantischen Beziehungen zu ernsthaften Gegensätzen anschwellen zu lassen:

»Unserer Meinung nach kommt es jetzt stärker darauf an, eine solche europäische Politik zu betreiben, die das ausgeprägte Interesse der unterschiedlichsten Kräfte an einer dauerhaften

> Friedenssicherung auf diesem Kontinent in den Mittelpunkt stellt und damit zugleich die vorhandenen Differenzen und Gegensätze zwischen den westeuropäischen NATO-Staaten und den USA weiter vertieft. Eine solche Politik bietet die Chance, von Europa die drohenden Gefahren abzuwenden, einen Krieg zu verhindern.«[139]

Auch Ponomarjow zeigte sich bei diesem Treffen von der jüngsten Entwicklung beeindruckt. Besonders die Entwicklungen innerhalb der westeuropäischen Sozialdemokratie sah er als Bestätigung seiner politischen Linie.[140] Trotzdem betonte er aber auch, daß man den ideologischen Kampf gegen die Sozialdemokratie nicht vernachlässigen dürfe:

> »Das Gesagte widerspricht selbstverständlich der Tatsache nicht, daß der ideologische Kampf nach wie vor fortgeführt wird. Bei der Entwicklung der Kontakte mit der Sozialdemokratie muß man Wachsamkeit bewahren, wie man so sagt, ›auf der Hut sein‹. Diese Kontakte sollen so gepflegt werden, daß kein Schaden für die kommunistischen Parteien der jeweiligen Länder entsteht. ... Das Wesentliche in unseren Beziehungen zu der Sozialdemokratie hängt mit der Aufgabe zusammen, alle Kräfte gegen die Kriegsgefahr zu konzentrieren, unsere Ideen und wahrheitsgetreuen Informationen über den realen Sozialismus den weiten Arbeitermassen zu vermitteln und die Einstellung der Propaganda gegen unsere Parteien und Länder in der sozialdemokratischen Presse herbeizuführen.«[141]

Die Möglichkeit, einen Bruch zwischen Westeuropa und den USA voranzutreiben beziehungsweise Reagans Politik mit Hilfe der Friedensbewegungen zu Fall zu bringen, bewertete Ponomarjow noch optimistischer als Axen:

> »Jetzt wird im Westen erkannt, daß die Antikriegsbewegung zu einer neuen politischen Realität wurde, der sowohl amerikani-

sche als auch westeuropäische regierende Kreise Rechnung tragen müssen. In den USA wird sie mit Antikriegsaktionen in Amerika selbst während des vietnamesischen Krieges verglichen. Man könnte sagen, daß Europa rebellierte, als es über die Pläne der amerikanischen Regierung erfuhr, den nuklearen Krieg auf seinem Territorium zu führen. Die westliche Presse schrieb, daß Reagan mit seiner zynischen Erklärung für das Anwachsen der Antikriegsbewegung ›mehr als 20 Jahre der pazifistischen Bewegung getan habe.‹«[142]

Geschickt nutzte die SED eine ganze Reihe von Einflußkanälen, um die westdeutsche Politik langfristig in ihrem Sinne zu gestalten. Hierbei war ihr Ziel, einerseits die sozialliberale Koalition an der Macht zu halten, andererseits aber mit einem Umsturz der innerparteilichen Machtstrukturen Schmidt und Genscher von ihren Führungspositionen zu entfernen. Dies geht aus einem MfS-Strategiepapier hervor, das im August 1981 von Wolfs Hauptverwaltung A erstellt wurde:

> »Um die Manöver der SPD-Führung zur Kanalisierung und Integrierung der alternativen Friedenskräfte zu unterlaufen, müssen diese selbst an die Traditionen des bürgerlichen Parlamentarismus anknüpfen und ins Feld führen, daß die Hochrüstung und Abkehr von der Entspannungspolitik zu einem gravierenden Vertrauensschwund an der Wählerbasis und zum Verlust parlamentarischer Mehrheiten führt.
> Maßgeblichen Führungskräften ist, in Anknüpfung an die eigenen Parteitraditionen, Programme, Beschlüsse und Erklärungen, die Einsicht zu vermitteln, daß die gegenwärtige Regierungspolitik mit ihren einschneidenden negativen Folgen im wirtschaftlichen und sozialen Bereich das Ende der sozialliberalen Koalition spätestens 1984 besiegeln würde.
> Ein Nachgeben und Zurückweichen vor den erpresserischen Rücktrittsdrohungen von Schmidt und Genscher würde die Überlebenschancen der Koalition nur kurzfristig verlängern,

um den Preis des langfristigen Verlustes der Regierungsfähigkeit von SPD und FDP für die achtziger Jahre.

Um ihnen die Wirkung zu nehmen, ist auf den Aufbau von Nachfolgekandidaten hinzuarbeiten. Dafür kommen Vogel und Brandt für die SPD und Baum und Ronneburger für die FDP in die engere Wahl.«[143]

Zur Verwirklichung dieses Ziels wurden neben dem MfS vor allem auch die DKP und die SEW mobilisiert. Durch ihre starke Position in den zahllosen lokalen Friedensinitiativen hatten sich die westdeutschen Kommunisten einen direkten Zugang zu einer großen Zahl von Sozialdemokraten geschaffen. In Vorbereitung des SPD-Parteitags vom April 1982 planten Mies und die SED-Führung, von diesem »*back channel*« vollen Gebrauch zu machen:

»Es besteht Übereinstimmung, daß man sich rechtzeitig dafür interessieren muß, wer die Delegierten zum Bundesparteitag der SPD im April 1982 in München sein werden. Ziel ist, daß jeder Delegierte von SPD-Genossen, aber auch von Vertretern örtlicher Friedensausschüsse aufgesucht wird, die die Erwartung äußern, daß auf dem SPD-Parteitag die Zustimmung zur NATO-Raketenpolitik korrigiert wird. Von Wichtigkeit in diesem Zusammenhang ist die neue Stellungnahme der Initiatoren des ›Bielefelder Appells‹, der inzwischen die Unterschrift von 20000 SPD-Mitgliedern und -Funktionären trägt.«[144]

Bald war es so weit gekommen, daß DKP und SEW bei einer Vielzahl von sozialdemokratischen Parteiorganisationen offene Türen einrannten. Selbst die SEW konnte stolz vom Erblühen der Volksfrontbündnisse berichten, als US-Präsident Reagan 1982 die geteilte Stadt besuchte.[145] Diesen Einflußgewinn nutzte die SEW zielstrebig, um sich in der Krise des Elektrokonzerns AEG bei Sozialdemokraten und Gewerkschaftern als kompetenter Partner einzuführen.[146] 1985 war der Einflußzuwachs der SEW schließlich soweit gediehen, daß es sich diese Splitterpartei zugute hielt, neben konkreten politischen Entscheidungen auch die Personalpolitik der Westberliner SPD mitzugestalten.[147]

Die SED scheiterte bei der Umsetzung ihrer strategischen Ziele aber an der FDP. Anders als im Falle der SPD gelang es den Kommunisten nicht, einen Keil zwischen Genscher und seine Partei zu treiben. Vielmehr vollzogen die Liberalen unter Genschers Führung im September 1982 einen Koalitionswechsel, der die SPD von der Regierungsmacht entfernte. Nach dem Kollaps von Schmidts Koalitionsregierung verabschiedete sich die SPD gründlich von dem Teil ihrer Traditionen, der bislang die Grenzziehung zwischen dem demokratischen und dem totalitären Sozialismus getragen hatte. Die SED gewann neben ihren »*back channels*« immer direktere Zugänge zum Meinungsbildungsprozeß in der SPD. Im Januar 1985 stellte ein SED-Bericht an Honecker fest:

> »Auch die Aufnahme der Verbindung zur Friedrich-Ebert-Stiftung ist so erfolgt, daß nur Aktivitäten stattfinden, an denen wir ein Interesse haben. Von Bedeutung war dafür die Anwesenheit des leitenden Mitarbeiters der Friedrich-Ebert-Stiftung, Wilhelm Bruhns, auf unserer Internationalen Karl-Marx-Konferenz 1983. Partner für diese Stiftung unsererseits sind das IPW und die Akademie für Gesellschaftswissenschaften, und es hat keine Versuche gegeben, aus diesem von uns abgesteckten Rahmen auszubrechen. Es war sogar möglich, im Oktober 1984 mit Hilfe von Genossen der Akademie für Gesellschaftswissenschaften für ca. 40 Referenten und Dozenten der Friedrich-Ebert-Stiftung bei uns Informationsseminare, also eine Art Schulung zu Fragen unserer Friedenspolitik sowie unserer Gesellschaftspolitik durchzuführen. Den Teilnehmern hat das so gefallen, daß sie darum ersucht haben, ähnliche Schulungsseminare in diesem Jahr zu wiederholen. Meines Erachtens ist es eine lohnende Form der ideologischen Arbeit, diese Leute zu beeinflussen, denn sie sind es, die in der BRD

im Rahmen der Friedrich-Ebert-Stiftung oder auch an Volkshochschulen als Referenten auftreten.«[148]

Die Bereitschaft der SPD, sich der SED zu öffnen, war aber auch ein Ausdruck der Ratlosigkeit, in die die Partei durch den Machtverlust gestürzt worden war. Gaus reiste wenige Tage nach Schmidts Sturz nach Ostberlin, um sich mit der SED-Führung über die neue Lage zu beraten. Durch den Kampf gegen den NATO-Doppelbeschluß wollte er die Macht zurückgewinnen:

> »Günstig sei, daß es bei den nächsten Bundestagswahlen erstmals seit Jahrzehnten wieder nicht vordergründig um Personen gehe, sondern um zwei große Probleme: die Raketenstationierung und die Arbeitslosigkeit. Darin liege für die SPD eine große Chance. Man müsse die nächste Bundestagswahl zu einer Volksabstimmung gegen die Raketenstationierung gestalten.«[149]

Da eine solche Politik mit Helmut Schmidt nicht zu machen war, hoffte Gaus, daß sich der »Erfinder der ›Raketenlücke‹« »möglichst bald nach Hamburg ins Privatleben zurückziehen« möge. Gaus war zuversichtlich, daß es gelingen könne, »die SPD voll und ganz gegen den Raketenbeschluß zu mobilisieren«, wenn Schmidts Einfluß erst einmal ausgeschaltet war:[150]

> »Gaus ist der Meinung, daß die Chance besteht, die SPD Schritt um Schritt gegen die Verwirklichung des Raketenbeschlusses in Front zu bringen. Man müsse das nur allmählich tun, um auch diejenigen mitzunehmen, die früher den Raketenbeschluß unterstützt haben. Auch gehe es darum, die Verbündeten der BRD nicht zu verschrecken. Die Losung müsse lauten: Im Interesse der NATO gegen die Raketenstationierung – die Raketenstationierung sprengt das Bündnis.«[151]

Die einseitige Konzentration auf die Raketenfrage war aber auch die Konsequenz einer akuten Schwäche auf dem Gebiet der Wirtschaftspolitik.[152] In dieser Situation wurde der SED die Rolle eines »großen Bruders« regelrecht aufgedrängt, bei dem die desorientierten Sozialdemokraten Hilfe zu finden hofften. Im Falle Bahrs hatte es schon eine gewisse Tradition, die SED um Unterstützung für seinen Wahlkreis oder bei Landtagswahlen zu bitten.[153] Nach Verlust des Regierungsmandats bemühte sich Bahr aber um Gunsterweise von seiten der SED und der KPdSU, die geeignet waren, das zu beschädigen, was er selbst als übergeordnete Interessen der deutschen Nation gesehen haben dürfte. So baten Gaus und Bahr die SED im Januar 1983, aus wahlkampftaktischen Gründen keine neuen Verhandlungen mit Bonn einzuleiten:

> »Da es zur Wahlvorbereitung der CDU/CSU gehört, nach außen hin Kontinuität in der Ostpolitik zu demonstrieren, bittet uns der SPD-Parteivorstand, bis zum 6. März nach Möglichkeit keinerlei Verhandlungen über neue Verträge oder Abkommen mit der BRD zu beginnen. Dies wäre eine wichtige Unterstützung der SPD im Wahlkampf.«[154]

Nach ihrer Niederlage im »Raketenwahlkampf« des März 1983 bestimmte Feindseligkeit die Haltung vieler Sozialdemokraten zur NATO. Oskar Lafontaine, der nach Schmidts Weggang maßgeblichen Einfluß auf die SPD gewonnen hatte, verlangte, die Bundesrepublik solle aus der NATO austreten. Gleichzeitig rief er zu einem Generalstreik gegen die Raketenstationierung auf.[155] Im Juli reiste Bahr nach Moskau, um dort Hilfe für seine Partei zu mobilisieren. Die Sowjets beschrieben dem DDR-Botschafter hernach ihren Eindruck von Bahrs Ausführungen:

> »Lage in SPD sei äußerst kompliziert. SPD habe viel Autorität verloren, ihre Position sei geschwächt, besonders in der Arbeiterklassse. Sei notwendig, neue Kräfte zu finden, neue Strategie auszuarbeiten, auch im Hinblick auf Parteitag im November. Bahr wörtlich: ›SPD habe keine Zukunft ohne Unterstützung UdSSR und anderer brüderlicher Länder.‹«[156]

Die Unterstützung, die sich Bahr von der UdSSR erhoffte, bestand diesem Dokument zufolge vor allem in der Obstruktion aller Versuche Helmut Kohls, die Lage zu beruhigen und die Ostpolitik der sozialliberalen Koalition nahtlos fortzusetzen:

»Kohls UdSSR-Besuch habe positive und negative Seiten. Positiv sei zu bewerten, daß er an Vertrag von 1970 angeknüpft habe, auf dessen Grundlage Beziehungen gestalten wolle und sich mit UdSSR-Regierungsspitze und -politik persönlich bekanntmachen konnte. Negativ sei, daß sich Kohls Außenpolitik auf USA-Positionen bewege, keine BRD-Politik sei, daß er nicht die ›Interessen der Mehrheit der BRD-Bevölkerung‹ vertreten habe. Weiter sei nach Bahrs Meinung negativ am Kohl-Besuch, daß er öffentliche Meinung mit Hinweis zu beruhigen versuche, ›die Russen hätten ruhig auf Raketenfrage reagiert, wollten Beziehungen und Handel mit BRD weiterentwickeln, Gespräche über Raketenfrage weiterführen. ... Bahr habe geäußert, man müsse öffentliche Meinung in BRD stärker beeinflussen, um Kohl-Argumente zu zerschlagen, habe sich allerdings zurückhaltend dazu geäußert, wie SPD dabei vorgehen wolle.«[157]

Als er Hermann Axen im März 1984 besuchte, legte Bahr diesem gleichfalls nahe, mehr Härte in den Beziehungen zu Kohls Regierung zu zeigen:

»Es dürfe nicht die Lage eintreten, in der die Sozialdemokraten als Warner und Mahner gegen die Kriegsgefahr dastehen, Strauß und die CDU/CSU, die Einpeitscher der Stationierung, aber die konkreten Früchte der langjährigen Ostpolitik der SPD ernten würden. In der Bundestagsdebatte am 15.3.1984 würde man die SPD in die Ecke zu drängen versuchen, indem man sagt: die Raketen sind stationiert, und anders als von der SPD vorausgesagt, sind die Beziehungen der BRD zur DDR dank des Wirkens der konservativen Parteien besser denn je (wirtschaftliche Zusammenarbeit, Reiseverkehr usw.).«[158]

Während Honecker nicht willens war, zum Wohle der SPD seine vielbeschworene »Koalition der Vernunft« zu opfern, ist es nicht unwahrscheinlich, daß Bahrs Ratschläge in Moskau eine wohlwollendere Aufnahme fanden und so zur sowjetischen Entscheidung beitrugen, Honecker seinen lange ersehnten Ausflug in die Bundesrepublik zu verwehren.

Trotz allem blieb die Haltung der Kommunisten zur SPD aber noch immer von unrealistischen Erwartungen und latentem Mißtrauen bestimmt. Im Juni 1983 warf ein SED-Funktionär Günter Gaus »mit aller Schärfe und ohne Diplomatie ... den unentschlossenen Wandelkurs der SPD zur Raketenstationierung« vor.[159] Die Enttäuschung, die Bahr nach seiner Moskaureise vom Juli 1983 hinterlassen hatte, brachte Sagladin auf eine griffige Formel: »SPD fürchtet sich, Massen in entscheidenden Kampf gegen Raketenrüstung zu führen, habe auch Angst, sich mit Kohl offensiv auseinanderzusetzen, da Führung uneinig.« Als Sagladin von Bahr erfragte, ob ein Generalstreik gegen die Raketenstationierung möglich sei, hatte der dies verneinen müssen: »Die Gewerkschaften würden nur streiken, wenn Demokratie gefährdet sei, nicht der Frieden«.[160] Bahr wiederholte aber nur die Positionsbestimmung, die der DGB nach Lafontaines Aufruf zum Generalstreik vorgenommen hatte.[161] Die Enttäuschung der Kommunisten über die SPD erwuchs aus dem Umstand, daß sie die Sozialdemokraten zu erheblich mehr anspornen wollten als bloß zu »richtigen Erklärungen und verbalen Protesten«. Axen versuchte Bahr im August 1983 einzureden, daß ein »Verfassungsnotstand« gegeben wäre, durch den ein »aktiver, machtvoller Widerstand der SPD« legitimiert sei:

> »Was haben diese Manipulationen mit Demokratie zu tun? Und vor allem: Seit wann sei die unverhohlene Vorbereitung eines auf Europa begrenzten nuklearen Krieges demokratisch? Das Grundgesetz verpflichte die BRD zur Politik des Friedens. Die Stationierung der neuen USA-Raketen sei Vorbereitung eines nuklearen Krieges und damit Verfassungsnotstand. Be-

schränke man sich auf eine von der SPD gewünschte Abstimmung im Bundestag, so würden die derzeitigen Mehrheitsverhältnisse eine Niederlage der Stationierungsgegner erbringen. Das widerspricht dem in Meinungsumfragen sichtbar gewordenen Willen der Mehrheit der Bürger in der BRD. Der Antistationierungsbeschluß eines nachfolgenden SPD-Parteitages würde dann an Wirkung erheblich verlieren. Die SPD trage nach Meinung der SED eine sehr hohe Verantwortung. Gegen den offenen und aktiven Widerstand der SPD sei eine Stationierung der amerikanischen Todesraketen kaum möglich.«[162]

Als versiertem Taktiker waren Bahr aber die Grenzen wohl bewußt, die die SPD bei ihrer Annäherung an die SED zu gewärtigen hatte. Wie er Axen im März 1984 erläuterte, war eine dieser Grenzen die breite Zustimmung, welche die NATO auch weiterhin unter der westdeutschen Bevölkerung genoß:

»Man könne mehr machen, als manche denken. Allerdings möchte er [Bahr] die SED erneut um Verständnis dafür bitten, daß die SPD sehr vorsichtig sein müsse, wenn sie sich einer Grenze nähere, in der sie verdächtig werden könne, die NATO verlassen zu wollen. In der Opposition befindlich, wäre das für sie innenpolitisch lebensgefährlich. Wäre die SPD noch in der Regierung und hätte einen starken Kanzler, so würde er eine befriedigende Lösung der Raketenfrage in das Zentrum der Beziehungen zwischen BRD und DDR rücken.«[163]

Als im September 1984 eine Gruppe von Sozialdemokraten nach Moskau reiste, waren die Sowjets trotz allem hoch entzückt über die Veränderungen, die sich unter dem Druck des Friedenskampfes im Bewußtsein ihrer Gäste vollzogen hatten:

»Das Treffen bestätigte die Richtigkeit unseres Kurses in der Arbeit mit der Sozialdemokratie, einschließlich der SPD. Es fiel auf, daß viele Argumente, die vordem unsererseits den Vertretern der SPD dargelegt worden waren, nunmehr von ihnen übernommen worden sind. Besonders deutlich zeigt sich dies in den Ausführungen von E. Bahr und K. Voigt.«[164]

Es gefiel der KPdSU-Führung naturgemäß besonders gut, daß die Sozialdemokraten aus Furcht vor dem Wettrüsten den politischen Konflikt aus den Augen verloren hatten, der diesem zugrunde lag:

> »Die Einstellung zur Politik der USA-Administration ist kritischer als früher. Es ist ein gewisses Abgehen der Sozialdemokraten von ihrer These der gleichen Verantwortung der Supermächte für das Wettrüsten zu verzeichnen. H. Ehmke hat erklärt: ›Wir fürchten das Wettrüsten mehr als die Rote Armee.‹ Die Referate und Beiträge der Sozialdemokraten beinhalteten die wichtige These, daß es notwendig sei, die antisowjetischen Vorurteile in der BRD zu überwinden.
> Die Sozialdemokraten treten nach einem Ausdruck von K. Voigt in Anerkennung des objektiven Charakters der Widersprüche zwischen der Welt des Sozialismus und der Welt des Kapitalismus für ›eine weitgehende Demilitarisierung des Konfliktes zwischen den beiden Ländern‹ ein. Die Prinzipien der friedlichen Koexistenz von Staaten mit unterschiedlicher sozialer Ordnung werden von ihnen klar der Konzeption der sogenannten ›Zügelung‹ oder ›Abschreckung‹ gegenübergestellt, die sich die NATO unter Druck der USA zu eigen gemacht hat.«[165]

Angesichts eines solchen Wandels und einer solchen Annäherung wurden die Sowjets von einem großen Optimismus ergriffen, was die zukünftige Zusammenarbeit mit der SPD anbelangte:

> »Unter Berücksichtigung des Dargelegten erachtete es die KPdSU für wichtig, daß die zunehmenden Möglichkeiten für Kontakte mit den Sozialdemokraten der BRD auf den ver-

schiedenen Ebenen genutzt werden, um die Gebiete, auf denen ihre Ansichten mit den unseren zu den aktuellen Problemen der europäischen Sicherheit übereinstimmen, zu festigen und zu erweitern, sowie zur Überwindung ihrer falschen Ansichten in einigen anderen Fragen beizutragen. Dabei gehen wir davon aus, daß die SPD die größte politische Partei der BRD ist. Ungeachtet dessen, daß sie sich jetzt in der Opposition befindet, hat die Sozialdemokratische Partei weiterhin entscheidenden Einfluß auf die Mehrheit der Werktätigen des Landes. Es ist nicht ausgeschlossen, daß diese Partei in naher Zukunft an die Macht zurückkehrt.«[166]

Die Haltung der UdSSR zu Helmut Kohls Regierungskoalition blieb denn auch frostig, bis die SPD im Januar 1987 eine weitere Wahlniederlage erlitten hatte.[167]

Berliner Blickverengung

Peter Bender, ein Journalist aus dem Umfeld von Brandt und Bahr, erstellte 1981 eine Rangliste darüber, wer am meisten von der Entspannung profitiert hatte. An der Spitze stand Westberlin, gefolgt von der Bundesrepublik Deutschland.[168] Von Westberlin aus betrachtet, das ja auch der Ausgangspunkt von Brandts Ostpolitik war, war die Entspannung in der Tat ein beachtlicher Erfolg. Die geteilte Stadt war jedoch ein Ort, an dem die Sowjets über ein weites Instrumentarium von Zwangsmitteln verfügten. Unter der Voraussetzung, daß die Mauer für die »Menschen« der DDR weiterhin undurchdringlich blieb, konnten sie gerade in Berlin »großzügig« Zugeständnisse machen. All dies tat ihrer Siegstrategie für die globale Systemauseinandersetzung nämlich nicht den geringsten Abbruch. Die Psychologie der geteilten Stadt beherrschte indes das Verständnis, das Bahr und Brandt vom Ost-West-Konflikt hatten. Das Wissen um die Schwäche ihrer Verhandlungsposition wurde zu einem Instinkt, der auch nach ihrem Weggang aus Westberlin ein konstitutives Element ihrer Verhandlungsführung mit dem Osten blieb. Im Zweiten Kalten Krieg führte dies dazu, daß sich insbesondere Bahr gewillt zeigte, die Früchte der Entspannung, wie sie sich in Westberlin manifestierten, zum Preis der militärischen Sicherheit des Westens zu retten. Da Bahrs eigene Ausführungen belegen, daß er in der NATO das wichtigste Hindernis auf dem Weg zur deutschen Einheit sah, ist es aber auch denkbar, daß er den Streit um den NATO-Doppelbeschluß ganz bewußt zur Schwächung und schließlichen Zerstörung der westlichen Allianz nutzen wollte. Wäre sein Kampf gegen die westliche Abschreckungsstrategie erfolgreich verlaufen, so hätte sich die NATO in jedem Falle in einen bürokratischen Papiertiger verwandelt.

Die Fähigkeit der NATO, einen sowjetischen Angriff auf Westeuropa abzuschrecken, war aber stets das eigentliche Gravitationszentrum der westlichen Allianz – also jener machtpolitische Angelpunkt, von dem die politische Souveränität Westeuropas letztlich abhing. Ohne den Einsatz von militärischen Machtmitteln war es nämlich mehr als unwahrscheinlich, daß sich die Westeuropäer jemals freiwillig zum Kommunismus bekehren lassen würden. Angesichts von Breschnews epochaler Aufrüstung hätte eine einseitige Abrüstung des Westens jedoch stetig besser werdende Bedingungen für die Verwirklichung von Ogarkows konventioneller Blitzkriegstrategie geschaffen. 1983 hätte die Umsetzung von Bahrs politischer Konzeption das westliche Bündnis überdies just in dem Augenblick in eine Position der Schwäche und inneren Zerrissenheit manövriert, als der Kreml erkannte, daß sein überdehntes Imperium in sich zusammenstürzte.

Der Zerfall des Bündnisses DDR-UdSSR

Der Niedergang einer Wirtschaftsbeziehung

Theoretisch betrachtet, hätte das Verhältnis zwischen der UdSSR und der DDR eine ideale Verbindung der recht unterschiedlichen ökonomischen Vorzüge beider Staaten sein müssen. Zwar war die DDR weitgehend ohne eigene Rohstoffe, sie galt aber als ein fortschrittliches Industrieland, dessen Exportwirtschaft sich zunächst auf dem Weltmarkt durchaus hatte sehen lassen können. Die UdSSR wiederum trat auf den Weltmärkten vor allem als Exporteur von Rohstoffen auf. Die Wirtschaftsbeziehungen zwischen beiden Staaten gehorchten aber nicht den chaotischen und unpersönlichen Vorgaben des Weltmarkts, sondern den recht unterschiedlichen militärischen und politischen Gewichten der zwei Bundesgenossen. Die Handelsbeziehungen der COMECON-Staaten basierten zudem auf einer Form des Tauschhandels, bei der die Festlegung der Preisrelation zwischen Rohstoffen und Industrieerzeugnissen ein beständiger Quell von Unstimmigkeiten war. Bei diesen Querelen bezogen die UdSSR und die DDR stets diametral gegenläufige Positionen. Weitere Streitereien erwuchsen aus dem Unwillen der DDR-Industrie, sowjetische Maschinen zu erwerben. Ausgerechnet in der Ära des Stalinisten Ulbricht hatten die DDR-Betriebe die Freiheit besessen, ihre Maschinen im Westen zu kaufen. Dies führte zur Verärgerung der Sowjets, die den Anteil ihres Maschinenbaus am Handel mit der DDR gesteigert wissen wollten.[1]

Der bedingungslose Schutz seitens der UdSSR und die Weltmarktfähigkeit ihrer Industrieerzeugnisse waren die Eckpfeiler, auf denen die Existenz des SED-Staates ruhte. Das Gleichgewicht zwischen diesen beiden Polen konnte am besten in einem mäßig angespannten internationalen Klima aufrechterhalten werden. Ein Übermaß an Entspannung evozierte hingegen die Gefahr, daß die Sowjets sich Gedanken darüber machen würden, ob *ein* Deutschland ihren Interessen nicht dienlicher sei als deren zwei.[2] Bezeichnenderweise sträubte sich die SED daher zunächst heftig gegen den Übergang zur Entspannungspolitik. Erst nach dem Wechsel von Ulbricht zu Honecker ließ sie sich immer bereitwilliger auf die Entspannung ein. Gleichzeitig verstärkte Honeckers Machtantritt auch die ökonomische Unterordnung der DDR unter die Sowjetunion. Langfristig beschleunigte der dadurch bewirkte Zufluß veralteter sowjetischer Maschinen aber den Niedergang der ostdeutschen Wettbewerbsfähigkeit.[3]

1973 versetzte der Ölpreisschock der DDR einen Schlag, von dem sie sich nie mehr wirklich erholen sollte. Die Explosion des Ölpreises verursachte einen beunruhigenden Anstieg ihrer Devisenschulden. Mit einem geschätzten Volumen von 12–13 Milliarden US-Dollar erreichten diese bereits 1981 ein kaum mehr kontrollierbares Ausmaß.[4] Die Sowjets zögerten nicht, den Ölpreisschock zu ihren Gunsten auszuschlachten, indem sie ihren COMECON-Partnern ein neues Preissystem oktroyierten. Hernach konnte die DDR ihre Energieimporte aus der UdSSR nur noch durch eine stetige Ausweitung der sowjetischen Handelskredite finanzieren. Da der Preis, den die DDR für sowjetisches Öl zu zahlen hatte, aber immer noch unter dem Weltmarktpreis lag, hielt sich Moskaus Zufriedenheit mit dem neuen Arrangement auch weiterhin in engen Grenzen.[5]

Im neuen Jahrzehnt sollte die Unzufriedenheit der Sowjets in direkter Relation zum Niedergang ihrer eigenen Wirtschaft wachsen. In einem Gespräch, das 1979 zwischen dem sowjetischen Außenhandelsminister Patolitschew und Horst Sölle, seinem ostdeutschen Alter ego, geführt wurde, werden die Konfliktlagen beispielhaft deutlich. Patolitschew monierte, sein Land erleide mit jeder Tonne Erdöl, die es an die DDR verkaufe, im Vergleich zum Weltmarktpreis einen Verlust von 20 bis 30 Rubel. Sölle entgegnete etwas hilflos, »man könne nicht die Bedingungen des kapitalistischen Weltmarktes als den Hauptfaktor ansehen, der unsere Länder verbindet«.[6]

Die beiderseitige Bitternis ob der Preise für Rohstoffe erreichte ihren Höhepunkt, als in den frühen achtziger Jahren die Ernährungsgrundlage der UdSSR von jährlich schlimmer werdenden Ernteausfällen gefährdet wurde.[7] Um Geld für Getreideimporte aufzutreiben, beschloß der Kreml 1981, die Öllieferungen an seine Bundesgenossen drastisch zu kürzen. In einer ökonomisch überaus angespannten Lage traf diese Maßnahme Honecker wie ein Dolchstoß. Nach einem heftigen Briefwechsel entsandte Breschnew Konstantin Russakow, um den aufgebrachten SED-Chef zu beruhigen. Im Verlauf ihres Treffens fragte Honecker Russakow mehrfach, ob es denn zwei Millionen Tonnen Öl wert seien, die DDR zu destabilisieren. Russakow entgegnete, die UdSSR sei ohne diese Kürzungen nicht mehr länger in der Lage, ihre Position in der Welt zu behaupten, und daß dann die Sicherheit aller sozialistischen Staaten gefährdet wäre. Er warnte, daß weitere Kürzungen des Lebensstandards die Sowjetmenschen zu der Frage provozieren würden: »Was ist mit den sozialistischen Bruderländern? Warum muß das sowjetische Volk immer in einer solchen schlechten Lage bleiben?«[8] Im Mai 1984 umriß eine Notiz für Erich Mielke die Konsequenzen der gekürzten Öllieferungen für die Zahlungsbilanz der DDR: »Die Zahlungsfähigkeit der DDR wird gegenwärtig durch eine Reihe von Sondergeschäften gewährleistet, die von geringer ökonomischer Effektivität sind und das verfügbare Nationaleinkommen schmälern.«[9]

Die Wirtschaftslage beider Staaten wurde noch zusätzlich durch die Ereignisse in Polen belastet. Dort hatte der Ölpreisschock die überspannte Wirtschaftspolitik der polnischen Kommunisten in eine beispiellose Krise münden lassen, die mit den Methoden eines sozialistischen Wirtschaftssystems nicht mehr unter Kontrolle zu bringen war. Die Entstehung der unabhängigen Gewerkschaft Solidarność konfrontierte den Kommunismus alsbald mit einer politischen Herausforderung, die unter den Prämissen dieser Ideologie eigentlich undenkbar war: mit einer proletarischen Revolution gegen den Sozialismus. Die ostdeutschen und sowjetischen Gerontokraten zogen es aber naturgemäß vor, die Ereignisse in Polen als Konterrevolution zu interpretieren.[10] Während die SED eine Militärintervention befürwortete,[11] stand der Kreml, der sich gerade in Afghanistan die Finger verbrannte, einer solchen Lösung eher skeptisch gegenüber.[12] Um den völligen Zusammenbruch des polnischen Staates zu verhindern, blieb SED und KPdSU nichts weiter übrig, als ihren maroden Volkswirtschaften noch zusätzlich Mittel zugunsten Polens zu entziehen.[13] Nachdem das polnische Militär im Dezember 1981 das Kriegsrecht verhängt hatte, zeigte es sich aber recht bald, daß auch Repressionen die wirtschaftliche Lage des Landes nicht substantiell zu verbessern vermochten.[14]

Unter diesen Vorzeichen reduzierte sich die Wirtschaftspolitik der SED bald zu einem Balanceakt am Rande der Zahlungsunfähigkeit.[15] Vor allem Neuinvestitionen fielen diesem Seiltanz zum Opfer. Statt ihrer wurden 1983 abgeschriebene Maschinen einfach nochmals für neu erklärt. Auf dem Papier erzielte diese Maßnahme zweifellos eindrucksvolle Resultate, tatsächlich liefen solche Bilanzfälschungen jedoch auf die Selbstvernichtung einer bereits kränkelnden Exportnation hinaus.[16]

Der wachsende Einfluß der Bundesrepublik

Anfang der achtziger Jahre begann die Bundesrepublik eine immer schizophrenere Rolle im Bewußtsein der östlichen Führungseliten zu spielen. Offiziell galt Westdeutschland als eine gefährliche Brutstätte des Revanchismus, Militarismus und Chauvinismus. Insgeheim war die Bonner Republik aber längst zu einem geschätzten Partner geworden, dessen Wohlwollens sich vor allem die Bundesgenossen der UdSSR gern versicherten. Dies traf auch auf Honecker zu, der zwar einerseits emphatisch zur Wachsamkeit angesichts des »BRD-Imperialismus« aufrief,[17] andererseits

seits aber insgeheim mit Nicolae Ceauşescu darum zankte, wer mehr tat, um Helmut Schmidts Regierung zu stützen.[18]

Aber auch in den strategischen Konzeptionen der ausgehenden Breschnew-Ära spielte die Bundesrepublik eine bedeutsame Rolle. 1981 nannte sie ein hochrangiger Mitarbeiter des sowjetischen Außenministeriums den »Hauptgegner« und gleichzeitigen »Hauptpartner« der UdSSR.[19] In der Zeit vor der Aufstellung der neuen NATO-Raketen war die Feststellung, man dürfe die Bundesrepublik nicht allein den USA überlassen, zur Losung der sowjetischen Außenpolitik geworden.[20] Im Kreml wußte man nur zu gut, daß Westdeutschland der europäische Eckpfeiler der NATO war und daß der Doppelbeschluß nur unter Mitwirkung dieses Staates zu kippen war. Die Hoffnungen, die Breschnews alte Garde mit dem Bonner Staat verband, erschöpften sich jedoch nicht in dieser einen militärpolitischen Frage.

In einem Lagebericht faßte Egon Winkelmann, Honeckers Botschafter in Moskau, die verschiedenen wirtschaftlichen und politischen Zielsetzungen zusammen, welche die UdSSR im November 1981 mit Breschnews Reise nach Bonn zu befördern hoffte. Demnach galt die Bundesrepublik als das kapitalistische Land, das als Partner zur Fortsetzung der Entspannungspolitik am besten geeignet schien: »... Bonn [ist] die Rolle des derzeitigen Hauptpartners einer realistischen Zusammenarbeit zur Bewahrung und Weiterführung der Entspannung zugedacht.«[21] Breschnews Besuch sollte die Bonner Regierung dazu ermuntern, sich politisch vom Kurs Reagans zu distanzieren. Mit dem »sowjetischen Friedensprogramm für die achtziger Jahre« wollte der Generalsekretär der KPdSU aktiven Einfluß auf die Kräftekonstellation in der Bonner Innenpolitik nehmen:

> »Der Druck der gesellschaftlichen Kräfte der BRD auf die Bonner Regierung und auf die Opposition könnte mit dem Besuch gefördert und so kanalisiert werden, daß er die realistischen Tendenzen der Koalitionspolitik verstärkt und die Rückkehr der CDU/CSU an die Regierungsgewalt zu verhindern hilft.«[22]

Eine weitere »Zielstellung« des Besuchs bestand in der Stärkung der Wirtschaftsbeziehungen zwischen der UdSSR und der Bundesrepublik. Zwar trachtete man in Moskau danach, diese Wirtschaftskontakte politisch zu instrumentalisieren, aber den Sowjets war dennoch nur allzu bewußt, wie sehr sie fremder Unterstützung bedurften, um ihre darniederliegende Wirtschaft überhaupt noch modernisieren zu können:

> »Eine *dritte Zielstellung* ist deshalb mit dem Wunsch der Sowjetunion nach Erweiterung der ökonomischen und wissenschaftlich-technischen Zusammenarbeit mit der BRD verbunden. Sie soll nicht nur der Materialisierung der politischen Beziehungen dienen, sondern hat angesichts der ernsten Probleme der sowjetischen Volkswirtschaft auch die Aufgabe, die finanziellen und technologischen Ressourcen der BRD noch stärker in Anspruch zu nehmen.«[23]

Der Kreml wollte den Wirtschaftsbeziehungen zur Bundesrepublik einen Modellcharakter verleihen, um schließlich auch Japan dazu anzuspornen, sich an der Erschließung der sibirischen Rohstofflagerstätten zu beteiligen. Deshalb beabsichtigten die Sowjets zunächst, Industrieaufträge vornehmlich an westdeutsche Firmen zu vergeben.[24]

Letztlich blieben die sowjetischen Hoffnungen hinsichtlich der Bundesrepublik dem Denken Lenins mit seinem Urvertrauen in die zentrifugalen Kräfte der inner-imperialistischen Widersprüche verhaftet. Bald hofften die Sowjets mit der ganzen Kraft der Verzweiflung, daß diese inner-imperialistischen Widersprüche Reagans Gegenoffensive doch noch vereiteln würden. Bonn galt ihnen dabei als der verwundbarste Pfeiler jener Phalanx, von der sie sich eingekreist wähnten. Daß es ihnen nicht gelang, diesen Eckpfeiler einzureißen, war auch eine Folge hartnäckiger Fehleinschätzungen hinsichtlich der nationalen Interessen des Bonner Staates. Ironischerweise war es aber gerade die sowjetische Propaganda, die zur Verbreitung dieser Vorstellungen beitrug.

Als Richard von Weizsäcker im September 1983 Honecker besuchte, erläuterte er diesem die strategischen Konzeptionen, die hinter dem Bonner Placet zur Raketenstationierung standen: Die Bundesrepublik müsse sich von den bereits stationierten SS-20 bedroht fühlen. Überdies habe es die UdSSR bisher versäumt, eine befriedigende Erklärung für die massenweise Aufstellung dieser Waffen zu liefern. Weizsäcker verwarf die sowjetische Forderung, die SS-20 gegen die Atomstreitkräfte von Franzosen und Briten aufzurechnen, da diese nur zum Schutz nationaler Territorien bestimmt seien und den nichtnuklearen NATO-Mitgliedern keinerlei Schutz böten.[25] Auf diese Weise umriß er den Kern der Angelegenheit: Die amerikanischen Pershing II und Cruise missiles waren der bestmögliche Ersatz für eine unabhängige westdeutsche Abschreckungsmacht. Die Sowjets blieben indessen entschlossen, diese einfache Wahrheit auch künftig zu ignorieren.

Diese Fehleinschätzung der Sowjets bewirkte auch, daß zahlreiche hohe sowjetische Funktionäre bis zur Stationierung der Raketen dazu neigten, die westdeutsche Verantwortung für das Zustandekommen des Doppelbeschlusses zu minimieren. So wurde Schmidts Rede vor dem Londoner *International Institute for Strategic Studies*, die den Anstoß zur Formulierung des Beschlusses gegeben hatte, häufig als von den Amerikanern inspiriert dargestellt.[26] In den Augen der Sowjets konnte die Stationierung amerikanischer Raketen auf westdeutschem Boden einfach nicht im nationalen Interesse der Bundesrepublik sein. Daß es ihnen so schwerfiel, sich von dieser Fehleinschätzung zu lösen, lag daran, daß sich diese perfekt in ihr hermetisches Denken in der Logik des Nullsummenspiels einpaßte. Demnach gliederte sich das imperialistische Lager in drei miteinander konkurrierende Teile: die USA, Japan und die Europäische Gemeinschaft unter Bonner Führung.[27] Jedem dieser Zentren wurde ein eigenständiger Machtwille zugeschrieben, welcher notwendigerweise mit den expansionistischen Zielen der imperialistischen Rivalen kollidieren müsse.

Im Januar 1980 hatte Vadim Sagladin zuversichtlich gemeint,

daß es gelingen könne, besonders die »Hauptdifferenzierung« zwischen den USA und Westeuropa weiter zu forcieren: »Anpassung an die USA hieße heute, auf seine eigenen nationalen Interessen zu verzichten.« Dabei ging er davon aus, daß die UdSSR mit einem von den USA isolierten Westeuropa leichtes Spiel haben würde: »Außer den USA könne keine andere imperialistische Macht eine Politik der Stärke durchsetzen.« »Eine zweite Differenzierungslinie« verlief in Sagladins Augen zwischen der Bundesrepublik und ihren westeuropäischen Partnern, die die wachsende Stärke des Bonner Staates mit zunehmender Sorge beobachteten. Die daraus erwachsenden Konflikte sollten durch die kommunistische Differenzierungsstrategie angeheizt werden.[28] Typisch für dieses Denken ist ebenfalls eine Lagebeschreibung Axens vom Juli 1979:

> »Nach dem neuerlichen Scheitern der Globalstrategie der USA in Südostasien und im Iran, angesichts ihrer abenteuerlichen Politik im Nahen Osten und infolge der Versuche Carters, die Krisenfolgen auf die Verbündeten abzuwälzen, wachsen die Zweifel auch von BRD-Politikern an der Führungskraft der USA und der Zuverlässigkeit ihres ›atomaren Schirms‹ spürbar. Der Imperialismus der BRD ist dabei, die EG unter seiner Führung sowohl ökonomisch wie politisch als europäisches Macht- und Rivalitätszentrum des Imperialismus weiter auszubauen und dem westeuropäischen NATO-Bereich eine eigenständige Rolle zu verschaffen. Man braucht kaum daran zu erinnern, wie gewaltig die BRD eben aus dieser Interessenlage die Rüstungsanstrengungen verstärkt.«[29]

Solcherlei Einschätzungen ließen die Sowjets glauben, daß sie eine zentrale Rolle in dem aufbrechenden Konflikt zwischen den USA und der Bundesrepublik spielen könnten: »Die Sowjetunion erinnert in ihrer auslandspolitischen Tätigkeit seit Wochen nachdrücklich daran, daß die BRD ihren außenpolitischen Spielraum und die Widerstandsfähigkeit gegenüber der USA-Konkurrenz ausschließlich ihrer Orientierung auf die Entspannungspolitik zu verdanken hat.«[30]

Neben einer Intensivierung der Wirtschaftsbeziehungen, auf die die Sowjets erheblich stärker angewiesen waren als die Westdeutschen, bot der Kreml jedoch keine weiteren positiven Anreize, um Bonn von den USA wegzulocken. Statt dessen war das Hauptargument der sowjetischen Propaganda gegen den Doppelbeschluß die Drohung, die Stationierung von US-Mittelstreckenwaffen werde die Bundesrepublik in ein Ziel für frühzeitige Präventivschläge verwandeln: »Die BRD darf nicht den Amerikanern überlassen werden, wurde des öfteren [von sowjetischer Seite] betont. Sie muß die Ernsthaftigkeit der sowjetischen Entschlossenheit begreifen, im Eventualfall radikal und mit allen Mitteln jene Bedrohung zu beseitigen, die aus der Stationierung neuer US-Raketen-Kernwaffen in Westeuropa erwächst.«[31]

Im Grunde drohten die Sowjets also damit, in einer Krise einen militärischen Konflikt präventiv zu eskalieren, falls die neuen Raketen in Westeuropa stationiert werden sollten. In ihrer Propaganda behaupteten die Kommunisten unaufhörlich, die USA wollten die Westeuropäer durch die Raketenstationierung zu Geiseln machen. Wer hier jedoch wen als Geisel nehmen wollte, wird in einem Artikel deutlich, in dem sich Nikolai Portugalow, ein hochrangiger Angehöriger der Internationalen Abteilung beim ZK der KPdSU, 1984 an die Westdeutschen wandte:

> »Die Ziele für diese Raketen [die 1984 in der DDR und ČSSR stationierten sowjetischen Kurzstreckenraketen] sind in Westeuropa von nun an sowohl die neustationierten Pershing-II-Raketen und Marschflugkörper als auch sämtliche vorgeschobenen Waffensysteme der NATO. Unter den gegenwärtigen Verhältnissen muß die Sowjetunion außerdem mit der Möglichkeit rechnen, daß die Amerikaner gegen sie nicht in Europa, sondern in irgendeiner anderen Region, in der sie einen

›begrenzten nuklearen Konflikt‹ auslösen könnten, als erste Kernwaffen einsetzen werden. In diesem Fall müßte sich die Sowjetunion gezwungen sehen, binnen denkbar kurzer Zeit den auf sie und ihre Verbündeten gerichteten Nuklearsystemen der NATO in Europa einen präzisen Gegenschlag zu versetzen.«[32]

Interessanterweise waren die Westdeutschen nicht die einzigen Deutschen, denen hohe Funktionäre der friedliebenden Sowjetmacht im Kriegsfalle die sofortige Vernichtung in Aussicht stellten. 1981 wies Valentin Falin SED-Funktionäre drastisch auf die Bedrohung hin, welche die DDR angeblich von den neuen NATO-Raketen zu gewärtigen hatte: »Für die DDR sind die USA-Mittelstreckenraketen taktischer Natur. Die DDR ist in den Plänen der NATO einschließlich der BRD bereits in den ersten Minuten eines Konflikts als Wüste geplant. In dieser Situation könnte in der DDR-Propaganda die enge Verbindung der nationalen Existenz der DDR mit dem Kampf gegen die Mittelstreckenraketen stärker herausgestellt werden.«[33]

Es ist zu vermuten, daß Falins Ausführungen sowjetischen Befürchtungen hinsichtlich der abkoppelnden Wirkung von eurostrategischen Waffen entsprangen, die primär sowjetisches Territorium bedrohten. Tatsächlich waren zu diesem Zeitpunkt im Gefüge des Warschauer Vertrages bereits feine Risse erkennbar, die auf dessen bevorstehenden Zerfall hindeuteten. Vor allem die Bündnistreue Rumäniens war bereits seit längerem fragwürdig. Ceauşescu weigerte sich, an gemeinsamen Manövern teilzunehmen, und ließ sowjetische Truppen nicht einmal im Transit sein Land betreten. Überdies war seine mantrahafte Forderung, beide Militärblöcke aufzulösen, nicht ohne Brisanz, da der Warschauer Vertrag 1985 auslief, ohne eine automatische Verlängerungsklausel zu enthalten.[34] Aber auch das Verhalten der Ungarn war geeignet, deren Bündnisloyalität skeptisch zu beurteilen. 1982 war das Land gegen den erklärten Wunsch der Sowjets der Weltbank und dem Internationalen Währungsfonds beigetreten. Und während die Ungarn sich einerseits weigerten, ihre vertraglich geregelten Auflagen zur Beschaffung neuen Kriegsmaterials zu erfüllen, veränderten sie andererseits trotz sowjetischer Kritik die Struktur ihrer Streitkräfte von Armeen zu Korps und von Divisionen zu Brigaden – ganz so, als wollten sie die Struktur der NATO-Streitkräfte übernehmen.[35]

Vom schleichenden Verfall seines Imperiums verunsichert, beäugte der Kreml alle deutsch-deutschen Kontakte mit besonderem Mißtrauen. Die Furcht vor einer wachsenden Isolation innerhalb ihres eigenen Bündnisses liefert jedoch nur eine halbe Erklärung für die sowjetische Deutschlandpolitik der frühen achtziger Jahre.[36] Diese war nämlich auch in starkem Maße von dem motiviert, was man im Kreml für die Lehren aus der Vergangenheit hielt. Im Dezember 1979 wurde Honecker von Gromyko darüber belehrt, wie die DDR auf »gesamtdeutsche Illusionen« zu reagieren habe:

> »Die DDR versetzt der BRD von Zeit zu Zeit spürbare Schläge, die der BRD weh tun. Ob Sie einverstanden sind oder nicht, nach jedem solchen Schlag wird man in Bonn zahmer, weniger wütend, man achtet einen Partner mit Charakter. Eine solche Linie scheint uns, soweit man das aus Moskau beurteilen kann, eine richtige Verhaltensweise zu sein. Die BRD schätzt ihren Partner mehr, achtet ihn mehr, obwohl sie auch anfangs kapriziös reagiert.«[37]

Im Sinne seiner Erziehungsstrategie bestand Gromyko darauf, daß Honecker in den Beziehungen zu Bonn eine kompromißlose Linie einschlug: »Aber in Freundschaft: Alles was beschränkend wirkt, ist nach unserer Auffassung positiv, alles was zu einem Ausbau führt, hat nicht unbedingt positive Bedeutung.«[38] In den nächsten Jahren wurde diese Gromyko-Doktrin zum vielbeschworenen Dogma der sowjetischen Deutschlandpolitik.[39]

»Wandel durch Annäherung« in Honeckers Variante

Im Gegensatz zu Gromyko bevorzugte Honecker eine flexiblere Strategie, deren konzeptionellen Kern man sehr wohl als »Wandel durch Annäherung« bezeichnen kann. Die wachsende finanzielle Abhängigkeit der DDR von der Bundesrepublik war zweifellos ein Grund für die Favorisierung eines solchen Herangehens. Die Formulierung dieser Strategie ging mit einem fast unbemerkt gebliebenen Wechsel in der Position der SED zur deutschen Frage einher. In den siebziger Jahren hatte die SED jeden Gedanken daran verworfen, daß Deutschland als eine Nation, die sowohl die Bevölkerung der Bundesrepublik als auch die der DDR umfaßte, fortbestand. 1974 hatte die SED die Forderung nach einer Wiedervereinigung aus der DDR-Verfassung gestrichen und durch einen immerwährenden Gefolgschaftseid der UdSSR gegenüber ersetzt.[40] Nach seinem Sturz hat Honecker indes glaubhaft versichert, ihm sei diese antinationale Abgrenzung von Moskau aufgezwungen worden.[41] Anfang der achtziger Jahre stellte er dann tatsächlich wieder die DDR als Vorläufer eines zukünftigen sozialistischen Gesamtdeutschland dar. Im Februar 1981 erklärte Honecker, wenn »die Werktätigen an die sozialistische Umgestaltung der Bundesrepublik Deutschland gehen, dann steht die Frage der Vereinigung beider deutscher Staaten vollkommen neu! Wie wir uns dann entscheiden, daran dürfte wohl kein Zweifel bestehen.«[42]

Innerhalb der Führungsriege der SED hatte das Ziel eines sozialistischen Gesamtdeutschland wahrscheinlich nie wirklich zur Disposition gestanden. Darauf deutet ein kleiner Scherz hin, mit dem Kurt Hager 1979 eine Rede Honeckers unterbrach:

> »[Honecker:] Gestatten Sie mir noch einige kurze Bemerkungen zu den Beziehungen zwischen der DDR und der BRD. Ich glaube, diese Frage wird noch für lange Zeit zu den Fragen der aktuellen Politik nicht nur der DDR, sondern auch der sozialistischen Gemeinschaft gehören.

Kurt Hager: Bis die BRD sozialistisch ist!

[Honecker:] Ich habe nicht die Absicht, dem zu widersprechen, was Genosse Hager eben sagte.«[43]

Im gleichen Jahr hatte Honecker dem äthiopischen Diktator Mengistu Haile Mariam siegessicher versichert, die DDR werde auch noch weitere dreißig Jahre bestehen, und dann hinzugefügt: »Ob die Bundesrepublik so lange existieren wird, weiß ich nicht.«[44]

Zu Honeckers auf Mäßigung bedachtem Kurs mag aber auch eine realistischere Einschätzung des internationalen Kräfteverhältnisses beigetragen haben. Zumindest legt dies das bereits mehrfach zitierte Strategiepapier nahe, das Honecker 1980 von Axen erhielt. Darin war eindringlich vor dem Rüstungswettlauf gewarnt worden, mit dem die USA das sozialistische Lager niederringen wollten.[45] Obgleich sich die Autoren der dogmatischen Forderung nach Wahrung der militärischen Parität nicht versagen konnten, schienen sie doch daran zu zweifeln, ob der Ostblock wirklich in der Lage sei, die wirtschaftliche Belastung eines entfesselten Rüstungswettlaufs auszuhalten. »Um die Verteidigungsfähigkeit der sozialistischen Länder auf dem notwendigen Niveau zu gewährleisten«, sei der »Einsatz eines beträchtlichen und wachsenden ökonomischen, wissenschaftlich-technischen und Kaderpotentials« erforderlich.[46] Bei alledem war aber zu bedenken, daß der Ostblock weniger als ein Drittel der weltweiten Industrieproduktion herstellte und selbst dieser Richtwert noch mit Vorsicht zu genießen war:

»Einen beträchtlichen Rückstand müssen die sozialistischen Länder in der Ausnutzung der Rohstoffe und in der Materialökonomie aufholen. So erzeugte z. B. die UdSSR bei einer um 21 Prozent höheren Rohstahlerzeugung und um 32 Prozent höheren Roheisenproduktion um 20 Prozent weniger industrielles Endprodukt als die USA. Damit ist der spezifische Materialaufwand für die Produktion in den USA um 50–60 Prozent niedriger als in der UdSSR.«[47]

Obwohl das Papier die Niederlage des Sozialismus nicht in Betracht zog, verdeutlichte es trotzdem, daß dessen Sieg nur bei Fortdauer der Entspannung denkbar war.[48]

Das Strategiepapier aus dem Hause Axen enthielt aber auch Zukunftsprognosen, die Honeckers revolutionären Optimismus gesteigert haben dürften. Es verkündete nämlich, daß der steil ansteigende technologische Fortschritt des kommenden Jahrzehnts zu einem rasanten Verfall der sozialen Sicherheit im Westen führen werde. Dem massiven Einsatz der Mikroelektronik werde ein dramatischer Anstieg der Arbeitslosigkeit folgen, weil selbst bisher sicher geglaubte Arbeitsplätze in großem Ausmaß der Rationalisierung zum Opfer fallen würden.[49]

1979 hatte Honecker frohgemut verkündet, er erwarte von der Revolutionierung der Mikroelektronik den Verlust von 40 Prozent der westdeutschen Arbeitsplätze. Honecker war optimistisch, daß eine »sozialistische Rationalisierung« durch Mikroelektronik »für die werktätigen Menschen in der Deutschen Demokratischen Republik kein Fluch« wäre, »sondern ein Segen«.[50] Innerhalb seiner Siegstrategie für die Systemauseinandersetzung kam der Computerindustrie deshalb allerhöchste Bedeutung zu. Vor dem baß erstaunten Fidel Castro renommierte er 1981 damit, daß der nächste Fünfjahrplan die Aufstellung von 40000 bis 50000 Robotern vorsähe und daß die DDR im Hinblick auf Mikroelektronik zu den fünf fortschrittlichsten Ländern der Welt gehöre. Soviel Fortschrittlichkeit erwartete nicht einmal Castro von seinen deutschen Genossen, weshalb er Honecker besorgt fragte: »Sind die Roboter alle Kommunisten?« Worauf ihn dieser wacker beschied: »Wenn sie von Kommunisten programmiert werden – ja. In der BRD führt die Einführung der Mikroelektronik zu wachsender Arbeitslosigkeit. Wir haben solche Probleme nicht.«[51]

Da die für Honeckers Charakterbildung ausschlaggebende Zeit die dreißiger Jahre waren, ist es nicht verwunderlich, daß er die damaligen Ereignisse häufig mit der Gegenwart verglich und dabei Parallelen entdeckte, die ihn erwartungsfroh stimmten. Die wirtschaftlichen Turbulenzen der frühen achtziger Jahre glichen in seiner Analyse der Wirtschaftskrise der dreißiger Jahre.[52] Damals hatte die Spaltung der Arbeiterbewegung die Machtergreifung Hitlers erleichtert.[53] Jetzt schien der kommunistische Friedenskampf hingegen eine breite Einheitsfront aus allen Teilen der westdeutschen Bevölkerung zusammenzufügen.[54] Zudem war es Honecker nicht entgangen, daß sich das gesellschaftliche Klima in der Bundesrepublik erheblich von dem in der Weimarer Republik unterschied. So zeigte er sich 1980 hoch erfreut, daß die DKP über großen Einfluß an den Universitäten verfügte: Während die Weimarer Hochschulen nach rechts neigten, ginge heute von diesen ein starker linker Einfluß aus.[55]

Mit den Erfolgen des Friedenskampfes stieg auch Honeckers Stimmung stetig weiter an. Seine Begeisterung spricht aus dem Lob, das er im April 1982 dem Einsatz der DKP zollte. Daß sich inzwischen auch in den USA eine starke Friedensbewegung regte, gab ihm dabei zusätzlichen Anlaß, hoffnungsvoll in die Zukunft zu blicken:

> »Er [Honecker] würdigte die großen Leistungen der DKP bei der Entwicklung der Friedensbewegung in der Bundesrepublik. Ohne die vielfältigen Initiativen der DKP, wenn man das auch nicht plakatieren kann, hätte sich diese Massenbewegung nicht so wirkungsvoll entfalten können. Die auslösende Aktion war die Veröffentlichung des Krefelder Appells. Er fand darum ein so großes Echo, weil er gestützt wurde durch die Politik der DKP und weil die Zeit reif war für eine solche Massenbewegung, die einen tiefen Einfluß hat auf das Denken der westlichen Regierungen. Sie erhält nunmehr ihre Ergänzung durch eine breite Friedensbewegung in den USA, die schon stärker geworden ist als die Bewegung zur Zeit des Vietnam-Krieges.«[56]

Besonders freudig registrierte Honecker natürlich die Wandlung der Sozialdemokraten. Davon, daß sich die SPD 1971 mit ihrem Abgrenzungsbeschluß von der Aktionseinheit mit Kommunisten distanziert hatte, war inzwischen ja wahrhaftig nichts mehr zu spüren. Angesichts der frohen Kunde, die Honecker von der westdeutschen Friedenskampffront erhielt, ist es durchaus verständlich, daß ihn mittlerweile nicht einmal mehr der Beginn der Stationierungen sonderlich schreckte. Im Februar 1984 schilderte er Georges Marchais emphatisch die Erfolge seines Friedenskampfes: 70 Prozent der westdeutschen Wählerschaft seien nun gegen eine Stationierung; erstmals in der Geschichte berate der DGB mit dem FDGB über Frieden und Abrüstung. Selbst »die Kirche« mache nicht mehr mit.[57] Dies alles war aber nichts im Vergleich zur Entwicklung der SPD:

> »Heute wissen wir, warum Schmidt aus der Regierung gegangen ist. Er hat in der Raketenfrage keine Unterstützung mehr durch die SPD und in der sozialen Frage nicht mehr durch die Gewerkschaften, die ihm die Gefolgschaft verweigerten, weil sie die Auswirkungen der Krise so nicht mehr tragen wollten. … Es ist eine Tatsache, daß es in der Sicherheitspolitik zum ersten Mal nach Bad Godesberg 1959 zu einer Spaltung zwischen den Bundestagsparteien kam. Selbst die Bundesregierung ist gespalten. Die systematische Arbeit mit den Landesverbänden der SPD hat sich bezahlt gemacht. … Die DDR hat dabei eine große Rolle gespielt. Wir haben laufend Gespräche mit den befreundeten Politikern und anderen Kräften geführt. Ganze Landtagsfraktionen der SPD kamen hierher zu uns zu Seminaren über Fragen des Friedenskampfes und des sozialistischen Aufbaus. So etwas hat es noch nicht gegeben. Selbst die SPD in Westberlin, die 1946 der Stoßkeil gegen die DDR gewesen war und immer zum rechten Flügel gehörte, steht jetzt links. Ganze Fraktionen kommen, um sich mit uns zu beraten, und dies nicht unter Ausschluß, sondern vor den Augen der Öffentlichkeit. Die Spitzenkandidaten der SPD für Wahlen kommen zur Leipziger Messe. Sie gehen davon aus, daß sie bei Wahlen nur gewinnen können, wenn sie zu uns kommen.«[58]

Honecker sah die DDR schon als gesamtdeutschen Stabilitätspfeiler im europäischen Machtgefüge. Die Regierungsbeteiligung der französischen Kommunisten veranlaßte ihn zu wilden geopolitischen Spekulationen: »Wir überschätzen nicht diese Entwicklung, aber unter den Bedingungen der Krise in der BRD und dem Einfluß des Friedenskampfes haben sich in der BRD in der Stimmung der Massen große Veränderungen vollzogen. Das ist nicht die Frage einer Vereinigung der beiden deutschen Staaten, das ist eine Frage der Anerkennung der DDR als Faktor der Stabilität in Europa. ... Frankreich und die DDR werden die zwischen ihnen liegende BRD etwas in die Arme nehmen und auf den richtigen Weg drücken.«[59]

Der vorprogrammierte Konflikt zwischen der »Gromyko-Doktrin« und Honeckers gesamtdeutschem Ansatz erhitzte sich aber mehr und mehr an der Frage eines deutsch-deutschen Gipfeltreffens. Während Gromyko darauf bestand, Bonn durch die Verweigerung einer solchen Begegnung abzustrafen, fühlte Honecker instinktiv, daß ein solches Treffen seinem Einfluß auf die Bundesrepublik förderlich wäre.[60] 1980 wurde das flehentliche Ersuchen der SED, Helmut Schmidt einladen zu dürfen, von den Sowjets das erste Mal brüsk zurückgewiesen. Axen, der als Unterhändler nach Moskau gereist war, versuchte die Führung der KPdSU hartnäckig davon zu überzeugen, daß Schmidts Besuch gut dazu geeignet wäre, in der Raketenfrage Druck auf ihn auszuüben. Er versicherte Michail Suslow, dem stalinistischen Chefideologen in Breschnews erzreaktionärem Politbüro, daß man dabei die schwächliche Unterstützung der SPD für den Doppelbeschluß weiter aushöhlen könne. Trotzdem ließ sich Suslow nicht davon abbringen, daß die Einladung Schmidts die Bundesrepublik für ihre Amerika-Treue belohnen würde. Suslow warnte Axen vielmehr davor, ein deutsch-deutscher Gipfel könne dazu benutzt werden, die politische Isolierung der UdSSR voranzutreiben.[61] Nachdem die sowjetischen Führer Axen eine gehörige Weile lang hatten warten lassen, informierte ihn Ponomarjow über den Beschluß des Politbüros, der SED die Erlaubnis für die Einladung Schmidts zu versagen.[62] In ihrem Eifer, Bonn zu bestrafen, scheint es den KPdSU-Gerontokraten niemals in den Sinn gekommen zu sein, daß auch Washington mißtrauisch beobachtete, wie seine westdeutschen Verbündeten sich mühten, die deutsch-deutsche Entspannung vor dem heraufziehenden Unwetter zu beschirmen.

Nach dem sowjetischen Veto gegen ein Treffen im Februar erhielt die SED endlich die Erlaubnis, Schmidt für den September einzuladen. Dies hinderte Moskau indes nicht daran, eine üble Pressekampagne gegen den »westdeutschen Revanchismus« zu entfalten, die Schmidt schließlich dazu bewog, den Besuch abzusagen.[63] Im Oktober 1980 war es dann Honecker selbst, der der Bundesrepublik »spürbare Schläge« versetzte. Als erstes wurde der Zwangsumtausch, den westdeutsche Besucher für ihren Aufenthalt in der DDR zu leisten hatten, drastisch erhöht. Als zweites verkündete Honecker seine Geraer Forderungen, die weitere Fortschritte in den innerdeutschen Beziehungen von der vorherigen Regelung von praktisch nicht regelbaren Statusfragen abhängig machten. Während man in Teilen der westdeutschen Medienlandschaft in vorauseilender Apologie vermutete, daß dies Honeckers persönliche Vergeltung für Schmidts Besuchsabsage sei,[64] entsprangen diese Maßnahmen eher dem Zwang, dem sowjetischen Drängen nach Strafmaßnahmen gegen Bonn Genüge zu tun. Breschnew, Gromyko und andere sowjetische Kader lobten Honecker jedenfalls sehr dafür, daß es ihm damit endlich gelungen sei, »den Strom der Westdeutschen in die DDR wenigstens teilweise zu reduzieren«.[65]

Der solchermaßen geleistete Nachweis »ostdeutscher« Willensstärke machte Breschnew dann auch ein wenig geneigter, seine Zustimmung für Schmidts DDR-Besuch zu geben. Bei ihrem nächsten Krim-Treffen im August 1981 sagte Breschnew Honekker, daß er den deutsch-deutschen Gipfel für eine sehr delikate, letztlich aber unumgängliche Angelegenheit halte, und wies ihn an, das Treffen so lange wie möglich in der Schwebe zu halten. Er wiederholte außerdem die Elementarweisheit der »Gromyko-

Doktrin«: »Wenn gegenüber den westdeutschen Politikern größere Härte an den Tag gelegt wird, fangen sie an zu verstehen, daß man unsere Interessen nicht ungestraft schmälern darf.« Breschnew wiederholte aber auch das Leitwort seiner expansiven Deutschlandpolitik: »Es wäre aber unvernünftig, die BRD den Amerikanern auszuliefern. Man muß mit der gegenwärtigen Regierungskoalition weiterarbeiten.«[66]

In der KPdSU war die »Gromyko-Doktrin« nicht unumstritten. Vor Gorbatschows Machtantritt kam die Hauptunterstützung für eine flexiblere Außenpolitik ausgerechnet von Juri Andropow, der den Friedenskampf als probates Mittel sah, die »sozialistische Umgestaltung« der Welt voranzutreiben. Andropow teilte Honeckers revolutionären Optimismus. In einer Rede, die er im April 1982 hielt, bezog sich Andropow ausdrücklich auf die Tradition der Leninschen Außenpolitik, welche »die wichtigsten internationalen Probleme aus der Stille der Kanzleien des Zaren auf die von der Bourgeoisie verachtete Straße« getragen habe. Während er im festen Glauben an die Sieghaftigkeit des Sozialismus schon das Lob zukünftiger Historiker für »die feste Friedenspolitik der Sowjetunion« vorwegnahm, beschwor er zugleich den beispiellosen Aufschwung der »Antikriegsbewegung der Massen«. Für Andropow war demnach klar, wie sich die Menschheit an dieser entscheidenden »Weggabelung« zwischen Krieg und Frieden, zwischen Kapitalismus und Sozialismus entscheiden würde.[67]

Andropow schien aber auch begriffen zu haben, daß die überhitzte Aufrüstung der Breschnew-Ära das sozialistische Lager in die Wirtschaftskrise getrieben hatte.[68] Andropow scheint darüber hinaus die Kriegführungsstrategie mit wachsender Skepsis betrachtet zu haben, die seit Chruschtschows Absetzung das Denken des sowjetischen Generalstabs beherrschte. Zumindest wurde bald nach seiner Ernennung zum Generalsekretär das erste Mal seit Jahren wieder an Chruschtschows Verdienste während des Zweiten Weltkriegs erinnert.[69] Vermutlich favorisierte der neue Generalsekretär eine Rückkehr zu jener Abschreckungsstrategie, die es Chruschtschow erlaubt hatte, die maßlosen Forderungen des Militärs zu zügeln. Artikel von Ogarkow und dem Rektor der Generalstabsakademie, die im Mai 1982 erschienen waren, ließen erkennen, daß Teile des Militärs in der Tat eine Wiederbelebung von Chruschtschows Strategie befürchteten.[70] Ein solcher Schritt hätte die UdSSR aber von der selbstmörderischen Bürde befreit, jenes militärische Kräfteverhältnis aufrechtzuerhalten, welches ihre Militärs als Parität zu bezeichnen geruhten. Eine solche Kehrtwendung in der sowjetischen Militärstrategie hätte es außerdem der sowjetischen Diplomatie ermöglicht, mit mehr Flexibilität auf die westlichen Gesellschaften einzuwirken – was wiederum durchaus im Sinne der leninistischen Revolutionsstrategie gewesen wäre.

Das Zusammenspiel von Andropow und Honecker

Im Dezember 1983, kurz nachdem die ersten amerikanischen Mittelstreckenraketen in Westdeutschland eingetroffen waren, empfing Honecker Enrico Berlinguer, den Führer der italienischen Kommunisten. Zu dieser Zeit war die Umwandlung der italienischen KP in eine mehr oder minder sozialdemokratische Partei bereits weit fortgeschritten. Außenpolitisch steuerte die IKP einen Kurs strikter Äquidistanz, so daß sie dem Kreml in der Regel sehr viel kritischer begegnete, als dies der linke SPD-Flügel tat.[71] Im Gespräch mit Honecker zeigte sich Berlinguer sehr darüber besorgt, daß die Sowjets nach dem Beginn der westlichen Stationierungen die Genfer Verhandlungen abgebrochen hatten. Er kritisierte außerdem jene Grundlinie der sowjetischen Politik, die seit 1975 zum Niedergang der Entspannung beigetragen hatte:

> »Anstatt die Widersprüche auszunutzen und den Prozeß von Helsinki voranzubringen, die antiimperialistischen und die Friedenskräfte zu ermuntern, ist die Sowjetunion vielmehr

von einer Politik der politischen Initiativen zu einer Politik des militärischen Drucks übergegangen, d.h., die Achse ihrer Präsenz hat sich verlagert. Das ging bis zur Intervention in Afghanistan. In dieser Zeit wuchs auch die Zahl von SS-20-Raketen. Deshalb stellen wir uns die Frage, warum die Sowjetunion diese Politik betrieb. Glaubte man, daß die Entspannung nunmehr unumkehrbar war? Man hätte meinen können, daß die Entspannung nunmehr zur Entfaltung des revolutionären Kampfes in der dritten Welt genutzt wurde. Deshalb sind wir der Meinung, daß die Politik der Sowjetunion eine der Ursachen für den Rechtsruck in der amerikanischen Politik war.«[72]

Aber Berlinguers Kritik an der UdSSR ging noch weiter. Unter Hinweis auf die Größenordnung der SS-20-Stationierung verwarf er die sowjetische Behauptung, es handele sich dabei um eine bloße Modernisierungsmaßnahme. Statt dessen wies er auf das beachtliche Drohpotential hin, das sich Moskau durch die Anhäufung dieser Waffen geschaffen habe.[73] Der IKP-Chef stand auch der sowjetischen Verhandlungsführung in Genf kritisch gegenüber: Erst nach Andropows Machtantritt hätten die Sowjets angefangen, eine »nützliche und konstruktive Basis für die Genfer Verhandlungen« zu schaffen. Ihm war unverständlich, warum »die sowjetischen Vorschläge zunächst längere Zeit auf die vorgelagerten amerikanischen Nuklearwaffen abzielten«, aber »später alles auf die Einbeziehung der britischen und französischen Nuklearwaffen« umgelenkt wurde. Um aus der gegenwärtigen Sackgasse herauszukommen und »die Ultras der Hochrüstung in der NATO in ernste Schwierigkeiten [zu] bringen«, empfahl Berlinguer der UdSSR eine Politik der unilateralen Gesten.[74]

Honecker zeigte sich nicht sonderlich beeindruckt von Berlinguers Kritik. Er berichtete vielmehr enthusiastisch von den Erfolgen des Friedenskampfes.[75] Dabei schilderte Honecker natürlich wieder ausführlich die sicherheitspolitische Wende der SPD, deren Vorstellungen nun weitgehend mit denen der SED konvergierten. In Honeckers Augen war dies aber nur der Anfang eines vielversprechenden Erosionsprozesses, der die NATO zur Aufgabe ihrer nuklearen Abschreckungsstrategie nötigen sollte:

»Ein weiteres Moment tritt neu in die Diskussion, vor allem in den USA, in der BRD, sowohl in der SPD als auch in der CDU. Das ist das Problem einer allgemeinen Überprüfung der NATO-Strategie, und zwar in Richtung auf die Abschaffung eines Ersteinsatzes von Nuklearwaffen und überhaupt in Richtung auf einen Verzicht auf nukleare Abschreckung. Warum die SPD solche Positionen vertritt, ist klar. Aber selbst Biedenkopf von der nordrhein-westfälischen CDU erklärte, daß auf die Dauer kaum eine Regierung gegen die Mehrheit der Volksmeinung regieren könne. Allein dadurch verliere die Abschreckung an Glaubwürdigkeit. Also sogar innerhalb der CDU-Kreise der BRD greift diese Idee um sich. Das ist ein Fortschritt.«[76]

Honecker wies Berlinguer auf »ein ausführliches interessantes Vieraugengespräch« hin, das er im Mai 1983 mit Andropow gehabt hatte. Dabei hätten Andropow und er sich darauf verständigt, »daß im Falle einer Stationierung neuer USA-Raketen der Kampf für den Frieden auf jeden Fall weitergeführt wird«.[77]

Dieses »Vieraugengespräch« ist in der Tat der Schlüssel zu den Zielen, die Andropow und Honecker mit ihrem Friedenskampf anstrebten. Besonders Andropow zeigte erstaunlich wenig Besorgnis angesichts der Bedrohung, die vorgeblich von den neuen NATO-Raketen ausging:

»Die Pershing II sei im Vergleich zur Pershing I keine prinzipiell neue Waffe. Bisher sei das Territorium der UdSSR wie auch das Territorium der DDR erreichbar gewesen, jetzt sei es auch so. Es sei aber gelungen, und so verstünden es auch die denkenden Menschen, mit der Frage der Raketen den Kampf gegen den ganzen Kurs der Militarisierung auf eine neue Ebene zu heben. Wenn es zur Stationierung komme, und es sehe so aus, dann werde dieser Kampf gegen die Militarisierung weitergeführt.«[78]

Offenbar waren die neuen Raketen für den todkranken Andropow vor allem ein Mittel, um die traditionellen Ziele des Friedenskampfes zu befördern. Er teilte Honeckers Einschätzung, daß der Friedenskampf ein langer politischer Widerstreit der Willen sei, in dem es primär darum ging, die Bereitschaft der NATO zur Aufrechterhaltung ihrer Militärdoktrin niederzuringen:

»Er [Andropow] denke des öfteren über die Philosophie unseres Kampfes nach. Es könne die Frage entstehen: Wenn wir überzeugt sind, daß es zur Stationierung kommt, lohnt es sich dann, den Kampf mit solcher Hartnäckigkeit zu führen? Darauf gebe es nur eine Antwort: Ja, dieser Kampf lohnt sich. Er ist notwendig schon allein deshalb, um Washington und Bonn zu zwingen, über den Preis der Stationierung nachzudenken, darüber, ob bei einer solch großen Ablehnung in der Öffentlichkeit sich die Stationierung lohnt.«[79]

Anders als dem geistig eher schlichten Gromyko scheinen Andropow die Möglichkeiten, die dem Friedenskampf aus der Annäherung zwischen den beiden deutschen Staaten erwuchsen, bewußt gewesen zu sein. Honeckers Darlegung, daß »eine Konfliktsituation zwischen der DDR und der BRD der Bewegung gegen die Raketen nicht förderlich« sei, widersprach Andropow nicht. Statt dessen sprach er Honecker ein Lob aus, da dessen »prinzipielle und zugleich elastische Politik« die DDR in einen stabilen Staat verwandelt habe. Honeckers »Strategie« und »Taktik« hätten sich als richtig erwiesen.[80]

Trotz ihrer »Elastizität« wirkten der Strategie von Andropow und Honecker zahlreiche Probleme entgegen, die die beiden nur schwerlich lösen konnten. Denn diese Strategie zielte ja nicht wirklich auf einen Friedensschluß mit dem Westen, sondern wollte lediglich dessen stückchenweise Zerstörung etwas subtiler ins Werk setzen als der Prügelpädagoge Gromyko oder die in ihre omnipotenten Waffen verliebten Sowjetmarschälle. Wie Honecker Berlinguer später erklären sollte, waren das Ziel dieser Strategie nicht irgendwelche Raketen, sondern die nukleare Abschreckungsstrategie der NATO – also genau jene Strategie, die der sowjetischen Expansion in Europa bislang einen unüberwindlichen Riegel vorgeschoben hatte.

Ausgerechnet Nikolai Portugalow – der den Westeuropäern die sofortige Vernichtung androhte, sollte es zu einem sowjetisch-amerikanischen Konflikt in der Dritten Welt kommen – belehrte seine westdeutschen Leser 1984 darüber, welche Strategien ihrer Sicherheit dienlicher seien als die nukleare Abschreckung. Dies waren die »Alternativmodelle einer rein defensiven Verteidigungsstrategie, die auf verschiedenen Foren der bundesdeutschen Friedensbewegung vorgeschlagen und unter Mitwirkung von Vertretern des ganzen Spektrums dieser Bewegung – von fortschrittlichen demokratischen Kräften bis zu kirchlichen Kreisen – erarbeitet wurden«.[81]

Daß über diese Strategien nun auch eine »konstruktive Diskussion« bei den Grünen und in der SPD geführt wurde, hielt Portugalow für bemerkenswert. Seinem Urteil, daß diese Strategieentwürfe »einen vielversprechenden Eindruck« machten,[82] dürfte auch der sowjetische Generalstab zugestimmt haben. Die defensive Verteidigung, die Horst Afheldt und andere »Experten« dem Publikum offerierten, sah nämlich nicht nur den Verzicht auf die Atombewaffnung der NATO vor, sondern wollte überdies auch noch deren kampfstarke mechanisierte Verbände durch eine dezentralisierte leichte Infanterie ersetzen, die die sowjetische Feuerwalze mit noch zu erfindenden High-tech-Bazookas neutralisieren sollte.[83] Auch 1945 hatten die Deutschen große Hoffnungen auf die Panzerfäuste ihres Volkssturms gesetzt.[84] Mit ungeheuer verdichtetem Artilleriefeuer und dem tiefen Stoß der Panzerwaffe hatte die Rote Armee solche Hoffnungen jedoch rasch zunichte gemacht. Die Sowjetmarschälle dürften kaum von irgendwelchen Zweifeln geplagt worden sein, daß sie unter vergleichbaren Umständen wieder siegen würden.

Das größte Problem, welches der erfolgreichen Umsetzung von Andropows und Honeckers Strategie entgegenstand, war allerdings der dafür notwendige Zeitraum. Auf lange Sicht hätte ein flexibel geführter Friedenskampf die Abschreckungsstrategie der NATO und den Zusammenhalt des Bündnisses sehr wohl entscheidend unterminieren können. Ein so langer Zeitrahmen stand den zusammenbrechenden Volkswirtschaften der UdSSR und der DDR jedoch nicht mehr zu Gebote. Um in den frühen achtziger Jahren den ökonomischen Kollaps noch abzuwenden, hätte das sozialistische Lager schon seit längerem umfassender westlicher Hilfe bedurft. Es war indes unwahrscheinlich, daß dem Osten eine solche Hilfe zuteil werden würde, solange jenes Minimum an politischer und militärischer Spannung bestand, das Honecker und Andropow benötigten, um beständig an den Nerven der Westeuropäer sägen zu können. Solange die Kommunisten ihre westlichen Gegner aber mit einer schrillen Krieg-in-Sicht-Rhetorik ängstigten, war es vermessen, zu erwarten, daß diese ihr Technologieembargo aufheben würden. Die Belagerung des »kapitalistischen Port Arthur« war somit längst zur Selbstbelagerung des sozialistischen Lagers degeneriert.

Mit Tschernenko aufs politische Abstellgleis

Im Februar 1984 führte Andropows Tod zum endgültigen Zusammenbruch seiner etwas flexibleren Außenpolitik. Unter Konstantin Tschernenko, Andropows Nachfolger und einstigem Rivalen, suchte der Kreml statt dessen einen Rundumschlag gegen alle tatsächlichen oder vermeintlichen Erzfeinde Moskaus zu führen. Dieses Manöver verstärkte aber nur die Isolierung der UdSSR. Selbst der zutiefst loyale Honecker vermochte dem Kreml auf solchen Irrwegen nicht länger zu folgen.[85]

Die rasche Abkehr von Andropows Strategie wurde möglich, weil diese in der KPdSU niemals unumstritten gewesen war. Besonders Tschernenko hatte seine Machtposition im Politbüro dadurch gestärkt, daß er sich zum Führer all jener stalinistischen Traditionalisten aufgeschwungen hatte, die es gewohnt waren, Mäßigung mit Schwäche gleichzusetzen.[86] Die neue politische Linie war aber auch dem »Scharfsinn« von Ustinow und Gromyko geschuldet. Gromyko hatte nach Breschnews Tod zunächst zwar Andropows Erbfolge gegen die Tschernenkos unterstützt, sich dann aber offenbar wieder der Gruppe um Andropow und Gorbatschow entfremdet.[87] So fiel Andropows Bemühen, das Verhältnis zu China zu entspannen,[88] nach dessen Ableben schnell Gromykos bewährter Grobschlächtigkeit zum Opfer. Ende 1984 berichtete Gromyko den »ostdeutschen Freunden« stolz, wie er unlängst den um Ausgleich bemühten Außenminister Chinas wegen einer Lappalie brüskiert hatte.[89]

Das Hauptziel des sowjetischen Rundumschlags blieb aber die Bundesrepublik, deren Bereitschaft zur Raketenstationierung am Ende allem Drohen und Liebeswerben Moskaus widerstanden hatte. Hauptmittel der sowjetischen Strafaktion waren die üblichen Bezichtigungen des Revanchismus, Militarismus und Nazismus. Falin, führender Deutschlandexperte des Kreml, hatte 1981 SED-Genossen die Motive erläutert, die Moskau dazu veranlaßten, Bonn in den Farben Hitler-Deutschlands schillern zu lassen:

> »*Genosse Falin* regte an, den 40. Jahrestag des Überfalls Hitlerdeutschlands auf die UdSSR zu nutzen, um Beweggründe und Ziele des Imperialismus der BRD deutlicher darzulegen. Im Zusammenhang mit diesem Jahrestag kann zur BRD alles gesagt werden, was gesagt werden muß, ohne daß die BRD widersprechen kann.«[90]

Die Vogelscheuche des westdeutschen Revanchismus schien überdies gut geeignet, den Warschauer Vertrag als notwendige Versicherung für die territoriale Integrität Polens und der ČSSR anzupreisen. Da der Warschauer Vertrag im Juni 1985 auslief und keine automatische Verlängerungsklausel mehr enthielt, sah man sich in Moskau von der Gefahr bedroht, das Militärbündnis mit den immer widerspenstiger werdenden Satellitenstaaten neu aushandeln zu müssen.[91] In den achtziger Jahren kam der deutschen Vogelscheuche allerdings zusehends die Fähigkeit abhanden, das Bewußtsein der Polen im Sinne Moskaus zu lenken. Vertreter von Solidarność erklärten bereits ganz offen, daß die nachwachsenden Generationen die sowjetischen Panzer mehr fürchteten als einen deutschen Revanchismus, dessen stetige Beschwörung sie längst als ein Mittel zur Aufrechterhaltung der sowjetischen Hegemonie durchschaut hatten. Aber sogar Edmund Osmanczyk, der dem polnischen Parlament angehörte, scheute sich 1984 nicht mehr, zu erklären, daß eine Konföderation der zwei deutschen Staaten der Erhaltung des Friedens förderlich sein könne und davon kaum eine Gefahr für Polen ausginge.[92] Der Fortbestand des Warschauer Vertrages als Garant der Pax sovietica wurde demnach nicht mehr nur allein von Ceauşescu in Zweifel gezogen. Auch in den anderen kommunistischen Parteien Osteuropas begannen sich die nationalen Interessen stärker zu artikulieren und nach neuen Sicherheitsarrangements zu fragen.

Moskaus Bundesgenossen hatte es auch nicht gefallen, daß die Sowjets die Genfer Verhandlungen im Dezember 1983 abbrachen und nun ihrerseits zusätzliche operativ-taktische Atomwaffen auf dem Territorium der ČSSR und DDR stationierten. Wie sehr die DDR an einer Fortführung der Genfer Verhandlungen interessiert war, hatte Mielke bereits vor deren Abbruch klargestellt, als ihn der stellvertretende KGB-Chef Krjutschkow im September 1983 über den Abschuß der koreanischen Boeing informierte. Krjutschkows Ausführungen über das Für und Wider eines Abbruchs der Gespräche unterbrach Mielke unwirsch: »Man muß weiter verhandeln.«[93] Beschwörend erklärte Mielke dem KGB-General, worauf es ankomme: »Man muß mit allen sprechen und sie gegen die Stationierung aufbringen. Alle, auch der größte

Feind muß angesprochen werden, um ihm klarzumachen, daß bei einem atomaren Inferno auch von ihm nichts bleibt.«[94]

Wie wenig sich Honecker über die sowjetischen Gegenstationierungen zu begeistern vermochte, ließ er deutlich werden, als er erklärte, er zöge es vor, dieses »Teufelszeug« nicht in seinem Lande zu haben.[95] In ihrer Propaganda hatten die Sowjets bis zum Überdruß verkündet, die neuen US-Mittelstreckenraketen würden die Stationierungsländer in vorrangige Ziele für »Antwortschläge« verwandeln.[96] Dieses Argument ließ sich naturgemäß auch auf die SS-21-, SS-22- und SS-23-Raketen anwenden, die nun die DDR beherbergen mußte.

Sorgen, daß diese Waffen womöglich bald zum Einsätz kämen, weckte zudem die waffenklirrende Rhetorik, deren sich zahlreiche sowjetische Funktionäre nun immer öfter bedienten. Im April 1984 befaßte sich Lew Besymenski in der *Neuen Zeit* mit Leserbriefen, in denen die UdSSR dazu aufgefordert wurde, die Gefahr, die ihr von den neuen NATO-Raketen drohe, durch Präventivschläge abzuwenden. Obgleich Besymenski feststellte, daß Präventivschläge nicht im Einklang mit den Prinzipien der sowjetischen Politik stünden,[97] war die kaum verhüllte Warnung vor sowjetischen Präventivschlägen das zentrale Argument, mit dem Portugalow die westeuropäischen Staaten zwei Monate später zum baldigen Strategiewechsel auffordern sollte.[98]

Am 9. Mai trat auch Marschall Ogarkow wieder an die Öffentlichkeit. In einem Interview in der *Krasnaja Swesda* wiederholte Ogarkow seine Angriffe auf die angeblichen Kriegsvorbereitungen der USA. Gleichzeitig wandte er sich aber auch gegen die Bundesregierung, der er vorwarf, für das angebliche Wiederaufleben von neofaschistischen Organisationen verantwortlich zu sein. Ogarkows schrille Warnungen wirkten allerdings dadurch besonders beunruhigend, daß er sie mit neuen Gedanken zum nuklearen Paradox garnierte.[99] Die SED-Führung schien jedenfalls ernstlich über mögliche Überreaktionen ihrer Moskauer Vormacht beunruhigt zu sein. Im Dezember 1983 erinnerte Kurt Hager daran, daß selbst Bismarck die Möglichkeit eines Präventivkrieges verworfen habe, da ein solcher den »zwingendsten Interessen des europäischen Gleichgewichts und unserer eigenen Zukunft« widerspräche.[100]

Anstatt der sowjetischen Revanchismuskampagne beizuspringen, entschied sich Honecker für einen Kurs der öffentlich demonstrierten Vernunft und Mäßigung. Sofort nach dem Eintreffen der ersten Pershing-II-Raketen in der Bundesrepublik verkündete er, es sei besser, zehnmal zu verhandeln als einmal zu schießen. Obwohl er der Bonner Regierung große Verantwortung für den Anstieg der Spannungen zusprach, beeilte er sich zu versichern, daß die DDR eine Politik der Schadensbegrenzung verfolge und jeden Vorschlag zur Verbesserung der deutsch-deutschen Beziehungen sorgfältig prüfen werde.[101] Diesem Politikansatz lag Honeckers Vorstellung von einer gesamtdeutschen »Koalition der Vernunft« zugrunde, die sich als deutsch-deutsche Volksfront wohl vor allem gegen die behauptete Unvernunft der USA richten sollte.[102] Mit Andropows Tod hatte Honecker aber den sowjetischen Mentor seiner Strategie verloren.

Die von der KPdSU nach Andropows Tod vorgenommene Kurskorrektur fiel aber auch so hart aus, weil sie von Befürchtungen über die schwindende Stabilität des eigenen Bündnissystems geleitet war. Das sowjetische Oberkommando ließ im Januar 1984 bei Heinz Hoffmann anfragen, ob es ihm möglich sei, einen bereits seit längerem vereinbarten Besuch vorzuverlegen. Dies wäre notwendig, um die Einheit des sozialistischen Lagers zu demonstrieren. Während der Visite, die im März stattfand, versicherte Ustinow seinem ostdeutschen Kollegen, die UdSSR täte alles für den Erhalt des Friedens und unternähme jeden Schritt zur Verringerung der gegenwärtigen Spannungen. Gleichzeitig warnte er aber emphatisch vor Reagans offen erklärtem Kreuzzug, der das Ziel verfolge, die UdSSR in die Knie zu zwingen.[103]

Im Frühjahr 1984 eskalierte der Konflikt zwischen den Sowjets und ihren Verbündeten trotz aller Einheitsbeschwörungen soweit, daß er an die Öffentlichkeit drang. Die Ungarn, Ostdeutschen und Rumänen bildeten in dieser Auseinandersetzung eine lose Allianz, die auf größere Mäßigung im Umgang mit dem Westen drängte. Die Sowjets konnten sich einzig auf die Unterstützung der ČSSR verlassen, die im aufbrechenden Pressekrieg als Verstärker der sowjetischen Vorwürfe fungierte.[104] Geheimdienstberichten der NVA zufolge verglichen Hardliner in Prag Honeckers Politik des Dialogs bereits mit »den Anfängen der konterrevolutionären Ereignisse von 1968«.[105]

Honeckers deutsch-deutsche »Koalition der Vernunft« kam in der Tat nicht ohne Zugeständnisse an Bonn daher. Als im Januar 1984 DDR-Bürger in der US-Botschaft Zuflucht suchten und bald danach zahlreiche Ausreisewillige die Ständige Vertretung der Bundesrepublik besetzten, zögerte die SED nicht lange, diesen Personen Ausreisegenehmigungen zu erteilen.[106] Wolfgang Vogel, Honeckers Mann für humanitäre Fragen, bestätigte im Westfernsehen, daß die schnelle Gewährung von Ausreisegenehmigungen als Teil der »Koalition der Vernunft« zu verstehen sei.[107] Offenbar war die SED mittlerweile gewillt, eine gewisse Lockerung der Ausreisepraxis in Kauf zu nehmen: In der ersten Hälfte des Jahres 1984 gestattete sie 31 000 Menschen, das Land zu verlassen.[108] Moskau erfüllte diese Entwicklung mit großer Sorge, da die KPdSU natürlich wußte, daß die Stabilität der DDR von der Undurchlässigkeit ihrer Grenzen abhing. Im Juni mußte eine Delegation der NVA Ustinow beruhigend zusichern, daß der Abbau von Minen und Sprengfallen die Sicherheit der DDR-Grenze nicht beeinträchtige.[109]

Am 15. Juni reiste Honecker nach Moskau, um mit Tschernenko über die westpolitischen Divergenzen ihrer beider Politbüros zu sprechen. Honecker eröffnete die Unterredung mit einem Bericht über ein kürzlich abgehaltenes Jugendfestival, welches er seinem Gastgeber als einducksvolle »Kampfdemonstration« für die enge Freundschaft der beiden Staaten schilderte. Honecker mühte sich redlich, Tschernenko die immer engere Wirtschaftsgemeinschaft der beiden »Bruderländer« vor Augen zu stellen. »An der Westfront der sozialistischen Gemeinschaft«, so Honeckers Fazit, hätte die SED auf allen Gebieten Bedeutendes geleistet.

Nach dieser Überleitung widmete er sich dem kontroversen Thema der Öllieferungen. Honecker bat Tschernenko inständig, die Kürzungen zurückzunehmen und endlich wieder die ursprünglich vereinbarte Menge bereitzustellen. Dies sei dringend nötig, um die Stabilität der DDR zu garantieren.[110] In diesem Zusammenhang verwies Honecker auf die umfangreiche Hilfe der DDR für die »Bruderstaaten« in der Dritten Welt:

> »Im Handel mit Kuba leistet die DDR Hilfe in einem Umfang von 1,5 Mrd. Valutamark. Die Hilfe für Vietnam mache ebenfalls fast 1 Mrd. VM aus, 1,7 Mrd. VM würden für verschiedene Länder aus dem Solidaritätsfonds zur Verfügung gestellt. Diese Mittel dienen insbesondere der Unterstützung Nikaraguas, Angolas und Moçambiques.«[111]

Honecker erwähnte ferner die hohen Auslagen und Verluste, die der DDR durch die Unruhen in Polen entstanden waren: »1980/1981 wurde Volkspolen 1 Mrd. in freikonvertierbarer Währung zur Verfügung gestellt.« Tschernenko zitierend, resümierte er, man solle »nicht von den Dukaten ausgehen, sondern es kommt darauf an, Internationalismus in der Tat zu beweisen«.[112]

Tschernenko verspürte indes nicht die geringste Lust, sich über Öllieferungen zu unterhalten. Er wandte sich lieber sofort den deutsch-deutschen Beziehungen zu: »In erster Linie gehe es darum, den Rechtsruck in der Politik der BRD-Regierung zu sehen.« Die Bundesrepublik sei »der Hauptdurchführer der Abenteuerpolitik der USA in Europa«. Tschernenko warnte Honecker vor dem präzedenzlosen Anstieg jener Aktivitäten, mit denen »die herrschenden Kreise der BRD« seit jeher »den deutschen Arbeiter- und Bauernstaat zu liquidieren« trachteten. Besonders »offizielle und inoffizielle Kontakte zwischen beiden deutschen Staaten« würden von Bonn systematisch fehlinterpretiert, um gesamtdeutsche Illusionen beiderseits der Mauer zu nähren. Tschernenko drängte Honecker, auf der Erfüllung der Geraer

Forderungen zu bestehen:[113] »Je entschiedener die DDR ihre Souveränität verteidige, je spürbarere Schläge sie dem BRD-Revanchismus erteile, desto nüchterner werde auch Bonn dies zur Kenntnis nehmen müssen.«[114]

Offensichtlich war Tschernenkos Haltung stark von der Hoffnung beeinflußt, »die Entlarvung des Revanchismus Bonns«[115] und eine stärkere Betonung der »Losung der Abgrenzung«[116] könnten die Aussichten der SPD verbessern, in der Bundesrepublik wieder die Regierungsgewalt zu erringen. Tschernenko beurteilte die Entwicklungen innerhalb der westdeutschen Sozialdemokratie jedenfalls sehr optimistisch:

> »Dabei, so betonte Genosse Tschernenko, sehen wir die Situation in der BRD nicht vereinfacht. Die SPD verfügt über starke Positionen, sie erholt sich vom Schock der Wahlniederlage. Auf dem SPD-Parteitag im Mai d.J. habe sich die Linie von Brandt und Bahr, ein realistischeres, vernünftiges Herangehen an Fragen der Sicherheit und der Beziehungen mit sozialistischen Ländern, durchgesetzt. Davon hätten auch die Gespräche mit H. J. Vogel in Moskau gezeugt.«[117]

Durch die Verschlechterung der innerdeutschen Beziehungen sollte Bonn für seine Bündnistreue bestraft und zur Distanzierung von Washington bewogen werden: »Es gilt, Bonn zu einer konstruktiven, nicht so von den USA abhängigen Politik zu bewegen, aber nicht der BRD zu gestatten, den Eindruck zu erwekken, daß beide deutschen Staaten ihre Beziehungen unabhängig von der Weltlage entwickeln.«[118]

Negative Auswirkungen auf den für die DDR so wichtigen innerdeutschen Handel befürchtete Tschernenko nicht: »Die BRD sei ebenso am Handel mit der DDR interessiert wie die DDR.«[119] Überhaupt war der todkranke Tschernenko recht optimistisch, was die Zukunft anbelangte: »Ihre Arbeiter-und-Bauernmacht, unterstrich Genosse Tschernenko, ist die Zukunft des Volkes auf deutschem Boden.«[120] Tschernenko verweigerte Honecker zwar nicht ausdrücklich die Genehmigung für den Besuch der Bundesrepublik, aber er beharrte darauf, daß die »westdeutsche Propaganda« versuche, der Visite Honeckers »eine nationalistische Färbung zu geben«. Zudem wäre ein solcher Besuch geeignet, westlichen »Spekulationen über Unterschiede im Herangehen der UdSSR und der DDR an die BRD« Auftrieb zu geben.[121]

In seiner Gegenrede verwies Honecker auf den großen finanziellen Beitrag, den die DDR zur sowjetischen Gegenstationierung geleistet habe. Beharrlich wiederholte er, daß es unbedingt notwendig sei, »die gegenwärtig angespannte Situation in der Welt umzukehren und auch in Europa zur Entspannung zurückzukehren«.[122] Zwar sei der Revanchismus »der BRD bereits bei ihrer Gründung in die Wiege gelegt« worden, in den Jahren 1980 und 1981 sei die Stabilität der DDR aber von einer ganz anderen Seite unterminiert worden: »Damals kam der größte Schlag gegen die DDR nicht vom Revanchismus der BRD, sondern von der Konterrevolution in Polen.«[123] In der DDR habe damals durch das Ausbleiben polnischer Steinkohlelieferungen die Stillegung von Betrieben gedroht. Lieferungen aus Westdeutschland, die ohne die Genehmigung der Bundesregierung nicht möglich gewesen wären, hätten die DDR vor solcherlei Kalamitäten bewahrt. Honecker stellte Tschernenko ebenfalls vor Augen, daß den Sportlern der DDR die Entscheidung zum Boykott der olympischen Spiele in Los Angeles nicht leichtgefallen sei.[124]

Schließlich legte Honecker Tschernenko dar, welche Maßnahmen ihm gegenwärtig am besten geeignet schienen, die Kräftekonstellation in Bonn zu beeinflussen. Er empfahl, hinsichtlich der Stationierung auf einen Gesinnungswandel in der FDP-Fraktion hinzuarbeiten. Dies hielt er offenbar für erheblich realistischer und weniger risikoreich als den Versuch, Kohls Koalitionsregierung bei den nächsten Wahlen zu Fall zu bringen: »Die Lage in der FDP ist kompliziert, in ihr gibt es nach der Aufkündigung der Koalition mit der SPD eine Spaltung. ... Auf jeden Fall ist klar, daß, wenn die FDP bei den nächsten Wahlen die 5%-Klausel nicht überspringt und nicht in den Bundestag kommt, so besteht die Gefahr einer CDU/CSU-Mehrheit (wenn eine Militärdiktatur, für die gegenwärtig keine Anzeichen sprechen, ausgeschlossen wird). Dies wäre noch ein weiterer Rechtsruck.«[125]

Nach diesem Treffen blieb die Frage, ob Honecker in die Bundesrepublik reisen durfte, noch eine Weile unbeantwortet. Gleichzeitig weiteten die Sowjets ihre Revanchismus-Kampagne aber derart aus, daß Agitatoren wie Lew Besymenski nun deutliche Seitenhiebe auf Honeckers Westpolitik wagen konnten. Andererseits blieben aber auch die journalistischen Schützlinge des verstorbenen Andropow weiterhin in der Lage, öffentlich für eine moderatere Außenpolitik zu werben.[126] Die Troika Tschernenko, Ustinow und Gromyko verweigerte sich indessen hartnäckig der Einsicht, daß Flexibilität den sowjetischen Interessen dienlicher gewesen wäre als ihre Strategie der indignierten Selbstisolierung.

Als Honecker schließlich am 17. August mit einer hochrangigen SED-Delegation im Kreml erschien, versagte ihm das Politbüro der KPdSU nach einer heftigen Debatte endgültig die Erlaubnis für seine lang ersehnte Westreise. Diese Debatte verdeutlicht nochmals die Divergenzen zwischen Honeckers Politikentwurf und den Vorstellungen von Tschernenkos Politbüro.

Ausgehend von den gesellschaftspolitischen Veränderungen in der Bundesrepublik, entwickelte Honecker der sowjetischen Führung seine Strategie. Dabei hob er besonders den sicherheitspolitischen Kurswechsel von SPD und DGB hervor.[127] Grundlage der SED-Politik sei immer das Prinzip gewesen, »daß der Hauptstoß gegen den Hauptfeind – gegen die abenteuerliche Politik der Reagan-Administration zu richten« sei.[128] Deshalb sprach sich Honecker dafür aus, eine Politik zu betreiben, die sowohl von »den Volksmassen« in seinem Lande als auch »von einer möglichst großen Zahl der Bürger der BRD verstanden und mehr und mehr akzeptiert wird«. Diese Politik sollte »die Kräfte des Friedens und der Opposition in der BRD … zum Kampf« mobilisieren und es der »Kohl-Regierung« erschweren, »ein guter und aktiver Verbündeter der Reagan-Regierung zu sein«.[129] Anders als

Tschernenko hatte Honecker erkannt, daß der »Kampf um Bonn« gegen die USA und nicht gegen die jeweilige Bundesregierung geführt werden mußte:

»Unseres Erachtens dürfen jene nicht zum Zuge kommen, die der Bevölkerung der BRD einreden wollen, die USA wollen verhandeln und seien friedfertig. ... Daher dürfen wir die besorgten und schwankenden Kräfte in der BRD nicht dem Einfluß der Ultras überlassen. Wir müssen mit ihnen reden, um sie als Verbündete im Kampf um die Sicherung des Friedens zu gewinnen, wie groß auch die Meinungsunterschiede und Differenzen in anderen Fragen sein mögen. Die Erfahrungen der zurückliegenden beiden Jahre haben bewiesen: Es ist durchaus möglich, mit der offensiven Friedenspolitik der sozialistischen Staaten auf breite Schichten der Bevölkerung der BRD Wirkung auszuüben. Sonst wäre es nicht zu einer Massenbewegung gegen die Raketenpolitik der USA in dem bekannten Ausmaß gekommen, wie wir das vorher selbst kaum geglaubt hätten.«[130]

Wirtschaftliche Schwierigkeiten und Tarifauseinandersetzungen wollte Honecker offensiv ausnutzen, um den Handlungsspielraum der »Kohl-Regierung« einzuschnüren: »Die sozialen Spannungen werden weiter zunehmen. Die Kohl-Regierung sollte eine Regierung der festen Hand sein. Wie die Tatsachen zeigen, ist aber ihre Situation durch verstärkte Labilität gekennzeichnet. Schon zeigt sich wachsende Angst vor den nächsten Wahlen.«[131] Unter diesen Bedingungen, so folgerte Honecker, könne sein Besuch in der Bundesrepublik nur als Demonstration der Stärke gewertet werden:

»Von dieser unausweichlichen Aufgabe der Mobilisierung aller Kräfte für den Frieden und gegen den USA-Kurs der Konfrontation, gegen die Zerstörung des europäischen Vertragswerkes lassen wir uns auch in der Frage meines Besuches in der BRD leiten. Wenn die Frage gestellt wird, wann dieser Besuch stattfinden soll, dann müßte die Antwort sein ›jetzt‹ und in Verbindung mit dem 35. Jahrestag der DDR, zu dem wir die Stärke unserer sozialistischen DDR demonstrieren werden.«[132]

Tschernenko, Ustinow und Gorbatschow zeigten sich von Honeckers leidenschaftlichem Plädoyer wenig beeindruckt. Im Gegensatz zu ihm sahen sie die Bonner Republik weniger als fragmentierte Gesellschaft mit wechselnden Mehrheiten denn als eine politische Einheit, deren politischer Kurs durch den Willen ihrer Regierung bestimmt wurde. So betonte insbesondere Gorbatschow die große Kontinuität in der westdeutschen Außenpolitik.[133] Trotz des Aufstiegs der westdeutschen Friedensbewegung verwarf Tschernenko die Vorstellung, daß es irgendeine »Veranlassung für die Losung über eine gesamtdeutsche Koalition der Vernunft« gäbe: »Diese Losung wird durch diejenigen ausgenutzt, die versuchen, ihre Politik zu tarnen, die Menschen durch Phrasen ohne Klassensinn zu täuschen.«[134] Für Tschernenko war Bonn »der Vollstrecker der Politik Reagans auf unserem Kontinent«. Mehr noch: »Die Doppelzüngigkeit und militaristische Tendenz in der Politik der BRD stellen all das in den Schatten, was in Bonn unter Adenauer getan wurde.«[135]

Schließlich griff Ustinow die SED heftig wegen fehlender Härte gegenüber der Bundesrepublik an. Ustinow, der sich ob dieser Einschätzung für einen »Realisten« hielt, konnte in der Erklärung von Helmut Kohl, »daß nie von deutschem Boden eine Gefahr für den Frieden ausgehen dürfe«, »nur Heuchelei, nur ideologische Tarnung« erblicken: »Die USA haben den Kreuzzug ausgerufen, und Bonn hat sich sofort dieser Politik angeschlossen. Es erklärte die deutsche Frage für offen, die Forderung der Grenzen von 1937. ... Bonn ist der Hauptinitiator der Stationierung der US-Raketen in Europa. Ja, es ist faktisch die rechte Hand der USA.«[136]

Der sowjetische Beschluß, Honeckers Westreise zu verbieten, entsprang jedoch auch der Sorge um die innere Stabilität des

SED-Staats. Tschernenko warnte ausdrücklich davor, für finanzielle Vorteile mit Zugeständnissen zu bezahlen, die »vom Standpunkt der inneren Sicherheit der DDR zweifelhaft« seien. Unter ausdrücklichem Hinweis auf die »Ereignisse in Polen«, polemisierte er gegen »zusätzliche finanzielle Abhängigkeiten der DDR von der BRD«.[137] Der Vergleich mit Polen brachte allerdings selbst den duldsamen Honecker in Rage: »Liebe Genossen! Im Namen unseres ganzen Politbüros und unseres Zentralkomitees bitte ich, keine Vergleiche zwischen Polen und uns anzustellen. Alle, wie wir hier sitzen, haben dafür gekämpft, daß die Konterrevolution in Polen nicht durchkommt. Wir wissen Bescheid über Polen.«[138]

Händeringend suchte Axen die Sowjets davon zu überzeugen, daß es längst nicht mehr allein die Bundesrepublik sei, die auf die Bevölkerung ihres deutschen Zwillingsstaates entscheidenden Einfluß nehme: »Und noch eins möchte ich unterstreichen: Es gibt nicht nur die Einwirkung der BRD auf die DDR, sondern auch die DDR wirkt auf die BRD ein, und ich bin der Meinung, daß wir heute auf die BRD stärker wirken als sie auf uns.«[139]

Axen versicherte der KPdSU-Führung, die SED sehe die Koalition der Vernunft »nicht aus dem Blickwinkel beider deutscher Staaten, sondern der Klassenauseinandersetzung zwischen Imperialismus und Sozialismus an der Hauptgrenze in Europa«. Hierbei gelte es, »alles zu tun, um [es] der BRD zu erschweren, ihre Rolle als Hauptverbündeter der USA zu erfüllen«.[140] Aber auch dieser Einwand vermochte am »Nein« von Tschernenkos Politbüro nichts zu ändern.

In der zweiten Hälfte des Jahres wurden indes bald erste Risse in der monolithischen Reglosigkeit des Kreml sichtbar. Der störrische Gromyko wurde höchstpersönlich nach New York entsandt, wo er sich unter dem Deckmantel der UNO mit Reagan treffen mußte. Der Bericht, den Gromyko später der SED-Führung zu diesem Treffen gab, legt die Vermutung nahe, daß dieser Schritt erfolgte, weil die KPdSU zu der Ansicht gelangt war, daß Reagans Wiederwahl nicht mehr zu verhindern sei.[141] Das sowjetische Verhältnis zur Bundesrepublik blieb hingegen auch nach Gorbatschows Machtantritt noch eine ganze Weile unterkühlt. Zu einer spürbaren Veränderung kam es erst, nachdem die SPD 1987 erneut an den Wahlurnen gescheitert war.

Tatsächlich war Tschernenkos politische Linie der »reaktiven Indignation« einzig dazu geeignet, der sowjetischen Position in der Welt Abbruch zu tun. Statt sich offensiv um einen Brückenschlag zu China und der Bundesrepublik zu bemühen, entschied sich Moskau dafür, allen seinen Gegnern gleichzeitig die kalte Schulter zu zeigen. Diese Politik der freiwilligen Selbstisolierung wurde erst unter dem Druck aufgegeben, den Reagans immer wahrscheinlicher werdende Wiederwahl und die Realisierung seiner Strategischen Verteidigungsinitiative erzeugten. Angesichts dieser Entwicklung blieb den Sowjets einzig die Alternative, mit ihrem stärksten und entschlossensten Gegner an den Verhandlungstisch zurückzukehren. Die Bereitschaft, die Verhandlungen mit den USA wiederaufzunehmen, war aber auch Ausdruck einer wachsenden Resignation, die vor allem die nachwachsende Generation der sowjetischen Führungskader am imperialen Auftrag ihrer kommunistischen Religion verzweifeln ließ.

Die Wirtschaftskrise der frühen achtziger Jahre rief die wachsende ökonomische Entfremdung zwischen der UdSSR und ihren Satelliten deutlich ins Bewußtsein der politisch Handelnden. Einer neuen Generation sowjetischer Führer, die sich überwiegend aus Gorbatschows Alterskohorte rekrutierte, stellte diese Krise das Dilemma vor Augen, mit dem sich im Industriezeitalter noch jede imperiale Macht hatte auseinandersetzen müssen. Die politische Beherrschung fremder Länder vermag das Mutterland nicht mehr länger zu bereichern, sie führt vielmehr zur Verarmung des imperialen Zentrums, da die Notwendigkeit, die politische Stabilität des Imperiums zu sichern, dem Mutterland einen unverhältnismäßig hohen Einsatz seiner Ressourcen abverlangt.[142] In seinen Erinnerungen hat Eduard Schewardnadse diese Einsicht als rhetorische Frage formuliert:

»Wer kann sagen, wie teuer der langjährige Aufenthalt unserer Truppen in der Tschechoslowakei, in Ungarn und in Polen war? Oder die zunehmende Produktion chemischer Waffen, die die Amerikaner schon 1969 eingestellt hatten? Was hat uns der Kalte Krieg finanziell und politisch gekostet? Allein die beiden letzten Jahrzehnte der ideologischen Konfrontation mit dem Westen erhöhten nach einigen Einschätzungen die Kosten der militärischen Konfrontation um 700 Milliarden Rubel. Ich meine – zusätzlich zu den Mitteln, die nötig waren, um das militärische Gleichgewicht mit den USA und dem Westen herzustellen.«[143]

Die Frage der Kosten sollte sich in der Tat als eine Kernfrage von Gorbatschows unfreiwilliger Revolution erweisen.

Kommunistische Götterdämmerung

Der Streit zwischen der KPdSU und der SED um Honeckers Besuch in der Bundesrepublik war nur ein leichtes Vorbeben im Vergleich zu dem tiefen tektonischen Bruch, der das Bündnis zwischen den beiden Parteien in den späten achtziger Jahren endgültig zerreißen sollte. Gorbatschows Machtantritt zog in der UdSSR einen erdrutschartigen Aufbruch der Gesellschaft nach sich. Aber auch die Gesellschaft der DDR erwachte endlich aus jener Schreckensstarre, die seit dem Mauerbau das Klima im SED-Staat bestimmt hatte. So unterschiedlich die Entwicklungswege beider Staaten von nun an verliefen, sie blieben dennoch durch das jeweils unterschiedliche Erleben des Zweiten Kalten Krieges geprägt. Ironischerweise hatte der Friedenskampf in beiden Staaten dazu beigetragen, die Herrschaft des Kommunismus zu erschüttern. Der Zweite Kalte Krieg stand am Anfang eines sich selbst verstärkenden Zerfallsprozesses, der in der UdSSR durch die verzweifelten Reformbemühungen des Kreml und in der DDR durch die anschwellende Unbotmäßigkeit der Bevölkerung vorangetrieben wurde. Schon für sich allein wäre jeder dieser beiden Desintegrationsprozesse dazu geeignet gewesen, das Überleben des kommunistischen Großreichs in Frage zu stellen. Durch ihr gleichzeitiges Auftreten schufen sie indes eine gänzlich unhaltbare Situation, die in den Friedlichen Revolutionen des Jahres 1989 kulminieren sollte. In diesem Kapitel werden jene Folgewirkungen des Zweiten Kalten Krieges in einer parallelen Gegenüberstellung skizziert, die schließlich zum Untergang der DDR und der UdSSR führen sollten.

Generationswechsel im Kreml

Zu Beginn der Perestroika beschrieb Alexander Bowin, ein Publizist mit engen Verbindungen zu Andropow und Gorbatschow, die Breschnew-Ära als eine Stagnationsperiode, die »eine unkontrollierte Bürokratisierung und einen moralisch-politischen Verfall im Partei- und Staatsapparat« verursacht hatte.[1] Besonders beklagte Bowin die schleichende Re-Stalinisierung:

> »Als Politiker wußte er [Breschnew], daß eine vor aller Öffentlichkeit vorgenommene vollständige Rehabilitierung Stalins unmöglich war, daß sie insgesamt für die Situation im Lande und für das Ansehen der UdSSR im Ausland negative Folgen haben würde. Als Mensch aber, den die Jahre unter Stalin geprägt hatten und der von ihm mit leitenden Ämtern betraut worden war, sympathisierte er mit Stalin und konnte sich in seinem Inneren mit der Zerstörung seines Nimbus nicht abfinden. In diesem Punkt wußte er sich von vielen Genossen im Politbüro und im Zentralkomitee verstanden …«[2]

Um das zerstörerische Erbe Stalins zu überwinden, wollte Bowin wieder zu den Idealen von Lenins Oktober zurückkehren. In seinen Augen war Gorbatschows Perestroika »der nach dem Oktober 1917 zweite Versuch, eine Gesellschaft zu schaffen, in der der Mensch in jeder Beziehung besser leben wird als im Kapitalismus«.[3]

Die Nomenklatura, die eigentliche Führungsschicht der KPdSU, hatte sich in der Tat immer augenfälliger von den Idealen des asketischen Lenin entfernt. Ungeniert genoß diese »neue Klasse« solche Privilegien wie abgeschottete Wohnquartiere, exklusive Restaurants, spezielle Läden, Vorzugsbehandlung auf Flughäfen und in Krankenhäusern.[4] Ein System gesonderter Eliteschulen sorgte dafür, daß die Kinder der Nomenklatura den sozialen Status ihrer Eltern erbten.[5] Unter Breschnews Ancien régime errang die Nomenklatura aber nicht nur immer neue Privilegien, sie verlor auch alle Scham, was Vorteilsnahme und Korruption anbelangte.[6]

Daß das kommunistische System zu einer Mischung aus organisierter Kriminalität und larvenhaftem Feudalismus degenerierte, war allerdings weder ein Zufall noch eine Folge von personalpolitischen Fehlentscheidungen. Vielmehr waren es die Strukturen des Systems selbst, die eine solche Entwicklung begünstigten. Da Kooptation die personelle Erneuerung auf allen Führungsebenen bestimmte, bildete Lenins Partei neuen Typus einen geradezu idealen Nährboden für ein System des politischen Nepotismus und der vormodernen Patronage.[7] Bereits während des Bürgerkrieges hatten sich viele Bolschewiki zu »kleinen Zaren« aufgeschwungen, die als autokratische Staatsterroristen über Land und Leute herrschten.[8] Im Endstadium der Breschnew-Ära hatten sich die lokalen Parteigrößen soweit emanzipiert, daß es ihnen möglich war, in den Republiken nach Gutdünken zu schalten und zu walten, solange sie ihre Planziele erreichten und Breschnew Lobpreisungen darbrachten.[9] Bowin: »Viele Parteifunktionäre in Republiken und auf Gebietsebene verwandelten sich in eine Art Feudalfürsten auf Lebenszeit.«[10] Diese Feudalisierung der Parteielite beschränkte sich nicht auf die Sowjetunion. In der DDR, wo die Verdrängung der alten Eliten in den fünfziger und sechziger Jahren zunächst die soziale Mobilität erhöht hatte, kam es zu einer vergleichbaren Abschließung der Führungsschichten, die neues Personal gezielt unter ihrem eigenen Nachwuchs rekrutierten.[11] Am extremsten verlief diese Entwicklung in Nordkorea, dort kam es mittlerweile sogar zur monarchischen Erbfolge vom Vater auf den Sohn.

In der KPdSU gab es trotz allem aber auch einen »moralischen Kern« kommunistischer Puristen, die vom Zustand ihrer Partei ehrlich angewidert waren.[12] Nach seinem Weggang vom KGB stieg Juri Andropow (Jahrgang 1914) zum Hoffnungsträger dieser Leute auf,[13] da er als Verächter der Korruption seiner Klasse galt. Andropows Mentalität war in der Tat die eines Puritaners. Gorbatschow (Jahrgang 1931) berichtet, Andropow sei überzeugt gewesen, ein gründlicher Kehraus der Kader könne die Gebrechen der sowjetischen Gesellschaft kurieren.[14] Die disziplinarischen Maßnahmen, mit denen Andropow als KPdSU-Generalsekretär die sowjetische Ökonomie wiederzubeleben trachtete, erweckten vielerorts ungute Erinnerungen an Stalin.[15] Dmitri Wolkogonow hat Andropow als denjenigen Generalsekretär charakterisiert, der »Lenin geistig am nächsten stand«.[16] Bei seinem Zusammentreffen mit Mielke im Juli 1981 zeigte sich Andropow tatsächlich als ein politischer Stratege, der es verstand, ideologische Ziele mit einem zynischen Sinn für Pragmatismus umzusetzen:

> »Die meisten Probleme mit unserer Intelligenz wurden gelöst. Es bleibt nur Sacharow in Gorki sowie Schtscharanski im Gefängnis. Er bleibt im Gefängnis.
> Wir haben den Westen mit all diesen Dissidenten geblufft, angefangen mit Solschenizyn, mit unserem gemeinsamen ›Freund‹ Böll, der Asyl für Solschenizyn angeboten hatte. Jetzt sitzt er in den USA, kein sympathischer Mensch für sie und für uns kein Problem mehr.
> Die ca. 120 aktiven Dissidenten sind im Laufe der Zeit im Westen angelangt und für uns kein Problem mehr. Sie haben es als ihren Sieg ausgegeben, aber wir haben keine Probleme mehr.«[17]

Seine Ausführungen zur polnischen KP, die von Stalin in den dreißiger Jahren gründlichst gesäubert worden war, und seine Überlegungen zu den polnischen »Kulaken« belegen, daß Andropow Stalins Schlächtereien noch immer für legitim hielt:

> »Polen hatte nie eine echte Kommunistische Partei. Mehrere Male mußte sie aufgelöst werden, weil sie von Agenturen und Provokateuren durchsetzt war. In den Krieg trat Polen ohne eine KP ein. Es gab nur einzelne Zellen. Erst wirkte Gomułka. Dann kam Bierut und vereinigte die Partei mit der Sozialdemokratie und der ›Armija Krajowa‹. Diese Partei war nicht be-

reit, die Diktatur des Proletariats zu errichten. Bierut hat dies verursacht. Gomułka erklärte, das, was Bierut gemacht hat, war falsch und löste die Basis des Sozialismus auf dem Lande, die Kollektivwirtschaften, auf. Damit entwickelte sich wieder die kleine Warenproduktion. Sie mußten sich selbst betrügen und größere Wirtschaften mit 25 bis 30 ha schaffen. Diese kamen natürlich nicht ohne Hilfskräfte aus. Damit entwickelten sich die Kulaken, die heute die ›Land-Solidarność‹ bilden.«[18]

Wer also von Andropow eine wirkliche Erneuerung des Systems erwartet hatte, der wurde nur deshalb nicht enttäuscht, weil Andropow verstarb, bevor er die sowjetische Gesellschaft einer neostalinistischen Säuberung unterziehen konnte.

So wie Breschnew (Jahrgang 1906), der nach dem Krieg Moldawien »sowjetisiert« hatte,[19] hatte die gesamte alte Garde der KPdSU den Grundstein ihrer Karriere durch die Teilnahme an Stalins Verbrechen gelegt. Schuldgefühle und die Furcht vor der Aufdeckung ihrer Taten mögen diese Männer dazu bewogen haben, jüngeren Menschen lange Zeit den Zugang zum innersten Zirkel der Macht zu verwehren. Auch Andropow scheint die Abneigung seiner Generation gegen eine Verjüngung der Führung geteilt zu haben.[20] Die schlummernden Ängste, die eine Verjüngung in Breschnews Politbüro wachrief, waren indes nicht ganz unberechtigt. Denn die Generation von Breschnews mutmaßlichen Erben hatte ihre formativen politischen Erlebnisse »zu Zeiten der langandauernden Unruhe und des Schocks von Chruschtschows Entstalinisierungkampagne – einer Kampagne, die Ungeheuerlichkeiten zugab, die bis dato niemand zu benennen gewagt hatte, und die durch die Infragestellung von Autoritäten und etablierten Wahrheiten zu kritischem Denken animierte.«[21]

Außerdem kamen zahlreiche Vertreter dieser Generation aus Familien, die Verwandte in Stalins Lagern verloren hatten. So fiel der Vater von Dmitri Wolkogonow (Jahrgang 1928) den Säuberungen zum Opfer. Die späte Wiederentdeckung dieser persönlichen Tragödie mag erklären, warum sich Wolkogonow Ende der achtziger Jahre vom orthodoxen Kommunisten zum überzeugten Antikommunisten wandelte.[22]

Um ihre Macht abzusichern, war Breschnews korrupte Entourage stark daran interessiert, den politischen Diskurs in der UdSSR mit Hilfe von Legenden, Mythen und Tabus in engen Bahnen zu halten. Der daraus resultierende Dogmatismus machte es für das Land noch schwieriger, mit dem Westen auf wirtschaftlichem und kulturellem Gebiet zu konkurrieren. Die »schleichende Re-Stalinisierung«[23] begünstigte aber auch einen Prozeß der stillen Entfremdung, welcher langsam die Klammern zwischen dem Regime und seinem intellektuellen Apparat auflöste. Georgi Arbatow, der am Zweiten Weltkrieg als junger Offizier teilnahm und später zum »Autorenkollektiv« der zwölfbändigen *Geschichte des Zweiten Weltkrieges* gehörte, erinnert sich heute mit Scham daran, wie eine eitle Militär- und Politelite die Geschichte dieses Krieges ohne Rücksicht auf die historische Wahrheit oftmals allein zur Steigerung ihres persönlichen Ruhms umschrieb. Die ungebrochene Bewunderung, die Breschnews Militärelite für Stalin hegte und die dem Weltkriegswerk einen dezidiert apologetischen Charakter verlieh, erklärte sich Arbatow damit, daß viele Militärs den Stalinismus letztlich für eine Form des Militarismus hielten und den Säuberungen Stalins ihren schnellen Aufstieg verdankten.[24] Auch Gorbatschow sieht im harten Neostalinismus die Kraft, die Breschnews Koalition aus der Partei- und Militärelite zusammenschweißte.[25]

Die lange aufgeschobene Entstalinisierung wurde zu einem der großen Themen von Gorbatschows Perestroika. Die befreiende Wirkung der aufbrechenden Debatten um den Stalinismus wurde noch dadurch gesteigert, daß das sowjetische System nach 1985 von der vollen Wucht seiner Systemkrise erfaßt wurde. Die bizarre Mischung aus Korruption, Dogmatismus und allgemeinem Niedergang, die Breschnews Politbüro seinen Nachfolgern hinterlassen hatte, setzte nun plötzlich ein großes Fragezeichen hinter alle »unumstößlichen Wahrheiten« des Kommunismus.

Aber auch der Zerfall der kommunistischen Weltbewegung begünstigte Gorbatschows Abschied von der »Religion der Väter«. Ein Bericht aus Axens Unterlagen rechnete vor, daß die französischen, italienischen und spanischen Kommunisten seit Mitte der siebziger Jahre zusammen 450 000 Mitglieder verloren hatten.[26] Vielen KPs drohte die Spaltung, andere wandten sich »gegen den demokratischen Zentralismus« oder erwogen die Selbstauflösung. Allenthalben drohte »die Gefahr des Verlustes der revolutionären Identität der kommunistischen Parteien«.[27] Desillusionierend wirkte auch die Erkenntnis, daß die traditionelle Industriearbeiterschaft dem Friedenskampf gleichgültig gegenüberstand. Gleichzeitig engagierten sich die neuen lohnabhängigen Mittelschichten zwar besonders stark in der Friedensbewegung, dem Liebeswerben der kommunistischen Parteien blieben sie jedoch verschlossen.[28]

In Gorbatschows Fall hat die Einsicht, daß die kommunistische Bewegung ihre Möglichkeiten erschöpft und die Verwirklichung der kommunistischen Idee »zur Entstehung der totalitären Gesellschaft geführt hatte«, die Suche nach einer neuen politischen Identität beflügelt. Die demokratische Linke Westeuropas konnte daher für den desorientierten KPdSU-Generalsekretär zu einem neuen ideologischen und politischen Bezugspunkt werden. Die Hinwendung zu sozialdemokratischem Denken fiel Gorbatschow dabei besonders leicht, weil dies die Heilung des traditionellen Schismas der Arbeiterklasse mit sich zu bringen versprach.[29]

Die Mentalität von Honeckers »alter Garde«

In der DDR kam es zu keiner vergleichbaren Verjüngung der Führung. Es ist allerdings fraglich, ob irgendeiner von Honeckers vermuteten Kronprinzen – Egon Krenz (Jahrgang 1937), Hans Modrow (Jahrgang 1928), Markus Wolf (Jahrgang 1923) – eine dramatische Wende in der SED-Politik eingeleitet hätte. Im Gegensatz zum sowjetischen Führungspersonal, dem es offenstand, eine neue Identität als Sozialdemokraten oder russische Patrioten anzunehmen, konnten die ostdeutschen Kommunisten Legitimität allein aus ihrer marxistisch-leninistischen Identität schöpfen. Dieser fundamentale Mangel an Legitimität spiegelte sich ebenso in dem obsessiven Mißtrauen, mit dem die SED ihren Untertanen begegnete, wie in ihrer vollständigen Abhängigkeit von sowjetischer Unterstützung. Bezeichnenderweise war die SED die erste kommunistische Partei des Ostblocks, die sowjetische Panzer vor dem Zorn ihrer Untertanen retten mußten. Der Bau der Mauer schuf ein Mahnmal dafür, daß das SED-Regime keine lebensfähige Struktur war, die sich im friedlichen Wettbewerb unter einigermaßen normalen Bedingungen hätte behaupten können. Um ihre Herrschaft aufrechtzuerhalten, benötigte die SED vielmehr die absolute Abschottung ihres Staates, so daß ihren Untertanen einzig die Wahl zwischen Anpassung und Resignation blieb.[30]

Das Mißtrauen der SED gegenüber »ihren Menschen« war aber älter als ihre Herrschaft. Es war der Reflex einer politisch besiegten Partei, deren Herrschaft ihren Landsleuten 1945 durch die siegreiche Sowjetarmee aufgezwungen worden war.[31] Während eine Mehrheit der Deutschen zwischen 1933 und 1945 zu mehr oder minder enthusiastischen Anhängern von Hitlers Regime geworden war, hatten viele deutsche Kommunisten in Konzentrationslagern oder Zuchthäusern gesessen. So war Axen als Häftling in Auschwitz und Buchenwald. Und Honecker hatte zehn Jahre in Zuchthäusern verbracht. In einem seiner letzten Interviews ließen Honeckers Ausführungen zur Nachkriegszeit seine tiefe Verunsicherung gegenüber dem eigenen Volk ahnen:

> »Die zu schaffende antifaschistisch-demokratische Ordnung war eine Aufgabe, die sich eine Minderheit stellte, und sie bekam erst mit der Zeit eine breite Basis. Eine Wahl wäre damals ganz unmöglich gewesen. Sie [die Deutschen] hätten wahrscheinlich noch die alten Gauleiter in den Reichstag gewählt,

so war es durchaus verständlich, daß die Besatzungsbehörden in allen Zonen Wert darauf legten, daß erste Landesregierungen gebildet wurden, in denen Kommunisten und Sozialdemokraten mit bürgerlichen Demokraten und Christen zusammenwirkten.«[32]

Auf ihren Widerstand gegen den Nationalsozialismus konnten die Veteranen der SED zwar zu Recht stolz sein, sie benutzten ihren »antifaschistischen Kampf« aber geradezu wucherisch als Mittel zur Herrschaftslegitimierung. Da die Führer der SED sowohl die heroischen Subjekte als auch die Oberpriester ihres antifaschistischen Staatskults waren, war einer hemmungslosen Selbstglorifizierung Tür und Tor geöffnet; jedes andere biographische Erleben wurde auf einen Platz der Nachrangigkeit verwiesen. Selbst die Erinnerung an die jüdischen Opfer des Nationalsozialismus wurde häufig zur Seite gedrängt oder ganz ignoriert. Als Opfer eines metaphysischen Antisemitismus paßten sie eben nicht zu einer dualistischen Teleologie, die den Nationalsozialismus monokausal als bürgerliche Klassenreaktion auf den Siegeszug der Kommunisten deutete.[33]

Vor Honeckers Machtübernahme hatten die Überlebenden der nationalsozialistischen Kerker jedoch keine besondere Rolle in der SED-Führung gespielt. Im Gegenteil, nach einer kurzen Phase der Prominenz in den späten vierziger Jahren waren vor allem die Leiter des kommunistischen Widerstands im Konzentrationslager Buchenwald einer Säuberung zum Opfer gefallen, welche die Vorherrschaft der aus der UdSSR heimgekehrten Emigranten um Walter Ulbricht festschrieb.[34] Bei Ulbricht und seinen Mannen handelte es sich um handverlesene Stalinisten. Ihr Widerstand gegen Hitler beschränkte sich zumeist auf die Entlarvung jener angeblichen Agenten des Faschismus, als die sich selbst altgediente Kommunisten während Stalins Säuberungen so häufig »erwiesen«. Daß er ein getreuer Appendix Stalinscher Machtpolitik war, hatte Ulbricht anläßlich des Hitler-Stalin-Paktes bewiesen. 1940 hatte er Großbritannien als reaktionärste Kraft der Welt bezeichnet, da sich die britische Regierung weigerte, nach Hitlers erfolgreichem Überfall auf Polen mit dem deutschen Diktator Frieden zu schließen. Den deutschen Arbeitern empfahl Ulbricht, alles zur Festigung der deutsch-sowjetischen Freundschaft zu tun und keinesfalls einen Bruch des Hitler-Stalin-Paktes zuzulassen. Außerdem warnte er sie vor der Versklavung, die ihnen im Fall eines britischen Sieges drohe.[35]

In den frühen achtziger Jahren war die sowjetische Emigration im Politbüro Honeckers noch maßgeblich durch Heinz Hoffmann (Jahrgang 1910) und Erich Mielke (Jahrgang 1907) vertreten, die beide in den dreißiger Jahren eine mehrjährige Offiziersausbildung in der UdSSR absolviert hatten. Die Mentalität dieser beiden Männer war deutlich von der Bürgerkriegsatmosphäre der Weimarer Republik geprägt. Da die deutschen Kommunisten damals noch wild entschlossen waren, durch eine proletarische Revolution zur Macht zu gelangen, hatten sie ihre terroristische »Militärpolitik« vor allem gegen die »Sozialfaschisten« der SPD und die Institutionen der Weimarer Demokratie gerichtet.[36] Als Angehöriger der Militärorganisation der KPD hatte Mielke 1931 persönlich an der Ermordung zweier Polizisten teilgenommen. In der Diktion des totalen Bürgerkrieges forderte er 1981, mit Verrätern kurzen Prozeß zu machen: »Das ganze Geschwafel, von wegen nicht hinrichten und nicht Todesurteil – alles Käse, Genossen. Hinrichten, wenn notwendig auch ohne Gerichtsurteile.«[37] Aber selbst Honecker benutzte bisweilen die Metaphorik des Weltkrieges, um den historischen Ort der DDR zu bestimmen. Dem Führer der laotischen Kommunisten erklärte er 1982: »Sie sind unmittelbar an der Ostfront, wir sind an der Westfront, und wir müssen jeder den jeweiligen Gegner schlagen, den wir vor uns haben.«[38]

Doch Mielke betätigte sich nicht nur in der DDR als kommunistischer Sittenwächter. Er notierte auch, wenn sich bei den Bundesgenossen ideologische Aufweichungen regten. So übergab er der KGB-Führung 1982 eine »Information« zum Denken tschechoslowakischer Dissidenten, die implizit auch vor einigen jener sowjetischen Politikwissenschaftler warnte, die später zum Beraterkreis Gorbatschows gehörten:

> »Es wird [von den intellektuellen Kreisen in der ČSSR] weiter die Auffassung vertreten, daß es in keinem sozialistischen Land grundlegende Veränderungen geben könne, wenn es nicht in der UdSSR zu prinzipiellen Veränderungen in den gesellschaftlichen Verhältnissen komme. Dies sei aber nur möglich, wenn sich die Führung der UdSSR verändere. Man warte gespannt auf solche Veränderungen, die durch biologische Prozesse in Kürze eintreten müßten, und man hoffe, daß ›progressive‹ Kräfte so stark seien, daß eine Führung entsteht, durch die ein Erneuerungsprozeß möglich sei.
> Vor allem auch durch den KSZE-Prozeß und die Politik der friedlichen Koexistenz mit den kapitalistischen Ländern ... seien Deformationen im System der UdSSR aufgedeckt worden, habe sich die Unfähigkeit der Regierung zur Führung der Gesellschaft, ihr Dogmatismus, gezeigt, sei das System unter Druck gesetzt worden.
> Dies sei die Absicht jener sowjetischen Wissenschaftler gewesen, die damals an den Problemen der europäischen Sicherheit gearbeitet haben; sie hätten bewußt und mit Mut, als Kommunisten, diese internationale Arbeit, den offiziellen Weg, genutzt, damit sichtbar werde, daß Veränderungen in der UdSSR erforderlich seien. (Genannt werden die Professoren Inosemzew, Primakow, Melnikow, Filatow, Proektor, Arbatow und Nedaresow sowie Dr. Rasmerowund, Dr. Tomaschewski, die an sowjetischen Instituten tätig seien – Institut für Internationale Politik und Wirtschaft, Institut für Internationale Beziehungen, USA-Institut.)
> Sie hätten genau gewußt, daß das absolutistische System zerbröckeln müsse. In der VR Polen sei das eingetreten. In der UdSSR stünden die Führung, das Führungssystem und das alte Sozialismusmodell vor größten Schwierigkeiten und vor dem Zusammenbruch. In anderen sozialistischen Staaten seien die

Schwierigkeiten und die Situation ebenfalls mit den alten Formen und Methoden der Politik nicht mehr zu meistern.«[39]

Damals stießen solche Warnungen in der UdSSR noch auf offene Ohren. Im September 1982 unterrichtete der KGB-Vorsitzende Mielke über den Vollzug von sieben Verhaftungen.[40]

Tatsächlich besaß der SED-Staat nur eine geborgte Identität, die zu ihrer Aufrechterhaltung dringendst der wirklichen oder fiktionalen Infamie des Feindes bedurfte. Otto Reinhold erklärte 1989 folgerichtig, die DDR sei nur als sozialistische und antifaschistische Alternative zur Bundesrepublik denkbar, nicht als kapitalistisches Ostdeutschland neben einem kapitalistischen Westdeutschland.[41] Nachdem Gorbatschow 1988 das Dogma vom wesenhaft aggressiven Kapitalismus für nichtig erklärt und dem Kapitalismus hohe Entwicklungspotentiale bescheinigt hatte, war aber auch die vom Kommunismus abgeleitete Legitimität der SED-Herrschaft als Bluff »entlarvt«.[42]

Die mangelnde Legitimität ihrer Staatsgründung war nicht die einzige Schwachstelle, die dazu führte, daß die SED 1989 den Kollaps ihrer Herrschaft mehr oder minder tatenlos erduldete. Hinzu kam, daß zu dieser Zeit psychologische Stützpfeiler wegbrachen, die bis dahin das Selbstbewußtsein der SED-Führung getragen hatten. In Mielkes Fall war dieser Stützpfeiler die UdSSR; denn dem Staate Lenins und Stalins hatten seine Loyalität und sein revolutionärer Romantizismus stets vorrangig gegolten. Daß er in erster Linie einer der Ihren sein wollte, hatte Mielke den »sowjetischen Tschekisten« bei jeder sich bietenden Gelegenheit versichert: »Bereits als junger Arbeiter war für mich, wie für viele deutsche Arbeiter, die Sowjetunion das wahre Vaterland.«[43] Als die Sowjets unter Gorbatschow aber nicht mehr länger »Klassenbrüder«, sondern einfach nur noch Menschen sein wollten, mußte Mielke zwangsläufig das Objekt einer lebenslangen Liebe abhanden kommen.

Da Honecker erheblich weniger auf die UdSSR fixiert war als Mielke, konnte ihn deren Liebesentzug auch nicht so stark treffen. Honeckers Liebesbedürfnis hatte sich die eigenen Untertanen zum Objekt erkoren. In den Jahren seiner Herrschaft war seine patriarchische Liebe um so größer geworden, je stärker er zu glauben bereit war, daß sie von »seinen Menschen« erwidert würde. Die Fiktion der Zustimmung wurde so zur psychologischen Grundlage seines Machtwillen. Wie sehr Täuschung und Selbsttäuschung bei ihm Hand in Hand gingen, verdeutlicht ein Vergleich, den er 1982 zwischen der Wahlbeteiligung in der DDR und in den USA anstellte: »Bei uns nehmen alle an den Wahlen teil. In meinem Wahlbezirk habe ich 71 Gegenstimmen. Das ist überhaupt nichts. Ich hatte manchmal schon den Eindruck, das sind zu wenige. Aber so geht es den anderen auch.«[44]

Dem ehemaligen FDJ-Funktionär, der noch dazu mit der Volksbildungsministerin der DDR verheiratet war, lag natürlich besonders viel an der Zuneigung der Jugend. 1982 verglich Honecker selbstgewiß sein vortreffliches Verhältnis zu dieser mit den Zuständen in der Bundesrepublik: »Wir brauchen auch keine kugelsicheren Glasscheiben, wenn wir zur Jugend sprechen, und wir brauchen auch keine Regenschirme, die uns vor faulen Eiern schützen sollen. Im Gegenteil, wir müssen die Ovationen der Jugend noch etwas dämpfen.«[45] 1989 war es dann aber die von Honecker und seiner Gattin erzogene Jugend, die der DDR scharenweise den Rücken kehrte.

Einfallspforten eines neuen Denkens

Obgleich sich die Warnungen der Ökologiebewegung vornehmlich an die kapitalistischen Gesellschaften richteten, waren deren apokalyptische Phantasien von der Megamaschine, die mit einer ihr inhärenten Logik zur Selbstausrottung dränge, eine sehr viel passendere Beschreibung der sozialistischen Industriegesellschaft. Das Unvermögen, Primärenergie effektiv auszunutzen, schlug sich dort nämlich in einer katastrophalen Umweltbilanz nieder. Allein die DDR belastete die Umwelt mit mehr Staub und

Schwefeldioxid als jedes andere europäische Land. 1988 sorgten günstige Winde dafür, daß die DDR 804000 Tonnen Schwefeldioxid zu ihren Nachbarn exportieren konnte. Diese Schadstofflast war doppelt so hoch wie die gesamten jährlichen Emissionen der Bundesrepublik. Ohne diese »Exporte« wären, statistisch betrachtet, 48 Tonnen Schwefeldioxid auf jedem Quadratkilometer ostdeutschen Territoriums niedergegangen. Auch die Wasserverschmutzung hatte katastrophische Dimensionen erreicht: Fast die Hälfte der Bevölkerung konsumierte Trinkwasser, das nicht den gültigen Reinheits- und Hygiene-Normen entsprach.[46] In der UdSSR hatten die »ökologische Ignoranz« und das »ökologische Abenteurertum« unkontrollierter Staatsbürokratien zu einer Umweltkatastrophe geführt, die sich seit 1970 im kontinuierlichen Anstieg der Kindersterblichkeit und einem ebenso stetigen Rückgang der Lebenserwartung niederschlug.[47]

In analoger Weise taugten die Theorien westlicher Friedensforscher über die destabilisierende Rolle des militärisch-industriellen Komplexes eher zur Beschreibung des marxistisch-leninistischen Partei-Militär-Komplexes als zur Charakterisierung des Westens. Während z.B. der Durchsetzung von Reagans Aufrüstungsprogramm von einem skeptischen Senat und einer lautstarken Friedensbewegung fühlbare Grenzen gesetzt wurden,[48] hielt es das sowjetische Oberkommando nicht einmal für notwendig, das ZK der KPdSU mit zutreffenden Zahlen zum sowjetischen Militärhaushalt zu versorgen.[49] Theorien zur fatalen Wirkung von Feindbildern waren ebenfalls von besonderer Relevanz für ein System, das den »Haß« auf den Klassenfeind zur Tugend erhoben hatte.[50]

Im Rückblick mutet es geradezu verwegen an, daß sich der Kreml auf einen Friedenskampf einließ, der eine wachsende Zahl von Sowjetmenschen in Kontakt mit den westlichen Friedensbewegungen brachte. Bis in die späten sechziger Jahre hinein waren Kontakte zwischen Sowjetbürgern und Ausländern in der UdSSR extremen Beschränkungen unterworfen.[51] Diese Praxis war für die Erhaltung der kommunistischen Belagerungsmentalität erheblich geeigneter als die Idee, mit Hilfe von Städtepartnerschaften den Friedenskampf zu führen. Zwar mag es dem einen oder anderen sowjetischen Bürgermeister durchaus gelungen sein, seine westeuropäischen Kollegen zur symbolischen Proklamierung einer atomwaffenfreien Zone zu bewegen,[52] der dafür notwendige Austausch von Delegationen brachte aber eine Vielzahl relativ gewöhnlicher Sowjetbürger mit einer politischen Diskurstradition in Berührung, in der Kritik an der eigenen Regierung zu den für erstrebenswert gehaltenen Tugenden zählte. Obschon die Katastrophe von Tschernobyl der entscheidende Auslöser gewesen sein dürfte, haben die städtepartnerschaftlichen Kontakte sicherlich auch das ihre dazu beigetragen, daß es seit 1987 immer mehr sowjetische Gemeinden wagten, ihre Opposition gegen die Militärpolitik der Moskauer Zentrale zu bekunden. 1988 scheiterte in Mukatschewo der Bau einer neuen Radarstation am Widerstand der lokalen Bevölkerung. Ein Jahr darauf erklärte sich das ukrainische Lwow zur atomwaffenfreien Zone.[53]

Die Kollateralschäden des Friedenskampfes wurden besonders in den politischen Instituten der Sowjetischen Akademie der Wissenschaften sichtbar. Georgi Arbatow, Leiter des Instituts für die USA und Kanada (ISKAN), berichtet, daß an diesen Instituten relativ freie Diskussionen möglich waren. Die sogenannten *institutschiki* verfügten über Kontakte zu westlichen Politikforschungsinstituten und über privilegierten Zugang zu westlicher Literatur.[54] In den siebziger und frühen achtziger Jahren, so erklärte Alexei Arbatow, einer der schärfsten Kritiker, der dem sowjetischen Partei-Militär-Komplex aus den Reihen der *institutschiki* erwachsen sollte, wurde das Studium der Abrüstungspolitik allerdings primär betrieben, um die sowjetische Auslandspropaganda zu untermauern.[55]

Im Rahmen der Auslandspropaganda wurden in den frühen achtziger Jahren viele *institutschiki* zu westlichen Friedensdemonstrationen entsandt, wo sie als getreue Sprecher des Kreml agierten. So hatte Daniel Proektor, ein Mitglied des Instituts für Weltwirtschaft und Internationale Beziehungen (IMEMO), während des »Nürnberger Tribunals gegen Erstschlag und Massenvernichtungswaffen« die sowjetische Militärpolitik verteidigt.[56] Vier Jahre später stieß Proektor aber heftig mit der sowjetischen Militärführung zusammen, weil er erklärte, daß im Atomzeitalter der Krieg kein Mittel zur Fortsetzung der Politik mehr sein könne. Proektor mahnte, daß selbst ein konventioneller Krieg in Europa nicht mehr führbar sei, da die Zerstörungen rasch Ausmaße erreichen würden, die jeden denkbaren politischen Zweck ad absurdum führen mußten.[57]

Georgi Arbatow und der Exgeneral Michail Mihlstein durchliefen eine ähnliche Entwicklung: Zunächst wurden beide als Propagandisten des Friedenskampfes zur Palme-Kommission für Abrüstung und Sicherheit entsandt.[58] Nachdem Gorbatschow den politischen Diskurs in der UdSSR von seinen traditionellen Beschränkungen befreit hatte, standen Arbatow und Mihlstein jedoch in den Reihen jener, die die traditionelle sowjetische Militärpolitik einer scharfen Kritik unterzogen.[59] Daß viele *institutschiki* Konzepte über eine rein defensive und nichtprovokative Verteidigung aufnahmen, die ursprünglich von westlichen Friedensforschern stammten, hat der norwegische Friedensforscher Johan Galtung als einen Triumph des westlichen Pazifismus gewertet. So hatte das Friedensforschungsinstitut in Oslo seine Produkte jahrelang an das Institut für Weltwirtschaft und Internationale Beziehungen in Moskau verschickt, wo sie offenbar aufmerksam von Leuten gelesen worden waren, die später zu Gorbatschows Beratern zählten.[60]

Wichtiger für die Veränderungen in der sowjetischen Außen- und Militärpolitik als der aufklärerische Einfluß von Galtungs Schriften war indessen, daß die *institutschiki* sehenden Auges miterlebt hatten, wie Breschnews Politbüro ihr Land auf einen gefährlichen und kostspieligen Expansionskurs in der Dritten Welt festgelegt hatte. Laut Arbatow waren Breschnews Abenteuer von einem »revolutionären Minderwertigkeitskomplex« motiviert, dem die Furcht zugrunde lag, vom »›Klassenstandpunkt‹« abzuweichen beziehungsweise »nicht ausreichend ›revolutionär‹ zu erscheinen«.[61] Die *institutschiki* hatten ebenso wie viele Mitglieder der politischen Sekundäreliten erkannt, daß dieser revolutionäre Altruismus ihr Land in die Verarmung trieb. Eduard Schewardnadse beklagte später, das Ideal des Klassenkampfes habe die UdSSR in eine militärische Supermacht mit hoher Kindersterblichkeit und sinkender Lebenserwartung verwandelt. Dem sowjetischen Volk nützte wahrlich weder die militärische Hilfeleistung für Afghanistan noch die großzügige Militärhilfe für Afrikas marxistische Potentaten.[62] Dem zornigen Proektor erscheint die Expansionspolitik der siebziger Jahre in der Rückschau als ein riesiges Ablenkungsmanöver: Durch eine Belebung des Kalten Krieges sollten im sozialistischen Lager die »antitotalitären Kräfte des Zerfalls« niedergehalten werden, die der wirtschaftliche Niedergang wachgerufen hatte.[63] An die Stelle von Breschnews revolutionärer Großmannssucht trat unter Gorbatschow die Rückbesinnung auf die nationalen Interessen der UdSSR. Daß die Vertreter einer nationalen Interessenpolitik machtpolitische Argumente für ihre Sichtweise geltend machen konnten, erleichterte zusätzlich die Abkehr vom kommunistischen Altruismus mit seinem Ideal des globalen Klassenkampfes.[64]

Die »Stern«-Gruppe über den Zweiten Kalten Krieg

Zwar waren die *institutschiki* bereits unter Breschnew als Politikberater tätig, ihren Expertisen sollte aber erst unter Gorbatschow eine wirklich bedeutsame Rolle zukommen. Mit Alexander Jakowlew stieg dann sogar einer von ihnen ins Politbüro auf.[65] Zum wichtigsten Forum für die zivilen Militärexperten wurde indes Schewardnadses Außenministerium. Die Vorreiterrolle, die das Außenministerium sowohl bei dem bevorstehenden Rückzug aus dem sowjetischen Imperium als auch beim Kampf gegen den kommunistischen Militarismus übernahm, war maßgeblich dem Einfluß der *institutschiki* geschuldet. Im Außenministerium entstand neben einem Zentrum für wissenschaftliche Politikforschung auch eine informelle Expertenkommission, die von dem Historiker Wjatscheslaw Daschitschew geleitet wurde.[66]

Daschitschew, der sich als einer der ersten sowjetischen Funktionäre für eine deutsche Wiedervereinigung aussprechen sollte,[67] hatte zuvor in der multilateralen Projektgruppe »Stern« mitgewirkt, die 1974 von den sozialistischen Staaten zur Erforschung der Ost-West-Beziehungen gegründet worden war. Mit Ausnahme Rumäniens hatten alle Ostblockstaaten Wissenschaftler und Vertreter ihrer Außenministerien entsandt. Die Berichte und Analysen der »Stern«-Gruppe wurden den Zentralkomitees aller Teilnehmerstaaten vorgelegt. Dadurch war dieses Gremium in der einmaligen Position, synchron auf alle Entscheidungsträger des sozialistischen Lagers einwirken zu können.[68] Die Protokolle ihrer Treffen und die Strategiepapiere der »Stern«-Gruppe gewähren tiefe Einblicke in die Formulierungsphase des neuen außenpolitischen Denkens, das in der Gorbatschow-Ära den Weg für die Revolutionen von 1989 frei machen sollte.

Im April 1983 stand das Treffen der »Stern«-Gruppe im Zeichen der bevorstehenden Raketenstationierung und der dadurch erzeugten Kriegsangst. Mehr als alle anderen fürchteten die sowjetischen Delegierten, daß es zu einer weiteren Verschärfung der Spannungen, gar zu einer »Art Vorkriegskrise« kommen könne.[69] Außerdem wurde aber auch über die Wirtschaftsbeziehungen im COMECON und neue Ansätze zur Bestimmung des internationalen Kräfteverhältnisses diskutiert. Den sowjetischen Vorschlägen zur Reorganisation des COMECON war anzumerken, daß man in Moskau zusehends der Last eines Imperiums müde wurde, das nur noch durch Handelssubventionen zusammengehalten werden konnte. Die sowjetischen Delegierten verlangten stattdessen, daß der »Ware-Geld-Preis-Mechanismus« und »die wirksame, regulierende Rolle der Preise und Geldinstrumente auf dem internationalen sozialistischen Markt« wiederhergestellt werden müßten. Preise und Zinssätze sollten den »laufenden Weltmarktpreisen« angeglichen werden. Erleichtert notierten die

SED-Vertreter, daß sich selbst die sonst so undogmatischen Ungarn gegen derlei Neuerungen aussprachen. Die Vorschläge der sowjetischen Delegierten zur Reorganisation des COMECON waren indes fester Bestandteil ihrer Überlegungen zur Neubestimmung des internationalen Kräfteverhältnisses: Dieses sollte künftig vorwiegend anhand von wirtschaftlichen Parametern festgelegt werden. Die SED-Genossen standen auch dieser Neuerung skeptisch gegenüber und beharrten statt dessen auf dem Vorrang von politischen, sozialen und natürlich militärischen Faktoren.[70] Einige Delegierte – vermutlich die sowjetischen – gingen sogar soweit, die machtpolitische Sinnhaftigkeit einer militärischen Parität anzuzweifeln, die »nicht durch die ökonomische Basis und das soziale Gleichgewicht untermauert« sei.[71]

Bei der nächsten Tagung, im Januar 1984, gab es erstmals »bei der Endfassung des Forschungsberichtes ... solche Meinungsverschiedenheiten zwischen den einzelnen Delegationen, daß kein gemeinsamer Abschlußbericht verfaßt werden konnte«.[72] Aber auch der Beginn der Raketenstationierungen hatte eine niederschmetternde Wirkung auf die Projektgruppe. Nur die Ungarn mühten sich wacker, die Signifikanz dieses Ereignisses herunterzuspielen. Mit einer rhetorischen Anleihe bei de Gaulle suchten sie ihre Genossen davon zu überzeugen, daß zwar »›ein Gefecht, nicht jedoch eine Schlacht‹ verloren« worden sei: Der Widerstand gegen die Militärpolitik der NATO sei erheblich gewachsen; in der Bundesrepublik sei der sicherheitspolitische Konsens »der politischen Hauptkräfte« zerbrochen. Nun gehe es darum, diesen Preis weiter in die Höhe zu treiben.[73]

Zu den Unstimmigkeiten, die die Erstellung eines gemeinsamen Berichts verhinderten, dürften die häretischen militärpolitischen Überlegungen gehört haben, die Daschitschew unter dem Eindruck der Krise zu formulieren wagte. Er bezweifelte nun ganz offen, ob es sinnvoll sei, »unter allen Umständen, auf jedem Gebiet immer die militärische Parität zu sichern«. Obwohl es »notwendig und nützlich« wäre, die konventionelle Parität in Europa aufrechtzuerhalten, sei dies im Bereich der Atomwaffen sehr viel unvorteilhafter. Die »Verteidigungskraft« der sozialistischen Länder sollte zwar stets auf dem »erforderlichen Niveau« gehalten werden, »was jedoch nicht in jedem Falle Parität bedeuten müßte«. Daschitschew verlangte ferner, bei der Verteidigungsplanung endlich »die realen ökonomischen Kräfteverhältnisse« zu berücksichtigen. Wegen ihrer kleineren ökonomischen Basis stelle die Wahrung der Parität für die sozialistischen Staaten »eine relativ größere ökonomische Belastung« dar als für den Westen. Deshalb beabsichtige Reagan, den Bogen zwischen dem militärischen Wollen und dem ökonomischen Vermögen der sozialistischen Staaten bis zu deren Bankrott aufzuspannen. Zur Entfernung der US-Mittelstreckenraketen empfahl Daschitschew ein gänzlich »neues Herangehen«: In Europa solle dem Westen der Verzicht auf seine Atombewaffnung endlich »mit der Herstellung der Gleichheit der konventionellen Streitkräfte« schmackhaft gemacht werden.[74]

Im Bereich von Wirtschaft, Wissenschaft und Technologie befürwortete die »Stern«-Gruppe ein Abgehen von dem traditionellen Autarkie-Ideal der sozialistischen Kriegswirtschaft. Die »Unabhängigkeit bzw. Unverwundbarkeit der Gemeinschaft der sozialistischen Länder auf wissenschaftlich-technischem Gebiet« könne besser gewährleistet werden, wenn alle Ressourcen auf einige ausgewählte Gebiete konzentriert würden, um durch die Erringung von »Spitzenpositionen« »eine Art ›gegenseitiger Abhängigkeit‹ und ›gegenseitigen Interesses‹« zwischen den beiden Systemen herzustellen.[75]

Trotz aller Mißhelligkeiten legte die »Stern«-Gruppe 1984 doch noch einen Abschlußbericht vor, mit dessen Gesamtredaktion Daschitschew beauftragt gewesen war. Das so entstandene Papier war auch ein erster Versuch, die Lehren des »Zweiten Kalten Krieges« wissenschaftlich aufzuarbeiten.[76] Doch blieb die Studie nicht nur bei der Frage stehen, durch welche politischen Fehler das sozialistische Lager dem Zusammenbruch der Entspannung Vorschub geleistet hatte, sie fragte auch, warum die sozialistischen Staaten immer stärker von Abstieg und sozialem Verfall bedroht waren. Über dem ganzen Bericht schwebte die angstvoll gestellte Frage, ob denn der Warschauer Vertrag überhaupt noch in der Lage wäre, mit dem Westen in der neuen wissenschaftlich-technischen Revolution Schritt zu halten.[77]

In einem historischen Rückblick wurde auf die dynamische Wirtschaftsentwicklung hingewiesen, die die sozialistischen Länder bis zu den frühen siebziger Jahren durchlaufen hatten.[78] Politisch sei diese Epoche »ein Zeitraum des sozialen ›Sturm und Dranges‹ auf die internationalen Positionen des Kapitalismus« gewesen.[79] Wegen seiner generösen Waffenhilfe hatte der Ostblock damals beträchtliche Einflußgewinne verbuchen können. In den siebziger Jahren vollendete sich aber der Zusammenbruch der Kolonialreiche. Der militärische Faktor verlor zusehends an Bedeutung, da die Länder der Dritten Welt sich nun ihrer wirtschaftlichen Entwicklung zuwandten. In dieser Phase kam es zu einer Wiederannäherung zwischen den ehemaligen Kolonien und ihren Mutterländern.[80] Die Verstärkung der wirtschaftlichen Kontakte führte zu einer wachsenden Interdependenz zwischen dem Westen und der Dritten Welt. Den sozialistischen Staaten fehlten hingegen die »ökonomischen Möglichkeiten«, um »diesen Tendenzen wirksam entgegenzutreten«. Die »Anwendung militärpolitischer Mittel« führe nach den Erfahrungen der siebziger Jahre hingegen zur Verschärfung der Ost-West-Beziehungen, zur Forcierung des Wettrüstens und einer erhöhten Atomkriegsgefahr. Was den sozialistischen Staaten wiederum eine zusätzliche ökonomische Belastung einbrachte.[81] Gerade »die internationalistischen Hilfsaktionen für Angola, Äthiopien, Südjemen, Afghanistan und weitere Länder« hätten maßgeblich »zur Unterminierung der Entspannung von seiten der westlichen Mächte« beigetragen.[82] Um die Wiederholung eines solchen Debakels auszuschließen, wie es der Ausbruch des Zweiten Kalten Krieges für den Ostblock gewesen war, sollten Prioritäten festgelegt und die Aktivitäten in der Dritten Welt besser mit den Ost-West-Beziehungen koordiniert werden.[83]

Der Aufruf zur Mäßigung, den die »Stern«-Gruppe an ihre

politischen Dienstherren richtete, basierte auf einer düsteren Einschätzung des ökonomischen und technologischen Kräfteverhältnisses. Demnach lag das Bruttosozialprodukt der »drei ... imperialistischen Zentren« – USA, Japan und Westeuropa – Ende der siebziger Jahre etwa dreimal so hoch wie das »der europäischen RGW-Länder einschließlich der UdSSR«. Allein das Bruttosozialprodukt der USA lag um das 1,5fache höher.[84] Laut »Stern«-Gruppe verschlechterte sich die Lage des Warschauer Vertrages zusehends weiter, weil das chinesische Bruttosozialprodukt bereits ein Viertel des Bruttosozialprodukts aller Ostblockstaaten erreicht hatte, während diese selbst von rückläufigen Wachstumsraten gebeutelt wurden.[85]

Das wirtschaftliche Ungleichgewicht bedingte wiederum, daß »die Last des Wettrüstens« die sozialistischen Staaten weit stärker in ihrer wirtschaftlichen Entwicklung behinderte als die NATO-Staaten. Das Ziel der militärischen Parität beziehungsweise Überlegenheit hatte nur erreicht werden können, weil die Kommunisten ihren Staaten ungleich höhere Rüstungsausgaben zugemutet hatten als die westlichen Regierungen. Um dies zu belegen, zitierte der »Stern«-Bericht Schätzungen des Friedensforschungsinstituts SIPRI, wonach die UdSSR in den siebziger Jahren 10 Prozent ihres Bruttosozialprodukts für das Militär aufgewendet hatte, während die USA lediglich 5,2 Prozent, die Bundesrepublik 3,3 Prozent und Japan weniger als 1 Prozent für Verteidigung investierten. Inzwischen plante Washington aber, das US-Militärbudget auf 10 Prozent des Bruttosozialprodukts anzuheben. Und die Japaner erwogen, ihren Verteidigungshaushalt pro Jahr um reale 6,3 bis 8 Prozent ansteigen zu lassen. Der Ostblock drohte somit in eine Lage zu geraten, in der die militärische Parität nicht einmal mehr mit wirtschaflich ruinösen Gegenanstrengungen gesichert werden konnte.[86]

Die Verfasser von »Stern IV« interpretierten die westlichen Rüstungsprogramme aber in erster Linie als ein politisches Druckmittel, um die UdSSR durch einen Rüstungswettlauf in eine Wirtschaftskatastrophe zu treiben. Trotzdem waren sie nicht der

Ansicht, daß man die Veränderung der militärischen Balance leichtherzig ignorieren dürfe, um zum Beispiel Mittel vom Militäretat in den zivilen Maschinenbau umzuleiten. Das Interesse der USA an Stealth-Technologie und punktzielgenauen Atomwaffen nährte auch bei ihnen die Befürchtung, daß es dem US-Militär bald möglich sein könne, einen entwaffnenden Erstschlag zu führen. Die »Stern«-Gruppe sah diese Entwicklung mit großer Sorge, da sie ihrer Meinung nach die Gefahr eines durch Fehlkalkulationen ausbrechenden Krieges verstärkten.[87] Daher stünde nun »die Frage des Überlebens der Menschheit … real auf der Tagesordnung«.[88] Angesichts solcher Gefahren forderten sie »eine ernsthafte und umfassende ›Umwertung der Werte‹, … um die Ost-West-Beziehungen aus der Krise herauszuführen«.[89]

Die Mitglieder der »Stern«-Gruppe bekräftigten in diesem Zusammenhang erneut, daß Reagans Rüstungsprogramm Teil einer umfassenden Strategie sei, um »bis zum Ende des 20. Jahrhunderts ›mit dem Sozialismus und Kommunismus Schluß zu machen‹.« Nicht ohne eine gewisse Wehmut erinnerten sie an die siebziger Jahre, als der Westen noch eine Strategie der »Veränderung durch Annäherung« verfolgte, um »eine Erosion des Sozialismus zuerst in den osteuropäischen sozialistischen Ländern und danach allmählich in der Sowjetunion hervorzurufen«. Die Reagan-Administration hatte die Stoßrichtung des Angriffs »›von der Peripherie auf das Zentrum‹ verlagert«, um durch »die Untergrabung der Stärke der UdSSR« den »Zusammenbruch der gesamten sozialistischen Gemeinschaft« herbeizuführen.[90]

Außerdem enthielt der Bericht eine vorsichtige Kritik an Gromykos Deutschlandpolitik. Die Autoren legten dar, daß Bonn ein starkes und dauerhaftes Interesse an guten Ost-West-Beziehungen habe. Sie unterstrichen, daß es gerade die »nationale Frage« sei, welche das starke Interesse des westdeutschen Staates an der Entspannung begründete. Bemerkenswert an dieser an sich banalen Einschätzung ist die Tatsache, daß das Bonner Interesse an einer Lösung der nationalen Frage erstmals in einen positiven Zusammenhang gestellt und nicht mit den üblichen Revanchismus-Vorwürfen belegt wurde.[91] Wie wenig mit Druck zu erreichen war, illustrierte das Papier, indem es den Wirkungsmechanismus des atlantischen Primats in der westdeutschen Politik aufzeigte: Während sich in Zeiten der Entspannung die Beziehungen zwischen der Bundesrepublik und den USA abschwächten, zwang jeder Anstieg der Spannungen »die Regierungskreise in Bonn« dazu, »ihre atlantischen Beziehungen zu verstärken«.[92]

Der nächste Bericht, »Stern V«, widmete sich hauptsächlich den Beziehungen zwischen dem Ostblock und der Dritten Welt. Im Hinblick auf die Dritte Welt legte die Projektgruppe ihren Auftraggebern nahe, dringendst das bisherige Überengagement zu beenden. Behutsam wies die Projektgruppe auf die Möglichkeit hin, daß mancher sozialistische Staat der Dritten Welt wegen wirtschaftlicher und politischer Instabilität wieder die Seite wechseln könnte.[93] Sie betonte, daß vor allem interne Faktoren den Ausschlag geben würden, ob ein Land sozialistisch bliebe oder nicht. Lenins Kriegskommunismus galt offenbar nicht länger als entwicklungspolitisches Patentrezept. Statt dessen empfahlen die »Stern«-Experten »die Ausarbeitung einer ökonomisch begründeten Entwicklungsstrategie« und »die Ausnutzung der Ware-Geld-Beziehungen sowie die Schaffung eines binnen- und außenwirtschaftlichen Mechanismus«.[94] In der Dritten Welt sollte nur noch mit größter Vorsicht agiert werden. Dem neuen Primat der Friedenssicherung folgend, wurde festgehalten, »daß alle Maßnahmen zur Umgestaltung der internationalen Wirtschaftsbeziehungen nur unter den Bedingungen des Friedens, der Verhinderung eines Atomkrieges und der Abrüstung möglich sind«.[95]

Bei seiner Fertigstellung im Jahre 1985 ließ der »Stern V«-Bericht keinen Zweifel daran, daß ein Rückzug aus der Dritten Welt unumgänglich war und längst vom wirtschaftlichen Niedergang sowie dem fortschreitenden Bedeutungsverlust des sozialistischen Lagers diktiert wurde. Das sowjetische Imperium war nämlich mittlerweile selbst zum Resonanzboden für eine Vielzahl verschiedener Krisen geworden. Weil die Bedürfnisse des Staates im Zentrum ihres Wirtschaftssystems standen, waren die sozialistischen Staaten zu mittelbaren Opfern der Überschuldungskrise geworden, die in der Mitte der achtziger Jahre den meisten Regierungen der Dritten Welt eine strikte Haushaltsdisziplin auferlegte. Überdies waren die Kunden in der Dritten Welt immer weniger mit der Qualität der Waren und Dienstleistungen zufrieden, die sie aus den sozialistischen Staaten bezogen. Selbst ihre traditionellen Handelspartner wandten sich immer häufiger von der sozialistischen Gemeinschaft ab.[96]

Das Schrumpfen ihrer Exporte machte es für die Ostblockländer zusehends schwieriger, dringend benötigte Devisen zu erwirtschaften. Ihre Finanzkrise verschärfte sich weiter, weil die Volkswirtschaften des Westens erneut zu expandieren begannen und deshalb Kapital in ein gefragtes und teures Gut verwandelten. Die Finanzkrise hatte längst eine gefährliche Eigendynamik entwickelt, da die sozialistischen Staaten auch im Westen laufend Marktanteile verloren, was wiederum Folge eines eklatanten Investitionsmangels war. Die Wirtschaftsbeziehungen zwischen Ost und West hatten überdies einen stark einseitigen und asymmetrischen Charakter. Während die westlichen Märkte für den Handel der sozialistischen Staaten von herausragender Wichtigkeit waren, besaßen ihre eigenen Märkte für die kapitalistischen Volkswirtschaften nur marginale Bedeutung. Ihre Exporte in den Westen bestanden primär aus Nahrungsmitteln und Rohstoffen. An der Gesamtausfuhr hatten Fertigwaren nur einen Anteil von 25, Maschinen von fünf Prozent. Dem Ostblock war es einfach nicht gelungen, »eine zuverlässige Strukturbasis für die Erweiterung des Exports in den Westen zu finden und den Import zu optimieren«.[97]

In ihrem nächsten Bericht kamen die »Stern«-Mitarbeiter dem Eingeständnis einer Niederlage sehr nahe. Ihre Analyse des Wettrüstens gipfelte in der These, daß kapitalistische Volkswirtschaften von Phasen der Hochrüstung sogar bis zu einem gewissen Grad gestärkt wurden. Während nämlich die sozialistischen Staaten ihre begrenzten Ressourcen für die rein »konsumptiven« Militärausgaben verausgabten, trugen hohe Militärausgaben im komplexeren Wirtschaftsgefüge der NATO-Staaten zunächst zu einer Belebung der Konjunktur, einem Rückgang der Arbeitslosigkeit und »zur Beschleunigung des wissenschaftlich-technischen Fortschritts bei«.[98] Reagans SDI-Programm hatte im Westen einen regelrechten Wettlauf angestoßen: Zum EUREKA-Weltraumforschungsprogramm der Europäer kam nun auch noch das *Human Frontiers*-Programm der Japaner.[99] »Stern VI« folgerte, daß der ungleichmäßige Verlauf »der neuen technologischen Revolution« zwangsläufig zu Veränderungen in der »Kräftekonstellation« und in der »Weltwirtschaftsordnung« führen mußte.[100]

Was die »Stern«-Gruppe als »eine Politik der sozialen Revanche im Weltmaßstab« verdammte, hätte sie allerdings besser als einen Triumph des kapitalistischen Unternehmertums »über die zu weitreichenden Neuerungen unfähige Planwirtschaft« bezeichnen können.[101] Die Studie beschönigte jedoch nicht, daß es »ihre veraltete Exportstruktur, die Konkurrenzunfähigkeit vieler Waren« und ihre »zurückgegangene Zahlungsfähigkeit in harter Währung« war, die es dem Westen so leicht machte, die sozialistischen Länder »von einer aktiven Rolle im System der Weltwirtschaftsbeziehungen zu verdrängen, sie auf drittklassige Positionen in diesem System einzurangieren«.[102]

Nachdem sie unablässig betont hatten, daß das technologische Wettrennen die entscheidende »Arena« des Systemgegensatzes war, stellten die Autoren von »Stern VI« unumwunden fest, daß weitere Einbrüche an der ökonomischen und technologischen Front alsbald negative Folgen für die »militär-strategischen Positionen« des Sozialismus haben mußten.[103] Wohl auch um die Führer ihrer Länder von der Versuchung eines selbstmörderischen Befreiungsschlags abzuhalten, maß der Bericht der Wahrung des Friedens höchste Priorität zu:

> »Die Erhöhung der Kriegsgefahr ließ die Gewährleistung der internationalen Sicherheit zu einer absoluten Priorität der Weltpolitik werden, denn es geht nicht mehr nur um die Ver-

hinderung eines militärischen Zusammenstoßes der beiden Systeme, sondern um die Verhinderung des Untergangs der Weltzivilisation und des Lebens an sich auf der Erde im Ergebnis eines thermonuklearen Weltkrieges.«[104]

Der Bericht unterstrich, daß nur die Aussöhnung mit dem Westen den Sozialismus vor dem weiteren Abstieg bewahren könne.[105]

Aufruhr in der DDR

In Honeckers »Vorposten des Sozialismus«[106] fand Gorbatschows Perestroika keine Entsprechung. Die Reformen in der UdSSR nährten bei Honecker die nicht ganz unzutreffende Vermutung, daß es sich dabei um eine gefährliche Abirrung von Lenins politischer Religion handelte.[107] Anders als im Kreml, wo die Impulse der Friedens- und Ökologiebewegung zur Formulierung eines neuen Denkens beitrugen, ignorierte die SED die neuen Trends im Diskurs der Linken. So beharrte Mielke noch 1983 darauf, daß bereits Marx alles zum Umweltschutz gesagt habe: »Marx selbst hat uns als Kommunisten beauftragt, dafür zu sorgen, daß die Welt für unsere Nachkommen noch erhalten bleibt ... Dazu brauchen wir keine ›Grünen‹.«[108]

In der DDR fielen diese Impulse aber auf den fruchtbaren Boden eines gegenkulturellen Milieus, das sich zunächst zaghaft, dann immer selbstbewußter um ein paar Pastoren und eine junge feministische Bewegung herum entwickelte. Der aufbrechende Konflikt zwischen der SED und dieser neuen Opposition war in gewisser Weise auch ein Generationskonflikt zwischen Honekkers bürgerkriegserprobter Gerontokratie und den bereits in der DDR geborenen Generationen. Diese Kinder der DDR waren die eigentlichen Opfer des antifaschistischen Kults, mit dem sich die SED-Altherrenriege selbst beweihräucherte. Obwohl die alten SED-Genossen ihren Antifaschismus recht erfolgreich an die Jungen weitervermittelt hatten,[109] waren sie nicht wirklich bereit, der »Jugend« eine eigenständige Biographie von irgendeiner Relevanz zuzugestehen. Die Bürgerrechtlerin Ulrike Poppe (Jahrgang 1953) beschrieb, wie ihre Generation schmerzlich herausfinden mußte, daß alle Schlüsselstellungen bereits von »bewährten Genossen« besetzt waren, während man ihnen »nicht nur Anpassung, sondern sogar Fröhlichkeit und Optimismus« abverlangte.[110] Der Dissident Arnold Vaatz verlieh der Frustration einer Generation Ausdruck, die sich von den alten antifaschistischen Bürgerkriegern um ihr Leben betrogen sah:

»›Was, Herr Hermlin, hat Ihnen unsere kaputtgeschurigelte Generation denn eigentlich getan, daß ihre Antwort auf unsere Vorstellung von Völkerfreundschaft Streckmetallzäune, Hundelaufstränge und das Klicken von Handschellen sind?‹ fragte der Dissident Arnold Vaatz den prominenten Autor Stephan Hermlin. ›Haben wir ‚Heil Hitler' geschrien? ... Als wir sprechen lernten, waren wir schon stummgeschlagen. Wir waren leicht zu greifen: Ihre offenen Rechnungen beglichen Sie an den intensivsten Jahren unseres Lebens. Gesättigt mit revolutionärer Hymnik und dümmlichen Phrasen, harrte unserer jene alberne Existenz voll bürgerlicher Plattheit vor kleingegittertem Horizont ...‹«[111]

Die »neue Generation« fand sich unentrinnbar einer schalen Militanzkultur ausgesetzt, die vom Bürgerkriegsromantizismus der dreißiger Jahre und dem kleinbürgerlichen Geschmack der SED-Gerontokraten zehrte. Der Dissident Roland Jahn (Jahrgang 1953) mußte noch 1970 miterleben, wie einem Mitschüler die Teilnahme an der Abschlußprüfung in der 10. Klasse verweigert wurde, weil seine Haare für zu lang befunden wurden.[112] Hans Noll, der »mißratene« Sohn des linientreuen Schriftstellers Dieter Noll, beschrieb, wie die ständige Beschwörung der Taten von heroischen Toten dazu diente, der »Jugend« das Klassenkampfideal der »alten Genossen« aufzuzwingen.[113] Der Kult der revolutionären Wachsamkeit brachte den Ostdeutschen die Militarisierung ihrer Gesellschaft: 1978 wurde die Vormilitärische Ausbildung zu einem Pflichtfach in der Schule,[114] und 1980 wurde die Wehrpflicht für den Kriegsfall auf die weiblichen Staatsbürger ausgedehnt.[115] Die Opposition formierte sich deshalb zunächst als eine Gegenkultur, die das erstickende Erbe einer kriegsgeprägten Vergangenheit im Namen der Ökologie, des Pazifismus, des Feminismus und der Zivilgesellschaft in Frage stellte.[116]

Nachdem die SED in den fünfziger und sechziger Jahren jegliche Opposition brutal zerschlagen hatte,[117] leistete sie mit ihrem Friedenskampf der neuen Opposition eine unschätzbare Geburtshilfe. Denn ironischerweise war es ausgerechnet der Friedenskampf, der die lähmende Furcht vor den Repressionen des MfS mit der mobilisierenden Furcht vor dem nuklearen Inferno übertrumpfte. Während sie plötzlich realistische Beschreibungen eines Atomkriegs in Zirkulation setzte, versäumte es die SED nicht,[118] bei ihren Untertanen mit einer tölpelhaften Zivilschutzkampagne berechtigte Zweifel an der geistigen Verfassung der militärischen und politischen Führung zu säen. Im Rahmen dieser Kampagne wurde den Ostdeutschen allen Ernstes empfohl, die Fenster ihrer Wohnungen weiß zu streichen, um sich so vor der Hitzewelle einer Atomwaffenexplosion zu schützen; die Partei wußte natürlich auch, welche Maßnahmen nach der ersten Detonation zu treffen waren, um sich gegen eine zweite zu wappnen.[119] 1982 konnte der Pfarrer Rainer Eppelmann (Jahrgang 1943) erfreut feststellen, daß die plötzliche Popularität der unabhängigen Friedensgruppen zwei Jahre zuvor noch völlig undenkbar gewesen wäre.[120] 1983 stellte Mielke dem stellvertretenden KGB-Chef Krjutschkow drastisch die innenpolitischen Folgen des Friedenskampfes vor Augen: »Die Frage ›Frieden‹ und die Methoden des Kampfes um den ›Frieden‹ schlagen sich in der DDR unmittelbar nieder. Unter uns, fast jede Woche verhaften wir über 150 Menschen. Dies hört nicht auf.«[121]

Zwei Treffen von deutschsprachigen Schriftstellern und Wissenschaftlern, die 1981 und 1983 in Ost- und West-Berlin veranstaltet wurden, lassen den zweischneidigen Charakter des Friedenskampfes deutlich werden.[122] Diese Treffen gingen auf einen Maßnahmenkatalog zurück, in dem Axen und Ponomarjow neben anderen Aktivitäten auch ein Schriftstellertreffen zur Mobilisierung gegen den NATO-Doppelbeschluß empfohlen hatten.[123] Obschon diese Begegnungen auch im Westen einen gewissen Mobilisierungseffekt erzielten,[124] überwog für die SED doch der Schaden, da die Protokolle bei der pazifistischen DDR-Opposition ihre dankbarsten Leser fanden.[125]

Nachdem die SED auf diese Weise einige ihrer Untertanen aufgeschreckt und in die unabhängigen Friedensgruppen getrieben hatte, sorgte sie mit ihrem Unterdrückungsapparat dafür, daß die eher unpolitischen Friedensgruppen zügig zu einer höchst politischen Bürgerrechtsbewegung wurden.[126] Die »Friedensfrau« Irena Kukutz (Jahrgang 1950) bemerkte im Rückblick, ihre Gruppe habe die eigenen Aktivitäten zunächst gar nicht so sehr als Widerstand gegen eine Diktatur wahrgenommen denn als Kampf gegen ein Denken in Feindbildern, welches sie in beiden Blöcken zu erkennen glaubte. Die »Friedensfrauen« verlangten lediglich das Recht, sich eigene Gedanken machen zu dürfen. Außerdem wollten sie ihrem monologischen Staat »den Dialog mit seinen mitdenkenden Bürgerinnen« anbieten. Der manifeste Unwille der SED, irgendeine andere Meinung zu tolerieren, trieb sie aber bald in die Opposition und verknüpfte ihre Sorge um den Frieden mit dem Kampf um die Menschenrechte.[127]

Die beständige Ausweitung unabhängiger politischer Aktivitäten war indes nur möglich, weil das Regime seine terroristischen Wesensmerkmale merklich abgemildert hatte.[128] Anders als in den fünfziger und sechziger Jahren, als die SED mit Erschießungen, Kidnapping, Folter und langer Einkerkerung gegen ihre Gegner vorgegangen war, wurden die Unterdrückungsstrategien der achtziger Jahre von der Furcht vor einem negativen internationalen Echo gezügelt. Das MfS führte seinen Untergrundkrieg primär gegen die psychische Stabilität seiner Opfer, indem es versuchte, deren persönliche Integrität sowie ihre Familien und

Freundeskreise zu »zersetzen«.[129] Den Pfarrer Markus Meckel (Jahrgang 1952) drangsalierte das MfS unter anderem mit der Verbreitung gefälschter Aktfotos, die angeblich ihn und »seine« Geliebten zeigten.[130] Gegen Eppelmann führte die Stasi neben pornographischen Schüttelreimen über die angebliche Untreue seiner Ehefrau auch noch eine charmante junge Frau ins Feld, die ihn in ein Liebesabenteuer verstricken sollte.[131]

Ungeachtet dessen, daß man den Schaden nicht unterschätzen sollte, den solche Kampagnen ihren Opfern zugefügt haben, sind die Ferkeleien des SED-Staates doch auch ein Hinweis auf die Hilflosigkeit, mit der der aufgeblähte Unterdrückungsapparat den Aktivitäten seiner Widersacher gegenüberstand. Der Helsinki-Prozeß und die wachsende Abhängigkeit von der wirtschaftlichen »Bruderhilfe« aus dem Westen engten die Bewegungsfreiheit der geistig kaum gewandelten SED-Führung immer stärker ein. Aber auch der Friedenskampf hatte inzwischen eine Eigendynamik entwickelt, die dem Handlungsspielraum der SED Grenzen setzte. Im November 1983 mußte das MfS zähneknirschend eingestehen, »daß es uns aufgrund des objektiv notwendigen Bündnisses mit der westlichen Friedens- und Antikriegsbewegung ... erschwert wird, gegen bei uns unter der Flagge des Friedenskampfes organisierte, in Wirklichkeit aber antisozialistische Ziele verfolgende Gruppen und Kräfte vorzugehen«.[132]

Wenn DDR-Pazifisten wie Bärbel Bohley (Jahrgang 1945) verhaftet wurden oder die SED den »Schwerter zu Pflugscharen«-Aufnäher von den Jacken ihrer »Menschen« reißen ließ, dann verursachte dies nicht nur schädliche Schlagzeilen in den Informationsblättern westlicher Friedensgruppen, sondern führte auch zu Protesten der charismatischen Petra Kelly und anderer Leitfiguren der westlichen Friedensbewegungen.[133] Derart daran gehindert, lange Haftstrafen über ihre »Gegner« zu verhängen, gelang es der SED nicht einmal mehr, die Festigung der Kontakte zwischen der ostdeutschen Friedensbewegung und END zu verhindern. Ulrike Poppe hat beschrieben, wie euphorisierend es auf die DDR-Pazifisten wirkte, als sie anläßlich des Westberliner

END-Konvents von Pazifisten aus allen möglichen westlichen Ländern besucht wurden:

> »Für die DDR-Außenseiter entstand eine völlig unglaubliche Situation: Die Welt versammelte sich in den Hinterhofzimmern des sonst so abgeschirmten Landes. Man konnte ungehindert mit Franzosen, Briten, Dänen, Norwegern, Schweizern, Amerikanern, Japanern, Holländern, Griechen und Belgiern sprechen. Man diskutierte über Frieden, Menschenrechte, Weltordnung, DDR-Politik, Entspannung und Basisbewegungen. Ausgehend von diesen ersten Begegnungen, blieben einige Kontakte die achtziger Jahre hindurch erhalten und boten neben dem gegenseitigen Informationsaustausch auch Möglichkeiten des Schutzes vor staatlichen Repressionen. Die Protestaktionen ausländischer Friedensorganisationen auf Verhaftungen von Mitgliedern der DDR-Friedensgruppen wirkten durchaus als Stachel im Fleisch des prestigesüchtigen SED-Funktionärskörpers.«[134]

Trotz der Versuche der SED, solche Kontakte durch die häufige Nichtgewährung von Einreisevisa zu behindern,[135] gelang es Kelly und anderen prominenten Grünen, die Verbindungen aufrechtzuerhalten und die ostdeutsche Friedensbewegung dabei auch mit dringend benötigter Literatur zu versorgen.[136] END und Teile der Grünen agierten bald als Kommunikationsdrehscheiben, die Kontakte zwischen den Bürgerrechtsbewegungen Osteuropas vermittelten.[137] Da Organisationen wie das polnische KOR und die tschechoslowakische Charta 77 in ihrer Dissidententätigkeit bereits auf eine längere Tradition zurückblicken konnten und mit Jacek Kurón und Václav Havel über Intellektuelle von großem Format verfügten, trug die Kenntnis von deren Konzepten und Erfahrungen dazu bei, den Widerstandsgeist und die politische Wirksamkeit der ostdeutschen Opposition zu stärken.[138]

Im Kampf gegen die neue Oppositionsbewegung bediente sich

die SED anfangs einer Methode, die sie Ende der siebziger Jahre erstmals massiv gegen die literarische Intelligenz des Landes eingesetzt hatte. 1976 war der Liedermacher Wolf Biermann gegen seinen Willen ausgebürgert worden, als er sich auf einer Konzertreise in der Bundesrepublik befand. Den Widerstand von Teilen der Literaturszene gegen die Ausbürgerung Biermanns erstickte die SED mit weiteren Ausbürgerungen.[139] In den achtziger Jahren wurde zunächst auch mit zahlreichen Ausbürgerungen und Ausweisungen gegen die unabhängige Friedensbewegung vorgegangen. Manche Gruppen, wie zum Beispiel die »Friedensgemeinschaft Jena«, wurden so vollständig zerschlagen.[140] Wenn diese Maßnahmen aber das Ziel verfolgten, die Grabesstille der siebziger Jahre wiederherzustellen, so sollte sich bald herausstellen, daß die SED mit den Deportationen ein grotesk kontraproduktives Mittel gewählt hatte. Im Gefolge des KSZE-Prozesses hatte nämlich eine stetig wachsende Zahl von DDR-Bürgern Ausreiseanträge gestellt. Obgleich die SED-Führung nicht willens war, ihre Bürger ziehen zu lassen, war sie dennoch gezwungen, bürokratische Strukturen aufzubauen, die sich zumindest pro forma der Bearbeitung der Ausreiseanträge widmeten. In Wirklichkeit sollten die endlosen Prozeduren dieser bürokratischen Maschinerie in Verbindung mit den Schikanen anderer Staatsorgane für die Entmutigung der »Antragsteller« und die Abschreckung potentieller Nachahmer sorgen. Diese Vorgehensweise brachte es indes mit sich, daß sich aus der stetig wachsenden Zahl unzufriedener »Antragsteller« ein bedrohliches Protestpotential anstaute. Als die SED schließlich anfing, gegen die pazifistischen Störenfriede mit kurzer Gefängnishaft und anschließender Ausweisung vorzugehen, signalisierte sie den »Antragstellern«, daß Proteste und Aufruhr der schnellste Weg nach draußen waren.[141]

Während manche »Antragsteller« ihren Protest unabhängig und in direkter Bezugnahme auf ihr Anliegen artikulierten, traten andere den Bürgerrechtsgruppen bei, wo sie sehr häufig mit großem Mut tätig wurden. Die puritanischen Seelen, die das Rückgrat der Opposition bildeten,[142] standen den »Antragstellern« allerdings meist mit dem gleichen Widerwillen gegenüber, der auch das Verhältnis der hohen Kirchenfunktionäre zur sogenannten Ausreisebewegung charakterisierte.[143] Trotzdem war es die Bewegung der »Antragsteller«, die am meisten dazu beitrug, der SED die Herrschaft über die DDR zu entwinden. Als 1984 55 »Antragsteller« die Ständige Vertretung der Bundesrepublik besetzten, erzwangen sie nicht nur ihre eigene Ausreise, sondern ebneten auch den Weg für die fast 30000 legalen Ausreisen dieses Jahres. In den nächsten drei Jahren (1985–1987) durften weitere 36000 Personen das Land verlassen. Im März 1988 mußte die SED feststellen, daß alle Strategien zur Eindämmung der Ausreisebewegung wirkungslos geblieben waren. Es war deshalb ein Zeichen der Resignation, wenn die SED-Führung 1988 nochmals über 24000 Ausreisen bewilligte. 1989 entzog die Öffnung des Eisernen Vorhangs in Ungarn und der ČSSR der SED endgültig die Kontrolle über das Problem der Emigration.[144]

Vom Revolutionsexport zur Friedlichen Revolution

In den frühen achtziger Jahren war der Kalte Krieg im Grunde schon lange ein merkwürdiger Anachronismus, den einzig der verbissene Wille einer kommunistischen Gerontokratie am Leben hielt. 1985 hatte eine lange Reihe von Todesfällen endlich die physische Grundlage dieses Konflikts aus dem Kreml entfernt. Seinen Nachfolgern hinterließ Breschnew neben dem Desaster seiner expansiven Außenpolitik eine Gesellschaft, deren Lebensfähigkeit von einer barocken Mischung aus Korruption und Dogmatismus erstickt wurde.

Unter diesen Vorzeichen kam der wesentliche Anstoß für eine Systemreform aus der »internationalen Arena«. In den Berichten der »Stern«-Gruppe spiegeln sich deutlich die zwei Problemkomplexe, welche die sowjetischen Eliten am meisten beunruhigten. Zum einen hatte der Zweite Kalte Krieg gezeigt, welche apokalyptischen Gefahren durch die Eskalation der Ost-West-Konfrontation heraufbeschworen wurden. Die »Stern«-Berichte belegen, daß die sowjetische Kriegspanik von 1983 gerade auch die eher nüchtern denkenden *institutschiki* erfaßt hatte. Zwar ist nicht klar, ob diese eher Reagan oder einen Präventivschlag des eigenen Militärs fürchteten, aber ihr Blick in den nuklearen Abgrund reichte aus, um sie zum radikalen Bruch mit Lenins militanter Ideologie zu veranlassen. Große Ängste wurden aber auch von der Beschleunigung des technologischen Fortschritts geweckt, denn das sozialistische Lager vermochte immer weniger, seinen stetig größer werdenden Rückstand aufzuholen. Daß technologische Unterlegenheit meist auch militärische Unterlegenheit bedeutet, hatte den Sowjetmenschen nicht zuletzt Stalin eingetrichtert.[145]

Die sogenannte Dritte Industrielle Revolution ließ sich jedoch nicht mehr mit dem brutalen Instrumentarium von Stalins Industrialisierungsdiktatur meistern. Die militärische Organisation der Arbeit, für die die Fabriken der Ära Ford und Taylor standen, hat seit Ende der sechziger Jahre sukzessive an Bedeutung verloren. Zudem zeigten das Anwachsen von Umweltproblemen und die Erschöpfung von leicht zugänglichen Rohstoffen, daß sich das Zeitalter des extensiven Wachstums seinem Ende näherte. Um den Großmachtstatus ihres Landes auch in einem Zeitalter des intensiven Wachstums zu behaupten, blieb der sowjetischen Führung keine andere Wahl, als ihre Gesellschaft vom lähmenden Würgegriff des Kommunismus zu befreien.

Angesichts dieser Ausgangslage war es das Verdienst der »Stern«-Gruppe, die Führungseliten des sozialistischen Lagers mit einer neuen politischen Geographie vertraut gemacht zu haben, welche die Machtposition eines Staates eher an seiner Wirtschaftskraft als an seinem Militärpotential festmachte. Auf den Atlanten dieses neuen geopolitischen Systems schrumpfte das sozialistische Lager einer Position der Bedeutungslosigkeit entgegen. Für eine Ideologie, die sich stets eingebildet hatte, die Zukunft der Menschheit zu verkörpern, war die Annahme dieser neuen politischen Geographie eine Götterdämmerung, die durchaus mit der Ablösung der hellenistischen Kosmologie durch das kopernikanische Weltsystem verglichen werden kann.

Ironischerweise waren viele der prominenten Fürsprecher dieser ideologischen Revolution Veteranen jenes Friedenskampfes, mit dem Breschnews alte Garde den »Sieg des Sozialismus im Weltmaßstab« hatte erzwingen wollen. Aber auch dies war nicht ohne historischen Präzedenzfall: Als der Marquis de Lafayette aus dem amerikanischen Unabhängigkeitskrieg zurückkehrte, kam auch er in ein Land, das sich am Rande des Staatsbankrotts befand und dessen althergebrachte Institutionen längst dem Gespött seiner intellektuellen Elite anheimgefallen waren.

Da diese Entwicklung dem Kommunismus in der UdSSR die Wurzeln kappte, geriet Honeckers DDR in die absonderliche Lage eines Vorpostens, der sich noch heftig verteidigte, als die Zitadelle selbst längst die Waffen gestreckt hatte. Honecker hoffte wohl mit dem Mut der Verzweifelung, die Reihen so lange geschlossen zu halten, bis in Moskau die Konservativen wieder im Sattel säßen.[146] In finanzieller Hinsicht konnte Honeckers Beharrungsvermögen freilich auf die Hilfe der Bonner Eliten zählen, deren politisches Vorstellungsvermögen sich längst im Dogma der Stabilisierung erschöpfte.[147] Im Inneren der DDR hatte der Friedenskampf indessen Turbulenzen hervorgerufen, die von Mielkes Geheimpolizei nicht länger zu kontrollieren waren. Die Massenflucht der Ostdeutschen, die sich seit 1984 schrittweise Bahn brach, erneuerte das Problem, welches der Mauerbau 1961 ein für allemal hatte lösen sollen.

Nachdem sich Gorbatschow vom Ideal des Klassenkampfes losgesagt hatte, war dem kommunistischen Imperium die ideologische Grundlage entzogen. Da es sein wirtschaftliches Fundament längst eingebüßt hatte, wurde dieses Gebilde in den letzten Jahren seiner Existenz nur noch von der Gewohnheit und gewohnheitsmäßiger Angst zusammengehalten. Unter diesen Vorzeichen waren es 1989 dann die Zerfallserscheinungen an der westlichen Peripherie, die den Zusammenbruch der Gesamtstruktur einleiteten.

Schlussfolgerungen

Anachronistische Banalitäten

Der einstige Friedenskämpfer Daniel Proektor beschließt seinen persönlichen Rückblick auf den Kalten Krieg mit dem Hinweis auf »Banalitäten«:

> »In der Welt, in der der Kalte Krieg begann, war er unvermeidlich, ebenso wie sein Ende unabwendbar wurde, vorbereitet durch seinen gesamten Verlauf in einer schon veränderten Welt, in der der Totalitarismus nicht die Demokratie besiegen konnte, weil sie schon bewiesen hatte: Die Zukunft gehört mir, welche Waffenmassen der Totalitarismus auch besitzen mag. Der Zusammenbruch der Ideologie und Politik des Totalitarismus ist das Hauptergebnis und die wichtigste Lehre des Kalten Krieges.
> Man möchte nicht mit Banalitäten schließen, doch muß gesagt werden, daß eine weitere Lehre des Kalten Krieges wohl die Sterilität der ideologischen Dogmen ist, auf die sich im 20. Jahrhundert viele Vertreter von Gesellschaft und Politik zu gründen suchten. Die Dogmen des 20. Jahrhunderts sind zusammengebrochen, ohne die Prüfung durch die Zeit, darunter auch die des Kalten Krieges, bestanden zu haben. Ob sie durch neue ersetzt werden?«[1]

Von Georgi Arbatow erfahren wir gleichfalls, daß die Kreml-Führer keine Zyniker waren, sondern Gläubige steriler Dogmen und ideologischer Mythen:

> »Die sowjetische Politik steckte tief in Mythen und im Sumpf der Ideologie … Man darf nicht glauben, daß diese Mythen

und Ideologien nur eine Suppe waren, die an die Massen verteilt wurde, während die ›Hohen Priester‹ vollständig andere Dinge verzehrten und die Politik kalt und rational nur auf der Basis eines höheren Interesses gestalteten, das nur ihnen sichtbar war. Vielleicht war Stalin so. Aber nicht die anderen politischen Führer, die ich kennenlernte.«[2]

Doch aus seinen Briefen an Molotow wissen wir inzwischen, daß selbst Stalin vom kommunistischen Glauben erfüllt war. Angesichts der Katastrophen, welche durch die Verwirklichung seiner Ideologiepolitik über die sowjetische Gesellschaft kamen, bewahrte er sich seinen Glauben mit Hilfe eines antibürokratischen Szenarios, welches die verheerenden Folgen seines Tuns zum Werk von Saboteuren und Schädlingen umdeutete. Als zorniger Demiurg sah Stalin in deren Liquidierung eine zwingende Voraussetzung für den Erfolg seines Schöpfungsaktes.[3]

Andropows Hoffnung, die sowjetische Malaise könne durch disziplinarische Maßnahmen und die Durchforstung des Kaderbestandes geheilt werden,[4] entsprang derselben Logik, mit der sich bereits Stalin seinen Glauben an das Gute des Systems zum Preis von Millionen Menschenleben bewahrt hatte. Wolkogonow hat auf die krankhaft mißtrauischen Züge in Andropows Wesen hingewiesen: »Der zukünftige Generalsekretär witterte überall feindliche Intrigen, Ablenkungsmanöver und Fallen. Auch das zeugte von einer typisch leninistischen Denkweise.«[5] Das Verlangen der Kommunisten, ständig Feinde zu entlarven, und die Maßlosigkeit ihrer chiliastischen Ziele sind aber nicht allein Ausdruck einer fehlerhaften Logik; vielmehr legen solche Symptome nahe, daß es sich bei dieser Ideologie um einen paranoiden Wahn handelt, wie ihn Elias Canetti in *Masse und Macht* beschrieben hat:

»Vielleicht ist es nützlich, schon hier auf die Bedeutung von Komplotten für den Paranoiker hinzuweisen. *Konspirationen* und *Verschwörungen* sind bei ihm an der Tagesordnung, man ist sicher, auf alles zu stoßen, das auch nur entfernt ähnlich klingt. Der Paranoiker fühlt sich *umstellt.* Sein Hauptfeind wird sich nie damit begnügen, ihn allein anzugreifen. Er wird immer eine gehässige *Meute* gegen ihn aufzuregen suchen und sie im richtigen Augenblick auf ihn loslassen. Die zur Meute Gehörigen halten sich erst versteckt, sie können überall sein. Sie stellen sich harmlos und unschuldig, als wüßten sie nicht, worauf sie lauern. Aber die durchdringende Geisteskraft des Paranoikers vermag es, sie zu entlarven. Wo immer er hingreift, zieht er einen Verschworenen heraus. Immer, auch wenn sie gerade nicht kläfft, ist die Meute da; ihre Gesinnung ist unveränderlich.«[6]

Was Andropow von seinen Vorgängern unterschied, war nicht die paranoide Grundstruktur seiner Weltanschauung, sondern daß ihm der Optimismus abhanden gekommen war. Dieses Verschwinden der kommunistischen Zukunftsgewißheit kann aber als Teil eines Genesungsprozesses gelten. Zumindest liegt es nahe, Andropows Pessimismus als Zeichen der Gesundung zu werten, wenn man vor Augen hat, mit welchem Optimismus Heinz Hoffmann noch 1976 den Sieg im Atomkrieg beschwor:

»Nirgendwo auf unserem Planeten können die Strategen der USA und der NATO mehr nach Belieben schalten und walten. Und mit einer militärischen Aggression gegen die Warschauer Vertragsstaaten würden sie sogar ihren eigenen Untergang riskieren. Denn die sozialistischen Staaten könnten und würden das nicht widerstandslos hinnehmen – sie müßten und würden schnell und vernichtend zurückschlagen. Bei allem Leid, das in diesem letzten und entscheidenden Konflikt zwischen Fortschritt und Reaktion über die Völker käme – besonders in den kapitalistischen Ländern –, wäre dies von unserer Seite ein gerechter Krieg.

Wir teilen die Auffassung also nicht, die selbst fortschrittliche Menschen in der Friedensbewegung vertreten, im Atomzeitalter sei ein gerechter Krieg nicht mehr möglich, der Raketen-Kernwaffenkrieg auch keine Fortsetzung der Politik der kämpfenden Klassen mehr, sondern nur noch atomares Inferno, Weltuntergang.«[7]

Stalins Herrschaft hat im Übermaß demonstriert, daß der Kommunismus bei der Anwendung von Gewalt keinerlei moralische oder ethische Grenzen kennt. Trotz des gewaltigen Ausmaßes seiner Verbrechen setzte Stalin aber nur fort, was Lenin vorgedacht und vorexerziert hatte. Bereits zu Beginn der Oktoberrevolution wurde Gewalt bedenkenlos als ein Mittel der Politik benutzt, dessen möglichst schrankenlose Anwendung die bolschewistischen Führer berauschte. Im russischen Bürgerkrieg waren Massenerschießungen Lenins Lieblingsmaßnahme zur Lösung von Problemen.[8]

Um Unterstützung für seine Revolution zu mobilisieren, stachelte Lenin das Ressentiment der Armen gegen die Reichen an. Der wohlhabende Teil der Bevölkerung wurde des Schutzes der Gesetze beraubt und als vogelfreier Klassenfeind dem Wüten des Mobs überlassen.[9] Diese Art, an die Macht zu gelangen, ist indessen sowenig neu wie ihre blutigen Folgen. Bereits Platon, der den Untergang der attischen Demokratie miterlebt hatte, hat beschrieben, wie der revolutionäre Führer der Unterklassen – »der Volksvorsteher« – seine Tyrannis durch den Klassenkrieg gegen die Wohlhabenden errichtet. »Menschenleben vertilgend und mit anheiliger Zunge und Lippe Verwandtenmord kostend«, schwang sich der Volksvorsteher mit Hilfe seiner Leibgarde zum Tyrannen des ganzen Volkes auf.[10] Die einzigen Faktoren, die das wütende Ressentiment der Bolschewiki und deren Vorliebe für Gewalt jemals gezügelt hatten, waren Erwägungen einer pragmatischen Kosten-Nutzen-Analyse. So verwarf Lenin Attentate und »den individuellen Terror« allein aus pragmatischen Gründen:

> »Selbstverständlich lehnten wir den individuellen Terror nur aus Gründen der Zweckmäßigkeit ab; Leute aber, die es fertig-

> brächten, den Terror der Großen Französischen Revolution oder überhaupt den Terror einer siegreichen und von der Bourgeoisie der ganzen Welt bedrängten revolutionären Partei ›prinzipiell‹ zu verurteilen, solche Leute hat bereits Plechanow in den Jahren 1900–1903, als er Marxist und Revolutionär war, dem Spott und der Verachtung preisgegeben.«[11]

Als gelehrige Schüler von Clausewitz wußten die Marxisten-Leninisten, daß letztlich das Kräfteverhältnis der sich gegenüberstehenden Gewaltmittel über die Erreichbarkeit von politischen Zielen entscheidet. Daher rührt ihre Fixierung auf das »internationale Kräfteverhältnis«, das sie kontinuierlich zu ihren Gunsten zu verschieben trachteten. Gemäß ihre Revolutionstheorie erwarteten sie, daß ihr eschatologisches Endziel nur schrittweise, nach der Erreichung von intermediären Etappenzielen, realisiert werden konnte. Die Zielsetzungen, die die Kommunisten in Moskau und Ostberlin mit ihrem Friedenskampf verfolgten, können nur im Rahmen dieser revolutionären »Salamitaktik« verstanden werden.

Von einem »Messianismus« angestachelt, den Arbatow auch als »revolutionären Minderwertigkeitskomplex« bezeichnet hat,[12] hoffte Breschnews Politbüro, mit dem Friedenskampf die NATO als militärischen Faktor in Europa ausschalten und den inneren Zusammenhalt der westlichen Gesellschaften entscheidend schwächen zu können. Im Erfolgsfalle hätte der Friedenskampf also jene äußeren Fesseln gesprengt, die während des Kalten Krieges die Neigung des Kommunismus zu gewaltsamen Lösungen im Zaum hielten. Der Friedenskampf war mithin der konzeptionelle Angelpunkt einer politischen und militärischen Strategie, mit der der Kreml noch zu Beginn des Zweiten Kalten Krieges einen wichtigen Etappensieg auf dem Weg zur Weltrevolution hatte erzwingen wollen.

Da die Kommunisten glaubten, sie könnten den westlichen Klassenfeind durch Druck von der Straße zur Erfüllung ihres Willens zwingen, ist es nicht verwunderlich, daß sie in den Rüstungskontrollverhandlungen mit den USA und der NATO kaum etwas taten, um für beide Seiten akzeptable Kompromißformeln zu finden. Mit der Forderung, die britischen und französischen Atomwaffenpotentiale zum Gegenstand der Genfer INF-Verhandlungen zu machen, bezogen die Sowjets von Anfang an eine Verhandlungsposition, die zwangsläufig in die Sackgasse führen mußte. Für Washington war dies nämlich schon allein aus diplomatischer Rücksichtnahme auf ihre nicht an den Verhandlungen beteiligten Verbündeten inakzeptabel. Diese Entscheidung ist um so verwunderlicher, als die zunächst von den Sowjets erhobene Forderung nach Einschluß aller amerikanischen »Forward based systems« sehr wohl geeignet war, einen empfindlichen Nerv der Gegenseite zu treffen.[13] Die INF-Verhandlungen waren aber nicht die einzigen Gespräche zur europäischen Abrüstung, die die Sowjets mit unverhandelbaren Vorschlägen blockierten. Die Wiener MBFR-Verhandlungen traten ja ebenfalls jahrelang auf der Stelle, weil die Sowjets glaubten, ihren Verhandlungspartnern gefälschte Truppenzahlen auftischen zu können. Gerade in Europa setzte der Kreml eben nicht auf Interessenausgleich, sondern auf Zwang und Einschüchterung. Bezeichnenderweise sollte der Friedenskampf ja auch dazu dienen, »eine politische Massenarmee für die sozialistische Revolution zu schaffen«.[14] Nach dem Zeitplan, den sie 1980 erwähnten, hielten Axen und Ponomarjow noch eine »Friedensperiode von vier bis fünf Fünfjahrplänen« für notwendig, um die Überlegenheit des Sozialismus entscheidend auszubauen.[15] Obschon sie nicht explizit davon sprachen, legt der Begriff »Friedensperiode« den Verdacht nahe, daß die finale Liquidierung des europäischen Bürgertums in einem Krieg erfolgen sollte. Angesichts der sowjetischen Tradition des Revolutionsexports ist anzunehmen, daß in diesem »Befreiungskrieg« kommunistische Aufstände durch die sozialistische Hilfeleistung des Warschauer Paktes zum Sieg geführt werden sollten. 1929 hatte Stalin die Blaupause für derlei Operationen entworfen:

»Mit China wird es Scherereien geben. Ich glaube übrigens, daß es für uns an der Zeit ist, uns auf die *Organisation* einer *revolutionären* Aufstandsbewegung in der Mandschurei einzustellen. Einzelne Einheiten, die wir zur Erfüllung einzelner Aufgaben episodischer Natur in die Mandschurei schicken, sind natürlich eine gute Sache, aber *nicht das Richtige.* Wir sollten uns jetzt *Größeres* vornehmen. Wir müssen zwei Brigaden aus je zwei Regimentern, die in der Hauptsache aus Chinesen bestehen, organisieren, sie mit allem Notwendigen (Artillerie, Maschinengewehre usw.) ausrüsten und an die Spitze der Brigaden Chinesen stellen. Wir müssen sie mit dem Auftrag in die Mandschurei einschleusen, in den mandschurischen Truppen eine Revolte auszulösen, zuverlässige Soldaten aus dieser Truppe auf ihre Seite zu ziehen (die übrigen nach Hause schicken, nachdem man zuvor ihre Führung beseitigt hat), sie zu Divisionen zusammenzuschließen, Harbin einzunehmen und, wenn man Kräfte gesammelt hat, Zhang Xueliang für gestürzt zu erklären, die revolutionäre Macht zu errichten (die Gutsbesitzer massakrieren, die Bauern gewinnen, in Städten und Dörfern Sowjets aufbauen usw.). ... Diese Sache widerspricht keinem ›Völkerrecht‹. Allen wird klar sein, daß wir gegen Krieg mit China sind, daß unsere Rotarmisten lediglich unsere Grenzen schützen und nicht die Absicht haben, chinesisches Gebiet zu betreten.«[16]

Eine Reihe von Wesenszügen der sowjetischen Militärstrategie legt die Schlußfolgerung nahe, daß die Streitkräfte des Warschauer Vertrages gleichzeitig auf zwei unterschiedliche, aber im Grunde doch recht ähnliche Einsatzoptionen vorbereitet wurden. Zunächst einmal sollte »sichergestellt« werden, daß ein präventiver Blitzkrieg siegreich geführt werden konnte, falls der Kreml jemals zu der Überzeugung gelangen sollte, ein westlicher Angriff stünde unmittelbar bevor. Unter den militärischen Bedingungen der frühen achtziger Jahre wäre ein solcher Blitzkrieg allerdings höchstwahrscheinlich nach einem nuklearen Schlagabtausch irgendwo an der Rhein-Linie hängengeblieben. Nach einem solchen »Wunder an der Marne« hätte sich der Warschauer Vertrag in einer sehr schlechten Ausgangsposition befunden, um den langwierigen und globalen Entscheidungskampf durchzustehen, den das sowjetische Oberkommando für den Fall eines Dritten Weltkrieges erwartete.

Geht man von den langfristigen Zielen des Kommunismus aus, dann war die zweite Option, auf die sich die sozialistischen Armeen vorbereiteten, wohl genau jener »Befreiungskrieg«, den der Warschauer Vertrag früher oder später gegen eine denuklearisierte NATO vom Zaun gebrochen hätte. Das Manöver »Sojus-83« läßt erahnen, wie ein solcher Krieg entfesselt worden wäre. Dem Zeitplan des Manövers zufolge begann die NATO mit ihren Luftangriffen erst einige Stunden, nachdem der Warschauer Vertrag in der Ostsee westliche U-Boote versenkt hatte. Der hohe Zentralisierungsgrad der Führungsstruktur und die wechselseitige Abschottung der Streitkräfte hätten es für das sowjetische Oberkommando leicht gemacht, die Propagandafiktion einer westlichen Aggression dadurch glaubhaft erscheinen zu lassen, daß der NATO gestattet wurde, die ersten Schüsse auf dem Festland abzufeuern. Wäre zuvor eine »gedeckte und operative« Mobilmachung in den Kasernen erfolgt, dann wäre der Warschauer Vertrag durchaus in der Lage gewesen, eine gänzlich unvorbereitete NATO mit einem blitzartigen Überraschungsangriff niederzuwerfen. In einem Europa ohne Kernwaffen wäre ein östlicher Sieg unter solchen Umständen nicht nur möglich, sondern sogar sehr wahrscheinlich gewesen.

Es ist indes gleichgültig, ob ein neuer Krieg in Europa als sowjetischer Präventivkrieg zur Niederwerfung einer vermuteten westlichen Aggression sozusagen »aus Versehen« entstanden oder aber willentlich als »Befreiungskrieg« herbeigeführt worden wäre, die Kommunisten hätten den Dritten Weltkrieg in jedem Fall als einen Vernichtungskrieg gegen das Bürgertum und alle sonstigen Widersacher geführt. Die Ordnung zur »Spezialpropaganda« belegt, daß die sozialistischen Armeen intensiv darauf vorbereitet wurden, in der erste Welle einer umfassenden sozialen und politischen Säuberung mitzuwirken, die in ihrer Gesamtheit auf die »sozialistische Umgestaltung« Westeuropas zielte. Im Rahmen dieser Aufgabenstellung hätte die Militärführung kaum Bedenken gehabt, eine große Zahl von Zivilisten zu massakrieren. Die Bemerkungen, die Kulikow und Ustinow zu den »polnischen Kulaken« machten, sind ein Beleg für ihre Bereitschaft, den Klassenkrieg auch hinter der Front mit größter Brutalität zu führen. Nach dem Vorbild Stalins hielten die beiden Marschälle die Zwangskollektivierung und die Beschlagnahme von Nahrungsmittelvorräten für den besten Weg, um den Widerstand der polnischen Gesellschaft zu brechen. In der Sowjetunion der dreißiger Jahre hatten solche Maßnahmen den Charakter eines Genozids getragen.[17]

Die Manöver, die der Warschauer Pakt in den späten siebziger und frühen achtziger Jahren durchgeführt hat, zeigen, daß der sowjetische Generalstab zu der Ansicht gelangt war, daß auf der Grundlage des bestehenden militärischen Kräfteverhältnisses die Möglichkeit bestand, einen Sieg allein mit konventionellen Mitteln zu erringen. Diese Option mußte aber so lange reine Fiktion bleiben, wie die NATO-Doktrin der horizontalen und vertikalen Eskalation die sowjetischen Militärstrategen mit einer Ausweitung der Kriegshandlungen bedrohte, an deren Ende die wechselseitige Vernichtung stand. Die Stationierung der Pershing II und Cruise Missiles vermehrte das europäische Abschreckungspotential der NATO um zusätzliche Optionen für Schläge gegen den am dichtesten besiedelten Teil der UdSSR. Gorbatschow und Marschall Achromejew, Ogarkows Nachfolger als Chef des Stabes, waren deshalb mehr als zufrieden, als sie diese Gefahr 1987 zum Preis ihrer SS-20 beseitigen konnten.[18]

Wäre der Friedenskampf erfolgreich gewesen, dann hätten die neuen US-Mittelstreckenraketen Europa niemals erreicht, und die NATO-Strategie der flexiblen Reaktion wäre sukzessive zu einem Papiertiger verkommen. Was die Ebene der interkontinentalen Waffensysteme anbelangte, so glaubte der sowjetische Generalstab, die ungeheure Atomsprengkraft seiner schweren Nuklearwaffen werde die Amerikaner schon davon abhalten, ihre eigenen Interkontinentalwaffen in einem Konflikt um Europa einzusetzen. Diese kühnen Kalkulationen blieben jedoch in geradezu schmerzhafter Weise von den Erfolgen des Friedenskampfes abhängig. Als aber dessen Scheitern feststand, ließ sich nicht mehr ignorieren, daß das Streben nach den Voraussetzungen eines militärischen Sieges ein Widersinn war, der den Ostblock wirtschaftlich ausblutete.

Der Kampf um Deutschland

1989 konnte das sowjetische Imperium nicht zuletzt deshalb zusammenbrechen, weil den Führern des Dritten Rom angesichts zahlreicher politischer und wirtschaftlicher Niederlagen der Glaube an den Kommunismus abhanden gekommen war. Die Sowjets waren es außerdem leid, die Bürde eines dysfunktionalen Imperiums weiterzuschleppen, das sie nur noch mit Handelssubventionen und Hilfsgeldern zusammenhalten konnten. In dieser Situation taten die löwenherzigen Polen das Richtige: Sie votierten für eine Politik der massiven Destabilisierung, indem sie die Arbeit niederlegten und auf den kleinen Streifen Ackerlandes, die der polnische Sozialismus zu kollektivieren versäumt hatte, zur Subsistenzwirtschaft übergingen.

In der DDR vollzog sich der ökonomische Zusammenbruch des Sozialismus weniger spektakulär als in Polen, da ihm zunächst keine Erhebung der Gesellschaft als Katalysator diente. Der wirtschaftliche Kollaps der DDR wurde von jenem Balanceakt am Rande der Zahlungsunfähigkeit vorangetrieben, der es dem SED-Regime unmöglich machte, eine veraltete Industrieausstattung und eine zerbröckelnde Infrastruktur zu erneuern.[19] In dem Kampf um Deutschland, der der Zweite Kalte Krieg in seinem Kern war, war der hausgemachte wirtschaftliche Niedergang der einzige Gegner, der die »Positionen« des realen Sozialismus unermüdlich untergrub. Die oft widersprüchlichen und konzeptionslosen Aktivitäten der verschiedenen westlichen Regierungen waren dagegen bestenfalls geeignet, ihre intendierten Effekte wechselseitig zu neutralisieren. Am Ende des Kalten Krieges triumphierte folglich die Wirtschaft über die Politik. Was auch immer der Friedenskampf erreicht haben mochte, dem sozialistischen Lager fehlte der lange Atem, um seine konfrontative Strategie bis zum Sieg durchzuhalten.

Da die SED-Historiographie allein auf das Politische blickte, waren die ersten Darstellungen, die zur »Schlacht um die Euroraketen« verfaßten wurden, von einer positiven Wertung der Ereignisse bestimmt. Ein SED-Historiker unterstrich 1989, Honeckers Koalition der Vernunft sei durch die Ereignisse bestätigt worden, die auf die »Belastungsprobe von 1983« folgten.[20] Andere DDR-Autoren beschrieben den Kollaps des zuvor in der Bundesrepublik bestehenden sicherheitspolitischen Konsenses als dauerhaften Erfolg einer Friedensbewegung, die Kommunisten, Sozialdemokraten und Christen im gemeinsamen Kampf gegen die Atomwaffen der USA zusammengeführt hatte.[21] Daß die SPD der Abschreckungsstrategie der NATO den Kampf ansagte, war wahrlich ein beachtlicher Erfolg der langfristigen Friedenskampfstrategie, auf die sich Honecker und Andropow 1983 nochmals verständigt hatten. Durch die Entstehung der Grünen war überdies eine Partei in den Bundestag eingezogen, die sich strikt gegen die NATO-Mitgliedschaft der Bundesrepublik aussprach. Die programmatische Annäherung der SPD an die Grünen ließ es möglich erscheinen, daß eine Rot-Grüne Regierung in der Zukunft eine Neutralisierung der Bundesrepublik betreiben könnte. Wenn man ihn im Kontext von Honeckers Langzeitstrategie betrachtet, dann hat der Zweite Kalte Krieg unbestreitbar die Möglichkeiten der SED vergrößert, auf die westdeutsche Gesellschaft einzuwirken. Besonders die SPD zeigte keinerlei Hemmungen mehr, in der Sicherheitspolitik mit der SED und ihren westdeutschen Ablegern zu kollaborieren.[22] Ende der achtziger Jahre war es zudem die SPD, die Honeckers »Geraer Forderungen« am unerschütterlichsten propagierte.[23]

Auf den zweiten Blick fällt die Bilanz des Friedenskampfes allerdings eher ambivalent aus. Der Friedenskampf hatte nämlich zu der Spaltung in der Wählerschaft der SPD geführt, der die Grünen ihren Aufstieg verdankten. Angesichts der apokalyptischen Umweltideologie der Grünen war jede Annäherung an diese jedoch dazu geeignet, die SPD ihren Stammwählern in der Industriearbeiterschaft zu entfremden. 1983 hatte Ponomarjow mit Befremden registrieren müssen, daß große Teile der westdeutschen Arbeiterschaft bei den Bundestagswahlen »für den Klassenfeind gestimmt« hatten.[24] Nach den Erfahrungen aller bisherigen Wahlkämpfe mußte die SPD Stimmen in der gesellschaftlichen Mitte gewinnen, wenn sie in Bundestagswahlen reüssieren wollte. Mit den Grünen als Koalitionspartner war es aber einstweilen ausgeschlossen, daß die Mitte für die SPD votieren würde. Als die Sowjets sich 1987 nach einer neuerlichen Wahlniederlage der SPD zur ernsthaften Zusammenarbeit mit der Regierung von Helmut Kohl entschlossen, war dies wahrscheinlich ihrer Einsicht geschuldet, daß alle Versuche, die westdeutsche Gesellschaft in ihrem Sinne zu verändern, in vorhersehbarer Zukunft keinerlei Beitrag zur Lösung ihrer eigenen Probleme erbringen würden.

Obgleich die politische Linie von Honecker und Andropow besser durchdacht war als jene der Troika Ustinow-Gromyko-Tschernenko, mußte auch sie an den etablierten Entscheidungsmustern der westdeutschen Wählerschaft scheitern. Indem aber die Troika Ustinow-Gromyko-Tschernenko alle anderen Mächte zugleich vor den Kopf stieß, trieb sie das Desaster auf die Spitze, das in Breschnews Außenpolitik angelegt war. Tschernenkos Politik ließ alle sowjetischen Einkreisungsängste Wirklichkeit werden und verschenkte den Spielraum, den sich Andropow durch die Annäherung an China und die Bundesrepublik hatte verschaffen wollen.

In den Dokumenten des Friedensrates der DDR offenbart sich der Kommunismus ein weiteres Mal als eine manichäische Ideologie, die dauerhaft unfähig war, mit anderen Weltanschauungen und Gesellschaftssystemen friedlich zu koexistieren. Statt dessen wurden die Kommunisten durch ihr Streben nach vollkommener Einheit dazu veranlaßt, Politik als einen Vernichtungskampf zu führen, der auf die Liquidierung aller möglichen Alternativen abzielte. Ihre Strategie der »Differenzierung«[25] steht beispielhaft für ein wesenhaft destruktives Denken, das die Zertrümmerung der Gesellschaft in atomisierte und schutzlose Individuen zum Ziel hatte. Jan Gross merkte hierzu an:

> »Er [der polnische Kommunist Jakub Berman] berichtet, daß sie [nach 1945] versuchten, verschiedene gesellschaftliche Gruppen, die sie für feindlich oder unabhängig hielten, zu ›differenzieren‹ ... Mit anderen Worten: die kommunistische Strategie sollte den Zusammenhalt innerhalb einer solchen gesellschaftlichen Gruppe untergraben, sicherstellen, daß sie auseinanderbrach, daß die Leute sich stritten und sich illoyal gegenüber den Mitgliedern ihrer Gruppe verhielten. Es war also nicht so sehr Ziel dieser Strategie, bestehende Loyalitätsverhältnisse zu übernehmen oder anzuzapfen, als vielmehr eine gesellschaftliche Struktur zu zerstören, die bereits vorher da war.«[26]

Die Tatsache, daß sich die SPD nach dem Machtverlust zu einem Vehikel dieser Strategie machen ließ, wird ein Schandmal in der Geschichte dieser ansonsten so verdienstvollen Partei bleiben. Am Ende der 80er Jahre hatte sich die SPD praktisch von allen Prinzipien getrennt, für die sie früher eingetreten war. Die vormalige »Partei der nationalen Einheit«[27] war zu einer dogmatischen Befürworterin der deutschen Zweistaatlichkeit geworden, die die völkerrechtliche Anerkennung der DDR-Staatsbürgerschaft noch entschiedener forderte als selbst die SED. Nach dem Machtverlust zeigte sich die SPD-Führung ebenfalls willens, kommunistische Menschenrechtsverletzungen ganz zu ignorieren oder zumindest bis zur völligen Belanglosigkeit zu verniedlichen.[28] Im Kontext der neuen sozialdemokratischen Sicherheitspolitik sollten Bahrs düstere Verlautbarungen über die unversöhnlichen Gegensätze zwischen nuklearen und nicht-nuklearen Staaten wohl langfristig den Weg dafür ebnen, die Bundesrepublik aus der NATO herauszuführen und vor allem ihr enges Bündnis mit den USA zu zerrütten.

Ursächlich für die Wende in der sozialdemokratischen Sicherheitspolitik war aber auch die nicht ganz unbegründete Furcht vor einem sowjetischen Präventivschlag. So war es zum Beispiel Horst Ehmke durchaus bewußt, daß die Ziele von Reagans Aufrüstungsprogramm, die westliche Überlegenheit wiederherzustellen und das sozialistische Lager wirtschaftlich zu erschöpfen, erreichbar waren. Berechtigte Sorgen bereitete Ehmke jedoch, was die Sowjets »tun würden, bevor es soweit war«.[29] Ob die Furcht vor der Irrationalität der Sowjets, mit der Ehmke sein Eintreten für eine Politik der gemeinsamen Sicherheit begründete, ein guter Maßstab für westliche Sicherheitspolitik sein konnte, kann indes mit guten Gründen bezweifelt werden.

Anders, als sich die Sozialdemokraten beständig selbst weiszumachen suchten, war mit Breschnews alter Garde eine Politik der Gemeinsamen Sicherheit schon allein deshalb nicht machbar, weil die Kreml-Gerontokraten gewohnheitsmäßig jedes Entgegenkommen des Westens auf die gewachsene Stärke ihrer eigenen Streitkräfte zurückführten. Hätte sich der Westen Anfang der achtziger Jahre von den sicherheitspolitischen Vorstellungen des SPD-Flügels um Brandt und Bahr leiten lassen, dann hätte dies die Kreml-Führung als Bestätigung ihrer konfrontativen Politik erlebt. Im Grunde hat sich die SPD nie wirklich mit der Mentalität der Kreml-Führung auseinandergesetzt. Es herrschte vielmehr ein blauäugiges Wunschdenken vor, das die Gegenseite den Erfordernissen der eigenen Politik entsprechend idealisierte.

Der frustrierte Nationalismus von Bahr, Eppler und Gaus war wohl eine Ursache für ihre Flucht in ein hemmungsloses Wunschdenken, das die Sehnsucht nach der deutschen Einheit mehr und mehr auf ein vereinigtes Mitteleuropa verlagerte, welches sich auf wundersame Weise aus einem atomwaffenfreien Korridor erheben sollte. Bei Gaus ist indes die Vermutung nicht abwegig, daß er die DDR insgeheim für das bessere Deutschland hielt. Angesichts der Abkehr von den Idealen des Westens, die gerade bei jüngeren SPD-Genossen zu beobachten war, mögen es die Nationalisten in der SPD als vielversprechenden Ansatz betrachtet haben, daß Honecker 1981 wieder von der Möglichkeit eines sozialistischen Gesamtdeutschland zu sprechen begann.

Abschließend bleibt festzustellen, daß die Teilung Deutschlands und die Schrecken eines möglichen Atomkriegs ein Phänomen begünstigten, das erhebliche Ähnlichkeit mit dem Phänomen der Kollaboration während des Zweiten Weltkrieges aufweist. In beiden Fällen wurzelte die Bereitschaft, mit den Organen einer totalitären Macht zusammenzuarbeiten, nicht nur in Opportunismus, Feigheit oder Gier, sondern auch in weltanschaulichen Gemeinsamkeiten und vor allem in der Übereinstimmung der jeweiligen Feindbilder. Spätestens seit der Debatte um die Neutronenwaffe waren auch bei Teilen der SPD-Führung keinerlei Bedenken mehr zu erkennen, sich des gemeinschaftsstiftenden Feindbildes »Amerika« zu bedienen und über diese Schiene ein immer engeres Verhältnis zu den Kommunisten zu suchen.

In den Reihen der demokratischen Linken war es aber nicht zuletzt die Bürde von Deutschlands nationalsozialistischer Vergangenheit, die vielfach hinter der Bereitschaft stand, mit der DDR und ihrer Geheimpolizei zu kollaborieren. Für die Linke war die Teilhabe an dieser nationalen Schande besonders schmerzlich, da sie angesichts ihrer Niederlage im latenten Bürgerkrieg der dreißiger Jahre auch noch ein Gefühl des Versagthabens plagte. Während die Vertreter von Honeckers Altersgruppe wenigstens durch ihren Widerstand gegen Hitler persönlich gerechtfertigt waren, gab es für die jüngeren Mitglieder der deutschen Linken keine Möglichkeit mehr, sich auf wirklich überzeugende Weise von der deutschen »Schuldgemeinschaft« loszusagen. Bei vielen Linken nährte die zwangsweise Zugehörigkeit zum deutschen Schuldkollektiv einen psychologischen »Revanchismus«, der sich danach sehnte, die ererbte Blutschuld mit einem neuerlichen Bürgerkrieg gegen den »deutschen Faschismus« zu tilgen. In den siebziger Jahren konnte dieser kompensatorische Antifaschismus zur Grundlage für den Terrorismus der Rote Armee Fraktion (RAF) werden.[30] Wie vollkommen der psychologische Ablaß war, den dieser Antifaschismus seinen Anhängern gewährte, wird an der Schamlosigkeit deutlich, mit der manche von ihnen agierten: 1976 halfen westdeutsche Terroristen ihren palästinensischen Genossen dabei, die jüdischen Passagiere einer entführten El-Al-Maschine zu selektieren. Und 1991 nahm der grüne Fundamentalist Hans-Christian Ströbele den zweiten Golfkrieg zum Anlaß, um in Israel zu erklären, der Friede sei selbst das Leben von einer Millionen Juden wert.[31] Für die SED und die KPdSU war dieser irrationale Antifaschismus ein politisches Kapital, mit dem sie gerade im Friedenskampf zu wuchern wußten.

Der Zusammenbruch des ideologischen Zentrums

In Honeckers Politbüro zweifelte wohl niemand daran, daß der Friedenskampf gegen den NATO-Doppelbeschluß den Einfluß der SED auf die Bundesrepublik erheblich vergrößert hatte. Diese »Errungenschaft« wurde aber bedeutungslos, weil der kommunistische Glaube ausgerechnet in seinem Zentrum zu Grabe getragen wurde. Der ökonomische Niedergang des sozialistischen Lagers lieferte eine wichtige Voraussetzung für diese »Götterdämmerung«. Nicht minder wichtig war aber, daß die sowjetischen Führer tatsächlich glaubten, was sie sagten. Ihr beständiges Warnen vor einem bevorstehenden Krieg war nämlich nicht nur ein Kampfmittel, mit dem sie die Rüstungsprogramme der NATO vereiteln wollten, es war vielmehr Ausdruck einer paranoiden Obsession, die sich in dem Maße verstärkte, wie der Unwille des Westens wuchs, auf die »fairen« und »realistischen« Vorschläge der sowjetischen Diplomatie einzugehen.

Als Mittel zur Herrschaftslegitimierung mochte ihre paranoide Weltsicht den Kommunisten unentbehrlich sein. Komfortabel leben ließ sich mit den Schreckensbildern vom allbösen Feind aber nur so lange, wie sich die Kommunisten selbst auf dem Vormarsch wähnten und mit Sicherheit davon ausgehen konnten, daß ihre stetig wachsende Stärke die behauptete Aggressivität des Imperialismus schon irgendwie im Zaum halten würde. Als sich aber die Erkenntnis des eigenen Niedergangs durchzusetzen begann, mußten sich die greulichen Feindbilder des Kommunismus zwangsläufig wider ihre Urheber kehren.

Dabei wurde ausgerechnet das Oberkommando der Sowjetarmee zum Opfer jener Angstkampagne, die das sozialistische Lager ursprünglich in offensiver Absicht gestartet hatte. Für die UdSSR war die Kriegshysterie des militärischen Oberkommandos zunächst einmal eine ökonomische Belastung: Die Marschälle verlangten zusätzliche Ressourcen von einer Volkswirtschaft, die bereits von jahrelanger Hochrüstung ausgezehrt war.

Marschall Ogarkow mag die Kriegshysterie aber sogar dazu veranlaßt haben, auf einen Präventivkrieg gegen die NATO zu drängen, solange der Warschauer Vertrag noch stark genug war, in Europa einen Entscheidungsschlag zu führen. Für diese Annahme sprechen Ogarkows emphatische Warnungen vor einem neuen 22. Juni 1941 und die von ihm mehrfach vorgetragene Gleichsetzung von Reagan und Hitler. Ferner deuten alle Indizien darauf hin, daß Ogarkow ernsthaft davon überzeugt war, ein dritter Weltkrieg könne auch weiterhin als Mittel zur Durchsetzung politischer Zwecke dienen. Jedenfalls sprach er nicht nur mehrfach vom Sieg in einem solchen Krieg, sondern betonte noch zusätzlich, daß die Atomwaffen im Krieg der Zukunft eine stark verminderte Rolle spielen würden.

Der Abschuß der koreanischen Boeing im September 1983 zeigt, daß das sowjetische Militär sehr wohl in der Lage war, innerhalb seiner eigenen Kommandostrukturen Entscheidungen zu treffen, die einen Krieg auslösen konnten. Das offenkundige Versagen der politischen Kontrollmechanismen hatte aber zur Folge, daß eine neue Generation politischer Führer es für dringend geboten hielt, Macht und Einfluß des militärischen Oberkommandos zu beschneiden. Zunächst wurde diese Forderung zwar nur von einigen Angehörigen der Sekundärelite erhoben, aber schon wenig später setzte Gorbatschow die politische Eindämmung des Militärs an die Spitze seiner Agenda.[32]

Die Ankunft der ersten Euroraketen in der Bundesrepublik Deutschland im Dezember 1983 markierte den Wendepunkt des Zweiten Kalten Krieges. Wegen der überaus starken und zumindest in Teilen auch wirklich autochthonen Friedensbewegung sowie der mit großer Entschlossenheit geführten kommunistischen Friedensoffensive hatte die Raketenstationierung längst den Charakter einer politischen Symbolhandlung gewonnen, mit der die Bundesregierung ihre Souveränität und Handlungsfähigkeit nachwies. In den Augen vieler sowjetischer Funktionäre bezeichnete der Stationierungsbeginn die Niederlage der bisherigen Strategie. Anstatt die Sicherheit der UdSSR unilateral durch eine Verbindung von Hochrüstung und Friedenskampf zu garantieren, hatte Breschnews Vorgehen die sowjetische Selbsteinkreisung besiegelt.

Durch die Stationierung der neuen NATO-Raketen wurde die SS-20 endlich zum Symbol jenes außenpolitischen Desasters, das Breschnews Politbüro über die UdSSR gebracht hatte. Ironischerweise war es gerade ihre militärische Potenz, die die SS-20 zu einer politischen Katastrophe machte. Da die sowjetische SS-20-Flotte mächtig genug war, beinahe jeden Staat auf der eurasischen Landmasse zu bedrohen, ging von ihr eine ungeheure Bindekraft aus, die so unterschiedliche Länder wie Reagans USA, Mitterrands Frankreich oder Deng Xiaopings China in einer antisowjetischen Koalition zusammenschweißte. Diese machtvolle Waffe steht somit beispielhaft dafür, daß im späten 20. Jahrhundert militärische Machtentfaltung häufig in politischen Fehlfunktionen endet. Andererseits wäre die Kritik, die später von Gorbatschow und anderen sowjetischen Politikern an den politischen Kollateralschäden der SS-20 geübt wurde,[33] niemals formuliert worden, wenn es Bonn an Entschlossenheit gefehlt hätte, den Doppelbeschluß in seinen beiden Teilen zu vollstrecken. Ohne diese Entschlossenheit wäre die NATO in eine schwere Krise gestürzt, was den sowjetischen Hardlinern als Erfolgsprämie für ihre Unnachgiebigkeit gegolten hätte.

Es war der Entschlossenheit der beiden Bundesregierungen zu verdanken, daß die Warnungen, die die sowjetischen *institutschiki* frühzeitig in bezug auf Breschnews expansive Außenpolitik formuliert hatten, zu realistischen Voraussagen über die verheerenden Folgen ebendieser Politik werden konnten.[34] So war zum Beispiel Wjatscheslaw Daschitschew in den späten siebziger Jahren zu der Erkenntnis gelangt, daß Breschnews Politbüro die UdSSR in eine hoffnungslos überdehnte Position manövriert hatte, die sich durchaus mit der Lage Deutschlands zwischen 1938 und 1945 vergleichen ließ.[35] Bei den *institutschiki* scheint die Hilflosigkeit, mit der sie Breschnews lärmendem Marsch in die Katastrophe beiwohnen mußten, überdies die Einsicht gefördert zu haben, daß sich die weltrevolutionären Dogmen des Kommunismus in krassem Widerspruch zu den nationalen Interessen des sowjetischen Staates befanden. Proektor hat unlängst skizziert, wie jeder Zugewinn an militärischer Macht zum Anlaß genommen wurde, immer weitergespannte und kostspieligere Expansionsziele zu formulieren, »was die Wirtschaft noch mehr ruinierte«.[36]

Große Summen aufzuwenden, um kommunistische Regierungen in einigen der ärmsten Länder der Welt an der Macht zu halten, konnte wahrlich kaum mit den nationalen Interessen des »sowjetischen Volkes« begründet werden. Der selbstzerstörerische Altruismus, mit dem die UdSSR ihre nationalen Ressourcen in Ländern wie Nicaragua, Angola, Äthiopien und Afghanistan verpulverte, bedurfte zu seiner Legitimierung des unerschütterlichen Glaubens an einen manichäischen Endkampf, der im globalen Maßstab und bis zum Endsieg geführt werden mußte. Aber auch wenn man von den Paradigmen des marxistisch-leninistischen Weltbildes ausging, wären Zweifel angebracht gewesen, ob es sinnvoll war, knappe Mittel in die Kontrolle von unterentwikkelten Territorien zu stecken, während gleichzeitig im Westen die

Dritte Industrielle Revolution den technologischen Fortschritt immer stärker beschleunigte.

Die Furcht, im technologischen Wettstreit abgehängt zu werden, ist ein weiteres Motiv dafür, daß sich Gorbatschows riskante Erneuerungspläne in der KPdSU durchsetzen konnten. Alexander Bowin begründete seine Unterstützung für die Erneuerung des Systems nicht zuletzt mit der Furcht vor einem Sieg des Kapitalismus im technologischen Wettrennen. Wie die Analytiker der »Stern«-Gruppe hatte auch Bowin begriffen, daß das sowjetische »Obervolta mit Raketen« den Status einer Supermacht nicht würde behaupten können, wenn es sich auch weiterhin nur auf den hohen Entwicklungsstand seines Militärwesens verließ.[37] Der weitverbreiteten Ansicht, daß ein Sieg der kommunistischen Reaktion mit dem Ende des sowjetischen Großmachtstatus gleichzusetzen sei, verlieh Tatjana Saslawskaja beredt Ausdruck. Das Szenario, das die hochangesehene Ökonomin für den Fall des Scheiterns von Gorbatschows Reformen entwarf, war aber tatsächlich nur eine Fortschreibung all jener Trends, die spätestens seit Beginn der Breschnew-Ära wirksam waren:

> »Sollte aber die andere Konzeption [als die Perestroika] realisiert werden, kann der in den zurückliegenden Jahren entstandene Rückstand der UdSSR gegenüber den entwickelten kapitalistischen Ländern einen irreversiblen Charakter annehmen, so daß die einstige Großmacht ihre internationalen Positionen nach und nach einbüßen und versuchen wird, ihr eigenes Volk vor der übrigen Welt mit einem neuen ›Eisernen Vorhang‹ abzuschirmen und den Widerstand der demokratischen Kräfte mit Hilfe von Repressalien zu unterdrücken, wodurch sie sich in ein isoliertes Randgebiet der Welt verwandeln würde.«[38]

Saslawskaja identifizierte in der mittleren Parteibürokratie das stärkste Bollwerk des reaktionären Konservatismus. Bei der obersten Führung sei dagegen ein überwältigendes Interesse daran vorhanden, den Großmachtstatus des Landes auch zum Preis von einschneidenden Reformen zu behaupten.[39]

Zwar liefert die Furcht, den Großmachtstatus zu verlieren, eine gute Erklärung dafür, warum Gorbatschow sich auf den gefährlichen Pfad einer gründlichen Systemreform wagte; sie liefert aber keine völlig schlüssige Antwort auf die Frage, warum er sich dazu bereit fand, am Ende sogar den Zusammenbruch des sowjetischen Imperiums widerstandslos hinzunehmen. Die wohlwollende Passivität, mit der er die Friedlichen Revolutionen von 1989 geschehen ließ, ist um so verwunderlicher, als Gorbatschow niemals aufgehört hat, einen besseren Sozialismus anzustreben. Um sein Verhalten verstehen zu können, ist es notwendig, nochmals auf die apokalyptischen Stimmungen zu verweisen, die der Zweite Kalte Krieg entfesselt hatte.

Der seit Mitte der siebziger Jahre zu beobachtende Aufstieg einer globalen Ökologiebewegung kann wohl als eine im Sinne Hegels gesetzmäßige Erscheinung betrachtet werden, die als Widerspruch zu den existenzbedrohenden Umweltzerstörungen eines extensiven Industrialisierungsmodells früher oder später Gestalt annehmen mußte. Der Zweite Kalte Krieg führte zu einem ungeahnten Aufschwung dieser Bewegung, da die Aussicht, alles Leben in einem Atomkrieg auszulöschen, zugespitzt verdeutlichte, welch ungeheures Gefahrenpotential die wissenschaftliche und technologische Genialität des Menschen in die Welt gesetzt hatte. In der UdSSR, wo die Furcht vor einem Atomkrieg noch akuter war als in Deutschland und wo die Zerstörung der Umwelt längst katastrophale Ausmaße angenommen hatte, erwies sich eine verjüngte Führung als überaus »anfällig« für das neue Denken der Ökologie- und Friedensbewegung. Ironischerweise war es nicht zuletzt dem kommunistischen Friedenskampf zu danken, daß die zuvor eher obskuren Sprecher dieser neuen sozialen Bewegungen plötzlich zu umworbenen Protagonisten der Weltpolitik werden konnten. Indem der Kommunismus deren Warnungen vor der ökologischen oder nuklearen Apokalypse ein Forum verschaffte, untergrub er unwillentlich sein eigenes Fundament, das bis dahin relativ sicher auf dem naiven Glauben an die Erlöserkraft des industriellen Fortschritts geruht hatte. Nachdem die Revolution von 1989 den politischen Diskurs in der DDR endlich aus dem Würgegriff der SED befreit hatte, wurden plötzlich die tiefen Brüche im marxistischen Weltbild sichtbar, die durch die Möglichkeit eines von Menschen verursachten Weltuntergangs selbst bei der intellektuellen Elite der Nationalen Volksarmee entstanden waren.[40]

Natürlich sorgte die Verbreitung des Äquidistanz-Denkens und der Supermachttheorie auch innerhalb der NATO für Unruhe. Rückblickend betrachtet, waren es aber vor allem die kommunistischen Fossilien vom Schlage Ponomarjows, die über diese Theoreme am meisten besorgt sein mußten. In Ponomarjows Augen verhinderte die Supermachttheorie zuvörderst, daß sich Westeuropa zum entscheidenden Aufstand gegen den »imperialistischen Rüstungswettlauf« aufraffte. Doch er wäre wahrscheinlich noch erheblich beunruhigter gewesen, wenn er geahnt hätte, daß sich die Supermachttheorie schließlich auch in der UdSSR verbreitete, wo sie zentrale Paradigmen des kommunistischen Weltbildes zu unterhöhlen half. Mit ihrer Gleichsetzung der gegeneinander gerichteten militärisch-industriellen Komplexe inspirierte die Supermachttheorie eine Reihe von sowjetischen Politikwissenschaftlern dazu, den Kampf mit ihrem eigenen »Militär-Industrie-Komplex« aufzunehmen. Die Behauptung, der Ost-West-Konflikt werde von den beteiligten Regierungen dazu benutzt, sich ihren Völkern als Vormund aufzuhalsen, war überdies eine sehr treffende Beschreibung für die Menschenrechtslage in den sozialistischen Staaten samt ihrer propagandistischen Bemäntelung.

Während sich im Osten der bleierne Mehltau von Breschnews Neostalinismus über die Lande gelegt hatte, hatten die sechziger Jahre im Westen zu einer rasanten Evolution der Gesellschaft geführt. Grundlage dieser Beschleunigung war ein sich selbst reproduzierender Prozeß des anarchischen Experimentierens, der immer neue Gegenkulturen und Lebensstile entstehen ließ. Obwohl vor allem in der Auseinandersetzung um den Vietnamkrieg die Befürchtung laut wurde, dieser Prozeß könne den Westen entscheidend schwächen, hat das Netzwerk der Gegenkulturen nicht unwesentlich dazu beigetragen, die kulturelle Anziehungskraft der westlichen Gesellschaften zu verstärken. Im großen und ganzen war die vielgescholtene westliche Dekadenz samt ihrer schlüpfrigen Anziehungskraft das beste Mittel, um den frommen Rigorismus des Kommunismus samt seinem revolutionären Asketentum ad absurdum zu führen. Soweit es sich beim Kalten Krieg um einen kulturellen Konflikt handelte, ist es nicht ganz falsch, unordentlichen Rock-'n'-Roll-Rebellen wie Frank Zappa mehr Anteil am Sieg des Westens zuzusprechen als Reagans verspätetem Versuch, dem militanten Antikommunismus der fünfziger Jahre neues Leben einzuhauchen.[41] Zu guter Letzt konnte nämlich nicht einmal die abgeschottete Sowjetgesellschaft vor dem »pazifistischen Internationalismus« der westlichen Jugendkulturen bewahrt werden. 1988 warnte ein sowjetischer Publizist vor den militärpolitischen Folgen dieser Kulturimporte:

»›Gott bewahre! Wenn eine Krise heraufziehen sollte, benötigt der Staat Menschen, die sich bewährt haben und die bereit sind, sich selbst aufzuopfern. Ich denke nicht, daß die friedliebende Jugend – die Rocker, die Breakers, die Punks – dann bereit sein werden, sich für die Rettung des Vaterlandes zu opfern. Wenn die Zeit kommt, Blut zu schwitzen, könnten sie nicht bereit sein, dies zu tun. Deshalb muß der Afghanistan-Veteran, der zum Opfer bereit ist, umsorgt, gepriesen, gepflegt und mit einer besonderen ideologischen und sozialen Fürsorge, mit einer bevorzugten Behandlung versehen werden.‹ Warum? Weil einer zukünftigen Bedrohung der sowjetischen Sicherheit ›nicht vom Schriftstellerverband und auch nicht von einer Superliteratur, die sich irgendwelche pazifistisch gesonnenen Schriftsteller zusammenträumen, oder von informellen Jugendgruppen und von Rock-Bands, die Friedenslieder singen, begegnet werden kann, sondern allein von der Verteidigungsindustrie, allein von der Armee‹.«[42]

Dennoch muß gerade hier festgehalten werden, daß die militärische Eindämmung des Kommunismus eine notwendige Voraussetzung für die Entspannung und damit auch für die Intensivierung des Kulturaustauschs war. Folgt man den Analysen der »Stern«-Gruppe, dann hat Reagans »antisowjetischer Kreuzzug« die letale Erschöpfung des Ostblocks zumindest beschleunigt.

In einer Situation, in der der Kreml sich mit dem unaufhaltsamen Zerfall seines Imperiums konfrontiert sah, mußte Reagans Ruf, verrückt genug zu sein, um auf den sprichwörtlichen Knopf zu drücken, überdies als Sicherheitsgarantie eigenen Ranges gelten. Letzten Endes beruht jede Abschreckungsstrategie auf dem Glauben an die Ernsthaftigkeit der Drohungen, die der Angreifer zu gewärtigen hat. Marschall Ogarkows Überlegungen zum nuklearen Paradox und zur wechselseitigen Lähmung der nuklearen Arsenale verdeutlichen, daß ein Stratege, der auf rational denkende Gegner baut, sehr wohl zu der Ansicht gelangen konnte, ein neuer Weltkrieg sei unter Vermeidung der nuklearen Eskalation führbar. Ogarkow war zudem nicht der einzige hochrangige Offizier in den Sowjetstreitkräften, der den Atomwaffen mit kühnen Kalkulationen und allerei Wundermitteln trotzen zu können glaubte. 1975 erklärte der damalige sowjetische Verteidigungsminister Gretschko, »daß unter den modernen Bedingungen die Zivilverteidigung zu einem strategischen Faktor geworden« sei.[43] Solcherlei Einschätzungen motivierten den Ausbau eines riesigen Zivilverteidigungsapparates, dessen Unfähigkeit, die Bevölkerung zu schützen, den sowjetischen Strategen wohl erst in der Folge des Reaktorunfalls von Tschernobyl richtig bewußt wurde.

Im Atomzeitalter gehen die größten Gefahren eben nicht vom Rüstungswettlauf aus. Die Erzeugung von immer tödlicheren Waffen trägt eher dazu bei, die Schrecken eines möglichen Krieges immer wieder zu steigern und erneut ins Bewußtsein der Menschen zu rufen. Eine viel größere Bedrohung stellen strategische Fehleinschätzungen dar, die ihren Urhebern ein Gefühl der Unverwundbarkeit vermitteln. Die Furcht, die der angeblich irrationale Reagan hervorrief, war deshalb ein wirkungsvolles Mittel zur Abschreckung von offensiven Militärstrategien, die in einem Vabanquespiel auf maximale Schadensbegrenzung setzten. Für den von Gorbatschow vollzogenen Bruch mit dem Leninschen Erbe war es ebenfalls bedeutsam, daß man im Kreml Reagans Aufstieg als Folge der eigenen Außen- und Militärpolitik zu begreifen begann.[44] Reagans Wiederwahl im Jahre 1985 wurde so zu einem Fanal, das Gorbatschows Politbüro verdeutlichte, wie dringend geboten eine Neuformulierung der politischen und ideologischen Grundsätze der sowjetischen Außenpolitik war.

Das zentrale Paradox des Zweiten Kalten Krieges

Was sich mithin als zentrales Paradox des Zweiten Kalten Krieges herausschält, ist die Tatsache, daß sowohl Ronald Reagan als auch die unabhängige Friedensbewegung entscheidenden Anteil am glücklichen Ende des Ost-West-Konfliktes hatten. Diese auf den ersten Blick widersprüchlich anmutende Schlußfolgerung verweist im Grunde aber nur auf den prinzipiellen Vorteil zurück, den der pluralistische Westen im Wettstreit mit dem totalitären Osten für sich geltend machen konnte. Während die kommunistische »Westpolitik« letztlich auf die siamesischen Zwillinge Einschüchterung und Differenzierung beschränkt blieb, lag es im freien Ermessen der verschiedenen westlichen Regierungen, Institutionen und Individuen, wie sie auf das sozialistische Lager einwirken wollten. Die polymorphe Struktur der offenen Gesellschaft ermöglichte es einer Vielzahl von Akteuren, die unterschiedlichsten Breschen in die Umwallung des sozialistischen Lagers zu schlagen. Pazifistische Gruppen wie END konnten naturgemäß mit ganz anderen Mitteln auf die östlichen Gesellschaften einwirken als Regierungsorganisationen, die politischen Sachzwängen und den Regeln der Diplomatie gehorchen mußten.

Gerade im SED-Staat konnte der Pazifismus alsbald zum Kern einer neuen Oppositionsbewegung werden, die erfolgreich allen Ränken widerstand, die sich die kommunistische Staatsmacht zu ihrer Differenzierung einfallen ließ. Um die Erfolge des Friedenskampfes im Westen nicht aufs Spiel zu setzen, sah sich die SED gezwungen, ihre Repressalien auf ein defensives Minimalprogramm zu beschränken, das nicht mehr ausreichend war, um die lähmende Atomisierung der DDR-Gesellschaft aufrechtzuerhalten. Ironischerweise hatte ausgerechnet der Friedenskampf ein breites Interesse am Austausch zwischen Ost und West geweckt. Die hysterische Reaktion der Kommunisten auf Gruppen wie END verdeutlicht, daß man sich in Ostberlin und Moskau der Gefahr wohl bewußt war, die von jenem kleinen Grenzverkehr ausging, den die Unabhängigen beider Lager ungeachtet aller Behinderungen einzurichten vermochten. Neue Kontakte, die wieder auf persönlicher Sympathie sowie gemeinsamen Zielen und Vorstellungen statt bloß auf immer entfernteren Verwandtschaftsbeziehungen basierten, schärften nämlich das Bewußtsein dafür, was für ein grausamer Unfug die Teilung Deutschlands und Europas eigentlich war.

Ein weiterer wichtiger Aspekt der Friedensbewegung bestand darin, daß sie – ähnlich wie Willy Brandt in den siebziger Jahren – ein neues Bild von Deutschland vermittelte, welches sich stark von den alptraumhaften Erinnerungen unterschied, die die deutschen Konzentrationslager und Erschießungskommandos während des Zweiten Weltkriegs in ganz Europa hinterlassen hatten. Daß die deutsche Jugend von einer pazifistischen Massenbewegung ergriffen wurde, machte in Osteuropa die Propagandaphrase vom westdeutschen Revanchismus vollends unglaubwürdig. »Der Alptraum eines Lebens unter dem Damoklesschwert gegenseitiger nuklearer Vernichtung«[45] entfaltete überdies Bindekräfte, die zu einer emotionalen Annäherung zwischen der westlichen Friedensbewegung und dem Kern von Gorbatschows Führungsmannschaft führten. Solche neuen Bindekräfte und Sympathien haben es diesem sicherlich erleichtert, sich von der ererbten Weltanschauung mit ihrem primitiven Dualismus und ihrer fadenscheinigen Klassenorientierung loszusagen. An deren Stelle konnte unter anderem die moralische Autorität von Willy Brandt treten, zu dem Gorbatschow eine vertrauensvolle Zuneigung entwickelte und mit dem er sich gern in politische und »philosophische« Gespräche über die Zukunft der Menschheit und des Sozialismus vertiefte.[46]

Dieser Umstand wirft nochmals ein Schlaglicht auf das zentrale Paradox des Zweiten Kalten Krieges: Einerseits hätte die Realisierung der neuen sozialdemokratischen Sicherheitskonzepte die NATO in einem kritischen Augenblick des Ost-West-Konflikts erheblich geschwächt, andererseits schuf aber ausgerechnet die politische und ideologische Annäherung zwischen der SPD und den Kommunisten eine konzeptionelle Brücke, über die hinweg sich Gorbatschow vom Glauben »seiner Väter« zurückziehen konnte. Durch die vorsichtige Wiederbelebung des verschütteten sozialdemokratischen Erbes der KPdSU konnte Gorbatschows radikaler Bruch mit der eigenen Vergangenheit als eine relativ begrenzte Abkehr vom Stalinismus und von der Breschnew-Ära ausgegeben werden. Tatsächlich wurde mit dem Etikett dieser beiden Epochen bald all das versehen, was am Kommunismus insgesamt bedenklich war und schleunigst über Bord geworfen werden mußte. Durch die wechselseitige Annäherung zwischen der Sozialdemokratie und den KPdSU-Reformern konnte Gorbatschow außerdem für sich in Anspruch nehmen, endlich die langjährige Sehnsucht nach einer neuen Einheit der Arbeiterbewegung gestillt zu haben. Das freundschaftliche Verhältnis zwischen Brandt und Gorbatschow war deshalb so wichtig, weil es Illusionen und Visionen zu vermitteln vermochte. Solche Illusionen gaben den Sowjets das Gefühl, sich mit dem Rückzug aus ihrem Imperium weniger dem überwältigenden Druck der Tatsachen zu beugen, als vielmehr endlich einer moralischen Rationalität zu folgen, von der sie inzwischen glaubten, sie sei schon immer irgendwie Teil ihrer Identität gewesen.

Im letzten Stadium des Ost-West-Konfliktes war es ohne Zweifel von entscheidender Bedeutung, daß der Westen an seinen einmal gefaßten Beschlüssen ungeachtet aller Widerstände festhielt und seine eher unpopuläre Militärpolitik durchsetzte. Ironischerweise war es aber beinahe ebenso wichtig, daß sich ein Widerspruch gegen die Militärpolitik der NATO regte, der schließlich große Teile der Öffentlichkeit erfaßte.

Heute zeichnet sich mit dem Vorteil der Rückschau deutlich ab, daß der umfassende Generationswechsel, den die UdSSR in den achtziger Jahren ganz allein aus biologischen Gründen zu gewärtigen hatte, dem Westen einzigartige Möglichkeiten zur Einflußnahme eröffnete. Die polyphone Debatte um die Militärpolitik der NATO, die der Zweite Kalte Krieg ja auch irgendwie war, warb letztlich für die pluralistische Struktur der westlichen Demokratien, in denen politische Entscheidungen eben nicht einfach nur von irgendwelchen skrupellosen »Kreisen« und »Kräften« dekretiert werden konnten. 1988 bekannten sich schließlich einige Politologen der Sowjetischen Akademie der Wissenschaften zu der Ansicht, daß die Gefahr einer westlichen Aggression praktisch gleich Null sei. Neben den rein militärischen Gründen, die sie für diese Einschätzung geltend machten, bestanden sie auch darauf, daß die Institutionen der westlichen Demokratien ein wirksames Bollwerk gegen militärische Aggressionen seien.[47] Offenkundig waren die Debatten um den Doppelbeschluß der NATO für viele Angehörige der sowjetischen Eliten zu einem Bildungserlebnis geworden, welches sie den Werten des vormaligen »Gegners« angenähert hatte.

Nachdem es nicht einmal die Amalgamierung von SPD und Friedensbewegung vermocht hatte, den Opponenten des Doppelbeschlusses eine parlamentarische Mehrheit zu sichern, konnte der Kreml nicht länger ignorieren, daß die Militärpolitik der NATO letzten Endes von einer breiten Mehrheit der westdeutschen Bevölkerung gestützt wurde.[48] Im Mai 1987 beklagte sich Gorbatschow bei dem spanischen Premierminister Felipe González über die starrsinnigen Westeuropäer:

»›Ist denn die Vorstellung, daß die UdSSR im Falle eines hypothetischen Konflikts Panzer nach Europa schickt, so fest in der europäischen Bevölkerung und in den Politikern der neuen Generation verwurzelt?‹ soll Gorbatschow seinen spanischen Gast gefragt haben. ... González bestätigte, daß dies ›zweifellos der Fall‹ sei, woraufhin Gorbatschow erwiderte: ›Ich glaube, sie werden Reagan nicht erlauben, die Abrüstung durchzuführen.‹ «[49]

Als Gorbatschow im Juni 1989 die Bundesrepublik besuchte, schlug ihm eine beispiellose Welle der Sympathie entgegen. Begeisterte Massen jubelnder Menschen hießen in ihm allerdings noch nicht den Mann willkommen, der schon bald sein Plazet zur Wiedervereinigung Deutschlands geben würde, sondern jenen Sowjetführer, der die militärische Konfrontation des Kalten Krieges beendet hatte. Bei seinem Besuch in der DDR, im Oktober desselben Jahres, wurde Gorbatschow ein ähnlich enthusiastisches Willkommen zuteil. Der Jubel der Ostdeutschen war indes auch ein verzweifeltes Werben, mit dem sie Gorbatschow als Verbündeten für die Auseinandersetzung mit ihrem gerontokratischen Regime gewinnen wollten.[50] Am 9. November 1989 stellte die Öffnung der Mauer Gorbatschow vor die Wahl, entweder das Bündnis mit der SED durch ein Blutbad zu erneuern oder sich die Sympathien des deutschen Volkes zu bewahren. Daß er sich für letzteres entschied, war angesichts des desolaten Zustands der DDR-Wirtschaft und des dysfunktionalen Charakters seines Imperiums die weiseste Entscheidung, die er als Oberhaupt der »sowjetischen Nation« treffen konnte.

Das Verschwinden des »Spielverderberstaates«

Wegen einer in der Geschichte bislang beispiellosen Meisterschaft des Verbietens und Verhinderns hat der polnische Historiker Jan Gross den sowjetischen Kommunismus als Spielverderberstaat bezeichnet. Indem dieser Staat alle politische, ökonomische und kulturelle Macht zentralisierte und den Individuen verbot, sich in freier Assoziation zusammenzufinden, bewirkte die herrschende Partei eine unglaubliche Verschwendung von Problemlösungskompetenz und menschlichem Talent, was wiederum zu einer umfassenden Verarmung der Gesellschaft führte.[51] Diese Meisterschaft war indessen nicht nur Ausdruck der systemimmanenten Paranoia, sie war auch eine notwendige Voraussetzung für die rücksichtslose Zentralisierung und Militarisierung der Gesellschaft. Der kriegswirtschaftliche Charakter von Lenins Kommunismus war diesem wiederum weder durch äußere Umstände aufgezwungen, noch war er eine Folge »subjektivistischer« Verzerrungen – er war vielmehr gleichsam genetisch in den chiliastischen Zielen dieser politischen Religion angelegt. Da dieses neue Gesellschaftssystem inhärent ineffizient war, führten die aus ihm notwendigerweise erwachsenden Entbehrungen zu einem permanenten Notstandsregime, das zu seiner Legitimierung dauerhaft auf einen möglichst satanischen Gegner angewiesen blieb. Die Drohung mit dem allbösen Feind blieb deshalb stets die wichtigste Grundkonstante im ideologischen Überbau des realen Sozialismus. Nach 1945 existierte ein solcher Feind aber nicht mehr. Die ständige Verzerrung der Wirklichkeit, die notwendig war, um die kommunistische Ersatzreligion aufrechtzuerhalten, wurde daher immer weniger glaubwürdig. Zudem wurde die manichäische Struktur des Kommunismus immer erkennbarer zu einer Ursache für den ökonomischen Niedergang des sozialistischen Lagers.

In den frühen achtziger Jahren war der Ostblock endlich in den Zustand einer letalen Krise eingetreten, die mit den traditionellen

Mitteln des Systems nur noch verschlimmert, aber nicht mehr bewältigt werden konnte. Warum aber wurde der bevorstehende Zusammenbruch des Sozialismus trotz aller Vorzeichen so beständig von den meisten westlichen Beobachtern ignoriert?[52] Wahrscheinlich wurde ein Kollaps des Systems so wenig in Betracht gezogen, weil kommunistische Regime bis dahin selbst die unglaublichste Verarmung und Ausplünderung ihrer Bevölkerungen unbeschadet überstanden hatten. Stalin und Mao hatten ihr Gesellschaftsideal ungeachtet von Millionen Hungertoten durchgesetzt. Heute belegen Kuba und Nordkorea erneut, daß kommunistische Regime so lange allen äußeren und inneren Widrigkeiten trotzen können, wie ihre Führer zum bedingungslosen Machterhalt entschlossen bleiben.

Neben der Möglichkeit, mit seinem todgeweihten Gegner in einen apokalyptischen Endkampf zu geraten,[53] war der Westen in den achtziger Jahren vor allem mit der Drohung konfrontiert, einem hochgradig instabilen Ostblock gegenüberzustehen, der auf den dramatischen Verfall der Lebensstandards mit repressiven Maßnahmen nach innen und Drohgebärden nach außen reagieren würde. Die Wahrscheinlichkeit einer solchen Entwicklung stieg in dem Maße, wie sich die Parteibürokratie der KPdSU zu einer zynischen kriminellen Elite wandelte, die eine wachsende Ähnlichkeit zur sizilianischen Mafia aufwies. Ähnlich wie Kim Yong Il, der »geliebte Führer« Nordkoreas, hätte eine vollkommen kriminalisierte und feudalisierte KPdSU versuchen können, den Westen mit wilden Kriegsdrohungen zur Leistung von Wirtschaftshilfe zu erpressen. Daß es weder zu einem apokalyptischen »Show down« noch zur Umwandlung der KPdSU in eine ganz profane Gangsterbande kam, war das Ergebnis eines dynamischen Prozesses, der im Zweiten Kalten Krieg seinen Ausgang nahm. Dieser Prozeß zerstörte, was Orwell die eigentliche Grundlage von oligarchischer Herrschaft nannte: »Die Essenz oligarchischer Herrschaft ist nicht die Vererbung vom Vater auf den Sohn, sondern die Fortdauer einer bestimmten Weltanschauung und einer bestimmten Lebensweise, die den Lebenden von den Toten auferlegt wird.«[54] Der Kitt der gemeinsamen Weltanschauung konnte sich innerhalb der KPdSU nur auflösen, weil der puritanische Flügel der Partei angesichts der wirtschaftlichen Misere und der perzipierten Atomkriegsgefahr noch genug Kraft und Verantwortungsgefühl besaß, um sein ideologisches und politisches Erbe umfassend in Frage zu stellen.

In den beiden Weltkriegen war die Fähigkeit, Massenarmeen aufzustellen und auszurüsten, von entscheidender Bedeutung für das Überleben der kriegführenden Staaten. Im Zeitalter der Weltkriege entsprach die kriegswirtschaftliche Struktur des kommunistischen »Spielverderberstaats« mithin trotz aller Unzulänglichkeiten der wichtigsten Zeitanforderung. Nach der Nuklearisierung des Krieges verlor die Fähigkeit zur Mobilisierung von Millionenarmeen aber sukzessive an Bedeutung, da der Krieg selbst als Mittel zur Fortsetzung der Politik immer weniger praktikabel wurde. Durch die Perfektionierung der Zerstörungskraft haben Atomsprengköpfe das Übergewicht der Angriffswaffen soweit gesteigert, daß selbst der überwältigendste Sieg auf dem Schlachtfeld nicht mehr dazu taugt, das Überleben des Siegers zu garantieren. Mit anderen Worten: Atomwaffen sind »Spielverderberwaffen«, mit denen sich jeder Sieg vereiteln läßt. Es ist unwahrscheinlich, daß sich dieser Zustand jemals wieder ändern wird. Zwar sind wirkungsvolle Verteidigungsmittel gegen bestimmte Trägersysteme für die Zukunft durchaus zu erwarten, es ist aber kaum vorstellbar, daß dereinst ein Schutz gegen die Wirkungen von Kerndetonationen erfunden wird. Zudem hat sich seit Hiroshima und Nagasaki die Anzahl der zur Verfügung stehenden Trägermittel stetig vergrößert. Ogarkows Glaube, der dialektische Prozeß, der die Entwicklung von Waffensystemen vorantreibt, werde notwendigerweise zur Überwindung der Atomwaffe durch eine Gegenwaffe führen,[55] ist ein Fehlschluß, der allenfalls dazu taugt, die inhärenten Tücken der marxistisch-leninistischen Dialektik zu illustrieren. Ogarkows Gedankenspiele gewähren aber keinen vernünftigen Aufschluß über die zukünftige Entwicklung des Militärwesens. Nur eins scheint gewiß:

Angesichts der Atomwaffen ist es zu einem anachronistischen Luxus geworden, große stehende Heere zu unterhalten. Daß dieser Luxus die ökonomische Entwicklung ganzer Staaten gefährdet, hatte bereits Chruschtschow begriffen, der daraufhin eine umfassende Demobilisierung der sowjetischen Streitkräfte anordnete.

Chruschtschows Nachfolger, der 1976 zum Marschall »beförderte« Leonid Breschnew, gewährte jedoch einer »Konterrevolution im Militärwesen« freie Bahn, die ihre selbstzerstörerische Dynamik aus dem Streben der Militärs gewann, die Sackgasse des Atomkrieges zu überwinden und die militärischen Voraussetzungen für den Endsieg des Kommunismus zu schaffen. Der irrige und letztlich irrationale Glaube an die Möglichkeit eines Sieges verleitete die Sowjets dazu, dem wirtschaftlich sehr viel stärkeren Westen einen Rüstungswettlauf aufzuzwingen, der den kommunistischen »Spielverderberstaat« unweigerlich zerstören mußte. Hätten die Sowjets dagegen Chruschtschows Strategie der nuklearen Abschreckung beibehalten, dann wäre Reagan wohl nie US-Präsident geworden. Und selbst im Falle seiner Präsidentschaft wären die Sowjets in der Lage gewesen, Reagans Aufrüstungsprogramm weitestgehend zu ignorieren. Durch ihre eigene Siegstrategie geblendet, beschlossen Marschall Ustinow und seine Untergebenen indes, den Niedergang der UdSSR noch dadurch zu beschleunigen, daß sie Reagans Herausforderung annahmen. Zwischen 1981 und 1988 kam es deshalb auch in der wirtschaftlich maroden DDR zu einer erheblichen Steigerung der Militärausgaben, die von 9,4 auf 15,7 Milliarden Mark (Ost) hochschnellten.[56]

Die ökonomischen Schäden solcher Rüstungsanstrengungen wurden noch dadurch vergrößert, daß die traditionelle sowjetische Vorgehensweise darin bestand, westliche Rüstungsprogramme in quantitativ gesteigerter Form nachzuahmen.[57] Angesichts der Tatsache, daß ein steiler wissenschaftlicher und technologischer Fortschritt die optimale Nutzungsspanne von militärischem Gerät beständig verkürzt,[58] müssen Staaten, die an einem Rüstungswettlauf teilnehmen, aber stets eine schwierige Balance zwischen den verfügbaren Streitkräften und den in der Entwicklung befindlichen Kampfmitteln wahren. Da Atomwaffen die Niederwerfung des Gegners in einem offenen Waffengang weitgehend unmöglich gemacht haben, nahm der Rüstungswettlauf zwischen Ost und West zahlreiche Merkmale eines marktwirtschaftlichen Wettbewerbs an. Wie in der Marktwirtschaft hohe Profite kaum jemals dadurch erzielt werden können, daß man auf einem bestimmten Marktsegment ein Monopol anstrebt, kann bei Rüstungswettläufen die militärische Überlegenheit nicht dadurch erreicht werden, daß man versucht, ein erdrückendes Übergewicht an bestimmten Waffensystemen zu errüsten. In der Marktwirtschaft enden solche Monopolisierungsbestrebungen in Preiskriegen, die die Beteiligten finanziell erschöpfen. Hohe Profite lassen sich nur dann erzielen, wenn durch Innovationen Produkte geschaffen werden, die zuvor noch nicht existierten.[59] Im Zuge von Gorbatschows Neuem Denken wurden asymmetrische und innovative Antworten auf die westlichen Rüstungsprogramme dann auch zum Desiderat der sowjetischen Rüstungsforschung. Die Fähigkeit des schwerfälligen und altersschwachen Wissenschafts- und Entwicklungskomplexes der UdSSR, solche Antworten zu finden, wurde von westlichen Experten allerdings in Zweifel gezogen.[59] Seinem Wesen nach ist der atomare Rüstungswettlauf also eine Form des militärischen Konfliktes, bei der die Aktionen der einen Seite niemals den Sieg über die andere Seite garantieren können. In einem Konflikt, der nicht gewonnen, sondern nur durchgestanden werden kann, sind es demnach primär die eigenen Handlungen, die zum irreversiblen Niedergang führen können.

Während der langen Konfrontation mit den kommunistischen Massenarmeen konnte die NATO sich entweder dafür entscheiden, dieser Bedrohung mit der Aufstellung gleichartiger Streitkräfte zu begegnen oder asymmetrische Antworten zu finden. Atomwaffen wurden zu einer solchen asymmetrischen Antwort, und in ihrem Schatten konnte es der Westen sogar wagen, seine Gesellschaften schrittweise zu demilitarisieren. Im Schatten dieser Waffen konnte auch der noch von Stalin für unvermeidlich erachtete Dritte Weltkrieg zu einem weitgehend unblutigen »Positionskrieg«[61] degenerieren, in dessen Verlauf der »Spielverderberstaat« von seiner perfektionierten Fähigkeit des Verbietens und Vereitelns aufgezehrt wurde. Unter dem wohlwollenden Einfluß der Zeit entwickelte sich der Kalte Krieg zusehends zu einem *drôle de guerre*, in dem ein hochgradig militarisiertes, aber letztlich impotentes sozialistisches Lager vor den Stadtmauern eines wohlhabenden und großspurigen Westens am Hungertuch nagte. Für die westlichen Demokratien war diese Situation allerdings nicht ohne Gefahrenmomente. Die sozialdemokratische Entspannungseuphorie, die sich die Wirklichkeit zurechtbog, wie es ihr paßte, und die Friedensbewegung der frühen achtziger Jahre waren Symptome dafür, daß die westlichen Gesellschaften immer weniger begriffen, warum lang andauernde und kostspielige Verteidigungsanstrengungen angesichts eines solch langweiligen und anachronistischen Gegners überhaupt nötig waren.

Im Verlauf des Zweiten Kalten Krieges konnte der Ost-West-Konflikt nur deshalb einen Hauch von Dramatik zurückgewinnen, weil er zeitweise den Charakter eines Endspurts annahm, der zwischen dem sich rapide demilitarisierenden Westen und den zerbröckelnden »Spielverderberstaaten« ausgetragen wurde. In dieser Situation mußte die westliche Politik zuvörderst sicherstellen, daß der Status quo der nuklearen Abschreckung unangetastet blieb.

Spätestens seit den frühen achtziger Jahren wurde es immer offensichtlicher, daß der Kommunismus keine vernünftigen Lösungsansätze für die drängenden Probleme einer Weltgesellschaft zu bieten hatte, die immer deutlicher an die ökologischen Schranken des extensiven Wachstums stieß. Anstatt sich mit diesen neuen Herausforderungen auseinanderzusetzen, strebten kommunistische »Revolutionäre« vom Schlage Honeckers danach, die Handelsbeziehungen zwischen der Dritten Welt und den westlichen Industriestaaten durch die Entfesselung revolutionärer Bürgerkriege möglichst nachhaltig zu erschüttern. In Europa hielt der Kommunismus mit seiner Mischung aus Paranoia und Messianismus überdies einen unheilvollen Spannungszustand aufrecht, dessen Unwägbarkeiten sehr wohl zu verheerenden Fehlentscheidungen führen konnten. Diese Wesenszüge des kommunistischen Systems waren indes weder bürokratische Verzerrungen noch allein auf das niedrige intellektuelle Niveau von Breschnews Führungscrew zurückzuführen; sie waren statt dessen gleichsam genetisch in einer Ideologie angelegt, die ausgezogen war, im globalen Maßstab alle sozialen und ökonomischen Unterschiede auszutilgen. Das diesem Streben zugrundeliegende Ideal transhistorischer Harmonie und Egalität war aber nichts weiter als eine senile Sehnsucht nach pastoraler Einfachheit angesichts der sich beständig vergrößernden Komplexität des Lebens. Wo auch immer diese sentimentale Fata Morgana verwirklicht wurde, zerstörte sie eine Unzahl jener ökonomischen und gesellschaftlichen Nischen, die für das Überleben und das Wohlbefinden der Menschen so wichtig sind.

Seinem ganzen Wesen nach war der Zweite Kalte Krieg eigentlich eine riesenhafte *demonstratio ad absurdum.* Ausgelöst wurde er durch die kommunistische Strategie für einen imaginären Klassenkampf gegen einen ebenso imaginären Feind, den die historischen Materialisten Imperialismus statt Beelzebub zu nennen beliebten. Ironischerweise führte jedoch ausgerechnet der Zweite Kalte Krieg dem aufgeschlosseneren Teil der sowjetischen Elite die fundamentalen Fehler ihrer Ideologie vor Augen. Nachdem es der Friedenskampf nicht vermocht hatte, das westliche Bündnis zu entzweien, ließ das Dogma vom unversöhnlichen Klassenkampf dem Kreml nur noch die Wahl zwischen einem apokalyptischen Endkampf oder dem sich sukzessive beschleunigenden wirtschaftlichen und sozialen Niedergang des gesamten sozialistischen Lagers. Hätte sich Gorbatschow für die Aufrechterhaltung des Status quo in Osteuropa entschieden, so hätte dies den Zusammenbruch des sowjetischen Imperiums allenfalls so lange aufschieben können, wie ausreichend Ressourcen vorhanden gewesen wären, um die kommunistischen Herrscher vor einer »proletarischen Revolution« ihrer gründlich expropriierten Untertanen zu schützen.

Der Zweite Kalte Krieg erweist sich als ein entscheidender Wendepunkt auf dem Weg zu den friedlichen Revolutionen von 1989. Als eine hitzig geführte öffentliche Debatte sorgte dieser Konflikt dafür, daß ein großes Publikum auf beiden Seiten der Mauer mit den grauenhaften Realitäten eines möglichen Atomkriegs vertraut gemacht wurde. Dadurch wurde vielen bewußt, wie dünn das Eis eigentlich war, auf dem die Menschheit ihre ideologischen Schlachten austrug. Besonders in den Reihen der sowjetischen Elite verbreitete sich endlich die Erkenntnis, daß auf einem Planeten, dessen Bewohner mit Atomwaffen ein Vielfaches ihrer selbst vernichten können, jeder politische Schritt mit äußerster Sorgfalt gesetzt werden muß. Im Schatten eines solchen, gleichsam absoluten Vernichtungspotentials war eine Politik, die sich auf »Klassenhaß« gründete, ein selbstmörderischer Anachronismus, der die Menschheit an den Abgrund der nuklearen Selbstauslöschung drängte. Am Ende des 20. Jahrhunderts gebührt deshalb ausgerechnet der Atomwaffe der Titel des Erlösers einer gewaltverliebten und erlösungssüchtigen Menschheit, die zuvor in Auschwitz und im GULag demonstriert hatte, daß sie bei der Vernichtung eines wehrlosen Feindes keinerlei Grenzen achtet.

Abkürzungen

ALCM	Air-Launched Cruise Missile
ASF	Aktion Sühnezeichen/Friedensdienste
BA-ZA-DH	Bundesarchiv-Zwischenarchiv-Dahlwitz-Hoppegarten
BBU	Bundesverband Bürgerinitiativen Umweltschutz
BI	Bürgerinitiative
Bl.	Blatt
BRD	Bundesrepublik Deutschland
BRPF	Bertrand Russell Peace Foundation
BStU	Der Bundesbeauftragte für die Unterlagen des Staatssicherheitsdienstes der ehemaligen DDR
CDU	Christlich-Demokratische Union
CFR	Christliche Friedenskonferenz
CIA	Central Intelligence Agency (USA)
CND	Campaign for Nuclear Disarmament (GB)
COMECON	Council for Mutual Economic Assistance (= RGW), auch Communist Economies
CSU	Christlich-Soziale Union
DA	Deutschland Archiv
DDR	Deutsche Demokratische Republik
DFG/VK	Deutsche Friedensgesellschaft/Vereinigte Kriegsdienstgegner
DFU	Deutsche Friedens-Union
DGB	Deutscher Gewerkschaftsbund
DKP	Deutsche Kommunistische Partei
DM	Deutsche Mark
EG	Europäische Gemeinschaft
END	campaign for European Nuclear Disarmament
FBS	Forward Based Systems
FDGB	Freier Deutscher Gewerkschaftsbund
FDJ	Freie Deutsche Jugend

FDP	Freie Demokratische Partei
GLCM	Ground-launched Cruise Missile
GULag	Hauptverwaltung für die Besserungs-Arbeitslager (SU)
HVA	Hauptverwaltung A (MfS)
ICBM	Intercontinental Ballistic Missile
IKP	Italienische Kommunistische Partei (PCI)
IKV	Interkirchlicher Friedensrat
IM	Informeller Mitarbeiter
IMEMO	Institut für Weltwirtschaft und Internationale Beziehungen (SU)
INF	Intermediate-range Nuclear Forces
ISKAN	Institut für USA- und Kanada-Studien (SU)
Jusos	Jungsozialisten
KfS	Komitee für Staatssicherheit (SU)
KGB	Komitee für Staatssicherheit (SU)
KoFAZ	Komitee für Frieden, Abrüstung und Zusammenarbeit
KOR	Komitee zur Verteidigung der Arbeiter (Polen)
KPD	Kommunistische Partei Deutschlands
KPdSU	Kommunistische Partei der Sowjetunion
KPF	Kommunistische Partei Frankreichs (PCF)
KSZE	Konferenz für Sicherheit und Zusammenarbeit in Europa
MBFR	Mutual Balanced Force Reduction
MfAA	Ministerium für Auswärtige Angelegenheiten (DDR)
MfS	Ministerium für Staatssicherheit (DDR)
Mot.-…	Motorisierte …
NATO	North Atlantic Treaty Organization
NVA	Nationale Volksarmee (DDR)
NVR	Nationaler Verteidigungsrat
PVAP	Polnische Vereinigte Arbeiterpartei
RGW	Rat für gegenseitige Wirtschaftshilfe
SALT	Strategic Arms Reduction Talks
SAPMO-BA	Stiftung Archiv der Parteien und Massenorganisationen der DDR im Bundesarchiv
SDI	Strategic Defense Initiative
SED	Sozialistische Einheitspartei Deutschlands
SEW	Sozialistische Einheitspartei Westberlins
SI	Sozialistische Internationale
SIPRI	Stockholm International Peace Research Institute

SLBM	Submarine-launched Ballistic Missile
SLCM	Sea-launched Cruise Missile
SPD	Sozialdemokratische Partei Deutschlands
START	Strategic Arms Reduction Talks
SU	Sowjetunion
UdSSR	Union der Sozialistischen Sowjetrepubliken
UN	United Nations
UNO	United Nations Organization
VfZ	Vierteljahrshefte für Zeitgeschichte
WFR	Weltfriedensrat
ZA	Zentralarchiv
ZAIG	Zentrale Auswertungs- und Informationsgruppe
ZfG	Zeitschrift für Geschichtswissenschaft
ZK	Zentralkomitee

Anmerkungen

Zur Bestimmung der Archivalien siehe Bibliographie I, zu den vollständigen bibliographischen Angaben zu Büchern und Artikeln siehe Bibliographien II–IV.

Einleitung

1 Georg Schild, »Wer gewann den Kalten Krieg?«. John Gaddis, *The Long Peace.*

2 Carl von Clausewitz, *Vom Kriege*, S. 191 f.

3 Ebd., S. 193.

4 Joachim Goldbach, »Die Nationale Volksarmee«, S. 125.

5 Wjatscheslaw Daschitschew, »Die Wechselwirkung der gegenseitigen Beziehungen ...«, S. 1469.

6 Valentin Falin, *Politische Erinnerungen*, S. 75.

7 Ebd., S. 489–504.

8 Heinz Keßler, *Zur Sache und zur Person*, S. 332–354.

9 Markus Wolf, *Spionagechef im Geheimen Krieg*, S. 346.

10 Eric Carlton, *War and Ideology*, S. 105.

11 Siehe z. B. B. Wassermann, »The Ashanti War of 1900«, S. 50 f.

12 Die Haltung der »primitiven« Völker zum Krieg variiert von Ethnie zu Ethnie: Harry Holbert Turney-High mit zahlreichen Beispielen in *Primitive War.*

13 Hans Morgenthau, *Politics among Nations.*

14 Eric Carlton, *War and Ideology*, S. 119–131; Randall Collin, *Weberian Sociological Theory*, S. 297–315.

15 Hans Maier, »›Totalitarismus‹ und ›Politische Religionen‹«.

16 Christopher Jones, »Gorbachev and the Warsaw Pact«. Ders., »Protection from One's Friends«.

17 Fred Halliday, *The Making of the Second Cold War.*

18 Eine kritische Analyse der US-Politik jener Jahre findet sich bei Ernst-Otto Czempiel, *Machtprobe.*

19 Zu den Genfer INF-Verhandlungen siehe Strobe Talbott, »*Deadly Gambits*«; Helga Haftendorn, »Das doppelte Mißverständnis«; Thomas Risse-Kappen, *Null-Lösung*; George Rueckert, *Global Double Zero.*

20 Zur sowjetischen Kriegsfurcht: Christopher Andrew, Oleg Gordiewsky, *KGB*, S. 757–780.

21 Valerie Bunce, »The Empire Strikes Back«. Dies., »Decline of a Regional Hegemon«.

22 Wladimir Bukowski, *Abrechnung mit Moskau*, S. 496–503.

23 BStU, ZA, MfS ZAIG 5383, »Notiz über die Gespräche zwischen dem Vorsitzenden des KfS der UdSSR, Genossen Generaloberst Fedortschuk, und dem Minister für Staatssicherheit der DDR, Genossen Armeegeneral Mielke am 9./10. September 1982«, Bl. 1.

24 BStU, ZA, MfS ZAIG 5177 Bd.1, Erich Mielke, »Aktuelle Probleme der Außenpolitik der BRD gegenüber den sozialistischen Staaten und ihrer inneren Situation«, 28. 11. 1984, Bl. 157.

25 Douglas Macgregor, *The Soviet-East German Military Alliance*, S. 106–127.

26 Hannes Adomeit, *Imperial Overstretch.*

27 Carl von Clausewitz, *Vom Kriege*, S. 975–983.

28 Jeffrey Herf, *War by Other Means*, S. 2f.

29 Mark Kramer, »The Official (West) German Report«.

30 Otto Wenzel, *Kriegsbereit.* Armin Wagner, »Der Nationale Verteidigungsrat der DDR als sicherheitspolitisches Exekutivorgan der SED«.

31 Roger Engelmann, »Forschungen zum Staatssicherheitsdienst der DDR«.

32 Hermann Axen, *Ich war ein Diener der Partei*, S. 387–388. Markus Wolf, *Spionagechef*, S. 332, 337.

33 Valentin Falin, *Politische Erinnerungen*, S. 476.

Die sowjetische Militärstrategie im Zweiten Kalten Krieg

1 S. F. Kissin, *War and the Marxists*, Bd. 1, S. 148.

2 Arthur Rosenberg, *Geschichte des Bolschewismus*, S. 108f.

3 S. F. Kissin, *War and the Marxists*, Bd. 1, S. 216f.

4 W. I. Lenin, »Der Imperialismus als höchstes Stadium des Kapitalismus«, S. 167.

5 W. I. Lenin, »Das Militärprogramm der proletarischen Revolution«, S. 630.

6 Ebenda.

7 Ebenda, S. 631.

8 Zitiert in: Panajotis Kondylis, *Theorie des Krieges*, S. 263.

9 W. I. Lenin, »Der ›linke Radikalismus‹«, S. 517.

10 W. I. »Das Militärprogramm der proletarischen Revolution«, S. 635.

11 Zitiert in: S.F. Kissin, *War and the Marxists*, Bd. 1, S. 226.

12 W. I. Lenin, »Siebente Moskauer Gouvernementsparteikonferenz«.

13 Siehe: Phillip A. Karber, »To Lose an Arms Race«. John Erickson, »Soviet Military Posture and Policy in Europe«.

14 James J. Martin, »How the Soviet Union Came to Gain Escalation Dominance«.

15 Phillip A. Karber, »The Battle of Unengaged Military Strategies«.

16 Beatrice Heuser, »Warsaw Pact Military Doctrine in the 1970s and 1980s«. Mark Kramer, »The Official (West) German Report«. Horst-Henning Basler, »Operatives Denken und Planen in der NVA«. Otto Wenzel, *Kriegsbereit.* Harald Nielsen, *Die DDR und die Kernwaffen.*

17 N. W. Ogarkow, »Militärstrategie«, S. 52.

18 MZAP-BA, Strausberg AZN32659, »Wichtigster Inhalt der Beratung der Chefs der General- (Haupt-)stäbe in Moskau«, 14. 10. 1987, Bl. 68.

19 Karl Harms, »Im Oberkommando der Vereinigten Streitkräfte«, S. 350.

20 So z. B. Stephan Tiedke, »Die Sowjetische Militärdoktrin und sicherheitspolitische Stabilität«.

21 Zentralkomitee der KPdSU (B), *Geschichte der Kommunistischen Partei der Sowjetunion*, S. 331 f.

22 A. A. Gretschko et al., *Geschichte des Zweiten Weltkrieges 1939–1945 in zwölf Bänden*, Bd. 1: *Die Entstehung des Krieges*, S. 317 f.

23 S. F. Kissin, *War and the Marxists*, Bd. II, *1918–1945*, S. 15–21.

24 Hans-Joachim Torke (Hrsg.), *Historisches Lexikon der Sowjetunion*, S. 219 f., 386 f.

25 S. F. Kissin, *War and the Marxists*, Bd. II, *1918–1945*, S. 105–113.

26 Ebd., S. 132.

27 William R. Trotter, *A Frozen Hell*, S. 58 ff.

28 »Rapport und Resolution der Völkerbundversammlung vom 14. Dezember 1939«.
29 Genrich Poljakow, »Demokratische Republik Afghanistan«, S. 197.
30 A. A. Gretschko et al., *Geschichte des Zweiten Weltkrieges 1939–1945 in zwölf Bänden*, Bd. 3: *Der Beginn des Krieges*, S. 431–440.
31 Institut für Internationale Politik und Wirtschaft der DDR, *Dokumente zur Abrüstung*, S. 296.
32 Ebd., S. 292, 300.
33 SAPMO-BA, DY30/IV2/2.035/71, »Gen. Hager übersendet Gen. Axen eine Kopie des Briefes der KPdSU an die Bruderparteien nichtsozialistischer Länder«, 12. 07. 1983, Bl. 114.
34 MZAP-BA, Strausberg AZN30726, Bd.II, »Zur unmittelbaren Vorbereitung der gemeinsamen operativ-strategischen Kommandostabsübung ›Sojus-83‹ fand am 18. und 19. 05. 1983 im Stab der Vereinten Streitkräfte die Einweisung der Stellvertreter und Gehilfen des Leitenden der Ausbildungsmaßnahme statt«, Bl. 135.
35 MZAP-BA, Strausberg AZN32643, »Bericht über den wesentlichen Inhalt der Ausführungen von Marschall der Sowjetunion Ogarkow«, 14. 09. 1982, Bl. 124.
36 Ebd., Bl. 125.
37 David M. Glantz, »Developing Offensive Success«, S. 162–165.
38 A. S. Scheltow et al., *Militärische Theorie und Militärische Praxis*, S. 82f.
39 Ebd., S. 92.
40 Ebd., S. 91.
41 Carl von Clausewitz, *Vom Kriege*, S. 194ff.
42 *Militärlexikon*, S. 199.
43 I. Ch. Bagramjan et al., *Geschichte der Kriegskunst*, S. 532–552. Gerhard Förster, Nikolaus Paulus, *Abriß der Geschichte der Panzerwaffe*, S. 276–297.
44 W. G. Resnitschenko et al., *Taktik des allgemeinen Gefechts im Kernwaffenkrieg*, S. 28.
45 Ebd., S. 265f.
46 Ebd., S. 28.
47 Ole Diehl, *Die Strategiediskussion in der Sowjetunion*, S. 53.
48 Zu den Schutzeigenschaften von Panzern und zur Wirkungsweise von Neutronenwaffen siehe: W. G. Resnitschenko et al., *Taktik des allgemeinen Gefechts im Kernwaffenkrieg*, S. 55, 70.
49 Dale R. Herspring, *The Soviet High Command, 1967–1989*, S. 129.

50 N. W. Ogarkow, »Militärstrategie«, S. 53.

51 MZAP-BA, Strausberg AZN30726, Bd. II, »Zur unmittelbaren Vorbereitung …« (wie Anm. 22), Bl. 136.

52 MZAP-BA, Strausberg AZN30726, Bd. II, »Ausführungen des Stellvertreters des Chefs des Hauptstabes für operative Fragen zu ›Sojus-83‹ bei der Dienstbesprechung am 20. 06. 1983«, Bl. 187.

53 MZAP-BA, Strausberg AZN30725, Bd. 3, »Meldung zu [Tag]/D9, op. Zeit 18.06. 16.00 Uhr«, Bl. 560.

54 Ebd., Bl. 558f.

55 MZAP-BA, Strausberg AZN29371, »Referat des Stellvertreters des Ministers und Chef der Landstreitkräfte zur Auswertung der Kommandostabsübung ›JUG-78‹«, 18. 04. 1978, Bl. 28. MZAP-BA, Strausberg AZN29371, »Referat des Stellvertreters des Ministers und Chefs der Landstreitkräfte zur Auswertung der Kommandostabsübung ›SEWER-79‹«, 20. 02. 1979, Bl. 98. MZAP-BA, Strausberg AZN28894, Wojciek Jaruzelski, »Auswertung der Übung ›Wesna 80‹«, Warschau 1980, Bl. 100. MZAP-BA, Strausberg AZN29371, »Bericht über die Teilnahme einer Gruppe von Generalen und Offizieren des MfNV an der gemeinsamen Kommandostabsübung ›JUG-81‹«, 17. 02. 1981, Bl. 221.

56 MZAP-BA, Strausberg AZN29371, »Bericht über die Teilnahme einer Gruppe von Generalen und Offizieren des MfNV an der gemeinsamen Kommandostabsübung ›JUG-81‹«, 17. 02. 1981, Bl. 221.

57 MZAP-BA, Strausberg AZN29371, »Referat des Stellvertreters des Ministers und Chefs der Landstreitkräfte zur Auswertung der Kommandostabsübung ›SEWER-79‹«, 20. 02. 1979, Bl. 93–97.

58 MZAP-BA, Strausberg AZN28894, Wojciek Jaruzelski, »Auswertung der Kommandostabsübung ›WESNA 80‹«, Warschau 1980, Bl. 100f.

59 Ebd., Bl. 125.

60 Ebd., Bl. 101.

61 MZAP-BA, Strausberg AZN29371, »Bericht über die Teilnahme einer Gruppe von Generalen und Offizieren des MfNV an der gemeinsamen Kommandostabsübung ›JUG-81‹«, 17. 02. 1981, Bl. 221–225.

62 Joachim Hoffmann, »Die Angriffsvorbereitungen der Sowjetunion 1941«, S. 369.

63 Hans-Henning Schröder, *Die Lehren von 1941*, S. 46–59.

64 »Militärdoktrin«, S. 13. K. S. Kolganow et al., *Die Entwicklung der Taktik der Sowjetarmee*, S. 111–120, 283–294. A. A. Gretschko et al.,

Geschichte des Zweiten Weltkrieges 1939–1945 in zwölf Bänden, Bd. 2: *Am Vorabend des Krieges*, S. 215.

65 Hans-Henning Schröder, *Die Lehren von 1941*, S. 51 f.

66 John Erickson, *Stalin's War with Germany*, Bd. 1: *The Road to Stalingrad*, S. 124.

67 Ebd., S. 132–135.

68 MZAP-BA, Strausberg AZN29371, »Entwurf: Abschlußbericht über die gemeinsame operativ-strategische Übung der Vereinten Streitkräfte ›WAFFENBRÜDERSCHAFT-80‹«, undatiert, Bl. 139–142, 150.

69 Ebd., Bl. 139.

70 MZAP-BA, Strausberg AZN29371, »Referat des Stellvertreters des Ministers und Chefs der Landstreitkräfte zur Auswertung der Kommandostabsübung ›SEWER-79‹«, 20. 02. 1979, Bl. 70.

71 Ebd., Bl. 70 f.

72 Ebd., Bl. 67, 86, 91.

73 MZAP-BA, StrausbergAZN29371, »Bericht über die Teilnahme einer Gruppe von Generalen und Offizieren des MfNV an der gemeinsamen Kommandostabsübung ›JUG-81‹«, 14. 02. 1981, Bl. 197–200, 206.

74 Ebd., Bl. 207.

75 Ebd., Bl. 213.

76 Ebd., Bl. 227 f.

77 Ebd., Bl. 203.

78 MZAP-BA, Strausberg AZN29371, »Referat des Stellvertreters des Ministers und Chefs der Landstreitkräfte zur Auswertung der operativ-taktischen Übung ›HAUPTSTOSS-82‹«, 03. 08. 1982, Bl. 341.

79 Ebd.

80 Ebd., Bl. 341, 346.

81 MZAP-BA, VA-01/39528, NVR-Sitzung vom 01. 07. 1983, »Information über Ziele, Inhalt und Hauptergebnisse der im Monat Juni 1983 durchgeführten operativ-strategischen Kommandostabsübung ›Sojus-83‹ der Vereinten Streitkräfte«, Bl. 77.

82 Ebd.

83 MZAP-BA, Strausberg AZN30726, Bd. II, »Einweisungsreferat des Stellvertreters des Chefs der Vereinten Streitkräfte für die NVA zur Schiedsrichtereinweisung für die Kommandostabsübung ›SOJUS-83‹ in Strausberg am 27. Mai 1983«, Bl. 146. Als »Objekte« wurden gewöhnlich Kasernen und ähnliche Gebäudekomplexe bezeichnet.

84 Ebd., Bl. 149f.
85 Ebd., Bl. 157.
86 Ebd., Bl. 160.
87 MZAP-BA, Strausberg AZN28428, »Chronik des Ministeriums für Nationale Verteidigung vom 01. 12. 1978 bis 30. 11. 1979«, S. 32.
88 MZAP-BA, Strausberg AZN28430, »Chronik des Ministeriums für Nationale Verteidigung vom 01. 12. 1982 bis 30. 11. 1983«, S. 114f.
89 Ebd., S. 115.
90 MZAP-BA, Strausberg AZN30726, Bd. II, Abschlußbericht von Marschall Kulikow zu »Sojus-83«, 17. 08. 1983, Bl. 256f.
91 MZAP-BA, Strausberg AZN30726, Bd. II, »Einweisungsreferat des Stellvertreters des Chefs des Stabes der Vereinten Streitkräfte für die NVA zur Kommandostabsübung ›Sojus-83‹ in Strausberg am 27. Mai 1983«, Bl. 160f.
92 MZAP-BA, Strausberg AZN30725, Bd. 3, Oberst Strohschein, »Information Nr. 32 der Informations- und Richtungsgruppe«, 05. 06. 1983, Bl. 615.
93 Ebd.
94 MZAP-BA, Strausberg AZN30726, Bd. I, Horst Stechbarth, »Schlussfolgerungen aus der operativ-strategischen Kommandostabsübung ›Sojus-83‹«, undatiert, Bl. 18.
95 Dieter Farwick, »Die Optionen des Warschauer Paktes gegenüber NATO-Europa«, S. 99f.
96 MZAP-BA, Strausberg AZN30725, Bd. 1, »Ausführungen des Stellvertreters des Ministers und Chefs des Hauptstabes zur Einweisung der Schiedsrichter und Einlagegruppen in die operativ-strategische Kommandostabsübung ›Sojus-83‹«, Bl. 117.
97 MZAP-BA, Strausberg AZN P-2608, »Ordnung Nr. 030/9/115: Spezialpropaganda auf operativ-taktischer Ebene«, 27. 11. 1979, Bl. 1.
98 Kurt Held et al., »Politische Bildung und Erziehung in der Nationalen Volksarmee«, S. 211.
99 Waltraud Böhme et al., *Kleines Politisches Wörterbuch*, S. 772.
100 MZAP-BA, Strausberg AZN P-2608, »Ordnung Nr. 030/9/115«, 27. 11. 1979, Bl. 9.
101 Ebd., Bl. 20f.
102 Ebd., Bl. 22f.
103 Ebd., Bl. 120ff.
104 Gero Neugebauer, »Das militärstrategische Konzept der NVA«, S. 27.

105 MZAP-BA, Strausberg AZN P-2608, »Ordnung Nr. 030/9/115«, Bl. 10f.
106 Ebd., Bl. 20f.
107 Ebd., Bl. 10f.
108 Ebd., Bl. 20.
109 Ebd., Bl. 10.
110 Helmut Göpel, »Die Berlin-Operation«, S. 296.
111 »Operationsgebiet: imperialistische und andere nichtsozialistische Staaten oder Territorien, gegen die bzw. von denen aus politisch-operative Maßnahmen durch das MfS zur Gewährleistung der staatlichen Sicherheit der DDR und der sozialistischen Staatengemeinschaft durchgeführt werden«. Siegfried Suckut, *Das Wörterbuch der Staatssicherheit*, S. 264.
112 Die Reproduktion einer solchen Liste findet sich in: Peter Siebenmorgen, *»Staatssicherheit« der DDR*, S. 367–391.
113 MZAP-BA, Strausberg AZN P-2608, »Ordnung Nr. 030/9/115«, Bl. 29f.
114 MZAP-BA, Strausberg AZN28430, »Chronik des Ministeriums für Nationale Verteidigung vom 01. 12. 1982 bis 30. 11. 1983«, S. 73.
115 MZAP-BA, Strausberg AZN P-2608, »Ordnung Nr. 030/9/115«, Bl. 44, 66.
116 Ebd., Bl. 44f.
117 Ebd., Bl. 65.
118 Ebd., Bl. 43ff.
119 Thomas Auerbach, »Vorbereitungen auf den Tag X«.
120 MZAP-BA, Strausberg P-2608, »Ordnung Nr. 030/9/115« Bl. 60f.
121 MZAP-BA, Strausberg AZN28428, »Chronik des Ministeriums für Nationale Verteidigung vom 01. 12. 1979 bis 30. 11. 1980«, S. 54.
122 MZAP-BA, Strausberg AZN P-2608, »Ordnung Nr. 30/9/115«, Bl. 43.
123 MZAP-Ba, Strausberg AZN28430, »Chronik des Ministeriums für Nationale Verteidigung vom 01. 12. 1983 bis 30. 11. 1984«, S. 187.
124 MZAP-BA, Strausberg AZN30726, Bd. II, »Ausführungen des Stellvertreters des Chefs des Hauptstabes für operative Fragen zu ›Sojus-83‹ bei der Dienstbesprechung am 20. 06. 1983«, Bl. 211.
125 MZAP-BA, Strausberg AZN30726, Bd. I, Brief vom Chef Finanzökonomie an den Stellvertreter des Ministers und Chef des Hauptstabes vom 22. 06. 1983, Bl. 42.
126 MZAP-BA, VA-01/39522, »Protokoll der 61. Sitzung des Nationa-

len Verteidigungsrates der Deutschen Demokratischen Republik, 23. 06. 1980«, Bl. 7, 49, 69f.

127 Jan T. Gross, *Revolution from Abroad*, S. 232.

128 Horst Zimmermann, *Nur eine Münze…*, S. 88–96.

129 MZAP-BA, Strausberg AZN32645, Brief von Heinz Hoffmann an Erich Honecker, 22. 11. 1983, Bl. 220f. MZAP-BA, Strausberg AZN32967, Brief von Heinz Hoffmann an Willi Stoph, 29. 06. 1984, Bl. 6f.

130 A. A. Gretschko et al., *Geschichte des Zweiten Weltkrieges*, Bd. 1, S. 321.

131 Zitiert in: Ebd., S. 323.

132 A. S. Milowidow et al., *Die Marxistisch-Leninistische Ästhetik und die Erziehung der Soldaten*, S. 66.

133 Ebd., S. 64.

134 M. P. Korobejenikow et al., *Soldat und Krieg*, S. 35.

135 Ebd., S. 40.

136 Ebd., S. 120.

137 Ebd., S. 35.

138 Ebd., S. 116.

139 Jan T. Gross, *Revolution from Abroad*, S. 19, 35–45, 255f.

140 A. A. Gretschko et al., *Geschichte des Zweiten Weltkrieges*, Bd. 1, S. 317.

141 A. S. Milowidow et al., *Krieg und Armee*, S. 404f.

142 Ebd., S. 406.

143 A. S. Scheltow et al., *Militärische Theorie und Militärische Praxis*, S. 121.

144 Gebhardt Weiß, »›Neues Denken‹ und Handeln in der sowjetischen Abrüstungs- und Rüstungskontrollpolitik«, S. 310f.

145 A. S. Scheltow et al., *Militärische Theorie und Militärische Praxis*, S. 122.

146 Hans Einhorn, Siegfried Schönherr, Werner Hiepe, »Der Zusammenhang von Ökonomie und Militärwesen«, S. 41.

147 Hans Einhorn, »Das Bild der Wirtschaft im modernen Krieg«, S. 46.

148 Kieser, Hiepe, »Einige Aspekte des Vergleichs des ökonomischen Potentials der sozialistischen Militärkoalition und der NATO«, S. 228.

149 Scheltow et al., *Militärische Theorie und Militärische Praxis*, S. 127.

150 MZAP-BA, Strausberg AZN28894, Wojciech Jaruzelski, »Auswertung der Kommandostabsübung ›Wesna 80‹«, Warschau 1980, S. 122f.
151 MZAP-BA, Strausberg AZN28430, »Chronik des Ministeriums für Nationale Verteidigung vom 01. 12. 1982 bis 30. 11. 1983«, S. 172–175.
152 Rosemarie Schneider, »Das Verkehrswesen unter besonderer Berücksichtigung der Eisenbahn«, S. 186–189.
153 Otto Wenzel, *Kriegsbereit*, S. 114f.
154 MZAP-BA, VA-01/39518, 58. Sitzung des NVR, 07. 09. 1979, »Stand der Erfüllung der Beschlüsse des Nationalen Verteidigungsrates zur Schaffung des Grundnetzes im staatlichen Nachrichtenwesen«, Bl. 61f.

Die Kriegshysterie in der UdSSR

1 Ulrike Schumacher, *Rüstungskontrolle als Instrument sowjetischer Außenpolitik*, S. 89f.
2 Caspar W. Weinberger, »Jahresbericht des amerikanischen Verteidigungsministers«, S. D444.
3 Lawrence Freedman, »The First Two Generations of Nuclear Strategists«, S. 776ff. Fred Halliday, *The Making of the Second Cold War*, S. 72–75.
4 Henry Rowen, »Objectives and Dysfunctions of Arms Control Negotiations«, S. 62.
5 Christoph Bluth, »Offensive Defence in the Warsaw Pact«, S. 58.
6 Ulrike Schumacher, *Rüstungskontrolle*, S. 134.
7 Georgi Arbatow, *Das System*, S. 229.
8 Seweryn Bialer, »The International and Internal Contexts of the 26th Party Congress«, S. 28–32.
9 Dale R. Herspring, *The Soviet High Command*, S. 154–165.
10 Ulrike Schumacher, *Rüstungskontrolle*, S. 70–82.
11 Georgi Arbatow, *Das System*, S. 227.
12 Horst Ehmke, *Mittendrin*, S. 193f.
13 Dale R. Herspring, *The Soviet High Command*, S. 154–165.
14 Jonathan Haslam, *The Soviet Union and the Politics of Nuclear Weapons*, S. 15–20, 101ff.

15 Dale R. Herspring, *The Soviet High Command*, S. 112.
16 MZAP-BA, VA-01/39521, »Bericht über die NATO-Ratstagung vom Dezember 1979«, Bl. 53.
17 Ole Diehl, *Die Strategiediskussion in der Sowjetunion*, S. 45–60.
18 Lawrence Freedman, »The First Two Generations of Nuclear Strategists«, S. 776.
19 SAPMO-BA, DY30/JIV/859, »Vermerk über ein Gespräch des Generalsekretärs des ZK der SED, Genossen Erich Honecker, mit dem Mitglied des Politbüros des ZK der KPdSU und Außenminister der UdSSR, Genossen A. A. Gromyko, am 4. 12. 1979«, Bl. 12.
20 Ebd., Bl. 13ff.
21 André Glucksmann, *Philosophie der Abschreckung*, S. 93–98.
22 SAPMO-BA, DY30/IV2/2.035/156, »Information über die Ergebnisse der sowjetisch-amerikanischen Verhandlungen über die Begrenzung der nuklearen Rüstungen in Europa vom 30. November bis 17. Dezember 1981«, Bl. 4.
23 Die »Strategic Arms Reduction Talks« wurden im Juni 1982 in Nachfolge der SALT-Verhandlungen aufgenommen.
24 SAPMO-BA, DY30/IV2/2.035/70, »Information über die Ergebnisse der Auftaktrunde der sowjetisch-amerikanischen Verhandlungen über die Begrenzung und Reduzierung der strategischen Waffen«, 07. 09. 1982, Bl. 96f.
25 SAPMO-BA, DY30/IV2/2.035/70, »Information über die Ergebnisse der zweiten Runde der sowjetisch-amerikanischen Verhandlungen zur Begrenzung und Reduzierung der strategischen Rüstungen«, 04. 01. 1983, Bl. 133.
26 Christoph Bluth, *The Collapse of Soviet Military Power*, S. 129.
27 SAPMO-BA, DY30/IV2/2.035/70, »Information ...« (wie Anm. 25), Bl. 129.
28 Daniel Proektor, »Problem der Militarisierung des Weltraums«.
29 SAPMO-BA, DY30/IV2/1/592, »Rede des Kandidaten des Politbüros und Sekretärs des ZK der KPdSU, Gen. B.N. Ponomarjow, auf der Beratung der Sekretäre der ZK der Bruderparteien der sozialistischen Länder für internationale und ideologische Fragen«, 3.–4. 11. 1981, Bl. 229f.
30 Ebd., Bl. 191f.
31 Ebd., Bl. 195.
32 Ebd., Bl. 197.

33 SAPMO-BA, DY30/IV2/2.035/57, »Bericht über ein Arbeitstreffen des Genossen Hermann Axen mit leitenden Genossen des Zentralkomitees der KPdSU am 23. und 24. Januar 1980 in Moskau«, Bl. 5 ff.

34 SAPMO-BA, DY30/vorl.SED 42440, »Das internationale Kräfteverhältnis und die weltpolitische Entwicklung zu Beginn der achtziger Jahre«, 07. 11. 1980, S. 94.

35 Ebd., S. 158.

36 Jeffrey Herf, *War by Other Means*, S. 1–12.

37 SAPMO-BA, DY30/vorl.SED 42440, »Das internationale Kräfteverhältnis und die weltpolitische Entwicklung zu Beginn der achtziger Jahre«, 07. 11. 1980, S. 212.

38 Ebd., S. 48.

39 Raymond Garthoff, »The Soviet SS-20 Decision«, S. 114 f.

40 SAPMO-BA, DY30/IV2/1/574, »Stenografische Niederschrift der Tagung des Politischen Beratenden Ausschusses der Teilnehmerstaaten des Warschauer Vertrages am 14. und 15. Mai 1980 in Warschau«, BL. 129 f.

41 Ebd., Bl. 129.

42 Ebd., Bl. 130.

43 MZAP-BA, Strausberg AZN30577, Armeegeneral Iwaschutin, »Die gegenwärtige militärpolitische Lage in der Welt und Tendenzen ihrer Entwicklung«, 31. 10. 1980, Bl. 208.

44 Ebd., Bl. 208 f.

45 Ebd., Bl. 209.

46 Harold Brown, »Jahresbericht des amerikanischen Verteidigungsministers vom 29. Januar 1980«, S. D446 ff.

47 MZAP-BA, Strausberg AZN30557, Armeegeneral Iwaschutin, »Die gegenwärtige militärpolitische Lage in der Welt und Tendenzen ihrer Entwicklung«, 31. 10. 1980, Bl. 210.

48 Ebd., Bl. 218.

49 Ebd., Bl. 223.

50 Ebd., Bl. 231.

51 Ebd., Bl. 215 f.

52 MZAP-BA, VA-01/39517, »Die NATO-Ratstagungen im Dezember 1978 und ihre Auswirkungen auf die weitere Aggressionsvorbereitung der NATO-Staaten«, 09. 03. 1979, Bl. 8 ff.

53 Ebd., Bl. 50.

54 Ebd., Bl. 29.

55 Reinhard Brühl, »Zur Militärpolitik der SED«, S. 40 f.

56 Horst-Henning Basler, »Operatives Denken und Planen in der NVA«, S. 58 ff.

57 MZAP-BA, Strausberg AZN32642, »Bericht über ein vertrauliches Gespräch mit dem Oberkommandierenden der Vereinten Streitkräfte der Teilnehmerstaaten des Warschauer Vertrages am 13. 06. 1981 in Dresden«, Bl. 62j.

58 MZAP-BA, Strausberg AZN32641, »Bericht über den wesentlichen Inhalt des Gesprächs des Ministers für Nationale Verteidigung, Genossen Armeegeneral Hoffmann, mit dem Oberkommandierenden der Vereinten Streitkräfte der Teilnehmerstaaten des Warschauer Vertrages, Genossen Marschall der Sowjetunion Kulikow, am 30. 07. 1981«, Bl. 126.

59 MZAP-BA, Strausberg AZN32643, »Wesentlicher Inhalt der Ausführungen von Marschall der Sowjetunion Ustinow«, Moskau 18. 02.–19. 02. 1982, Bl. 16.

60 MZAP-BA, Strausberg AZN32463, »Wichtigster Inhalt der Gespräche mit den polnischen Genossen während des Aufenthaltes einer Arbeitsdelegation des Ministeriums für Nationale Verteidigung am 04. 03. 1982 in Moskau«, Bl. 30.

61 SAPMO-BA, DY30/vorl.SED 42440, »Das internationale Kräfteverhältnis und die weltpolitische Entwicklung zu Beginn der achtziger Jahre«, 07. 11. 1980, S. 4 f.

62 SAPMO-BA, DY30/IV2/1/574, »Stenografische Niederschrift der Tagung des Politischen Beratenden Ausschusses der Teilnehmerstaaten des Warschauer Vertrages am 14. und 15. Mai 1980 in Warschau«, Bl. 137.

63 SAPMO-BA, DY30/IV2/2.035/57, »Bericht über ein Arbeitstreffen des Genossen Hermann Axen mit leitenden Genossen des Zentralkomitees der KPdSU am 23. und 24. Januar 1980 in Moskau«, Bl. 5 f.

64 Ebd., Bl. 6.

65 Ebd., Bl. 14 f.

66 Nikolai Inosemzew, »Verhinderung eines Kernwaffenkrieges dringlichstes Problem der Gegenwart«, S. 35 ff. Raymond Garthoff, *Deterrence and the Revolution in Soviet Military Doctrine*, S. 59–69.

67 Raymond Garthoff, *Détente and Confrontation*, S. 785–800.

68 Lawrence Freedman, »The First Two Generations of Nuclear Strategists«, S. 773 ff.

69 Strobe Talbott, *The Russians and Reagan*, S. 116, 104, 77.

70 MZAP-BA, VA-01/39524, »Information des Chefs der Verwaltung Aufklärung über neue Aspekte in der Militärpolitik der Reagan-Administration«, 13. 03. 1981, Bl. 69.

71 Ebd., Bl. 69 f.

72 Ebd., Bl. 71.

73 Ebd.

74 SAPMO-BA, DY30/IV2/2.035/70, »Vortrag des stellvertretenden Direktors des USA-Instituts der Akademie der Wissenschaften der UdSSR, Prof. Bogdanow, am 25. 2. 1982 im Hause des ZK der SED zum Thema: Zur Politik der Reagan-Administration«, Bl. 70 f.

75 Ebd., Bl. 67–70.

76 Ebd., Bl. 70 f.

77 Ebd., Bl. 70.

78 SAPMO-BA, DY30/vorl.SED 34966, Bericht von Egon Winkelmann an Erich Honecker, 02. 08. 1982, S. 2.

79 BStU, ZA, MfS ZAIG 5382, »Notiz über die Gespräche des Genossen Minister mit dem Vorsitzenden des KfS, Genossen Andropow, am 11. 7. 1981 in Moskau«, Bl. 4.

80 Ebd., Bl. 6.

81 Ebd., Bl. 9.

82 Ebd., Bl. 8 f.

83 Ebd., Bl. 9.

84 Ebd., Bl. 6.

85 Ebd., Bl. 7.

86 Ebd., Bl. 8.

87 Ebd., Bl. 12 f.

88 Ebd., Bl. 18.

89 Ebd., Bl. 4.

90 Ebd., Bl. 11.

91 Ebd., Bl. 17.

92 Ebd.

93 Markus Wolf, *Spionagechef im Geheimen Krieg*, S. 324 ff.

94 Christopher Andrew, »Nachrichtendienste im Kalten Krieg«, S. 39.

95 Siehe bspw.: BStU, ZA, MfS ZAIG 5171, »Hinweise für Gespräche des Gen. Minister in Moskau, 9. und 10. September 1982«.

96 BStU, ZA, MfS ZAIG 5383, »Notiz über die Gespräche zwischen dem Vorsitzenden des KfS der UdSSR, Genossen Generaloberst Fedortschuk, und dem Minister für Staatssicherheit der DDR, Genossen Armeegeneral Mielke am 9./10. September 1982«, Bl. 17.

97 Ebd., Bl. 59.

98 Ebd., Bl. 63.

99 Ebd., Bl. 66.

100 SAPMO-BA, DY30/IV2/2.035/31, »Rede des Generalsekretärs des Zentralkomitees der Kommunistischen Partei der Sowjetunion, Gen. J. W. Andropow«, 05. 01. 1983, Bl. 34f.

101 Ebd., Bl. 35f.

102 Arkadij Schewtschenko, *Mein Bruch mit Moskau*, S. 261, 346.

103 SAPMO-BA, DY30/IV2/1/615, »Rede des Generalsekretärs der KPdSU, [...] J. W. Andropow, auf dem Treffen der führenden Repräsentanten der Teilnehmerstaaten des Warschauer Vertrages am 28. Juni 1983«, Bl. 70.

104 Ebd., Bl. 69.

105 Ebd., Bl. 76.

106 BStU, ZA, MfS ZAIG 5306, »Notiz über die Gespräche des Genossen Minister mit dem Stellvertreter des Vorsitzenden des KfS, Genossen W. A. Krjutschkow, am 19. 9. 1983 in Berlin«, Bl. 5f.

107 Ebd., Bl. 7.

108 Ebd., Bl. 9f.

109 Ebd., Bl. 5.

110 Ebd., Bl. 13.

111 Ebd., Bl. 16.

112 Ebd., Bl. 15.

113 BStU, ZA, MfS ZAIG 5382, »Notiz über das Gespräch des Genossen Minister mit dem Vorsitzenden des KfS, Genossen Andropow, am 11. 7. 1981 in Moskau«, Bl. 9.

114 Ebd., Bl. 13.

115 BStU, ZA, MfS ZAIG 5176, »Hinweis für ein Gespräch mit Gen. Tschebrikow 25./26. 7. 1984 in Moskau«, Bl. 15.

116 Elizabeth Teague, »War Scare in the USSR«.

117 John Parker, *Kremlin in Transition*, Bd. 1: *From Brezhnev to Chernenko, 1978 to 1985*, S. 77ff., 371.

118 Dale R. Herspring, *The Soviet High Command*, S. 204.

119 Harry Gelman, *The Brezhnev Politburo and the Decline of Detente*, S. 180f.

120 MZAP-BA, Strausberg AZN32643 »Bericht über den wesentlichen Inhalt der Ausführungen von Marschall der Sowjetunion Ogarkow«, 08.–10. 09. 1982, Bl. 119f.

121 Ebd., Bl. 122.

122 Ebd., Bl. 120.

123 Ebd.

124 Scheltow, *Militärische Theorie und Militärische Praxis*, S. 116–134.

125 MZAP-BA, Strausberg AZN32643, »Bericht über den wesentlichen Inhalt der Ausführungen von Marschall der Sowjetunion Ogarkow«, 08.–09. 10. 1982, Bl. 123.

126 MZAP-BA, Strausberg AZN30726, Bd.II, Aktennotiz für den MfNV, »Zur umittelbaren Vorbereitung der gemeinsamen operativ-strategischen Kommandostabsübung ›SOJUS-83‹ fand am 18. und 19. 05. 1983 im Stab der Vereinten Streitkräfte die Einweisung der Stellvertreter und Gehilfen des Leitenden der Ausbildungsmaßnahme statt«, Bl. 136f.

127 MZAP-BA, Strausberg AZN30560, »Thesen des Vortrages des Oberkommandierenden der Vereinten Streitkräfte auf der Beratung des Politischen Beratenden Ausschusses ›Über den Zustand der Vereinten Streitkräfte der Teilnehmerstaaten des Warschauer Vertrages und die Maßnahmen zur weiteren Erhöhung ihrer Kampffähigkeit‹«, 20. 11. 1983, Bl. 241.

128 MZAP-BA, Strausberg AZN32646, »Bericht über die wichtigsten Ergebnisse der 27. Sitzung des Militärrates der Vereinten Streitkräfte der Teilnehmerstaaten des Warschauer Vertrages in BUKAREST«, 26.–28. 04. 1983, Bl. 30.

129 Dale R. Herspring, *The Soviet High Command*, S. 206ff.

130 MZAP-BA, Strausberg AZN32639, »Diskussionsbeitrag des Ministers für Verteidigung der UdSSR auf der 12. Sitzung des Komitees der Verteidigungsminister der Teilnehmerstaaten des Warschauer Vertrages zum ersten Tagesordnungspunkt: ›Über die Tätigkeit der Vereinten Streitkräfte im Zusammenhang mit den neuen Friedensinitiativen, die in der Rede des Genossen Leonid Iljitsch Breschnew in Berlin am 06. 10. 1979 dargelegt wurden‹«, 03.–06. 12. 1979, Bl. 142.

131 Ebd., Bl. 142f.

132 Zum »Strategiestreit« zwischen Ogarkow und Ustinow siehe: George C. Weickhardt, »Ustinov versus Ogarkov«. Ders., »The Soviet Strategic Outlook«.
133 MZAP-BA, Strausberg AZN327643, »Bericht über den wesentlichen Inhalt der Ausführungen von Marschall der Sowjetunion Ogarkow«, 08.–10. 09. 1982, Bl. 124.
134 MZAP-BA, Strausberg AZN32641, »Bericht über die operativ-strategischen Manöver ›Sapad-81‹ der Sowjetarmee und Seekriegsflotte«, 17. 09. 1981, Bl. 206.
135 MZAP-BA, AZN32641, »Bericht über die wichtigsten Ergebnisse der 14. Sitzung des Komitees der Verteidigungsminister des Warschauer Vertrages in Moskau«, 01.–04. 12. 1981, Bl. 311.
136 Julij A. Kwizinskij, *Vor dem Sturm*, S. 306.
137 Ebd., S. 312, 323.
138 MZAP-BA, Strausberg AZN32643, »Fritz Streletz, ›Wesentlicher Inhalt der Ausführungen von Marschall der Sowjetunion Ustinow‹«, 18.–19. 02. 1982, Bl. 19.
139 Michail Gorbatschow, *Erinnerungen*, S. 198–209.
140 SAPMO-BA, DY30/vorl.SED 34966, Bericht von Egon Winkelmann an Erich Honecker, 03. 03. 1982, S. 3.
141 MZAP-BA, Strausberg AZN32643, »Bericht über den wichtigsten Inhalt der Gespräche mit dem Minister für Verteidigung der UdSSR, Genossen Marschall der Sowjetunion Ustinow, und dem Oberbefehlshaber der Vereinten Streitkräfte der Teilnehmerstaaten des Warschauer Vertrages, Genossen Marschall der Sowjetunion Kulikow, am 14. 06. 1982«, Bl. 79.
142 John W. Parker, *Kremlin in Transition*, Bd. 1, S. 172 f.
143 Dale R. Herspring, *The Soviet High Command*, S. 199 ff.
144 John W. Parker, *Kremlin in Transition*, Bd. 1, S. 183.
145 Dale R. Herspring, *The Soviet High Command*, S. 198.
146 Ebd., S. 194.
147 Condoleeza Rice, »The Making of Soviet Military Strategy«, S. 661 ff.
148 Boris Schaposchnikow, *Das Hirn der Armee*, S. 537.
149 Ebd., S. 429 f.
150 Ebd., S. 521 f.
151 Hans-Werner Deim, »Die NVA in der ersten strategischen Staffel der Streitkräfte des Warschauer Vertrages«, S. 317 f.

152 MZAP-BA, Strausberg AZN32642, »Bericht über ein vertrauliches Gespräch mit dem Oberkommandierenden der Vereinten Streitkräfte der Teilnehmerstaaten des Warschauer Vertrages am 07. 04. 1981 in LEGNICA (VR Polen) nach der Auswertung der gemeinsamen operativ-strategischen Kommandostabsübung ›Sojus-81‹«, Bl. 46.

153 MZAP-BA, Strausberg AZN32643, »Bericht über den wesentlichen Inhalt der Ausführungen von Marschall der Sowjetunion Ogarkow«, 08.–10. 09. 1982, Bl. 121.

154 MZAP-BA, Strausberg AZN32643, »Bericht über den wichtigsten Inhalt der Gespräche mit dem Minister für Verteidigung der UdSSR, Genossen Marschall der Sowjetunion Ustinow, und dem Oberkommandierenden der Vereinten Streitkräfte der Teilnehmerstaaten des Warschauer Vertrages, Genossen Marschall der Sowjetunion Kulikow, am 14. 06. 1982«, Bl. 76.

155 Boris Schaposchnikow, *Das Hirn der Armee*, S. 534.

156 MZAP-BA, Strausberg AZN32643, »Bericht über den wesentlichen Inhalt der Ausführungen von Marschall der Sowjetunion Ogarkow«, 08.–10. 09. 1982, BL. 120f.

157 Ebd., Bl. 125.

158 Jeremy Azrael, *The Soviet Civilian Leadership and the Military High Command, 1976–1986*, S. 31.

159 John W. Parker, *Kremlin in Transition*, Bd. 1, S. 248ff.

160 Ebd., S. 249.

161 Siegfried Fischer, Dimitri Trenin, »Das sowjetische Nuklearkriegsdenken«, S. 106f.

162 Pierre Allan, Dieter Kläy, *Zwischen Bürokratie und Ideologie*, S. 271–274.

163 Georgi Arbatow, *Das System*, S. 306f.

164 John W. Parker, *Kremlin in Transition*, Bd. 1, S. 287, 295f.

165 Ebd., S. 297, 329.

166 Zitiert in: Jeremy R. Azrael, *The Soviet Leadership and the Military High Command*, S. 32.

167 John W. Parker, *Kremlin in Transition*, Bd. 1, S. 373f.

168 Ebd., S. 399–407.

169 Klaus Dorst, Birgit Hoffmann (Hrsg.), *Kleines Lexikon der Sowjetstreitkräfte*, S. 210.

170 Jean Delumeau, *Sin and Fear*, S. 555.

1 W. I. Lenin, »Clausewitz' Werk ›Vom Kriege‹«, S. 23 f.

2 D. A. Wolkogonow, »Revolution«, S. 47.

3 Seppo Myllyniemi, »Die Folgen des Hitler-Stalin-Paktes«, S. 85–88.

4 Klaus Dorst, Birgit Hoffmann (Hrsg.), *Kleines Lexikon der Sowjetstreitkräfte*, S. 261.

5 Jan T. Gross, *Revolution from Abroad*, S. 232.

6 Waltraud Böhme et al., *Kleines Politisches Wörterbuch*, S. 179 ff., 770–773.

7 Dimitri Wolkogonow, *Stalin*, S. 705. James E. Mace, »Famine and Nationalism in Soviet Ukraine«.

8 A. Glucksmann, T. Wolton, *Politik des Schweigens.*

9 Zitiert in: Clive Rose, *Campaigns Against Western Defence*, S. 58.

10 SAPMO-BA, DY30/IV2/1/574, »Stenografische Niederschrift der Tagung des Politischen Beratenden Ausschusses der Teilnehmerstaaten des Warschauer Vertrages am 14. und 15. Mai 1980 in Warschau«, Bl. 130.

11 BStU, ZA, MfS SdM 1287, Erich Mielke »*Entwurf* Referat zur Eröffnung des Parteilehrjahres 1972/73 in der Bezirksparteiorganisation Karl-Marx-Stadt (Propagandistische Großveranstaltung am 4. 10. 1972)«, Bl. 108–112.

12 SAPMO-BA, DY30/IV2/2.035/21, »Einige Fragen der ideologischen Arbeit und der außenpolitischen Propaganda in der gegenwärtigen Etappe«, Bl. 39. Diese Rede trägt keine Verfasserangabe.

13 SAPMO-BA, DY30/JIV2/201–1513, Bd. I, »Stenografische Niederschrift der internationalen wissenschaftlichen Konferenz ›Der gemeinsame Kampf der Arbeiterbewegung und der nationalen Befreiungsbewegung gegen Imperialismus, für sozialen Fortschritt vom 20. bis 24. Oktober 1980 in Berlin (Plenarsitzung)‹«, Bl. 138.

14 SAPMO-BA, DY30/vorl.SED 42440, ZK-Hausmitteilung von Hermann Axen an Erich Honecker vom 7. November 1980, Bl. 1 f.

15 SAPMO-BA, DY30/vorl.SED 42440, »Das internationale Kräfteverhältnis und die weltpolitische Entwicklung zu Beginn der 80er Jahre«, S. 2, 96.

16 Ebd., S. 88 f.

17 Ebd., S. 96.

18 SAPMO-BA, DY30/IV2/2.035/21, »Gedächtnis-Protokoll über das

Treffen des Genossen Breschnew mit den Sekretären für ideologische Arbeit und für internationale Verbindungen der sozialistischen Bruderländer am 20. 12. 1973 in Moskau«, Bl. 6.

19 Waltraud Böhme et al., *Kleines politisches Wörterbuch*, S. 888 f.

20 SAPMO-BA, DY30/IV2/2.035/21, »Gedächtnis-Protokoll über das Treffen des Genossen Breschnew mit den Sekretären für ideologische Arbeit und für internationale Verbindungen der sozialistischen Bruderländer am 20. 12. 1973 in Moskau«, Bl. 5.

21 Ebd., Bl. 4.

22 Waltraud Böhme et al., *Kleines politisches Wörterbuch*, S. 258 ff.

23 SAPMO-BA, DY30/JIV2/201–1513, Bd. I, »Stenografische Niederschrift der [...] Konferenz ›Der gemeinsame Kampf der Arbeiterbewegung und der nationalen Befreiungsbewegung [...], vom 20. bis 24. Oktober in Berlin [...]‹«, Bl. 29 f.

24 Waltraud Böhme et al., *Kleines politisches Wörterbuch*, S. 726–730.

25 Ebd., S. 889.

26 SAPMO-BA, DY30/IV2/2.035/21, »Einige Fragen der ideologischen Arbeit und der außenpolitischen Propaganda in der gegenwärtigen Etappe«, Bl. 31 f.

27 Ebd., Bl. 32.

28 Paul Markowski, »Friedliche Koexistenz und Klassenkampf«, S. 368.

29 BStU, ZA, MfS SdM 1296, »Referat des Genossen Minister zur Militär- und Sicherheitspolitik der SED und der Entwicklung der internationalen Klassenauseinandersetzung zwischen Sozialismus und Imperialismus (Suhl – 17. 12. 1975)«, Bl. 237.

30 BStU, ZA, MfS SdM 1291, E. Mielke, »Entwurf: Diskussionsrede auf der Kreisdelegiertenkonferenz am 15. 2. 1974«, Bl. 37 f.

31 SAPMO-BA, DY30/IV2/2.035/56, »Bericht über Konsultationen des Genossen Dr. Willerding mit Genossen Iljitschow zu Problemen des südlichen Afrika am 27. 6. 1979 in Moskau«, Bl. 336.

32 SAPMO-BA, DY30/IV2/2.035/71, Brief der KPdSU an die westeuropäischen KPs, 09. 10. 1979, Bl. 2.

33 SAPMO-BA, DY30/JIV2/201–1513, Bd. I, »Stenografische Niederschrift der [...] Konferenz ›Der gemeinsame Kampf der Arbeiterbewegung und der nationalen Befreiungsbewegung [...], vom 20. bis 24. Oktober in Berlin [...]‹,« Bl. 12–30, 46 ff.

34 SAPMO-BA, DY30/IV2/2.035/55, »Vermerk über das Gespräch beim Kandidaten des Politbüros und Sekretär des ZK der KPdSU,

Genossen B. N. Ponomarjow, am 27. Februar 1973 in Moskau«, Bl. 57f.

35 SAPMO-BA, DY30/IV2/2.035/56, »[...] Gespräch des Genossen Erich Honecker [...] mit [...] Genossen B.N. Ponomarjow, am 26. Januar 1979«, Bl. 261.

36 Ebd., Bl. 261. SAPMO-BA, DY30/IV2/2.035/68, »Information der KPdSU zu Gesprächen mit einer Delegation der IKP in Moskau am 8. und 9. Juli 1980«, Bl. 160.

37 BA-ZA-DH, DZ9.70.341, »Information über die internationale Kampagne der Friedensbewegung gegen die Neutronenwaffe«, S. 1f.

38 Gerhard Besier, *Der SED-Staat und die Kirche, 1969–1990,* S. 278–290.

39 Volker Mathée, *Die Neutronenbombe zwischen Bündnis- und Innenpolitik,* S. 19–22, 96–99.

40 »Neutronenwaffe«.

41 BA-ZA-DH, DZ9.70.341, »Erklärung des Friedensrates der DDR«, 23. August 1978, S. 1.

42 BA-ZA-DH, DZ9.70.341, »Gedanken zur Friedensbewegung und zur Entwicklung der Weltkampagne ›Im Namen des Lebens – Ächtet die Neutronenbombe‹«, S. 2ff.

43 Volker Mathée, *Die Neutronenwaffe,* S. 98–101.

44 BA-ZA-DH, DZ9.70.341, »Déclaration du Conseil de la Paix de la RDA«.

45 BA-ZA-DH, DZ9.70.341, »Gedanken zur Friedensbewegung ...« (wie Anm. 42), S. 1.

46 BA-ZA-DH, DZ9.262.1329, »Information über Maßnahmen zur Gewinnung politisch breiter Kräfte zur Weiterführung des Kampfes gegen das Wettrüsten und gegen Massenvernichtungswaffen sowie über Aktivitäten der demokratischen und Friedenskräfte in der BRD im 1. Halbjahr 1979«, S. 1f.

47 Ebd., S. 2f.

48 BA-ZA-BH, DZ9.197.916, »Bericht über den ersten Aufenthalt einer Delegation des Büros des Komitees für Frieden, Abrüstung und Zusammenarbeit der BRD von 26.–29. 11. 1978 in der DDR«, S. 3.

49 Frans A. M. Alting von Geusau, »Pacifism in the Netherlands«, S. 191f.

50 Volker Mathée, *Die Neutronenwaffe,* S. 111ff.

51 BA-ZA-DH, DZ9.502.2516, »BRD: In Aktionen und Erklärungen der Friedenskräfte der BRD kam zum Ausdruck [...]«, 8. 12. 1983, S. 1, 3.

52 A. S. Milowidow et al., *Krieg und Armee*, S. 142. Die sowjetische Ausgabe erschien 1977.

53 W. I. Lenin, »Der ›linke Radikalismus‹«, S. 520 f.

54 Ebd., S. 549.

55 Ebd., S. 545.

56 Ebd., S. 573 f.

57 BA-ZA-DH, DZ9.11.52, »Erste Einschätzung hinsichtlich der Herbstkampagne für Frieden, internationale Entspannung, Abrüstung, gegen Wettrüsten und Massenvernichtungswaffen«, 8. 10. 1979, S. 1.

58 Volker Mathée, *Die Neutronenwaffe*, S. 162 f.

59 Jeffrey Herf, *War by Other Means*, S. 62.

60 SAPMO-BA, DY30/IV2/2.035/56, »Information über die Gespräche zwischen Genossen B.N. Ponomarjow [...] und Genossen Hermann Axen [...] am 25. und 26. Januar 1979«, Bl. 298.

61 SAPMO-BA, DY30/IV2/1/568, »Bericht über die Beratung der Sekretäre für internationale und ideologische Fragen der Zentralkomitees kommunistischer und Arbeiterparteien sozialistischer Länder vom 3. bis 5. Juli 1979 in Berlin«, Bl. 27.

62 SAPMO-BA, DY30/JIV2/2/1785, »Anlage Nr. 1 Anlage a: Einschätzung des sowjetisch-amerikanischen Gipfeltreffens in Wien und des SALT-II-Vertrages«, Bl. 7 f.

63 SAPMO-BA, DY30/IV2/1/568, »Rede des Genossen B. N. Ponomarjow, Kandidat des Politbüros und Sekretär des ZK der KPdSU«, Berlin 03.–05. 07. 1979, Bl. 179 f.

64 Ebd., Bl. 161 f.

65 SAPMO-BA, DY30/IV2/1/568, »Rede des Genossen H. Axen, [...]«, Berlin 03.–05. 07. 1979, Bl. 100 f.

66 SAPMO-BA, DY30/JIV2/2/1785, »Anlage 1 Anlage a: ...« (wie Anm. 62), Bl. 7.

67 SAPMO-BA, DY30/IV2/1/568, »Bericht über die Beratung der Sekretäre für internationale und ideologische Fragen der Zentralkomitees kommunistischer und Arbeiterparteien sozialistischer Länder vom 3. bis 5. Juli 1979 in Berlin«, Bl. 27 ff.

68 Alexander R. Alexiev, *The Soviet Campaign Against INF*, S. 22.

69 BA-ZA-DH, DZ9.70.341, »Zuarbeit zum Plan über Aktivitäten gegen die Neutronenwaffe«, S. 1 f.

70 Alexander R. Alexiev, *The Soviet Campaign Against INF*, S. 25–30.

71 BA-ZA-DH, DZ9.11.52, »Betrifft: Bericht über die Beziehungen zur Friedensbewegung in der BRD und in Westberlin«, 23. 10. 1979.

72 Markus Wolf, *Spionagechef*, S. 461–466, 342–345. Siebenmorgen, *»Staatssicherheit« der DDR*, S. 340.

73 BA-ZA-DH, DZ9.12.60, »Betr.: Empfang einer Delegation des Bundesvorstandes der Deutschen Friedens-Union vom 29. 11. bis 2. 12. 1982 in Berlin«, S. 1.

74 BA-ZA-DH, DZ9.K.295.1578, »Zur ›unabhängigen Friedensbewegung‹«, S. 4–8.

75 SAPMO-BA, DY30/IV2/2/1817, »Anlage Nr. 2: Weitere Maßnahmen der DDR zur Verwirklichung der Friedensinitiative der sozialistischen Staatengemeinschaft gegen die Raketenbeschlüsse der NATO«, 08. 01. 1980, Bl. 7f. SAPMO-BA, DY30/JIV2/2/1785, »Anlage Nr. 1 Anlage b: Maßnahmen der DDR zur Verwirklichung des Abrüstungsprogramms der sozialistischen Gemeinschaft«, 26. 06. 1979, Bl. 10.

76 BA-ZA-DH, DZ9.13.64, »Betr.: Berufung von G H als Politischer Mitarbeiter im Friedensrat der DDR«, 13. 09. 1983, S. 1.

77 Siehe z. B.: BStU, ZA, MfS-HA XX Nr.853, »Information über den Aufenthalt einer Delegation des Friedensrates der DDR in Belgien und Luxemburg (18.–26. November 1988)«, Bl. 4–25.

78 BStU, ZA, MfS-HA XX Nr. 855, Bl. 261–280. Neben Dokumenten zur italienischen Friedensbewegung enthält dieser Aktenordner auch die im Text beschriebenen Fotokopien von Briefen und deren Umschlägen.

79 BStU, ZA, MfS-HA XX Nr.855, »Gen. Weidenhammer XX/1, Hauptabteilung XX/1, Berlin den 21. 12. 83, Vermerk zur Anlage 1«, Bl. 22–25.

80 BStU, ZA, MfS-HA XX Nr. 855, »HVA/III, Berlin, 11. Januar 1988, Internationales Zentrum für den Frieden zwischen den Völkern«, Bl. 169–172.

81 BStU, ZA, MfS-HA XX Nr. 853, »Hauptabteilung XX/1, Berlin 07. 09. 85, Vermerk über den Aufenthalt der VAKA-Basisgruppe Malle Midden (Belgien) vom 28. 08.–02. 09. 85 beim Friedensrat der DDR«, S. 224. BStU, ZA, MfS-HA XX Nr.853, »Hauptabteilung XX/1, Berlin 27. August 1985, Information über den Aufenthalt einer Delegation

der VAKA-Basisorganisation (Belgien) Malle-Midden vom 28. 08.–02. 09. 85 in Berlin«, Bl. 229. BStU, ZA, MfS-HA XX Nr. 855, »HAXX/1/III, 24. 03. 86, Information über den geplanten Aufenthalt von Mitgliedern des Nationalen Koordinierungskomitees (NKK) der italienischen Friedensbewegungen vom 02.–05. 04. 86 in der DDR«, Bl. 27–30.

82 BStU, ZA, MfS-HA XX Nr. 855, »Hauptverwaltung A Abteilung XI, Berlin 23. 06. 1986, Hauptabteilung XX/1 Leiter, IM-Information zum Aufenthalt einer Delegation des Friedensrates der DDR in Italien«, Bl. 86.

83 BA-ZA-DH, DZ9.262.1329, »Information über die Tätigkeit der Arbeitsgruppe BRD des Friedensrates der DDR für das Jahr 1978«, S. 1 ff.

84 Ebd., S. 2.

85 BA-ZA-DH, DZ9.187.916, »29. Sitzung des Sekretariats am 14. 11. 1978, Vorlagen Nr. 15/5/78/5«, S. 1.

86 BA-ZA-DH, DZ9.187.916, »Information über den Studienaufenthalt der Delegation (Dozenten) der Deutschen Friedensunion (DFU) aus der BRD vom 12.–16. Juni 1978 in Berlin und Frankfurt/Oder«, S. 1 f.

87 BA-ZA-DH, DZ9.187.916., »Gedanken für das Gespräch mit der DFU-Delegation unter Leitung von Erich Roßmann am Montag, d. 13. November 1978 [...]«, S. 1 f.

88 BA-ZA-DH, DZ9.14.69, »Information über den Aufenthalt einer Delegation der Initiative Lehrer für den Frieden aus der BRD in Berlin«, 17. 03. 1983, S. 4.

89 Joachim Walther, *Sicherungsbereich Literatur*, S. 118 f.

90 BStU, ZA, MfS-HA XX Nr.853, »Anlage 2: Übersicht über bereits bekannte Personen innerhalb der VAKA [belgische Friedensgruppe]«, Bl. 183 f.

91 DA-ZA-DH, DZ9.187.916, »Gedanken für das Gespräch mit der DFU-Delegation unter Leitung von Erich Roßmann am Montag d. 13. November 1978 [...]«, S. 2.

92 BA-ZA-DH, DZ9.262.1329, »Information über die Tätigkeit der Arbeitsgruppe BRD des Friedensrates der DDR für das Jahr 1978«, S. 1.

93 BA-ZA-DH, DZ9.262.1329, »Information über den Informations- und Studienaufenthalt von 10 Mitgliedern der Friedensinitiative (FI) München-Moosbach vom 28. 10. bis 1. 11. 1983 im Bezirk Gera«, S. 2.

94 Ebd.
95 BA-ZA-DH, DZ9.K.295.1578, »Zur ›unabhängigen Friedensbewegung‹«, S. 3.
96 BA-ZA-DH, DZ9.262.1329, »Information über die Tätigkeit der Arbeitsgruppe BRD des Friedensrates der DDR für das Jahr 1978«, S. 7.
97 BA-ZA-DH, DZ9.119.588, »Schreiben von Pastor R W – eingegangen am 27. Juni 1980«, S. 1.
98 BA-ZA-DH, DZ9.14.67, »Protokoll Nr. 18/83 der Sitzung des Sekretariats am 29. 07. 1983«, S. 7.
99 BA-ZA-DH, DZ9.187.916, Schreiben der DFG/VK-Niederkassel – eingegangen am 19. Juni 1978, S. 1.
100 BA-ZA-DH, DZ9.262.1329, »Vorschläge für die weitere Förderung weltumspannender Aktionen der Friedensanhänger [...]«, 02. 05. 1979, S. 2.
101 BA-ZA-DH, DZ9.11.52, »Erste Einschätzung hinsichtlich der Herbstkampagne für den Frieden [...]«, 08. 10. 1979, S. 3 f.
102 DZ9.262.1329, »Vorschläge für die weitere Förderung weltumspannender Aktionen der Friedensanhänger [...]«, 02. 05. 1997, S. 1–4.
103 BA-ZA-DH, DZ9.262.1329, »Vorschläge für die Entfaltung einer Massenkampagne [...]«, 10. 10. 1979, S. 1.
104 BA-ZA-DH, DZ9.262.1329, »Betrifft: Bericht über die Beziehungen zur Friedensbewegung in der BRD und Westberlin«, S. 1–4.
105 BA-ZA-DH, DZ9.262.1329, »Aktivitäten der Friedenskräfte der BRD zum Antikriegstag 1979«, 10. 09. 1979, S. 1.
106 SAPMO-BA, DY30/IV2/1/568, »Stenografische Niederschrift des Treffens des Generalsekretärs der SED [...] mit den Leitern der Delegationen und Sekretären für internationale Fragen der Zentralkomitees der 10 Bruderparteien, die an der internationalen Beratung vom 3.–5. Juli 1979 teilgenommen haben«, Bl. 87.
107 Robert Legvold, »Strategic ›Doctrine‹ and SALT«, S. 9.
108 Zitiert in: Dale R. Herspring, *The Soviet High Command*, S. 129.
109 D. A. Wolkogonow, S. A. Tjuschkewitsch, »Krieg«, S. 37, 40–43.
110 Heinz Hoffmann, »Streitkräfte in unserer Zeit«, S. 359.
111 Ebd., S. 356.
112 Ebd., S. 359.
113 Ole Diehl, *Die Strategiediskussion in der Sowjetunion*, S. 50.

114 Heinz Hoffmann, »Streitkräfte in unserer Zeit«, S. 361.

115 Ulrike Schumacher, *Rüstungskontrolle als Instrument sowjetischer Außenpolitik*, S. 83–104.

116 Dokumente zur Abrüstung, S. 72–74.

117 Siehe z. B. Phillip A. Karber, »To Lose an Arms Race«. James J. Martin, »How the Soviet Union Came to Gain Escalation Dominance«.

118 SAPMO-BA, DY30/JIV2/20/121, »Bericht zum Stand der Verhandlungen über die gegenseitige Verminderung von Streitkräften und Rüstungen in Mitteleuropa nach der 17. Sitzungsperiode vom 31. Januar bis 13. April 1979«, S. 3f.

119 MZAP-BA, Strausberg AZN8301, »Bemerkungen zum Memorandum Frankreichs über eine europäische Abrüstungskonferenz aus militärischer Sicht«, S. 15.

120 Zu den technischen Daten der SS-20 siehe: MZAP-BA, Strausberg AZN32641, »Information über die während der Manöver ›SAPAD-81‹ vorgeführten Komplexe der strategischen Angriffskräfte der UdSSR«, Bl. 210ff. Dieses Dokument ist der einzige DDR-Bericht zur SS-20. Honecker erhielt ihn von Hoffmann und unterschrieb ihn am 22. 09. 1979. Der Bericht enthält keinerlei Informationen über die politischen Gründe für die Aufstellung der SS-20.

121 Siehe z.B. MZAP-BA, Strausberg AZN8301, »Bemerkung zum Memorandum Frankreichs über eine europäische Abrüstungskonferenz aus militärischer Sicht« [vermutlich 06. 11. 1980], S. 2. SAPMO-BA, DY30/JIV2/20/121, »Bericht zum Stand der Verhandlungen über die gegenseitige Verminderung von Streitkräften und Rüstungen in Mitteleuropa nach der 19. Verhandlungsperiode vom 27. September bis 21. Dezember 1979«, S. 3.

122 SAPMO-BA, DY30/IV2/2.035/156, »Information zur ersten Runde der sowjetisch-amerikanischen Verhandlungen über nukleare und Weltraumwaffen (Genf, 12. März bis 23. April)«, Bl. 12.

123 Michail Gorbatschow, *Erinnerungen*, S. 620f.

124 *Militärlexikon*, S. 50.

125 SAPMO-BA, DY30/IV2/2.035/57, »Bericht über das Arbeitstreffen des Genossen Hermann Axen mit leitenden Genossen des Zentralkomitees der KPdSU am 23. und 24. Januar 1980 in Moskau«, Bl. 19f.

126 Peter Schütt, »Klammheimliche Komplizenschaft«, S. 11.

127 BStU, ZA, MfS ZAIG 8669, »Ausführungen des Genossen Minister

auf der zentralen Aktivtagung zur Auswertung des IX. Parteitages der SED (25. Juni 1976)«, Bl. 48.

128 Waltraud Böhme et al., *Kleines Politisches Wörterbuch*, S. 888.

129 W. I. Lenin, »Der ›linke Radikalismus‹«, S. 556.

130 SAPMO-BA, DY30/IV2/1/568, »Bericht über die Beratung der Sekretäre für internationale und ideologische Fragen der Zentralkomitees kommunistischer und Arbeiterparteien sozialistischer Länder vom 3. bis 5. Juli 1979 in Berlin«, Bl. 31, 29. SAPMO-BA, DY30/IV2/1/568, »Rede des Genossen B.N. Ponomarjow, [...]«, Berlin 03.–05. 07. 1979, Bl. 170f.

131 MZAP-BA, Strausberg AZN28429, »Chronik des Ministeriums für Nationale Verteidigung vom 01. 12. 1981 bis 30. 11. 1982«, S. 53.

132 SAPMO-BA, DY30/IV2/1/575, »Rede von Günter Jahn vor der 12. Tagung des Zentralkomitees der SED am 21.–22. 05. 1980«, Bl. 173.

Die westliche Friedensbewegung

1 Siehe Kapitel »Die sowjetische Militärstrategie im Zweiten Kalten Krieg«.

2 SAPMO-BA, DY30/IV2/2.037/98, »SED-Hausmitteilung von Herbert Häber, Westabteilung, an Genossen Joachim Herrmann, Diktatzeichen 70/Hä/Sz«, 05. 11. 1980, Bl. 29f.

3 Die Grünen konnten damals 5,6% der Stimmen erringen. Zu den Wahlergebnissen der Grünen: Andrei Markovits, Philip Gorski, *Grün schlägt Rot*, S. 461–464.

4 Ebd., S. 100–106.

5 Gerd Langguth, *Protestbewegung – Entwicklung – Niedergang – Renaissance*, S. 234–250.

6 Joachim Raschke, *Die Grünen*, S. 274–283, 471–480.

7 Andrei S. Markovits, Philip S. Gorski, *Grün schlägt Rot*, S. 197.

8 Zitiert in: Joachim Raschke, *Die Grünen*, S. 72.

9 Andrei S. Markovits, Philip S. Gorski, *Grün schlägt Rot*, S. 182–191.

10 Ebd., S. 211–216.

11 Jeffrey Herf, »Neutralism and the Moral Order in West Germany«, S. 362–365.

12 Siehe: Rudolf Bahro, *Wahnsinn mit Methode*, S. 5–20.

13 Jeffrey Herf, »Neutralism and the Moral Order in West Germany«, S. 364f.
14 Andrei S. Markovits, Philip S. Gorski, *Grün schlägt Rot*, S. 211–216.
15 Rudolf Bahro, *Wahnsinn mit Methode*, S. 46.
16 Zitiert in: Gerd Langguth, *Protestbewegung*, S. 275.
17 Andrei S. Markovits, Philip S. Gorski, *Grün schlägt Rot*, S. 185.
18 Zitiert in: Gerd Langguth, *Protestbewegung*, S. 275.
19 BA-ZA-DH, DZ9.262.1329, »Bericht über die Beziehungen zur Friedensbewegung in der BRD und in Westberlin«, 23. 10. 1979, S. 4.
20 SAPMO-BA, DY30/IV2/1/568, »Rede des Genossen Kurt Hager, Mitglied des Politbüros und Sekretär des ZK der SED«, 03.–07. Juli 1979, Bl. 132f.
21 SAPMO-BA, DY30/JIV2/2/1831, »Information über das Treffen des [...], Genossen E. Honecker, mit dem Vorsitzenden der DKP, Genossen H. Mies, am 19. März 1980«, Bl. 12f.
22 Gerd Langguth, *Protestbewegung*, S. 276.
23 Joachim Raschke, *Die Grünen*, S. 280.
24 SAPMO-BA, DY30/JIV2/2/1831, »Information über ...« (wie Anm. 21), Bl. 18.
25 SAPMO-BA, DY30/JIV2/10.02/17, H. Häber, »Information über ein Arbeitsgespräch mit dem Vorsitzenden der DKP, Genossen Herbert Mies, am 26./27. 8. 1981«, S. 8f. SAPMO-BA, DY30/JIV2/10.02/17, »Ausführungen des Genossen Hermann Gautier auf der 6. Parteivorstandstagung [der DKP] (13./14. November 1982)«, S. 1ff., 6–11.
26 BA-ZA-DH, DZ9.39.193, »Information über die Aktivitäten von Friedenskräften nach dem Weltparlament der Völker für Frieden in Sofia«, S. 1–4.
27 Andrei S. Markovits, Philip S. Gorski, *Grün schlägt Rot*, S. 168, 539.
28 DZ9.262.1329, »Vorschläge für die weitere Förderung weltumspannender Aktionen der Friedensanhänger gegen das Wettrüsten, für Abrüstung und einen dauerhaften Frieden in Verwirklichung der Beschlüsse der Außerordentlichen Tagung des Weltfriedensrates vom 2.–5. Februar 1979 in Berlin«, 02. 05. 1979, S. 4.
29 BA-ZA-DH, DZ9.39.193, »Bericht über den Studienaufenthalt einer Delegation der bildungspolitischen Kommission beim Bundesvorstand der Deutschen Friedens-Union (DFU) vom 24. bis 30. Oktober 1980 in der DDR«, S. 2.
30 BA-ZA-DH, DZ9.39.193, »Information über den Aufenthalt einer

Delegation des Direktoriums der Deutschen Friedens-Union (DFU) aus der BRD vom 15.–18. 5. 1980 in der DDR«, S. 2.

31 Jeffrey Herf, *War by Other Means*, S. 121 f.

32 SAPMO-BA, DY30/JIV2/10.02/17, »SED-Hausmitteilung an: Genossen Erich Honecker von: Westabteilung Datum: 2. 2. 1981«, S. 1 f.

33 Peter Graf von Kielmannsegg, »The Origins and Aims of the West German Peace Movement«, S. 324.

34 Volkmar Deile, Ulrich Fey, »Wie es zur Demonstration vom 10. 10. 1981 in Bonn kam«.

35 SAPMO-BA, DY30/JIV2/10.02/7, »Zur Entwicklung der Friedensbewegung in der BRD«, 03. 07. 1981, S. 7 f., 16.

36 SAPMO-BA, DY30/JIV2/10.02/7, »Information über die Aktionswoche der Friedensbewegung in der BRD und in Westberlin in der Zeit vom 15. bis 22. Oktober 1983«, S. 3 ff.

37 BA-ZA-DH, DZ9.K.295.1578, Günter Pollach, »IV. Hauptmerkmale der Massenbewegung für Frieden und Abrüstung«, S. 4 ff.

38 Ebd., S. 8.

39 SAPMO-BA, DY0/JIV2/10.02/17, »Aktivitäten der DKP zur Entfaltung der Massenbewegung in der BRD gegen die imperialistischen Kriegsvorbereitungen, insbesondere die geplante Stationierung neuer atomarer Mittelstreckenraketen der USA«, 13. 09. 1983, S. 3.

40 SAPMO-BA, DY30/JIV2/10.02/17, »DKP Information: In der Zeit vom 26.–29. April weilte Karl Heinz Schröder, [...], und Wilhelm Sprenger, [...], zu einem Informationsaustausch beim Zentralkomitee der Kommunistischen Partei der Sowjetunion in Moskau«, S. 7.

41 Ebd., S. 13.

42 BStU, ZA, ZAIG, MfS-5161, »Auskunftsbericht über Amnesty International (AI), Stand: Mai 1978«, Bl. 123.

43 BA-ZA-DH, DZ9.K.295.1578, »Interne Studie zur Strategie und Taktik des Kampfes feindlicher Stützpunkte und spalterischer Kräfte gegen die Friedensbewegung«, Mai 1985, S. 4–11.

44 BStU, ZA, MfS JHS VVS 1411/83, Major Jürgen Gehrich, Oberstleutnant Ingolf Hähnel, »Wesen und aktuelle Entwicklungstendenzen der Friedensbewegung in Westeuropa (außer BRD) und ihre grundsätzliche politisch-operative Bedeutung für das MfS«, S. 24 f.

45 BA-ZA-DH, DZ9.K.295.1578, »Zur Strategie und Taktik des Kampfes feindlicher Stützpunkte und spalterischer Kräfte gegen die Friedensbewegung«, Mai 1985, S. 36 f.

46 BStU, ZA, MfS ZAIG 5385, »Notiz über das Gespräch des Genossen Minister mit dem Vorsitzenden des KfS der UdSSR, Genossen Armeegeneral V. M. Tschebrikow, am 1. und 2. 4. 1985 in Moskau«, Bl. 37.

47 BA-ZA-DH, DZ9.K.295.1578, »Zur Strategie und Taktik des Kampfes feindlicher Stützpunkte und spalterischer Kräfte gegen die Friedensbewegung«, S. 1.

48 Ebd., S. 17ff.

49 Ebd., S. 19.

50 Ebd., S. 12f.

51 Ebd., S. 20f.

52 BA-ZA-DH, DZ9.K.295.1578, »Zur ›unabhängigen Friedensbewegung‹«, S. 4.

53 Siehe »Differenzierung, politisch-operative« und »Zersetzung, operative« in: Suckut (Hrsg.), *Das Wörterbuch der Staatssicherheit*, S. 90f., 422f.

54 BA-ZA-DH, DZ9.K.295.1578, »Zur Strategie ...« (wie Anm. 47), S. 6.

55 Ebd.

56 BA-ZA-DH, DZ9.12.60, »Kurzinformation über ein Gespräch mit Vertretern Westberliner Friedensinitiativen im Friedensrat der DDR am 23. Oktober 1982«, S. 1f.

57 BA-ZA-DH, DZ9.12.60, »Information über die Gespräche mit dem Generalsekretär des Finnischen Friedenskämpferverbandes, Dr. Johannes Pakaslahti, der vom 3. 9.–8. 9. 1982 in der DDR weilte«, S. 1ff.

58 BA-ZA-DH, DZ9.14.69, »Information über den Aufenthalt der Delegation der Bundesgeschäftsstelle der Deutschen Friedensgesellschaft/VK vom 17.–20. Januar 1983 in der DDR«, S. 2.

59 Clive Rose, *Campaigns Against Western Defence*, S. 150–153.

60 BA-ZA-DH, DZ9.455.2378, »Abschrift des Briefes des Sowjetischen Komitees zum Schutze des Friedens an die Friedensbewegungen in allen Ländern«, S. 4.

61 Ebd., S. 6.

62 Clive Rose, *Campaigns Against Western Defence*, S. 166.

63 BA-ZA-DH, DZ9.14.69, »Bericht über den Aufenthalt einer Delegation der niederländischen Bewegung ›Stopp der Neutronenbombe – Stopp dem Kernwaffenwettrüsten‹ vom 21.–26. 3. 1983 in der DDR«, S. 3f.

64 BA-ZA-DH, DZ9.14.67, »Information über die Entwicklungsten-

denzen und Aktionen der Friedensbewegung der BRD seit den Ostermärschen 1983«, 29. 07. 1983, S. 4.

65 BStU, ZA, ZAIG MfS 7164c, Hauptabteilung XX, »Information zur ›2. Konferenz für europäische atomare Abrüstung‹ vom 9. bis 14. 05. 1983 in Westberlin«, 04. 05. 1983, Bl. 68f.

66 SAPMO-BA, DYIV2/1/592, »Referat des Genossen Axen. Beratung der Sekretäre für ideologische und internationale Fragen der kommunistischen und Arbeiterparteien sozialistischer Länder, 3. und 4. November 1981 in Moskau«, Bl. 260.

67 SAPMO-BA, DY30/IV2/2.035/24, »Rede des Genossen H. Axen auf der Beratung der Sekretäre für internationale und ideologische Fragen der Zentralkomitees der Bruderparteien sozialistischer Länder (Moskau, 14. und 15. März 1983)«, Bl. 53f.

68 BStU, ZA, ZAIG MFS 7164c, Abt. Auslandsinformation, »Information über die zweite interne Konsultation zwischen Vertretern der KPdSU, der DKP, der SEW und der SED zu Fragen der Friedensbewegung (14. April 1983 in Berlin)«, Bl. 99f.

69 Ebd., Bl. 108f.

70 Ebd., Bl. 102f.

71 Ebd., Bl. 104.

72 Ebd., Bl. 106.

73 Ebd., Bl. 104.

74 Ebd., Bl. 168.

75 Ebd., Bl. 151.

76 Ebd., Bl. 152.

77 Ebd., Bl. 175.

78 BStU, ZA, MfS ZAIG 7164b, »Zu einigen politisch-operativen Aspekten der ›2. Konferenz für europäische atomare Abrüstung‹ vom 9. bis 14. Mai 1983 im Internationalen Congreß Centrum in Westberlin«, Juni 1983, Bl. 102. Ebd., Abt. Auslandsinformation, »Interne Information zum Westberliner Spalterkonvent (Nr. 5)«, 13. 05. 1983, Bl. 261.

79 BStU, ZA, MfS ZAIG 7164b, Hauptabteilung XX, »Information zum vierten Konferenztag der 2. Konferenz für Europäische Atomare Abrüstung vom 9. bis 14. 5. 83 in Westberlin (12. 5. 1983)«, 13. 05. 1983, Bl. 251f. Ebd., Abt. Auslandsinformation, »Interne Information zum Westberliner Spalterkonvent (Nr. 5)«, 13. 05. 1983, Bl. 261f.

80 Ebd., Hauptabteilung XX, »Information …« (wie Anm. 79), Bl. 253f.

81 BStU, ZA, MfS ZAIG 7164c, »Aktivitäten britischer Organisationen

gegenüber der ›unabhängigen Friedensbewegung‹ in der DDR«, Bl. 37.

82 Ebd., »Bestrebungen westeuropäischer Friedensbewegungen zu Kontaktaufnahmen in die DDR anläßlich der 2. Konferenz für europäische atomare Abrüstung vom 9.–14. 5. 1983 in Westberlin«, 25. 04. 1983, Bl. 33.

83 Ebd., »Feindliche Aktivitäten im Zusammenhang mit der Vorbereitung und Durchführung der ›2. Konferenz für europäische atomare Abrüstung‹ vom 9. bis 14. Mai 1983 in Westberlin«, Bl. 76.

84 BStU, ZA, MfS ZAIG, 7164b, »Zur Vorbereitung der ›2. Konferenz für europäische atomare Abrüstung‹ vom 9. bis 14. Mai 1983 im Internationalen Kongreßzentrum in Westberlin«, Bl. 144.

85 Ebd., »Anlage 2: Politische Leitlinien und weitere Themenschwerpunkte der Konferenz«, Bl. 163 f.

86 Vladimir V. Kusin, »World Peace Assembly in Prague Backfires«, S. 61 f.

87 BA-ZA-DH, DZ.9.14.69, »Bericht über bilaterale Arbeitsgespräche mit Vertretern des Polnischen Friedenskomitees am 16. und 17. März 1983 in Berlin«, S. 2.

88 Ebd., S. 3.

89 Ebd., S. 3 f.

90 BA-ZA-DH, DZ9.55.273, »Information über die Tagung des Präsidiums des Weltfriedensrates vom 21. bis 24.1.1984 in Berlin (West)«, S. 2.

91 Ebd., S. 6.

92 Ebd., S. 4 f.

93 Ebd., S. 5.

94 BA-ZA-DH, DZ9.55.273, »Treffen von Vertretern der Friedenskomitees europäischer sozialistischer Länder, die einen Sekretär im WFR stellen, am 14. und 15. Januar 1984 in Moskau«, S. 5.

95 BA-ZA-DH, DZ9.55.273, »Information über die Konferenz der Friedenskräfte aus europäischen Ländern, den USA und Kanada vom 6. bis 9. Februar in Athen«, S. 5 f.

96 Ebd., S. 6.

97 BA-ZA-DH, DZ9.55.273, »Information über ein Gespräch mit Gen. Jewgenij Dolmatowski, Schriftsteller und Stellv. des Vorsitzenden des Sowjetischen Komitees zum Schutze des Friedens am 23. 05. 1984«, S. 1 f.

98 BA-ZA-DH, DZ9.55.273, »Information über das Treffen mit dem Rex-Komitee und den Liaison-Komitee-Mitgliedern am 19. und 20. 05. 1984 in Brüssel«, Bl. 1f.

99 Ebd., S. 3, 7.

100 Ebd., S. 1.

101 Ebd., S. 3f., 7.

102 Ebd., S. 7.

103 Ebd., S. 6.

104 BStU, ZA, MfS ZAIG 7164a, Abt. Auslandsinformation, »Information über den ›3. Konvent für europäische atomare Abrüstung‹ (17.–21. 7. 1984 in Perugia/Italien)«, 25. 07. 1984, Bl. 96, 99.

105 BA-ZA-DH, DZ9.55.273, »Information über ein Gespräch mit Dr. Johannes Pakaslahti, Generalsekretär des Finnischen Friedenskämpferverbandes, am 25. April 1984«, S. 4.

106 BA-ZA-DH, DZ9.K.295.1578, »Zur Strategie ...« (wie Anm. 47), S. 26ff.

107 BStU, ZA, MfS ZAIG 7164b, »Zu einigen wesentlichen politisch-operativen Aspekten der 3. Konferenz für europäische atomare Abrüstung vom 17. bis 21. Juli 1984 in Perugia/Italien«, Bl. 13.

108 Ebd., Bl. 31–39.

109 BA-ZA-DH, DZ9.55.273, »Information ...« (wie Anm. 105), S. 4.

110 BA-ZA-DH, DZ.9.55.275, »Information über die Konferenz der Bewegungen Europas und Nordamerikas für Frieden, Abrüstung und gegen Krieg, 5. bis 7. Oktober 1984, in Espoo, Finnland«, S. 1f.

111 Ebd., S. 3.

112 BStU, ZA, MfS ZMA XX/1814, Hauptabteilung XX/1, »Information über den Aufenthalt einer Delegation des Friedensrates der DDR in den Niederlanden«, 18. 12. 1984, Bl. 166.

113 Ebd., Bl. 163f.

114 Ebd., Bl. 164.

115 BStU, ZA, MfS-HAXX/AKG/II 108, Hauptabteilung XX, »Information zu einigen wesentlichen politisch-operativen Aspekten der ›4. Konferenz über atomare Abrüstung in Europa‹ vom 3. bis 6. Juli 1985 in Amsterdam/Niederlande«, Bl. 375.

116 BStU, ZA, MfS-HA XX/AKG/II 108, »Einige Probleme im Zusammenhang mit einer eventuellen Teilnahme des Friedensrates der DDR am 4. Konvent in Amsterdam«, Bl. 54f.

117 BA-ZA-DH, DZ9.55.275, »Information über das Konsultativtreffen der Friedenskomitees sozialistischer Länder am 16. und 17. Oktober 1984 in Moskau«, S. 4.

118 BStU, ZA, MfS ZAIG 7164a, »Ergebnisse der 3. Konferenz für europäische atomare Abrüstung (3. Konvent) vom 17.–21. 7. 1984 in Perugia«, 20. 08. 1984, Bl. 126f.

119 BStU, ZA, MfS-HAXX/AKG/II 108, HVA III/A/1, »Information über END-Aktivitäten gegenüber der »unabhängigen Friedensbewegung« in der DDR«, 18. 01. 1985, Bl. 16.

120 BStU, ZA, MfS-ZMA XX/1814, Hauptabteilung XX/1, »Auszug aus Treffbericht mit IME ›Reichert‹ am 25. 08. 1988«, Bl. 31.

121 Siehe auch Ebd., »Information des Genossen Feist zu einem Treffen europäischer Friedensbewegungen, das in Budapest vom 11.–13. 11. 1988 stattfinden soll«, 14. 10. 1988, Bl. 57ff.

122 BStU, ZA, MfS ZAIG 7164a, »Ergebnisse …« (wie Anm. 118), Bl. 128.

123 Alexander R. Alexiev, *The Soviet Campaign Against INF*, S. 25–29.

124 BA-ZA-DH, DZ9.14.67, »Information über den Informations- und Studienaufenthalt von 10 Mitgliedern der Friedensinitiative (FI) München-Moosbach vom 28. 10. bis 1. 11. 1983 im Bezirk Gera«, S. 1.

125 Ebd., S. 2f.

126 Rudolf Bahro, *Wahnsinn mit Methode*, S. 114.

127 Siehe Zitat in: Clive Rose, *Campaigns Against Western Defence*, S. 172.

128 Alexander R. Alexiev, *The Soviet Campaign Against INF*, S. 39.

129 SAPMO-BA, DY30/JIV2/10.04/11, »Zur Entwicklung des Kampfes der Massenbewegung für Frieden und Abrüstung in der BRD nach Beginn der Stationierung neuer atomarer Mittelstreckenwaffen der USA«, 25. 06. 1984, S. 13.

130 Ebd., S. 5.

131 Thomas Leif, *Die Strategische (Ohn-)Macht der Friedensbewegung*, S. 328.

132 SAPMO-BA, DY30/JIV2/10.02/7, »Information über die Vorbereitung des zweiten Forums der Krefelder Initiative am 21. November 1981 in Dortmund sowie über Vorbereitungen auf den Besuch von Genossen L. I. Breschnew in Bonn«, 27. 10. 1981, S. 2.

133 Thomas Leif, *Die Strategische (Ohn-)Macht der Friedensbewegung*, S. 82–85.

134 SAPMO-BA, DY30/JIV2/10.02/7, Westabteilung, »Information über die Aktionswoche der Friedensbewegung in der BRD und in Westberlin in der Zeit von 15. bis 22. Oktober 1983«, S. 3.
135 BA-ZA-DH, DZ9.K.295.1578, Günter Pollach (wie Anm. 37), S. 5.
136 BA-ZA-DH, DZ9.K.295.1578, W. Paff, H. Schiffner, »VII. Perspektiven der Massenbewegung für Frieden und Abrüstung«, S. 4 f.
137 BA-ZA-DH, DZ9.14.67, »Entwurf: Einschätzung der Friedensbewegung nach den Massenaktionen anläßlich der UN-Abrüstungswoche«, 9. 12. 1983, S. 8.
138 BA-ZA-DH, DZ9.K.295.1578, W. Paff, H. Schiffner, »VII. Perspektiven der Massenbewegung für Frieden und Abrüstung«, S. 6.
139 Rudolf Bahro, *Wahnsinn mit Methode*, S. 127–130.
140 Ebd., S. 138 f.
141 BA-ZA-DH, DZ9.14.69, »Information über einen Informations- und Meinungsaustausch mit H. Dreibrodt, Sekretär des Direktoriums der DFU am 20./21. 4. 1983 beim Friedensrat«, 05. 05. 1983, S. 2.
142 Ebd., S. 2.
143 SAPMO-BA, DY30/JIV2/10.02/7, »Information über die Ostermärsche 1984 in der BRD und in Westberlin«, 24. 04. 1984, S. 11.
144 SAPMO-BA, DY30/JIV2/10.02/17, Herbert Häber, »Information über einen Gedankenaustausch mit dem Genossen Herbert Mies in der vergangenen Woche«, 14. 05. 1984, S. 4.
145 Ebd., S. 5.
146 SAPMO-BA, DY30/JIV2/10.04/11, »Zur Entwicklung des Kampfes der Massenbewegung für Frieden und Abrüstung in der BRD nach Beginn der Stationierung neuer atomarer Mittelstreckenwaffen der USA«, 25. 06. 1984, S. 11.
147 SAPMO-BA, DY30/JIV2/10.02/17, Herbert Häber (wie Anm. 144), S. 3. BA-ZA-DH, DZ9.55.273, »Information über den Besuch von Heinz Dreibrodt, Sekretär des Direktoriums der DFU (BRD), zu Gesprächen beim Friedensrat der DDR am 12./13. 1. 1984«, S. 2.
148 BA-ZA-DH, DZ9.55.275, »Information über den Aufenthalt des Sekretärs des Direktoriums der Deutschen Friedens-Union, Heinz Dreibrodt, und seiner Gattin vom 29. Juni bis 4. Juli 1984 beim Friedensrat«, S. 2.
149 BA-ZA-DH, DZ9.502.2516, »Einschätzung der Friedensbewegung nach Beginn der Stationierung der Pershing II und Cruise Missiles in einigen westeuropäischen Ländern«, 02. 02. 1984, S. 1.

150 Thomas Leif, *Die Strategische (Ohn-)Macht der Friedensbewegung*, S. 88, 189 f.

151 BA-ZA-DH, DZ9.14.67, »Aktivitäten des Gegners zur Unterdrükkung, Spaltung und Umorientierung der Friedensbewegung«, 09. 12. 1983, S. 8.

152 SAPMO-BA, DY30/JIV2/10.04/11, »Zur Entwicklug des Kampfes der Massenbewegung für Frieden und Abrüstung in der BRD nach Beginn der Stationierung neuer atomarer Mittelstreckenwaffen der USA«, S. 13.

153 Ebd., S. 10.

154 SAPMO-BA, DY30/JIV2/10.04/11, »Information über einige aktuelle Entwicklungen der Friedensbewegung in der BRD«, 28. 09. 1984, S. 9.

155 Thomas Leif, *Die Strategische (Ohn-)Macht der Friedensbewegung*, S. 3.

156 SAPMO-BA, DY30/JIV2/10.04/11, »Information über Veranstaltungen der Krefelder Initiative ›Der Atomtod bedroht uns alle – Keine Atomraketen in Europa‹ am 14. und 15. September 1985 in Hannover«, 03. 09. 1985, S. 1–4.

Die SPD und der Friedenskampf

1 Egon Bahr, *Zu meiner Zeit*, S. 125 f., 136 ff.

2 Egon Bahr, »Wandel durch Annäherung«.

3 Ingrun Drechsler et al. (Hrsg.), *Getrennte Vergangenheit, gemeinsame Zukunft*, Bd. III: *Wandlungen der Deutschlandpolitik*, S. 147–150.

4 Ebd., S. 85 f.

5 Mieczyslaw Rakowski, *Es begann in Polen*, S. 87.

6 Zitiert nach: Ingrun Drechsler et al. (Hrsg.), *Getrennte Vergangenheit, gemeinsame Zukunft*, Bd. III, S. 151.

7 Egon Bahr, »Die Chancen der Geschichte in der Teilung suchen«, S. 129.

8 Stefan A. Heinlein, *Gemeinsame Sicherheit*, S. 52–55.

9 Ingrun Drechsler et al. (Hrsg.), *Getrennte Vergangenheit, gemeinsame Zukunft*, Bd. III, S. 152.

10 Michael Sodaro, *Moscow, Germany, and the West from Khrushchev to Gorbachev*, S. 193–202, 227–231.

11 Egon Bahr, *Zu meiner Zeit*, S. 420.
12 Ebd., S. 498–503.
13 Georgi Arbatow, *Das System*, S. 227.
14 Stefan A. Heinlein, *Gemeinsame Sicherheit*, S. 100.
15 Hans Apel, *Der Abstieg*, S. 92.
16 Ebd., S. 112, 120–145.
17 Jeffrey Herf, *War by Other Means*, S. 83–97.
18 Zitiert in: Heinlein, *Gemeinsame Sicherheit*, S. 102.
19 Siehe z. B. Egon Bahr, »Sich aus alten Denkschablonen befreien«, S. 83–100.
20 SAPMO-BA, DY30/IV2/2.035/56, »Information über das Gespräch des Genossen Erich Honecker, Generalsekretär des ZK der SED, mit dem Kandidaten des Politbüros und Sekretär des ZK der KPdSU, Genossen B. N. Ponomarjow, am 26. Januar 1979«, Bl. 281.
21 SAPMO-BA, DY30/IV2/1/568, »Rede des Genossen H. Axen, Mitglied des Politbüros und Sekretär des ZK der SED«, 03.–05. 07. 1979, Bl. 109.
22 SAPMO-BA, DY30/IV2/1/569, »Information über die Ergebnisse des 25. Bundesparteitages der SPD«, 11. 12. 1979, Bl. 195 ff., 204.
23 Arkadij Schewtschenko, *Mein Bruch mit Moskau*, S. 205.
24 Ebd., S. 207.
25 Ebd., S. 216.
26 SAPMO-BA, DY30/IV2/2.035/71, »Information über einen Besuch der Arbeitsgruppe der Sozialistischen Internationale für Fragen der Abrüstung in der Sowjetunion«, 01.–04. 10. 1979, Bl. 10.
27 Ebd., Bl. 9 f.
28 Ebd., Bl. 10 f.
29 Ebd., Bl. 13 f.
30 SAPMO-BA, DY30/IV2/2.035/71, »Werter Genosse Axen! Wir übermitteln Dir den Text eines Briefes des ZK der KPdSU an sozialdemokratische Parteiführungen«, 27. 05. 1981, Bl. 16–33. Ebd., »Stenogramm des Treffens von Mitgliedern der Arbeitsgruppe für Abrüstung der Sozialistischen Internationale mit sowjetischen Experten. Moskau, den 2. Febr. 1982«, Bl. 64–97.
31 SAPMO-BA, DY30/IV2/2.035/57, »Bericht über ein Arbeitstreffen des Genossen Hermann Axen mit leitenden Genossen des Zentralkomitees der KPdSU am 23. und 24. Januar 1980 in Moskau«, Bl. 24.

32 Wladimir Bukowski, *Abrechnung mit Moskau*, S. 13 ff.
33 SAPMO-BA, DY30/IV2/2.035/57, »Bericht über ein Arbeitstreffen des Genossen Hermann Axen mit leitenden Genossen des Zentralkomitees der KPdSU am 23. und 24. Januar 1980 in Moskau«, Bl. 24.
34 SAPMO-BA, DY30/40750, »Bericht über das Seminar ›Entwicklung der Sozialdemokratie in der Gegenwart‹ 6. bis 9. Oktober 1981 in Havanna«, S. 3 ff.
35 SAPMO-BA, DY30/40750, »Betreff: Zur Stellung der Sozialdemokratie in der internationalen Klassenauseinandersetzung – Möglichkeiten und Grenzen ihres Engagements und der Zusammenarbeit im weltweiten Kampf für Frieden und Demokratie, um Entspannung, Rüstungsbegrenzung und Abrüstung«, S. 6 f.
36 Ebd., S. 8–11.
37 Ebd., S. 10 f.
38 Ebd., S. 12–15.
39 Ebd., S. 27.
40 Ebd.
41 Ebd., S. 14.
42 Ebd., S. 27.
43 Markovits, Gorski, *Grün schlägt Rot*, S. 210 f.
44 Cora Stephan, *Der Betroffenheitskult. Eine politische Sittengeschichte, Reinbek 1994*, S. 161 f.
45 Wilhelm Bittorf, »Deutschland – Schießplatz der Supermächte«, S. 84–89. Dieses Buch enthält eine Sammlung von *Spiegel*-Artikeln.
46 Randall Collins, *Weberian Sociological Theory*, S. 186–209.
47 Egon Bahr, *Was wird aus den Deutschen?*, S. 188–225.
48 Zu Bahrs Theorien bezüglich des Rüstungswettlaufs siehe Andreas Vogtmeier, *Egon Bahr und die deutsche Frage*, S. 244.
49 Egon Bahr, *Was wird aus den Deutschen?*, S. 195.
50 Erhard Eppler, *Die tödliche Utopie der Sicherheit*, S. 63–66.
51 Ebd., S. 40.
52 Ebd., S. 66.
53 Ebd., S. 85 f.
54 Wolfgang Weber (Hrsg.), *Die Streitkräfte der NATO auf dem Territorium der BRD*, S. 84.
55 Egon Bahr, *Zu meiner Zeit*, S. 518.
56 Egon Bahr, »Weltweite und europäische Interessen«, S. 195–201.
57 Rudolf Augstein, »Das gefährdetste Land der westlichen Welt«, S. 96.

58 Wilhelm Bittorf, »Deutschland – Schießplatz der Supermächte«, S. 58 f.
59 Vgl. das Kapitel »Die Kriegshysterie in der UdSSR«, S. 90–142.
60 Zur internen Kritik am Wertewandel in der SPD siehe Karl Kaiser, »Prioritäten sozialdemokratischer Außen- und Sicherheitspolitik«. Heinrich August Winkler, »Wohin treibt die SPD?«. Gesine Schwan, »Die SPD und die westliche Freiheit«.
61 Zitiert in: Richard Herzinger, »Wandlungen eines Mythos«, S. 259 f.
62 Ebd., S. 262.
63 Jeffrey Herf, *War by Other Means*, S. 74–82.
64 Zitiert in: Thomas Enders, *Die SPD und die äußere Sicherheit*, S. 236.
65 SAPMO-BA, DY30/JIV2/2-1831, »Betreff: Bericht über den Aufenthalt einer Delegation des Zentralrates der Freien Deutschen Jugend unter Leitung von Egon Krenz vom 21. 03. bis 24. 03. 1980 in der BRD«, Bl. 25.
66 Erhard Eppler, *Die tödliche Utopie der Sicherheit*, S. 11–20.
67 Ebd., S. 27–30, 149–157.
68 Ebd., S. 155.
69 Ebd.
70 Ebd., S. 102 f.
71 SAPMO-BA, DY30/IV2/10.04/28, Otto Reinhold, »Bericht über das Gespräch mit Vertretern der Grundwertekommission (SPD) vom 15. bis 17. November 1984 in Freudenstadt«, S. 2 f.
72 Erhard Eppler, *Wie Feuer und Wasser*, S. 83.
73 Ebd.
74 Zu Gaus' Rolle als SED-Apologet siehe: Hans Noll, »Strategie und Taktik der Totenbeschwörung«, S. 501.
75 Günter Gaus, *Wo Deutschland liegt*, S. 76 ff.
76 Ebd., S. 40–44.
77 Ebd., S. 78.
78 Ebd., S. 240.
79 Ebd., S. 59.
80 Ebd., S. 274.
81 Ebd., S. 284.
82 Ebd., S. 25 f., 146 f.
83 Ebd., S. 52–58, 81 f., 128 f.
84 Ebd., S. 225 f.
85 Hans Apel, *Der Abstieg*, S. 129 f.

86 Siehe Peter Graf von Kielmannsegg, »The Origins and Aims of the German Peace Movement«, S. 332 ff. Kielmannsegg weist darauf hin, daß die Ergebnisse der Umfragen je nach Formulierung der Fragen beträchtlich variierten.

87 SAPMO-BA, DY30/JIV2/10.02/13, Herbert Häber, »Information über Gespräche mit BRD-Politikern während meines Aufenthaltes in der BRD vom 9. bis 16. Oktober 1983«, S. 17.

88 Anton Notz, *Die SPD und der NATO-Doppelbeschluß*, S. 60 f.

89 Zitiert in: Stefan A. Heinlein, *Gemeinsame Sicherheit*, S. 122.

90 Jeffrey Herf, *War by Other Means*, S. 113 ff., 118–140. Die Artikel des *Stern* sind gesammelt erschienen in: Peter Koch, *Wahnsinn Rüstung*.

91 Egon Bahr, *Zu meiner Zeit*, S. 517.

92 Anton Notz, *Die SPD und der NATO-Doppelbeschluß*, S. 101, 158 f.

93 Zitiert in: Ebd., S. 278 f.

94 Ebd., S. 157.

95 Siehe: SAPMO-BA, DY30/JIV2/10.02/5, »Information über den Außerordentlichen Parteitag der SPD 1983«, 21. 11. 1983, S. 1–11. Ebd., »Information über den SPD-Parteitag 1984 in Essen«, 22. 05. 1984, S. 2.

96 Andreas Vogtmeier, *Egon Bahr und die deutsche Frage*, S. 222 f.

97 Volker Matthée, *Die Neutronenwaffe zwischen Bündnis- und Innenpolitik*, S. 96–99.

98 Andreas Vogtmeier, *Egon Bahr und die deutsche Frage*, S. 225.

99 Egon Bahr, »Ist die Menschheit dabei, verrückt zu werden?«

100 Thomas Enders, *Die SPD und die äußere Sicherheit*, S. 214 ff.

101 Zitiert in: Andreas Vogtmeier, *Egon Bahr und die deutsche Frage*, S. 248.

102 Ebd.

103 Egon Bahr, »Sich aus alten Denkschablonen befreien«, S. 91–97.

104 Stefan A. Heinlein, *Gemeinsame Sicherheit*, S. 118.

105 Egon Bahr, »Sich aus alten Denkschablonen befreien«, S. 98.

106 Ebd.

107 Stefan A. Heinlein, *Gemeinsame Sicherheit*, S. 150. Hans Apel, *Der Abstieg*, S. 236–244.

108 Stefan A. Heinlein, *Gemeinsame Sicherheit*, S. 149–164.

109 Thomas Enders, *Die SPD und die äußere Sicherheit*, S. 29–36.

110 Markus Wolf, *Spionagechef*, S. 185–189.

111 Andreas Vogtmeier, *Egon Bahr und die deutsche Frage*, S. 275ff.
112 Jeffrey Herf, *War by Other Means*, S. 171, 185–192. Andrei S. Markovits, Philip S. Gorski, *Grün schlägt Rot*, S. 202–211.
113 Zitiert in: André Glucksmann, *Philosophie der Abschreckung*, S. 391.
114 Ebd., S. 175.
115 Ebd., S. 183.
116 Hans Apel, *Der Abstieg*, S. 145f.
117 Anton Notz, *Die SPD und der NATO-Doppelbeschluß*, S. 143.
118 Ingrun Drechsler et al. (Hrsg.), *Getrennte Vergangenheit, gemeinsame Zukunft*, Bd. III, *Wandlungen der Deutschlandpolitik*, S. 240f.
119 Günter Gaus, *Wo Deutschland liegt*, S. 276–280.
120 SAPMO-BA, DY30/JIVJ/87, »Niederschrift über das Gespräch des Generalsekretärs der SED [...], Honecker, mit dem Leiter der Ständigen Vertretung [...], Günter Gaus, am 12. Oktober 1979 [...]«, S. 4f.
121 SAPMO-BA, DY30/JIVJ/87, »Niederschrift über ein Gespräch des Generalsekretärs des ZK der SED [...], Erich Honecker, mit dem Leiter der Ständigen Vertretung [...], Günter Gaus, am 3. November 1980«, S. 8.
122 SAPMO-BA, DY30/JIVJ/87, »Niederschrift ...« (wie Anm. 120), S. 1f.
123 Erhard Eppler, *Die tödliche Utopie der Sicherheit*, S. 92f.
124 Egon Bahr, *Zu meiner Zeit*, S. 510.
125 SAPMO-BA, DY30/IV2/1/592, »Vermerk über ein Vier-Augen-Gespräch des Genossen H. Axen mit Egon Bahr am 4. September 1981, 17.30 Uhr«, Bl. 94.
126 Ebd., Bl. 94.
127 Jeffrey Herf, *War by Other Means*, S. 132.
128 SAPMO-BA, DY30/IV2/1/592, »Vermerk ...« (wie Anm. 125), Bl. 95. Der letzte Satz belegt Bahrs mangelnde Sachkenntnis. Seit den fünfziger Jahren befanden sich sowjetische Atomwaffen auf dem Territorium der DDR.
129 Ebd.
130 SAPMO-BA, DY30/IV2/1/592, »Stenografische Niederschrift der Konsultation zu Abrüstungsfragen zwischen [...] Hermann Axen [...] und [...] Egon Bahr [...]«, 04. 09. 1981, Bl. 65.
131 SAPMO-BA, DY30/IV2/1/592, »Vermerk über das Gespräch zwischen dem Generalsekretär des ZK der SED [...], Erich Honecker, mit [...] Egon Bahr, am 4. 9. 1981«, Bl. 58.

132 SAPMO-BA, DY30/IV2/1/592, »Stenographische Niederschrift ...« (wie Anm. 130), Bl. 79.

133 Ebd., Bl. 65.

134 Ebd., Bl. 90.

135 SAPMO-BA, DY30/IV2/1/592, »Bericht über das Gespräch des Generalsekretärs des ZK der SED [...] Erich Honecker, sowie über die Gespräche des Mitglieds des Politbüros [...], Genossen Hermann Axen, mit [...] Egon Bahr, am 4. September 1981«, Bl. 52.

136 Ebd., Bl. 52.

137 SAPMO-BA, DY30/IV2/1/592, »Referat des Genossen H. Axen. Beratung der Sekretäre für ideologische und internationale Fragen der kommunistischen und Arbeiterparteien sozialistischer Länder, 3. und 4. November 1981 in Moskau«, Bl. 246.

138 Ebd., Bl. 256f.

139 SAPMO-BA, DY30/IV2/2.035/24, »Referat des Genossen H. Axen. Beratung der Sekretäre für ideologische und internationale Fragen der kommunistischen und Arbeiterparteien sozialistischer Länder, 3. und 4. November 1981 in Moskau«, Bl. 24.

140 SAPMO-BA, DY30/IV2/1/592, »Rede des Kandidaten des Politbüros und Sekretärs des ZK der KPdSU, Gen. B. N. Ponomarjow, auf der Beratung der Sekretäre der ZK der Bruderparteien der sozialistischen Länder für internationale und ideologische Fragen«, 03.–04. 11. 1981, Bl. 210–214.

141 Ebd., Bl. 213f.

142 Ebd., Bl. 215.

143 Hauptverwaltung A, »Konzept für politisch-aktive Maßnahmen zur Förderung der Friedensbewegung in der BRD«, 17. 08. 1981, in: Rita Sélitrenny, Thilo Weichert, *Das unheimliche Erbe*, S. 196.

144 SAPMO-BA, DY30/JIV2/10.02/17, Herbert Häber, »Information über ein Arbeitsgespräch mit dem Vorsitzenden der DKP, Genossen Herbert Mies, am 26./27. 8. 1981«, S. 5f.

145 SAPMO-BA, DY30/JIV2/10.02/7, »SED-Hausmitteilung an Genossen Erich Honecker von der Westabteilung«, 25. 05. 1982, S. 1 f.

146 SAPMO-BA, DY30/IV2/1/605, »Information über den Freundschaftsbesuch des Vorsitzenden der SEW, Horst Schmitt, und der ihn begleitenden Delegation des Parteivorstandes der SEW in der DDR vom 25. bis 29. 10. 1982«, Bl. 344.

147 SAPMO-BA, DY30/JIVJ/84, Brief von H. Schmitt, Westberlin, 21. 08. 1985, S. 7f.

148 SAPMO-BA, DY30/JIV2/10.04/26, »ZK-Hausmitteilung von Herbert Häber an E. Honecker vom 9. 1. 85«, S. 2.

149 SAPMO-BA, DY30/JIV2/10.02/13, Herbert Häber, »Lieber Genosse Honecker. Wie besprochen, bin ich heute mit Günter Gaus zusammengetroffen«, 24. 09. 1982, S. 2.

150 Ebd., S. 2.

151 Ebd., S. 3.

152 Hans Apel, *Der Abstieg*, S. 241–244. SAPMO-BA, DY30/IV2/1/620, »Vermerk über das anschließende Gespräch von Hermann Axen mit Egon Bahr«, 14. 03. 1984, Bl. 215 (Bahr zu Axen: »Ein Punkt seiner Sorge sei, daß die SPD auf wirtschaftlichem und sozialem Gebiet nicht viel zu bieten habe.«).

153 SAPMO-BA, DY30/IV2/1/592, »Vermerk über ein Vier-Augen-Gespräch des Genossen H. Axen mit Egon Bahr am 4. September 1981, 17.30 Uhr«, Bl. 95. Aus Gründen der Fairneß sei bemerkt, daß Bahr mit seiner Bitte, die SED möge von seinem Wahlkreis aus sogenannte Butterfahrten in die DDR gestatten, wahrscheinlich auch dem Zusammenhalt der Nation dienen wollte. SAPMO-BA, DY30/JIV2/2.035/65, Bericht über ein Gespräch von Egon Bahr mit »sowjetischen Vertretern«, 17. 09. 1982, Bl. 134.

154 SAPMO-BA, DY30/vorl.SED37086/2, »Information der ›Akademie für Gesellschaftswissenschaften beim Zentralkomitee der SED‹ an E. Honecker über ein Gespräch mit G. Gaus und E. Bahr in Hamburg am 27. und 28. 1. 1983«, S. 3.

155 Hans Apel, *Der Abstieg*, S. 269.

156 SAPMO-BA, DY30/vorl.SED 37086/2, Telegramm von Egon Winkelmann an Erich Honecker vom 20. 7. 1983, S. 2.

157 Ebd., S. 1.

158 SAPMO-BA, DY30/IV2/1/620, »Vermerk über das anschließende Gespräch von Hermann Axen mit Egon Bahr«, 14. 03. 1984, Bl. 215.

159 SAPMO-BA, DY30/vorl.SED 37086/2, Otto Reinhold, »Information über meinen Besuch bei Günter Gaus am 20. Juni 1983«, S. 2.

160 SAPMO-BA, DY30/vorl.SED 37086/2, Telegramm von Egon Winkelmann an Erich Honecker vom 20. 7. 1983, S. 2.

161 Anton Notz, *Die SPD und der NATO-Doppelbeschluß*, S. 175.

162 SAPMO-BA, DY30/IV2/1/615, »Vermerk über das Gespräch von

Genossen Hermann Axen mit Egon Bahr am 24. 8. 1983 (9.30 bis 12.30 Uhr)«, Bl. 182.

163 SAPMO-BA, DY30/IV2/1/620, »Vermerk über das anschließende Gespräch von Hermann Axen mit Egon Bahr«, 14. 03. 1984, Bl. 215f.

164 SAPMO-BA, DY30/IV2/2.035/65, Treffen von Boris Ponomarjow und anderer sowjetischer Funktionäre mit Vertretern der westdeutschen Sozialdemokratie vom 24.–25. 9. 1984 in Moskau, Bl. 174.

165 Ebd., Bl. 175.

166 Ebd., Bl. 176f.

167 Timothy Garton Ash, *Im Namen Europas*, S. 160.

168 Peter Bender, *Das Ende des ideologischen Zeitalters*, S. 201 f.

Der Zerfall des Bündnisses DDR-UdSSR

1 Peter Marsch, »Foreign Policy Making in the German Democratic Republic«, S. 88–91.

2 Martin McCauley, »The German Democratic Republic and the Soviet Union«, S. 149–161.

3 Peter Marsch, »Foreign Policy Making«, S. 97–103.

4 Stephen F. Frowen, »The Economy of the German Democratic Republic«, S. 40–43.

5 Martin McCauley, »The German Democratic Republic and the Soviet Union«, S. 161.

6 SAPMO-BA, DY30/IV2/2.035/56, H. Sölle, »Niederschrift über ein Gespräch mit dem Minister für Außenhandel der UdSSR, Genossen Patolitschew, am 6. 6. 1979«, Bl. 313.

7 SAPMO-BA, DY30/vorl.SED34966, Bericht von Egon Winkelmann an Erich Honecker, 12. 11. 1981, S. 1–4. SAPMO-BA, DY30/vorl.SED34966, Bericht von Egon Winkelmann an Erich Honecker, 03. 03. 1982, S. 3.

8 SAPMO-BA, DY30/JIV2/201-1497, »Niederschrift über das Gespräch des Generalsekretärs des ZK der SED, Erich Honecker, mit dem Sekretär des ZK der KPdSU, Genossen Konstantin Viktorowitsch Russakow, am 21. Oktober 1981«, S. 17–33.

9 BStU, ZA, MfS ZAIG 5175, »Hinweise für das Gespräch zwischen Delegationen des KfS der UdSSR unter Leitung des Gen. Tschebrikow und des MfS in Berlin vom 22.–26. 5. 1984«, Bl. 25.

10 SAPMO-BA, DY30/IV2/2.035/57, »Bericht über die Konsultation des Genossen Günter Sieber, Mitglied des ZK der SED und Leiter der Abteilung Internationale Verbindungen, im ZK der KPdSU am 1. und 2. Oktober 1981«, Bl. 161.

11 Mark Kramer, »The Warsaw Pact and the Polish Crisis of 1980–1981«, S. 124.

12 SAPMO-BA, DY30/IV2/2.035/57, »Bericht über die Konsultation des Genossen Günter Sieber, [...], im ZK der KPdSU am 1. und 2. Oktober 1981«, Bl. 164f.

13 SAPMO-BA, DY30/IV2/1/592, »Niederschrift über das Treffen zwischen Genossen L.I. Breschnew und Genossen E. Honecker am 3. August 1981«, Bl. 19f.

14 SAPMO-BA, DY30/IV2/1/599, Treffen zwischen E. Honecker und General Jaruzelski in Berlin am 29. 03. 1982, Bl. 182, 194ff.

15 Timothy Garton Ash, *Im Namen Europas*, S. 232–239.

16 Günter Schabowski, *Der Absturz*, S. 126.

17 Siehe z.B. SAPMO-BA, DY30/IV2/574, »Stenografische Niederschrift der Tagung des Politischen Beratenden Ausschusses der Teilnehmerstaaten des Warschauer Vertrages am 14. und 15. Mai 1980 in Warschau«, Bl. 167, 176.

18 SAPMO-BA, DY30/JIV2/201-1376, »Stenografische Niederschrift der offiziellen Gespräche des Generalsekretärs [...], Genossen Erich Honecker, mit [...] Genossen Nicolae Ceauşescu in Bukarest, 25. Juni 1980«, S. 62f., 118ff.

19 SAPMO-BA, DY30/IV2/2.035/57, »Bericht über eine Konsultation des Genossen Michael Kohl mit dem Leiter der 3. Europäischen Abteilung und Mitglied des Kollegiums im MfAA der UdSSR, Genossen A. P. Bondarenko, am 14. und 15. Mai 1981 im MfAA der DDR«, Bl. 133.

20 Ebd., Bl. 135. SAPMO-BA, DY30/IV2/2.035/57, Gespräche zwischen Kurt Nier und den sowjetischen Vize-Außenministern Korrijenko und Semskow am 10. und 11. 11. 1981 in Moskau, Bl. 6. SAPMO-BA, DY30/vorl.SED 34966, Brief von Egon Winkelmann an Erich Honecker vom 21. 11. 1981, S. 2.

21 SAPMO-BA, DY30/vorl.SED34966, Brief von Egon Winkelmann an Erich Honecker vom 12. 11. 1981, S. 1f.

22 Ebd., S. 2f.

23 Ebd., S. 4.

24 Ebd., S. 4f.
25 Heinrich Potthoff (Hrsg.), *Die »Koalition der Vernunft«*, S. 186–200.
26 SAPMO-BA, DY30/IV2/2.035/57, »Bericht über eine Konsultation des Genossen Michael Kohl mit [...] A. P. Bondarenko, am 14. und 15. Mai 1981 [...]«, Bl. 133.
27 SAPMO-BA, DY30/IV2/2.035/70, »Vortrag des stellvertretenden Direktors des USA-Instituts [...], Prof. Bogdanow, am 25. 2. 1982 im Haus des ZK der SED zum Thema: Die Politik der Reagan-Administration«, Bl. 65.
28 SAPMO-BA, DY30/IV2/2.035/57, »Bericht über ein Arbeitstreffen des Genossen Hermann Axen mit leitenden Genossen des Zentralkomitees der KPdSU am 2. und 24. Januar 1980 in Moskau«, Bl. 9f.
29 SAPMO-BA, DY30/IV2/1/568, »Rede des Genossen H. Axen, Mitglied des Politbüros und Sekretär des ZK der SED«, Berlin 03.–07. 07. 1979, Bl. 106.
30 SAPMO-BA, DY30/vorl.SED34966, Brief von Egon Winkelmann an Erich Honecker vom 12. 11. 1981, S. 3.
31 Ebd., S. 2.
32 Nikolai Portugalow, »Atlantische Götterdämmerung«, S. 684.
33 SAPMO-BA, DY30/JIV2/20/154, »Information über Gespräche des Genossen Günter Sieber, Kandidat des ZK der SED und Leiter der Abteilung Internationale Verbindungen des ZK, im Zentralkomitee der KPdSU, am 22. und 23. 1. 1981«, S. 20.
34 MZAP-BA, Strausberg AZN32643, Brief von Heinz Hoffmann an Erich Honecker vom 24. 08. 1982, Bl. 92, 105ff. Eric G. Frey, *Division and Détente*, S. 132. Bereits 1963 hatten die Rumänen den USA mitgeteilt, daß sie sich im Falle eines Krieges neutral verhalten würden. Raymond L. Garthoff, »When and Why Romania Distanced itself from the Warsaw Pact«, S. 111.
35 MZAP-BA, Strausberg AZN32644, »Wichtigster Inhalt eines persönlichen Gesprächs des Genossen Marschall der Sowjetunion Kulikow mit Genossen Minister Hoffmann am 26. 04. 1982«, Bl. 87f.
36 Zur sowjetischen Isolationsfurcht siehe z.B. SAPMO-BA, DY30/IV2/2.035/57, »Vermerk über ein Gespräch der Genossen M.A. Suslow und B.N. Ponomarjow mit Genossen Hermann Axen am 23. 1. 1980«, Bl. 49.
37 SAPMO-BA, DY30/JIV/859, »Vermerk über ein Gespräch des [...],

Genossen Erich Honecker, mit […], Genossen A.A. Gromyko, am 4. 12. 1979«, Bl. 26f.

38 Ebd., Bl. 29.

39 Siehe z. B. SAPMO-BA, DY30/IV2/2.035/57, »Bericht über eine Konsultation des Genossen Michael Kohl mit dem Leiter der 3. Europäischen Abteilung und Mitglied des Kollegiums im MfAA der UdSSR, Genossen A.P. Bondarenko, am 14. und 15. Mai 1981 im MfAA der DDR«, Bl. 135f.

40 Hermann Weber, *Geschichte der DDR*, S. 419f.

41 Timothy Garton Ash, *Im Namen Europas*, S. 281.

42 Zitiert in: Wolfgang Venohr, »35 Jahre DDR und die nationale Frage«, S. 1269.

43 SAPMO-BA, DY30/IV2/1/568, »Stenografische Niederschrift des Treffens des Generalsekretärs des ZK der SED [...] mit den Leitern der Delegationen und Sekretären für internationale und ideologische Fragen der Zentralkomitees von 10 Bruderparteien, die an der internationalen Beratung vom 3.–5. Juli 1979 teilgenommen haben«, Bl. 85.

44 SAPMO-BA, DY30/IV2/1/569, »[…] Gespräche des Generalsekretärs des Zentralkomitees der Sozialistischen Einheitspartei Deutschlands […], Genossen Erich Honecker, mit […], Genossen Mengistu Haile Mariam, in Addis Abeba«, 12. 11. 1979, Bl. 183.

45 SAPMO-BA, DY30/vorl.SED42440, »Das internationale Kräfteverhältnis und die weltpolitische Entwicklung zu Beginn der 80er Jahre«, 7. 11. 1980, S. 88f., 155f.

46 Ebd., S. 25.

47 Ebd., S. 28f.

48 Ebd., S. 3f., 155f.

49 Ebd., S. 67f.

50 SAPMO-BA, DY30/IV2/1/568, »Stenografische Niederschrift …« (wie Anm. 43), Bl. 89f.

51 SAPMO-BA, DY30/IV2/1/592, Gespräch zwischen Erich Honecker und Fidel Castro in Havanna am 13. 09. 1981, Bl. 113.

52 SAPMO-BA, DY30/JIV2/2A/2512, Gespräch zwischen Erich Honekker und Kaysone Phomivahne in Berlin am 22. 09. 1982, Bl. 57f.

53 Reinhold Andert, Wolfgang Herzberg, *Der Sturz*, S. 218–221.

54 Siehe z. B. SAPMO-BA, DY30/JIV2/10.02/7, »Zur Entwicklung der Friedensbewegung in der BRD«, 3. 7. 1981, S. 1–7.

55 SAPMO-BA, DY30/JIV2/2-1831, »Information über das Treffen des

Generalsekretärs des ZK der SED, Genossen E. Honecker, mit dem Vorsitzenden der DKP, Genossen H. Mies, am 19. März 1980«, Bl. 18.

56 SAPMO-BA, DY30/JIV2/10.02/17, »Information über den Freundschaftsbesuch der Delegation des Parteivorstandes der DKP unter Leitung des Vorsitzenden der DKP, Genossen Herbert Mies, in der DDR«, 23.–26. 4. 1982, S. 7.

57 SAPMO-BA, DY30/IV2/1/620, Gespräch zwischen Erich Honecker und Georges Marchais in Berlin am 24. 02. 1984, Bl. 182–186.

58 Ebd., Bl. 185 f.

59 Ebd., Bl. 186.

60 SAPMO-BA, DY30/JIV/859, »Vermerk über ein Gespräch des [...], Genossen Erich Honecker, mit [...] Genossen A. A. Gromyko, am 4. 12. 1979«, Bl. 24 ff., 38 ff., 44.

61 SAPMO-BA, DY30/IV2/2.035/57, »Vermerk über ein Gespräch der Genossen M. A. Suslow und B. N. Ponomarjow mit Genossen Hermann Axen am 23. 1. 1980«, Bl. 45–59.

62 SAPMO-BA, DY30/IV2/2.035/57, »Vermerk über ein Gespräch des Genossen Hermann Axen mit Genossen B. N. Ponomarjow am 24. 1. 1980 nachmittags«, Bl. 50 f.

63 Eric G. Frey, *Division and Détente*, S. 88–91.

64 Ebd., S. 91 f.

65 SAPMO-BA, DY30/IV2/2.035/57, »Bericht über den Freundschaftsbesuch des Ministers für Auswärtige Angelegenheiten der DDR, Oskar Fischer, am 26. und 27. Januar 1981 in Moskau«, Bl. 75–78. SAPMO-BA, DY30/IV2/1/592, »Niederschrift über das Treffen zwischen Genossen L. I. Breschnew und Genossen E. Honecker am 3. August 1981 auf der Krim«, Bl. 5.

66 SAPMO-BA, DY30/IV2/1/592, »Niederschrift ...« (wie Anm. 65), Bl. 5 f.

67 J. W. Andropow, »Der Leninismus als unerschöpfliche Quelle ...«, S. 224 ff.

68 Georgi Arbatow, *Das System*, S. 305.

69 John W. Parker, *Kremlin in Transition*, Bd. 1, *From Brezhnew to Chernenko*, S. 246 f.

70 Ebd., S. 168 ff. Dale R. Herspring, *The Soviet High Command*, S. 194 f.

71 Zu den italienischen Kommunisten siehe z.B. SAPMO-BA, DY30/IV2/2.035/68, »Text des Briefes des ZK der KPdSU an das Zen-

tralkomitee der italienischen Kommunistischen Partei«, 02. 01. 1979, Bl. 164–171.

72 SAPMO-BA, DY30/IV2/1/620, »Vermerk über das Gespräch zwischen dem Generalsekretär des ZK der SED, Erich Honecker, und dem Generalsekretär der Italienischen Kommunistischen Partei, Enrico Berlinguer, am 12. 12. 1983«, Bl. 146f.

73 Ebd., Bl. 145.

74 Ebd., Bl. 147–150.

75 Ebd., Bl. 159f.

76 Ebd., Bl. 161f.

77 Ebd., Bl. 162.

78 SAPMO-BA, DY30/JIV/827, »Vermerk über ein Gespräch des Generalsekretärs des ZK der SED und Vorsitzenden des Staatsrates der DDR, Genossen Erich Honecker, mit dem Generalsekretär des ZK der KPdSU, Genossen J. W. Andropow, am 4. Mai im Gebäude des ZK der KPdSU«, S. 6.

79 Ebd., S. 5.

80 Ebd., S. 4f.

81 Nikolai Portugalow, »Atlantische Götterdämmerung«, S. 687.

82 Ebd.

83 Horst Afheldt, »Defensive Verteidigung als politisch-strategische Konzeption«, S. 156, 163–168.

84 Reinhard Brühl et al., *Wörterbuch zur Deutschen Militärgeschichte*, S. 1033f.

85 John W. Parker, *Kremlin in Transition*, Bd. 1, S. 335f., 361.

86 Ebd., S. 213f., 225ff., 279f., 371f.

87 Michail Gorbatschow, *Erinnerungen*, S. 256f.

88 John W. Parker, *Kremlin in Transition*, Bd. 1, S. 214f.

89 SAPMO-BA, DY30/IV2/2.035/68, »Niederschrift über das Gespräch des Genossen Erich Honecker mit Andrej Andrejewitsch Gromyko am 8. Oktober 1984 im Hause des Zentralkomitees der SED«, Bl. 108.

90 SAPMO-BA, DY30/JIV2/20/154, »Information über Gespräche des Genossen Günter Sieber, Kandidat des ZK der SED und Leiter der Abteilung Internationale Verbindungen des ZK, im Zentralkomitee der KPdSU, am 22. und 23. 1. 1981«, S. 20.

91 Wolfgang Seiffert, »Die Moskauer ›Revanchismus‹-Vorwürfe und die Gültigkeitsklausel des Warschauer Paktes«, S. 901.

92 Dettmar Cramer, »Eine überflüssige Diskussion«.
93 BStU, ZA, MfS-ZAIG 5306, »Notiz über die Gespräche des Genossen Minister mit dem Stellvertreter des Vorsitzenden des KfS, Genossen W. A. Krjutschkow, am 19. 9. 1983 in Berlin«, Bl. 14.
94 Ebd., Bl. 16.
95 Eric G. Frey, *Division and Détente*, S. 116ff.
96 Siehe z. B. Konstantin Tschernenko, *Ausgewählte Reden und Aufsätze, 1981–1984*, S. 339.
97 Lew Besymenski, »Soll man auf den Tisch hauen?«.
98 Nikolai Portugalow, »Atlantische Götterdämmerung«, S. 684.
99 John W. Parker, *Kremlin in Transition*, Bd. 1, S. 371f.
100 Zitiert in: Wolfgang Seiffert, »Die Natur des Konfliktes zwischen der SED-Führung und Moskau«, S. 1052.
101 Karl Wilhelm Fricke, »Bündnistreu und dialogbereit«, S. 1f.
102 Wolfgang Seiffert, »Die Natur des Konflikts zwischen der SED-Führung und Moskau«, S. 1053–1057.
103 MZAP-BA, Strausberg AZN32674, Brief von Heinz Hoffmann an Erich Honecker vom 17. 01. 1984, Bl. 8. Ebd., »Wesentlicher Inhalt der Ausführungen des Ministers für Verteidigung der UdSSR, Marschall der Sowjetunion Ustinow, während der Visite [20.–24. März 1984]«, Bl. 34–39.
104 John W. Parker, *Kremlin in Transition*, Bd. 1, S. 335–357.
105 MZAP-BA, Strausberg AZN32674, Brief von Heinz Hoffmann an Erich Honecker vom 28. 08. 1984, Bl. 133.
106 Eric G. Frey, *Division and Détente*, S. 119.
107 Wolfgang Seiffert, »Doppelspiel«, S. 301.
108 Eric G. Frey, *Division and Détente*, S. 118.
109 MZAP-BA, Strausberg AZN32647, »Wesentlicher Inhalt des Gesprächs des [...] Ministers für Verteidigung der UdSSR, [...] Ustinow, mit [...] Generaloberst Streletz, am 20. 06. 1984«, Bl. 29.
110 SAPMO-BA, DY30/IV2/2.035/58, »Niederschrift über das Treffen zwischen Genossen K.U. Tschernenko und Genossen E. Honecker am 14. Juni 1984 in Moskau«, Bl. 51–56.
111 Ebd., Bl. 57.
112 Ebd., Bl. 58.
113 Ebd., Bl. 60–63.
114 Ebd., Bl. 63.
115 Ebd.

116 Ebd.

117 Ebd., Bl. 61.

118 Ebd., Bl. 65 f.

119 Ebd., Bl. 65.

120 Ebd., Bl. 63.

121 Ebd., Bl. 66.

122 Ebd., Bl. 70 ff.

123 Ebd., Bl. 73.

124 Ebd., Bl. 73 ff.

125 Ebd., Bl. 77 f.

126 Eric G. Frey, *Division and Détente*, S. 125 f.

127 SAPMO-BA, DY30/JIV/2A/2678, »Niederschrift über das Treffen zwischen Genossen Erich Honecker und Genossen Konstantin Ustinowitsch Tschernenko am 17. August 1984«, Bl. 9, 21 f.

128 Ebd., Bl. 25 f.

129 Ebd., Bl. 33.

130 Ebd., Bl. 34 f.

131 Ebd., Bl. 36.

132 Ebd., Bl. 38.

133 Ebd., Bl. 65 f.

134 Ebd., Bl. 51.

135 Ebd., Bl. 47.

136 Ebd., Bl. 69.

137 Ebd., Bl. 48.

138 Ebd., Bl. 68.

139 Ebd., Bl. 67.

140 Ebd., Bl. 66 f.

141 SAPMO-BA, DY30/IV2/2.035/58, Gespräch zwischen Erich Honecker und A.A. Gromyko in Berlin am 08. 10. 1984, Bl. 95 f.

142 Raymond Aron, »Der Krieg und die Industriegesellschaft«, S. 41 f.

143 Eduard Schewardnadse, *Die Zukunft gehört der Freiheit*, S. 117.

Kommunistische Götterdämmerung

1 Alexander Bowin, »Perestroika«, S. 620.

2 Ebd., S. 621.

3 Ebd., S. 635.

4 Tatjana Saslawskaja, »Zur Strategie der sozialen Steuerung der Perestroika«, S. 47 f., 71.

5 Arkadij Schewtschenko, *Mein Bruch mit Moskau*, S. 211.

6 Zur Rolle der Mafia in der Georgischen Sowjetrepublik siehe Eduard Schewardnadse, *Die Zukunft gehört der Freiheit*, S. 69–74. Zu Breschnews korrumpierendem Einfluß: Georgi Arbatow, *Das System*, S. 270–280.

7 Harry Gelman, *The Brezhnev Politburo*, S. 57 f., 181–185.

8 Vladimir N. Brovkin, *Behind the Front Lines of the Civil War*, S. 134–140.

9 John W. Parker, *Kremlin in Transition*, Bd. II: *Gorbachev, 1985 to 1989*, S. 96 f.

10 Alexander Bowin, »Perestroika«, S. 621.

11 Rolf Reißig, »Das Scheitern der DDR und des realsozialistischen Systems«, S. 52 f.

12 Tatjana Saslawskaja, »Zur Strategie der sozialen Steuerung der Perestroika«, S. 46.

13 Alexander Bowin, »Perestroika«, S. 624.

14 Michail Gorbatschow, *Erinnerungen*, S. 151, 223, 239.

15 John W. Parker, *Kremlin in Transition*, Bd. I, S. 200–203.

16 Dimitri Wolkogonow, *Lenin*, S. 530.

17 BStU, ZA, MfS ZAIG 5382 Bd. 1, »Notiz über die Gespräche des Genossen Minister mit dem Vorsitzenden des KfS, Genossen Andropow, am 11. 7. 1981 in Moskau«, Bl. 9.

18 Ebd., Bl. 12.

19 Wladimir Bukowski, *Abrechnung mit Moskau*, S. 135.

20 Michail Gorbatschow, *Erinnerungen*, S. 29 f.

21 Seweryn Bialer, »The International and Internal Contexts of the 26th Party Congress«, S. 26.

22 Mark Kramer, »Dimitri Antonovich Volkogonov«. Hans-Henning Schröder, *Die Lehren von 1941*, S. 162.

23 Georgi Arbatow, *Das System*, S. 162.

24 Ebd., S. 167–176.

25 Michail Gorbatschow, *Erinnerungen*, S. 215 f.

26 SAPMO-BA, DY30/IV2/2.035/12, »Neue Probleme der kommunistischen Weltbewegung, insbesondere bei der weiteren Entwicklung der Zusammenarbeit kommunistischer und Arbeiterparteien und ihres Zusammenwirkens mit sozialistischen und sozialdemokratischen

Parteien sowie mit anderen revolutionären und demokratischen Kräften unter den gegenwärtigen Bedingungen«, 23.10.1985, Bl. 59f.
27 Ebd., Bl. 60.
28 Ebd., Bl. 52.
29 Michail Gorbatschow, *Erinnerungen*, S. 988–1006.
30 Detlef Pollack, »Religion und gesellschaftlicher Wandel«, S. 248, 260f.
31 Antonia Grunenberg, *Antifaschismus – ein deutscher Mythos*, S. 120–130.
32 Reinhold Andert, Wolfgang Herzberg, *Der Sturz*, S. 207f.
33 Hans Noll, »Früchte des Schweigens«. Volkhard Knigge, »Gedänkstätte Buchenwald«, S. 327.
34 Lutz Niethammer, »Die SED und die roten Kapos von Buchenwald«.
35 S. F. Kissin, *War and the Marxists*, Bd. II, S. 139ff.
36 Zur »Militärpolitik« der KPD: Christian Striefler, *Kampf um die Macht*, S. 193–304.
37 Zitiert in: Karl Wilhelm Fricke, *MfS intern*, S. 64.
38 SAPMO-BA, DY30/JIV2/2/2511, »Abschluß der offiziellen Gespräche zwischen Genossen Erich Honecker und Genossen Kaysone Phomvihane […]«, 22. 09. 1982, Bl. 59.
39 BStU, ZA, MFS ZAIG 5171, »Information über revisionistische, antisozialistische, besonders antisowjetische Auffassungen intellektueller Kreise der ČSSR und deren Vorstellungen zur Veränderung der Machtverhältnisse in den sozialistischen Staaten«, Bl. 43f.
40 BStU, ZA, MfS ZAIG 5383, »Notiz über die Gespräche zwischen dem Vorsitzenden des KfS [KGB] der UdSSR, Genossen Generaloberst Fedortschuk, und dem Minister für Staatssicherheit der DDR, Genossen Armeegeneral Mielke, am 9./10. September 1982«, S. 31.
41 Michael J. Sodaro, *Moscow, Germany, and the West*, S. 380.
42 Seweryn Bialer, »›New Thinking‹ and Soviet Foreign Policy«, S. 298.
43 BStU, MfS-ZAIG 5178, Erich Mielke, »Toast auf dem Bankett in der Botschaft der DDR in der UdSSR«, 02. 04. 1985, Bl. 27.
44 SAPMO-BA, DY/IV2/1/599, »Gespräch zwischen Erich Honecker und Maurice Bishop am 09. 06. 1982 in Berlin«, Bl. 285.
45 SAPMO-BA, DY30/JIV2/2A/2512, »Abschluß der offiziellen Gespräche zwischen Genossen Erich Honecker und Genossen Kaysone Phomvihane […]«, 22. 09. 1982, Bl. 49.

46 Hannsjörg F. Buck, »Umweltpolitik und Umweltbelastung«.
47 Alexej Jablokow, »Ökologische Ignoranz und ökologisches Abenteurertum«.
48 David Cortright, »The Peace Movement Role in Ending the Cold War«.
49 Georgi Arbatow, *Das System*, S. 333, 350f.
50 Siehe »Haß« in: Suckut (Hrsg.), *Das Wörterbuch der Staatssicherheit*, S. 168. Politische Hauptverwaltung der NVA (Hrsg.), *Vom Sinn des Soldatseins*, S. 38.
51 Georgi Arbatow, *Das System*, S. 326.
52 Wladimir Bukowski, *Abrechnung mit Moskau*, S. 439, 445ff.
53 Stephan Kux, »The Soviet Debate on Strategic Nuclear Arms«, S. 144f.
54 Georgi Arbatow, *Das System*, S. 327–332.
55 Benjamin S. Lambeth, »A Generation Too Late«, S. 223.
56 André Glucksmann, *Philosophie der Abschreckung*, S. 168f.
57 Ole Diehl, *Die Strategiediskussion in der Sowjetunion*, S. 201.
58 Wladimir Bukowski, *Abrechnung mit Moskau*, S. 62f., 301.
59 Ole Diehl, *Die Strategiediskussion in der Sowjetunion*, S. 179f. Benjamin S. Lambeth, »A Generation Too Late«, S.232f. Hans-Henning Schröder, »Strategiediskussion und Streitkräfte in der Ära des ›neuen Denkens‹«, S.99.
60 Johan Galtung, »Europe 1989«, S. 100.
61 Georgi Arbatow, *Das System*, S. 187ff., 206.
62 Eduard Schewardnadse, *Die Zukunft gehört der Freiheit*, S. 109–116.
63 Proektor, »Vom ›Kalten Krieg‹ und seinem Ende«, S. 634ff., 639f.
64 Steven Kull, *Burying Lenin*, S. 37–43.
65 John W. Parker, *Kremlin in Transition*, Bd. II, S. 206.
66 Ole Diehl, *Die Strategiediskussion in der Sowjetunion*, S. 185–188.
67 Michael J. Sodaro, *Moscow, Germany, and the West*, S. 334, 353f.
68 Wjatscheslaw Daschitschew, »Die sowjetische Deutschlandpolitik in den achtziger Jahren«, S. 56f.
69 SAPMO-BA, DY30/vorl.SED40478, »Bericht über die Tagung der multilateralen Problemkommission zum Projekt ›Stern IV‹ vom 19. bis 21. April 1983 in der VR Polen«, S. 4f.
70 Ebd., S. 2f.
71 Ebd., S. 5.
72 SAPMO-BA, DY30/vorl.SED40478, »Bericht über die Tagung der

multilateralen Problemkommission sozialistischer Länder zum Projekt ›Stern IV‹: ›Aktuelle Probleme der Politik der Länder der sozialistischen Gemeinschaft gegenüber den entwickelten kapitalistischen Staaten in den 80er Jahren‹«, S. 2.

73 Ebd., S. 4f.

74 Ebd., S. 5f.

75 Ebd., S. 6f.

76 SAPMO-BA, DY30/vorl.SED40478, »Aktuelle Probleme der Außenpolitik der Staaten der sozialistischen Gemeinschaft gegenüber den entwickelten kapitalistischen Ländern in den 80er Jahren«, S. 5.

77 Ebd., S. 10f.

78 Ebd., S. 7f.

79 Ebd., S. 11.

80 Ebd., S. 71f.

81 Ebd., S. 14f.

82 Ebd., S. 77.

83 Ebd., S. 78.

84 Ebd., S. 21.

85 Ebd., S. 21–24.

86 Ebd., S. 33–36.

87 Ebd., S. 97–101.

88 Ebd., S. 17.

89 Ebd., S. 17f.

90 Ebd., S. 90.

91 Ebd., S. 118ff.

92 Ebd., S. 119.

93 SAPMO-BA, DY30/vorl.SED 40482, »Information über die Hauptergebnisse einer Studie zum Thema ›Das Zusammenwirken der Länder der sozialistischen Gemeinschaft und der Entwicklungsländer unter den komplizierter gewordenen Bedingungen der achtziger Jahre‹«, S. 10.

94 Ebd., S. 10.

95 Ebd., S. 21.

96 SAPMO-BA, DY30/vorl.SED40482, »Zusammenwirken zwischen den Ländern der sozialistischen Gemeinschaft und den Entwicklungsländern unter den komplizierter gewordenen Bedingungen der achtziger Jahre«, Moskau 1985, S. 30f.

97 Ebd., S. 33ff.

98 SAPMO-BA, DY30/vorl.SED40486, »1. Neue Probleme, Tendenzen und Faktoren der Weltentwicklung in den 80er Jahren«, S. 3 f.

99 Ebd., S. 8 f.

100 Ebd., S. 9.

101 Ebd., S. 1.

102 Ebd., S. 6.

103 Ebd., S. 7 f, 26.

104 Ebd., S. 2.

105 Ebd., S. 6 f.

106 Michail Gorbatschow, *Erinnerungen*, S. 928.

107 Fred Oldenburg, »Das entgleiste Bündnis«, S. 206–210.

108 BStU, MfS-ZAIG 5306, »Notiz über die Gespräche des Genossen Minister mit dem Stellvertreter des Vorsitzenden des KfS, Genossen W.A. Krjutschkow, am 19. 9. 1983 in Berlin«, Bl. 18.

109 Wolfgang Templin, »Antifaschismus und Demokratie«.

110 Ulrike Poppe, »›Der Weg ist das Ziel‹«, S. 244 f.

111 Zitiert nach: Ebd., S. 245.

112 Ingrun Drechsler et al. (Hrsg.), *Getrennte Vergangenheit, gemeinsame Zukunft*, Bd. II: *Opfer, Opposition und Widerstand*, S. 157.

113 Hans Noll, »Strategie und Taktik der Totenbeschwörung«, S. 505 f.

114 Rainer Brämer, »Wehrerziehung zwischen Ideologie und Technokratie«, S. 605–624.

115 Irena Kukutz, »›Nicht Rädchen, sondern Sand im Getriebe, den Kreis der Gewalt zu durchbrechen‹«, S. 275.

116 Jan Wielgohs, Marianne Schulz, »Von der ›friedlichen Revolution‹ in die politische Normalität«, S. 223–235.

117 Karl Wilhelm Fricke, »Organisation und Tätigkeit der DDR-Nachrichtendienste«. Ingrun Drechsler et al. (Hrsg.), *Getrennte Vergangenheit, gemeinsame Zukunft*, Bd. II, S. 123–140.

118 Siehe z. B. Nikolai Inosemzew, »Verhinderung eines Kernwaffenkrieges«, S. 35 ff.

119 MZAP-BA, VA-01/39529, NVR-Sitzung vom 02. 02. 1984, »Ausführungen zum Tagesordnungspunkt 4 ›Zivilverteidigung‹«, Bl. 49–52; »Anlage 1«, Bl. 99–103.

120 Rainer Eppelmann, »Brief von Rainer Eppelmann«, S. 23.

121 BStU, MfS-ZAIG 5306, »Notiz über die Gespräche des Genossen Minister mit dem Stellvertreter des Vorsitzenden des KfS, Genossen W. A. Krjutschkow, am 19. 9. 1983 in Berlin«, Bl. 17 f.

122 »*Berliner Begegnung zur Friedensförderung«: Protokolle des Schriftstellertreffens am 13./14.Dezember 1981. Zweite »Berliner Begegnung: Den Frieden erklären«: Protokolle des zweiten Schriftstellertreffens am 22./23. April 1983.*

123 SAPMO-BA, DY30/IV2/2.035/57, »Bericht über ein Arbeitstreffen des Genossen Hermann Axen mit leitenden Genossen des Zentralkomitees der KPdSU am 23. und 24. Januar 1980 in Moskau«, Bl. 13.

124 SAPMO-BA, DY30/JIV2/2A-2453, Kurt Hager, »Bericht über die ›Berliner Begegnung zu Fragen der Friedensförderung‹ am 13. und 14. 12. 1981«, S. 7 f.

125 Manfred Jäger, *Kultur und Politik in der DDR*, S. 191 f., 220.

126 Markus Meckel, Martin Gutzeit, *Opposition in der DDR*, S. 35–43.

127 Irena Kukutz, »›Nicht Rädchen, sondern Sand im Getriebe ...‹«, S. 277, 281 ff.

128 Offiziell war der Terror dem Sozialismus zwar wesensfremd, die marxistisch-leninistischen Theoretiker zählten ihn aber dennoch unter die legitimen Mittel des revolutionären Klassenkampfes: W. J. Bystrow, »Terror«.

129 Joachim Walther, *Sicherungsbereich Literatur*, S. 321–332.

130 Meckel, Gutzeit, *Opposition in der DDR*, S. 58 f.

131 Rainer Eppelmann, *Fremd im eigenen Haus*, S. 302–308.

132 Zitiert nach: Sélitrenny, Weichert (Hrsg.), *Das unheimliche Erbe*, S. 230.

133 Klaus Ehring, »Friedensbewegung im anderen deutschen Staat«. SAPMO-BA, DY30/JIVJ/90, Brief von Petra Kelly an Erich Honekker vom 06. 09. 1984, S. 1–4.

134 Ulrike Poppe, »›Der Weg ist das Ziel‹«, S. 247 f.

135 Heinrich Potthoff (Hrsg.), *Die »Koalition der Vernunft«*, S. 72.

136 Rainer Eppelmann, *Fremd im eigenen Haus*, S. 265.

137 Gerd Poppe, »Zur Entwicklung des grenzüberschreitenden Dialogs«, S. 208–212.

138 Helmut Fehr, »Von der Dissidenz zur Gegen-Elite«, S. 323 f. Ulrike Poppe, »›Der Weg ist das Ziel‹«, S. 247 f.

139 Manfred Jäger, *Kultur und Politik in der DDR*, S. 163–184. Joachim Walther et al. (Hrsg.), *Protokoll eines Tribunals.*

140 Ingrun Drechsler et al. (Hrsg.), *Getrennte Vergangenheit, gemeinsame Zukunft*, Bd. II, S. 180.

141 Bernd Eisenfeld, »Die Ausreisebewegung«, S. 192–201, 211–215.

142 Ulf Sundhaussen, »The Erosion of Regime Legitimacy in Eastern European Satellite States«.
143 Ulrike Poppe, »›Der Weg ist das Ziel‹«, S. 263–266.
144 Bernd Eisenfeld, »Die Ausreisebewegung«, S. 201–205, 218–223.
145 Zitiert in: Alexander Bowin, »Perestroika«, S. 608.
146 Wjatscheslaw Daschitschew, »Die Wechselwirkung«, S. 1468.
147 Timothy Garton Ash, *Im Namen Europas*, S. 410–438.

Schlussfolgerungen

1 Daniel Proektor, »Vom ›Kalten Krieg‹ und seinem Ende«, S. 651.
2 Georgi Arbatow, *Das System*, S. 337.
3 Lars T. Lih, »Einführender Kommentar«, S. 25–41.
4 Michail Gorbatschow, *Erinnerungen*, S. 239.
5 Dmitri Wolkogonow, *Lenin*, S. 531.
6 Elias Canetti, *Masse und Macht*, S. 520f.
7 Heinz Hoffmann, »Streitkräfte in unserer Zeit«, S. 356.
8 Dmitri Wolkogonow, *Lenin*, S. 213.
9 Ebd., S. 190–193.
10 Günter Eigler (Hrsg.), *Platon – Werke in Acht Bänden*, Bd. IV: *Der Staat*, S. 707, 709, 711.
11 W. I. Lenin, »Der ›linke Radikalismus‹«, S. 525.
12 Georgi Arbatow, *Das System*, S. 187, 206, 210.
13 Strobe Talbott, *Raketenschach*, S. 117–122.
14 A. S. Milowidow et al., *Krieg und Armee*, S. 142.
15 SAPMO-BA, DY30/IV2/2.035/57, »Bericht über ein Arbeitstreffen des Genossen Hermann Axen mit leitenden Genossen des Zentralkomitees der KPdSU am 23. und 24. Januar in Moskau«, Bl. 4, 7.
16 Lars T. Lih et al. (Hrsg.), *Stalin*, S. 198.
17 Lars T. Lih, »Einführender Kommentar«, S. 50–55.
18 Michail Gorbatschow, *Erinnerungen*, S. 621.
19 Maria Haendcke-Hoppe-Arndt, »Außenwirtschaft und innerdeutscher Handel«.
20 Heinz Hümmler, »DDR-Politik 1983«.
21 Günter Pollach, »Friedensbewegung in der BRD«. Tibor Dobias, *Militärgeschichte der BRD – Abriß*, S. 422–465.

22 Das schmutzige Wort »Kollaboration« erscheint dem Autor durchaus geeignet, das Klientelverhältnis zur Sowjetunion zu beschreiben, welches Egon Bahr und andere führende Sozialdemokraten seit 1983 nicht zuletzt deshalb anstrebten, weil sie hofften, nur mit Hilfe der UdSSR die Macht in Bonn wiedererringen zu können.

23 Ingrun Drechsler et al. (Hrsg.), *Getrennte Vergangenheit, gemeinsame Zukunft*, Bd. III: *Wandlungen der Deutschlandpolitik*, S. 168–173.

24 SAPMO-BA, DY30/IV2/2.035/58, »Information über die Konsultation des Genossen H. Axen mit Genossen B. N. Ponomarjow, Kandidat des Politbüro und Sekretär des ZK der KPdSU, am 27. Juli 1983 in Moskau«, Bl. 27f.

25 Suckut (Hrsg.), *Das Wörterbuch der Staatssicherheit*, S. 90.

26 Jan T. Gross, *Revolution from Abroad*, S. 310.

27 Tilman Fichter, *Die SPD und die Nation*, S. 121.

28 Jens Hacker, *Deutsche Irrtümer*, S. 197–219, 244–251.

29 Horst Ehmke, *Mittendrin*, S. 346.

30 Iring Fetscher, »Vom Linksradikalismus zum bewaffneten Kampf«, S. 267–279.

31 Andrei S. Markovits, Philip S. Gorski, *Grün schlägt Rot*, S. 122, 208f.

32 Hans-Henning Schröder, »Gorbatschow und die Generäle«.

33 Michail Gorbatschow, *Erinnerungen*, S. 619–623. Georgi Arbatow, *Das System*, S. 227–233.

34 Georgi Arbatow, *Das System*, S. 214–218.

35 Wjatscheslaw Daschitschew, »Die sowjetische Deutschlandpolitik in den achtziger Jahren«, S. 55f.

36 Daniel Proektor, »Vom ›Kalten Krieg‹ und seinem Ende«, S. 637.

37 Alexander Bowin, »Perestroika«, S. 615, 630–639.

38 Tatjana Saslawskaja, »Zur Strategie der sozialen Steuerung der Perestroika«, S. 62.

39 Ebd., S. 47–52.

40 Siehe z. B. Klaus-Peter Meisner, »Zu einigen Fragen von Gegenstand und Methode der Militärwissenschaften«.

41 Robert Elias, »Ronald Reaganism Ended the Cold War – in the 1960s«.

42 Zitiert in: Benjamin S. Lambeth, »A Generation Too Late«, S. 320.

43 MZAP-BA, Strausberg AZN32633, »Information über die 7. Sitzung des Komitees der Verteidigungsminister der Teilnehmerstaaten des Warschauer Vertrages«, S. 4f.

44 Georgi Arbatow, *Das System*, S.232f.
45 Eduard Schewardnadse, *Die Zukunft gehört der Freiheit*, S.96f.
46 Michail Gorbatschow, *Erinnerungen*, S.1000.
47 Christoph Bluth, *The Collapse of Soviet Military Power*, S.88f.
48 Selbst auf dem Höhepunkt der Friedensbewegung sprach sich die überwältigende Mehrheit der Westdeutschen für den Verbleib der Bundesrepublik in der NATO aus, siehe: Peter Graf von Kielmannsegg, *The Origins and Aims of the West German Peace Movement*, S.333.
49 John W. Parker, *Kremlin in Transition*, Bd. II, S.137.
50 Michail Gorbatschow, *Erinnerungen*, S.706ff., 931–935.
51 Jan Gross, *Revolution from Abroad*, S. 233f.
52 Hans Joas, Martin Kohli, »Der Zusammenbruch der DDR: Fragen und Thesen«.
53 Randall Collins, *Weberian Sociological Theory*, S.204ff.
54 George Orwell, *Nineteen Eighty-Four*, S.180. Übersetzung des Autors.
55 Mary FitzGerald, »The Soviet Military on the Strategic Defense Initiative«, S.218f.
56 Gernot Gutmann, Hannsjörg Buck, »Die Zentralplanwirtschaft der DDR«, S.14.
57 Mikhail Tsypkin, »New Weapons and the Attempts at Technical Change«, S.195–198.
58 George M. Hall, »The Cycle of Military Technology«.
59 Zum Wechselverhältnis von Innovation und Profit in der kapitalistischen Wirtschaft siehe: Randall Collins, *Weberian Sociological Theory*, S.122–125.
60 Mikhail Tsypkin, »New Weapons and the Attempts at Technical Change«, S.191–195, 203.
61 Wjatscheslaw Daschitschew, »Die Wechselwirkung«, S.1461.

Bibliographie

I. Archivalien

BA-ZA-DH: Bundesarchiv-Zwischenarchiv-Dahlwitz-Hoppegarten. Heutiger Aufbewahrungsort der Unterlagen des Friedensrates der DDR.
BStU: Der Bundesbeauftragte für die Unterlagen des Staatssicherheitsdienstes der ehemaligen Deutschen Demokratischen Rebublik.
MZAP-BA: Militärisches Zwischenarchiv Potsdam im Bundesarchiv, hier befanden sich zum Zeitpunkt ihrer Einsichtnahme durch den Autor die Archivalien der NVA. Mittlerweile wurde dieser Archivbestand zum Bundesarchiv-Militärarchiv (BA-MA) nach Freiburg im Breisgau verlegt. Das in dieser Arbeit verwendete Referenzsystem entspricht noch den Zugangskodierungen, wie sie im MZAP-BA verwendet wurden. Im BA-MA wurden diese Zugangskodes etwas vereinfacht, aber nicht grundlegend verändert.
SAPMO-BA: Stiftung Archiv der Parteien und Massenorganisationen der DDR im Bundesarchiv, heutiger Aufbewahrungsort des Parteiarchivs der SED, in Berlin.
Die Abkürzung Bl. (Blatt) bezeichnet die Blätter einer Dokumentenmappe, sie bezieht sich auf die Paginierung der Archivverwaltung. Die Abkürzung S. (Seite) bezeichnet die Seiten individueller Dokumente.

II. Westliche Literatur

Adomeit, Hannes, *Imperial Overstrech. Germany in Soviet Policy from Stalin to Gorbachev. An Analysis Based on New Archival Evidence*, Baden-Baden 1998.

– und Robert Boardman (Hrsg.), *Foreign Policy Making in Communist Countries*, Farnborough 1979.

–, Hans-Hermann Höhmann und Günther Wagenlehner (Hrsg.), *Die*

Sowjetunion unter Gorbatschow. Stand, Probleme und Perspektiven der Perestrojka, Stuttgart–Berlin–Köln 1990.
Afheldt, Horst, »Defensive Verteidigung als politisch-strategische Konzeption«, in: Hartmut Bühl (Hrsg.), *Strategiediskussion*, S. 155–170.
Alexiev, Alexander R., *The Soviet Campaign Against INF. Strategy, Tactics, Means*, Santa Monica/Cal. 1985.
Allan, Pierre, und Dieter Kläy, *Zwischen Bürokratie und Ideologie. Entscheidungsprozesse in Moskaus Afghanistankonflikt*, Bern–Stuttgart–Wien 1999.
Alting von Geusau, Frans A.M., »Pacifism in the Netherlands«, in: Walter Laqueur, Robert Hunter (Hrsg.), *European Peace Movements and the Future of the Western Alliance*, New Brunswick/NJ–Oxford/UK 1985, S. 191–217.
Ambrose, Stephen E., *Rise to Globalism. American Foreign Policy since 1938*, Harmondsworth/Middlesex [6]1991.
Andrew, Christopher, »Nachrichtendienste im Kalten Krieg. Probleme und Perspektiven«, in: Wolfgang Krieger, Jürgen Weber (Hrsg.), *Spionage für den Frieden? Nachrichtendienste in Deutschland während des Kalten Krieges*, München–Landsberg/Lech 1997, S. 23–48.
– und Oleg Gordiewsky, *KGB*. Die Geschichte seiner Auslandsoperationen von Lenin bis Gorbatschow, München 1990.
Apel, Hans, *Der Abstieg. Politisches Tagebuch, 1978–1988*, Stuttgart [5]1990.
Aron, Raymond, »Der Krieg und die Industriegesellschaft«, in: Uwe Nerlich (Hrsg.), *Krieg und Frieden im industriellen Zeitalter. Beiträge der Sozialwissenschaft*, Bd. I, Gütersloh 1966, S. 17–65.
Ash, Timothy Garton, *Im Namen Europas. Deutschland und der geteilte Kontinent*, Frankfurt/M. 1995.
Auerbach, Thomas, »Vorbereitungen auf den Tag X. Die geplanten Isolierungslager des MfS«, in: Der Bundesbeauftragte für die Unterlagen des Staatssicherheitsdienstes der ehemaligen DDR (Hrsg.), Reihe B. *Analysen und Berichte*, Nr. 1/1995, Berlin 1994.
Augstein, Rudolf, »Das gefährdetste Land der westlichen Welt«, in: Wilhelm Bittorf (Hrsg.), *Nachrüstung. Der Atomkrieg rückt näher*, Reinbek 1981, S. 93–101.
Azrael, Jeremy R., *The Soviet Civilian Leadership and the Military High Command, 1976–1986*, Santa Monica/Cal. 1987.
Bahr, Egon, »Ist die Menschheit dabei, verrückt zu werden? Die Neutro-

nenbombe ist ein Symbol der Perversion des Denkens«, in: *Vorwärts*, Nr. 29 (21. Juli 1977), S. 4.
– *Was wird aus den Deutschen? Fragen und Antworten*, Reinbek 1982.
– Weltweite und europäische Interessen, in: Dieter S. Lutz (Hrsg.), *Im Dienst für Frieden und Sicherheit. Festschrift für Wolf Graf von Baudissin*, Baden-Baden 1985. S. 195–201.
– *Sicherheit für und vor Deutschland. Vom Wandel durch Annäherung zur Europäischen Sicherheitspartnerschaft*, München–Wien 1991.
Darin insbesondere:
»Wandel durch Annäherung«, S. 11–17.
»Sich aus alten Denkschablonen befreien«, S. 83–100.
»Die Chancen der Geschichte in der Teilung suchen«, S. 127–134.
Bahro, Rudolf, *Wahnsinn mit Methode. Über die Logik der Blockkonfrontation, die Friedensbewegung, die Sowjetunion und die DKP*, Berlin 1982.
Barth, Bernd-Rainer, Christoph Links, Helmut Müller-Enbergs, Jan Wielgohs (Hrsg.), *Wer war Wer in der DDR. Ein biographisches Handbuch*, Frankfurt/M. 1995.
Basler, Horst-Henning, »Operatives Denken und Planen in der NVA«, in: Dieter Farwick (Hrsg.), *Ein Staat – Eine Armee. Von der NVA zur Bundeswehr*, Frankfurt/M.–Bonn 1992, S. 58–79.
Bender, Peter, *Das Ende des ideologischen Zeitalters. Die Europäisierung Europas*, Berlin 1981.
»Berliner Begegnung zur Friedensförderung«. Protokolle des Schriftstellertreffens am 13./14. Dezember 1981. Der vollständige Text aller Beiträge aus Ost und West, Darmstadt 1982.
Besier, Gerhard, *Der SED-Staat und die Kirche, 1969–1990. Die Vision vom »Dritten Weg«*, Berlin–Frankfurt/M. 1995.
Bialer, Seweryn, »›New Thinking‹ and Soviet foreign policy«, *Survival*, Nr. 4 (1988) S. 291–309.
– »The International and Internal Contexts of the 26th Party Congress«, in: Seweryn Bialer und Thane Gustafson (Hrsg.), *Russia at the Crossroads. The 26th Congress of the CPSU*, London et al. 1982, S. 7–38.
Bittorf, Wilhelm, »Deutschland – Schießplatz der Supermächte«, in: Ders. (Hrsg.), *Nachrüstung: Der Atomkrieg rückt näher*, Reinbek 1981, S. 11–92.
Bluth, Christoph, *The Collapse of Soviet Military Power*, Aldershot et al. 1995.

– »Offensive Defence in the Warsaw Pact. Re-Interpreting a Military Doctrine«, *The Journal of Strategic Studies*, Vol. 18, No. 4 (Dez. 1995), S. 55–77.
Brämer, Rainer, »Wehrerziehung zwischen Ideologie und Technokratie«, *Deutschland Archiv*, Nr. 6 (1984), S.605–624.
Brovkin, Vladimir N., *Behind the Front Lines of the Civil War. Political Parties and Social Movements in Russia*, 1918–1922, Princeton/NJ 1994.
Brown, Harold, »Jahresbericht des amerikanischen Verteidigungsministers, Harold Brown, vom 29. Januar 1980«, *Europa-Archiv*, Folge 16/1980, S. D446–D475.
Buck, Hannsjörg F., »Umweltpolitik und Umweltbelastung. Das Ausmaß der Umweltbelastung und Umweltzerstörung beim Untergang der DDR 1989/1990«, in: Kuhrt, Eberhard, et al. (Hrsg.), *Am Ende des realen Sozialismus*, Bd. 2, S. 223–257.
Bühl, Hartmut (Hrsg.), *Strategiediskussion. NATO-Strategie im Wandel – Alternative Sicherheitskonzepte – Strategische Defensive*, Herford–Bonn 1987.
Bukowski, Wladimir, *Abrechnung mit Moskau. Das sowjetische Unrechtsregime und die Schuld des Westens*, Bergisch Gladbach 1996.
Bunce, Valerie, »The Empire Strikes Back. The Transformation of the Eastern Bloc from a Soviet Asset to a Soviet Liability«, *International Organization*, Nr. 1 (1985), S. 1–46.
– »Decline of a Regional Hegemon. The Gorbachev Regime and Reform in Eastern Europe«, *Eastern European Politics and Societies*, Nr. 2 (1989), S. 235–267.
Canetti, Elias, *Masse und Macht*, Limitierte Sonderaugabe, Frankfurt/M. 1996.
Carlton, Eric, *War and Ideology*, London 1990.
Childs, David (Hrsg.), *Honecker's Germany*, London et al. 1985.
Clausewitz, Carl von, *Vom Kriege*, Bonn [19]1991.
Cohn, Norman, *The Pursuit of the Millenium. Revolutionary Millenarians and Mystical Anarchists of the Middle Ages*, London 1970.
– *Das neue irdische Paradies. Revolutionärer Millenarismus und mystischer Anarchismus im mittelalterlichen Europa*, Reinbek 1988.
Collins, Randall, *Weberian Sociological Theory*, Cambridge/Mass. et al. 1986.
Cortright, David, »The Peace Movement Role in Ending the Cold War«, in: Summy/Salla (Hrsg.), *Why the Cold War Ended*, S. 81–90.

Cramer, Dettmar, »Eine überflüssige Diskussion. Über den angeblichen Bonner Revisionismus«, *Deutschland Archiv*, Nr. 12 (1984), S. 1272 ff.

Czempiel, Ernst-Otto, *Machtprobe. Die USA und die Sowjetunion in den achtziger Jahren*, München 1989.

Deile, Volkmar, und Ulrich Frey, »Wie es zur Demonstration vom 10. 10. 1981 in Bonn kam«, in: Aktion Sühnezeichen/Friedensdienste, Aktionsgemeinschaft Dienst für den Frieden (Hrsg.), *Bonn 10. 10. 81. Friedensdemonstration für Abrüstung und Entspannung in Europa – Reden, Fotos …*, Bornheim 1981, S. 13–20.

Delumeau, Jean, *Sin and Fear. The Emergence of Western Guilt Culture, 13th–18th Centuries*, New York 1990.

Diehl, Ole, *Die Strategiediskussion in der Sowjetunion. Zum Wandel der sowjetischen Kriegsführungskonzeption in den achtziger Jahren*, Wiesbaden 1993.

Drechsler, Ingrun, Bernd Faulenbach, Martin Gutzeit, Markus Meckel und Hermann Weber (Hrsg.), *Getrennte Vergangenheit, gemeinsame Zukunft. Ausgewählte Dokumente, Zeitzeugenberichte und Diskussionen der Enquete-Kommission »Aufarbeitung von Geschichte und Folgen der SED-Diktatur in Deutschland« des Deutschen Bundestages 1992–1994*, Bd. II, *Opfer, Opposition und Widerstand*; Bd. III, *Wandlungen der Deutschlandpolitik*, München 1997.

Ehmke, Horst, *Mittendrin. Von der Großen Koalition zur deutschen Einheit*, Berlin 1994.

Ehring, Klaus, »Friedensbewegung im anderen deutschen Staat«, *Atomwaffenfreies Europa. Diskussion- und Informationsbulletin der Russell-Friedensinitative*, Nr. 2 (1982) S. 17 ff.

Eigler, Günter (Hrsg.), *Platon. Werke in acht Bänden*, Bd. IV, *Der Staat*, Darmstadt 1971.

Eisenfeld, Bernd, »Die Ausreisebewegung – Eine Erscheinungsform widerständigen Verhaltens«, in: Poppe, Ulrike, et al. (Hrsg.), *Zwischen Selbstbehauptung und Anpassung*, S. 192–223.

Elias, Robert, »Ronald Reaganism Ended the Cold War – In the 1960s«, in: Summy/Salla (Hrsg.), *Why the Cold War Ended*, S. 33–46.

Enders, Thomas, *Die SPD und die äußere Sicherheit. Zum Wandel der sicherheitspolitischen Konzeption der Partei in der Zeit der Regierungsverantwortung (1966–1982)*, Melle 1987.

Engelmann, Roger, »Forschungen zum Staatssicherheitsdienst der DDR. Tendenzen und Ergebnisse«, in: Wolfgang Krieger und Jürgen

Weber (Hrsg.), *Spionage für den Frieden? Nachrichtendienste in Deutschland während des Kalten Krieges*, München–Landsberg/Lech 1997, S. 181–212.

Eppelmann, Rainer, »Brief von Rainer Eppelmann«, *Atomwaffenfreies Europa. Diskussion- und Informationsbulletin der Russell-Friedens-initiative atomwaffenfreies Europa*, Nr. 3 (1982), S. 23 f.

– *Fremd im eigenen Haus. Mein Leben im anderen Deutschland*, Köln 1993.

Eppler, Erhard, *Die tödliche Utopie der Sicherheit*, Reinbek 1983.

– *Wie Feuer und Wasser. Sind Ost und West friedensfähig?* Reinbek 1988.

Erickson, John, »Soviet Military Posture and Policy in Europe«, in: Richard Pipes (Hrsg.), *Soviet Strategy in Europe*, New York 1976, S. 169–209.

– *The Road to Stalingrad. Stalin's War with Germany*, Bd. 1, London 1993.

»Eschatology«, in: *The New Encyclopædia Britannica in 30 Volumes*, Bd. 6, 14th ed., Chicago et al. 1976, S. 958–962.

Farwick, Dieter, »Die Optionen des Warschauer Paktes gegenüber NATO-Europa«, in: Hartmut Bühl (Hrsg.), *Strategiediskussion*, S. 91–104.

Fehr, Helmut, »Von der Dissidenz zur Gegen-Elite. Ein Vergleich der politischen Opposition in Polen, der Tschechoslowakei, Ungarn und der DDR«, in: Poppe, Ulrike, et al. (Hrsg.), *Zwischen Selbstbehauptung und Anpassung*, S. 301–334.

Fetscher, Iring, »Vom Linksradikalismus zum bewaffneten Kampf«, in: Keller, Claudia (Hrsg.), *Die Nacht hat zwölf Stunden, dann kommt schon der Tag*, S. 267–279.

Fichter, Tilman, *Die SPD und die Nation. vier sozialdemokratische Generationen zwischen nationaler Selbstbestimmung und Zweistaatlichkeit*, Berlin–Frankfurt/M. 1993.

FitzGerald, Mary C., »The Soviet Military on the Strategic Defence Initiative«, in: David R. Jones (Hrsg.), *Soviet Armed Forces Review Annual*, Bd. 10 (1985–1986), Gulf Breeze/Fl. 1987, S. 212–230.

Freedman, Lawrence, »The First Two Generations of Nuclear Strategists«, in: Peter Paret (Hrsg.), *Makers of Modern Strategy from Machiavelli to the Nuclear Age*, Oxford 1986, S. 735–778.

Frey, Eric G., *Division and Détente. The Germanies and their Alliances*, New York et al., 1987.

Fricke, Karl Wilhelm, »Bündnistreu und dialogbereit. Die Linie der SED nach dem 7. ZK-Plenum«, *Deutschland Archiv*, Nr. 1 (1984), S. 1–5.
– »Organisation und Tätigkeit der DDR-Nachrichtendienste«, in: Wolfgang Krieger und Jürgen Weber (Hrsg.), *Spionage für den Frieden? Nachrichtendienste in Deutschland während des Kalten Krieges*, München–Landsberg/Lech 1997, S. 213–224.
– *MfS intern. Macht, Strukturen, Auflösung der DDR-Staatssicherheit*, Köln 1991.
Frowen, Stephen F., »The Economy of the German Democratic Republic«, in: David Childs (Hrsg.), *Honecker's Germany*, London et al. 1985, S. 32–49.
Gaddis, John Lewis, *The Long Peace. Inquiries into the History of the Cold War*, New York–Oxford 1987.
Galtung, Johan, »Europe 1989. The Role of Peace Research and the Peace Movement«, in: Ralph Summy und Michael E. Salla (Hrsg.), *Why the Cold War Ended. A Range of Interpretations*, Westport/Conn.–London 1995, S. 91–105.
Garner, William V., *Soviet Threat Perceptions of NATO's Eurostrategic Missiles*, Paris 1983.
Garthoff, Raymond L., »The Soviet SS-20 Decision«, *Survival*, Nr. 3 (1983), S. 110–119.
– *Détente and Confrontation. American-Soviet Relations from Nixon to Reagan*, Washington/D.C. 1985.
– *Deterrence and the Revolution in Soviet Military Doctrine*, Washington/D.C. 1990.
– »When and Why Romania Distanced itself from the Warsaw Pact«, *Cold War International History Project Bulletin*, Nr. 5 (1995), S. 111.
Gaus, Günter, *Wo Deutschland liegt. Eine Ortsbestimmung*, Hamburg 1983.
Gelman, Harry, *The Brezhnev Politburo and the Decline of Detente*, Ithaca–London 1984.
Glantz, David M., »Developing Offensive Success. The Soviet Conduct of Operational Maneuver«, in: Willard C. Frank, Philip S. Gillette (Hrsg.), *Soviet Military Doctrine from Lenin to Gorbachev, 1915–1991*, Westport/Conn., London 1992, S. 133–173.
Glucksmann, André, *Philosophie der Abschreckung*, Stuttgart [2]1984.
– und T. Wolton, *Politik des Schweigens. Hintergründe der Hungerkatastrophe in Äthiopien*, Stuttgart 1987.

Göpel, Helmut, »Die Berlin-Operation«, in: Klaus Naumann (Hrsg.), *NVA. Anspruch und Wirklichkeit nach ausgewählten Dokumenten*, Berlin–Herford 1993, S. 286–300.

Gross, Jan T., *Revolution from Abroad. The Soviet Conquest of Poland's Western Ukraine and Western Belorussia*, Princeton/NJ 1988.

Grunenberg, Antonia, *Antifaschismus – ein deutscher Mythos*, Reinbek 1993.

Gutmann, Gernot, und Hannsjörg F. Buck, »Die Zentralplanwirtschaft der DDR. Funktionsweise, Funktionsschwächen und Konkursbilanz«, in: Kuhrt, Eberhard, et al. (Hrsg.), *Am Ende des realen Sozialismus*, Bd. 2, S. 7–51.

Hacker, Jens, *Deutsche Irrtümer. Schönfärber und Helfershelfer der SED-Diktatur im Westen*, Berlin–Frankfurt/M. [3]1992.

Haendcke-Hoppe-Arndt, Maria, »Außenwirtschaft und innerdeutscher Handel«, in: Kuhrt, Eberhard, et al. (Hrsg.), *Am Ende des realen Sozialismus*, Bd. 2, S. 55–62.

Haftendorn, Helga, »Das doppelte Mißverständnis. Zur Vorgeschichte des NATO-Doppelbeschlusses von 1979«, *VfZ*, Nr. 2 (1985), S. 244–287.

– *Sicherheit und Stabilität. Außenbeziehungen der Bundesrepublik zwischen Ölkrise und NATO-Doppelbeschluß*, München 1986.

Hagen, Mark von, *Soldiers in the Proletarian Dictatorship. The Red Army and the Soviet Socialist State, 1917–1930*, Ithaca–London, 1990.

Hall, George M., »The Cycle of Military Technology«, in: *Military Review*, Nr. 8 (1988), S. 42–48.

Halliday, Fred, *The Making of the Second Cold War*, London–New York [2]1993.

Haslam, Jonathan, *The Soviet Union and the Politics of Nuclear Weapons in Europe, 1969–1987. The Problem of the SS-20*, London et al. 1989.

Haufe, Gerda, und Karl Bruckmeier (Hrsg.), *Die Bürgerbewegung in der DDR und in den Ostdeutschen Ländern*, Opladen 1993.

Heinlein, Stefan A., *Gemeinsame Sicherheit. Egon Bahrs sicherheitspolitische Konzeptionen und die Kontinuität sozialdemokratischer Entspannungsvorstellungen*, Münster–New York 1993.

Herf, Jeffrey, »Neutralism and the Moral Order in West Germany«, in: Walter Laqueuer und Robert Hunter (Hrsg.), *European Peace Movements and the Future of the Western Alliance*, New Brunswick/NJ–Oxford/UK 1988, S. 356–401.

– *War by Other Means. Soviet Power, West German Resistance, and the Battle of the Euromissiles*, New York et al. 1991.

Herspring, Dale R., *The Soviet High Command, 1967–1989. Personalities and Politics*, Princeton/NJ 1990.

Herzinger, Richard, »Wandlungen eines Mythos. Die Kulturrevolutionäre von 1968. Garanten der liberalen Kultur in Deutschland?«, in: Keller, Claudia (Hrsg.), *Die Nacht hat zwölf Stunden, dann kommt schon der Tag*, S. 252–267.

Heuser, Beatrice, »Warsaw Pact Military Doctrine in the 1970s and 1980s. Findings in East German Archives«, *Comparative Strategy*, Nr. 4 (1993), S. 437–457.

Hoffmann, Joachim, »Die Angriffsvorbereitungen der Sowjetunion 1941«, in: Wegner, Bernd (Hrsg.), *Zwei Wege nach Moskau*, S. 367–388.

Jäger, Manfred, *Kultur und Politik in der DDR, 1945–1990*, Köln 1995.

Joas, Hans, und Martin Kohli, »Der Zusammenbruch der DDR. Fragen und Thesen«, in: Dies. (Hrsg.), *Der Zusammenbruch der DDR*, S. 7–28.

– (Hrsg.), *Der Zusammenbruch der DDR. Soziologische Analysen*, Frankfurt/M. 1993.

Jones, Christopher, »Gorbachev and the Warsaw Pact«, *Eastern European Politics and Societies*, Nr. 2 (1989), S. 215–234.

– »Protection From One's Friends. The Disintegration of the Warsaw Pact«, in: Leebaert/Dickinson (Hrsg.), *Soviet Strategy and New Military Thinking*, S. 100–126.

Kaiser, Karl, »Prioritäten sozialdemokratischer Außen- und Sicherheitspolitik«, in: Maruhn, Jürgen, und Manfred Wilke (Hrsg.), *Wohin treibt die SPD?*, S. 9–27.

Karber, Phillip A., »The Battle of Unengaged Military Strategies«, in: Nerlich, Uwe (Hrsg.), *Soviet Power and Western Negotiating Policies*, Bd. 1, S. 207–229.

– »To Lose an Arms Race. The Competition in Conventional Forces Deployed in Central Europe 1965–1980«, in: Nerlich, Uwe (Hrsg.), *Soviet Power and Western Negotiating Policies*, Bd. 1, S. 31–88.

Keller, Claudia (Hrsg.), *Die Nacht hat zwölf Stunden, dann kommt schon der Tag. Antifaschismus – Geschichte und Neubewertung*, Berlin 1996

Kielmannsegg, Peter Graf von, »The Origins and Aims of the German Peace Movement«, in: Walter Laqueur und Robert Hunter (Hrsg.),

European Peace Movements and the Future of the Western Alliance, New York–Oxford 1988, S. 318–337.

Kissin, S.F., *War and the Marxists. Socialist Theory and Practice in Capitalist War*, Bd. I, *1848–1918*, London–New York 1988. Bd. II, *1918–1945*, London 1989.

Knigge, Volkhard, »Gedänkstätte Buchenwald. Vom provisorischen Grabmal zum Nationaldenkmal«, in: Keller, Claudia (Hrsg.), *Die Nacht hat zwölf Stunden, dann kommt schon der Tag*, S. 309–331.

Koch, Peter, *Wahnsinn Rüstung. Ist der 3. Weltkrieg noch zu vermeiden? Das Bombengeschäft mit der Angst*, Hamburg 1981.

Kondylis, Panajotis, *Theorie des Krieges. Clausewitz – Marx – Engels – Lenin*, Stuttgart 1988.

Krakau, Anton, und Ole Diehl, *Die Militärexperten der sowjetischen Westforschungsinstitute und die innersowjetische Strategiediskussion*, Köln 1989.

Kramer, Mark, »Dimitri Antonovich Volkogonov (1928–1995)«, *Cold War International History Project Bulletin*, Issue 6–7 (1995/1996), S. 93.

– »The Official (West) German Report. Warsaw Pact Military Planning in Central Europe. Revelations from East German Archives«, *Cold War International History Project Bulletin*, Nr. 2 (1992), S. 1, 13–19.

– »The Warsaw Pact and the Polish Crisis of 1980–1981. Honecker's Call for Military Intervention«, *Cold War International History Project Bulletin*, Issue 5 (1995), S. 124.

Kuhrt, Eberhard, Hannsjörg F. Buck und Gunter Holzweißig (Hrsg.), *Am Ende des realen Sozialismus*, Bd. 1, *Die SED-Herrschaft und ihr Zusammenbruch*, Bd. 2, *Die wirtschaftliche und ökologische Situation der DDR in den achtziger Jahren*, Opladen 1996.

Kukutz, Irena, »›Nicht Rädchen, sondern Sand im Getriebe, den Kreis der Gewalt zu durchbrechen‹. Frauenwiderstand in der DDR in den achtziger Jahren«, in: Poppe, Ulrike, et al. (Hrsg.), *Zwischen Selbstbehauptung und Anpassung*, S. 273–283.

Kull, Steven, *Burying Lenin. The Revolution in Soviet Ideology & Foreign Policy*, Boulder/Col. 1992.

Kusin, Vladimir V., »World Peace Assembly in Prague Backfires«, in: Vojtech Mastney (Hrsg.), *Soviet/East European Survey. Selected Research and Analysis from Radio Free Europe/Radio Liberty*, Durham 1985, S. 60ff.

Kux, Stephan, »The Soviet Debate on Strategic Nuclear Arms«, in: Roy Allison (Hrsg.), *Radical Reform in Soviet Defence Policy*, New York 1992, S. 132–160.

Lambeth, Benjamin S., »A Generation Too Late. Civilian Analysis and Soviet Military Thinking«, in: Leebaert/Dickinson (Hrsg.), *Soviet Strategy and New Military Thinking*, S. 217–247.

Langguth, Gerd, *Protestbewegung – Entwicklung – Niedergang – Renaissance. Die Neue Linke seit 1968*, Köln 1983.

Leebaert, Derek, und Timothy Dickinson (Hrsg.), *Soviet Strategy and New Military Thinking*, New York et al. 1992.

Legvold, Robert, »Strategic ›Doctrine‹ and SALT. Soviet and American Views«, *Survival*, Nr. 1 (1979), S. 8–13.

Leif, Thomas, *Die Strategische (Ohn-)Macht der Friedensbewegung. Kommunikations- und Entscheidungsstrukturen in den achtziger Jahren*, Opladen 1990.

Leonhard, Wolfgang, *Die Revolution entläßt ihre Kinder*, Köln 1987.

Lih, Lars T., »Einführender Kommentar«, in: Lih, Lars T. et al. (Hrsg.), *Stalin. Briefe an Molotow*, S. 17–75.

–, Oleg Naumow und Oleg Chelwnjuk (Hrsg.) *Stalin. Briefe an Molotow, 1925–1936*, Berlin 1996.

Lötsch, Manfred, Der Sozialismus – eine Stände- oder eine Klassengesellschaft? in: Joas, Hans, und Martin Kohli (Hrsg.), *Der Zusammenbruch der DDR*, S. 115–124.

Ludendorff, Erich, *Meine Kriegserinnerungen, 1914–1918*, Berlin 1919.

– *Der totale Krieg*, München 1935.

Luhmann, Niklas, *Soziale Systeme. Grundriß einer allgemeinen Theorie*, Frankfurt/M. 1987.

Mace, James E., »Famine and Nationalism in Soviet Ukraine«, *Problems of Communism*, Nr. 3 (Mai/Juni 1984), S. 37–50.

Macgregor, Douglas A., *The Soviet-East German Military Alliance*, Cambridge et al. 1989.

Maier, Hans, »›Totalitarismus‹ und ›politische Religionen‹. Konzepte des Diktaturenvergleichs«, in: Eckhard Jesse (Hrsg.), *Totalitarismus im 20. Jahrhundert. Eine Bilanz der internationalen Forschung*, Bonn 1996, S. 118–134.

Markovits, Andrei S., und Philip S. Gorski, *Grün schlägt Rot. Die deutsche Linke nach 1945*, Hamburg 1997.

Marsch, Peter, »Foreign Policy Making in the German Democratic Republic. The Interplay of Internal Pressures and External Dependence«, in: Adomeit, Hannes, und Robert Boardman (Hrsg.), *Foreign Policy Making in Communist Countries*, S. 79–111.

Martin, James J., »How the Soviet Union Came to Gain Escalation Dominance. Trends and Aymmetries in the Theater Nuclear Balance«, in: Nerlich, Uwe (Hrsg.), *Soviet Power and Western Negotiating Policies*, Bd. 1, S.89–119.

Maruhn, Jürgen, und Manfred Wilke (Hrsg.), *Wohin treibt die SPD? Wende oder Kontinuität sozialdemokratischer Sicherheitspolitik*, München 1984.

»Marx, Karl«, in: *The New Encyclopædia Britannica in 30 Volumes*, Bd. 11, 14th ed., Chicago et al. 1976, S.549–553.

Mathée, Volker, *Die Neutronenwaffe zwischen Bündnis- und Innenpolitik*, Herford–Bonn 1985.

McCauley, Martin, »The German Democratic Republic and the Soviet Union«, in: Childs, David (Hrsg.), *Honecker's Germany*, S. 147–165.

Meckel, Markus, und Martin Gutzeit, *Opposition in der DDR. Zehn Jahre Friedensarbeit – kommentierte Quellentexte*, Köln 1994.

Meier, Christian, »Sowjetische Osteuropa-Politik im Zeichen der Perestrojka«, in: Adomeit, Hannes, et al. (Hrsg.), *Die Sowjetunion unter Gorbatschow*, S.359–382.

Morgenthau, Hans, *Politics among Nations. The Struggle for Power and Peace*, New York [3]1963.

Myllyniemi, Seppo, »Die Folgen des Hitler-Stalin-Paktes für die baltischen Republiken und Finnland«, in: Wegner, Bernd (Hrsg.), *Zwei Wege nach Moskau*, S.75–92.

»Myth and Mythology«, in: *The New Encyclopaedia Britannica in 30 Volumes*, 14th ed., Bd. 12, Chicago et al. 1976, S.793–804.

Nerlich, Uwe (Hrsg.), *Soviet Power and Western Negotiating Policies*, Bd. 1: *The Soviet Asset – Military Power in the Competition over Europe*; Bd. 2: *The Western Panacea. Constraining Soviet Power through Negotiation*, Cambridge/Mass. 1983.

Neugebauer, Gero, »Das militärstrategische Konzept der NVA«, in: Studiengruppe Militärpolitik (Hrsg.), *Die Nationale Volksarmee. Ein Anti-Weißbuch zum Militär in der DDR*, Reinbek 1976, S.21–41.

Nielsen, Harald, *Die DDR und die Kernwaffen. Die nukleare Rolle der Nationalen Volksarmee im Warschauer Pakt*, Baden-Baden 1998.

Niethammer, Lutz, »Die SED und die roten Kapos von Buchenwald«, in:

Keller, Claudia (Hrsg.), *Die Nacht hat zwölf Stunden, dann kommt schon der Tag*, S. 333–350.

Noll, Hans, »Früchte des Schweigens. Jüdische Selbstverleugnung und Antisemitismus in der DDR«, *Deutschland Archiv*, Nr. 7 (1990), S. 769–778.

– »Strategie und Taktik der Totenbeschwörung. Zur Mentalität der ›alten Genossen‹«, *Deutschland Archiv*, Nr. 5 (1988), S. 500–506.

Notz, Anton, *Die SPD und der NATO-Doppelbeschluß. Abkehr von einer Sicherheitspolitik der Vernunft*, Baden-Baden 1990.

Oldenburg, Fred, »Das entgleiste Bündnis. Zum Verhältnis DDR–Sowjetunion im Zeichen von Perestrojka und ›neuem Denken‹«, in: Kuhrt, Eberhard, et al. (Hrsg.), *Am Ende des realen Sozialismus*, Bd. 1, S. 199–219.

Orwell, George, *Nineteen Eighty-Four*, Harmondsworth/Middlesex 1984.

Parker, John W., *Kremlin in Transition*, Bd. 1: *From Brezhnev to Chernenko, 1978 to 1985*; Bd. 2: *Gorbachev, 1985 to 1989*, Boston et al. 1991.

Pollack, Detlef, »Religion und gesellschaftlicher Wandel. Zur Rolle der evangelischen Kirche im Prozeß des gesellschaftlichen Umbruchs in der DDR«, in: Joas, Hans, und Martin Kohli (Hrsg.), *Der Zusammenbruch der DDR*, S. 246–266.

Poppe, Gerd, »Zur Entwicklung des grenzüberschreitenden Dialogs«, in: Haufe, Gerda, und Karl Bruckmeier (Hrsg.), *Die Bürgerbewegung in der DDR und in den Ostdeutschen Ländern*, S. 201–218.

Poppe, Ulrike, Rainer Eckert und Ilko-Sascha Kowalczuk (Hrsg.), *Zwischen Selbstbehauptung und Anpassung. Formen des Widerstandes und der Opposition in der DDR*, Berlin 1995.

– »›Der Weg ist das Ziel‹. Zum Selbstverständnis und der politischen Rolle oppositioneller Gruppen der achtziger Jahre«, in: Dies. et al. (Hrsg.), *Zwischen Selbstbehauptung und Anpassung*, S. 244–272.

Potthoff, Heinrich (Hrsg.), *Die »Koalition der Vernunft«. Deutschlandpolitik in den 80er Jahren*, München 1995.

»Rapport und Resolution der Völkerbundversammlung vom 14. Dezember 1939«, in: *Blauweiss-Buch der Finnischen Regierung. Dokumente über die Entwicklung des finnisch-russischen Konflikts und den Ausbruch der Feindseligkeiten zwischen Finnland und der Sowjet-Union am 30. November 1939*, Basel 1940, S. 97 f.

Raschke, Joachim, *Die Grünen. Wie sie wurden, was sie sind*, Frankfurt/M.–Wien 1993.

Reißig, Rolf, »Das Scheitern der DDR und des realsozialistischen Systems – Einige Ursachen und Folgen«, in: Joas, Hans, und Martin Kohli (Hrsg.), *Der Zusammenbruch der DDR*, S. 49–69.

Rice, Condoleeza, »The Making of Soviet Strategy«, in: Peter Paret (Hrsg.), *Makers of Modern Strategy from Machiavelli to the Nuclear Age*, Oxford 1986, S. 648–676.

Richards, Jeffrey, *Sex, Dissidence and Damnation. Minority Groups in the Middle Ages*, London–New York 1994.

Risse-Kappen, Thomas, *Null-Lösung. Entscheidungsprozesse zu den Mittelstreckenwaffen, 1970–1987*, Frankfurt/M.–New York 1988.

Rose, Clive, *Campaigns against Western Defence. NATO's Adversaries and Critics*, Houndsmill et al. 1985.

Rosenberg, Arthur, *Geschichte des Bolschewismus*, Frankfurt/M. 1987.

Rowen, Henry S., »Objectives and Dysfunctions of Arms Control Negotiations. The SALT Experience«, in: Nerlich, Uwe (Hrsg.), *Soviet Power and Western Negotiating Policies*, Bd. 2, S. 55–65.

Rueckert, George L., *Global Double Zero. The INF Treaty from its Origins to Implementation*, Westport/Conn.–London 1993.

Schewtschenko, Arkadij, *Mein Bruch mit Moskau*, Bergisch Gladbach 1985.

Schild, Georg, »Wer gewann den Kalten Krieg? Reflexionen in der amerikanischen Literatur«, *ZfG*, Nr. 2 (1995), S. 149–158.

Schneider, Rosemarie, »Das Verkehrswesen unter besonderer Berücksichtigung der Eisenbahn«, in: Kuhrt, Eberhard, et al. (Hrsg.), *Am Ende des realen Sozialismus*, Bd. 2, S. 177–200.

Schröder, Hans-Henning, »Gorbatschow und die Generäle. Die Politik der Reformen in der Perspektive der sowjetischen Militärs«, in: Margareta Mommsen und Hans-Henning Schröder (Hrsg.), *Gorbatschows Revolution von oben. Dynamik und Widerstände im Reformprozeß der UdSSR*, Frankfurt/M.–Berlin 1987, S. 104–123.

– *Die Lehren von 1941. Stalinismus, Traditionswandel und die Bedeutung der strategischen Defensive im Verständnis der sowjetischen Militärs heute*, Köln 1988.

– »Strategiediskussion und Streitkräfte in der Ära des ›neuen Denkens‹«, in: Adomeit, Hannes, u.a., (Hrsg.), *Die Sowjetunion unter Gorbatschow*, S. 86–110.

Schumacher, Ulrike, Rüstungskontrolle als Instrument sowjetischer Außenpolitik, Herford–Bonn 1984.

Schütt, Peter, »Klammheimliche Komplizenschaft. Was die DKP und die Terroristen der RAF miteinander verband«, *Frankfurter Allgemeine Zeitung*, 21. Oktober 1997, S. 11.

Schwan, Gesine, »Die SPD und die westliche Freiheit«, in: Maruhn, Jürgen, und Manfred Winkler (Hrsg.), *Wohin treibt die SPD?*, S. 38–52.

Seiffert, Wolfgang, »Die Moskauer ›Revanchismus‹-Vorwürfe und die Gültigkeitsklausel des Warschauer Paktes«, *Deutschland Archiv*, Nr. 9 (1984), S. 900–903.

– »Die Natur des Konfliktes zwischen der SED-Führung und Moskau«, *Deutschland Archiv*, Nr. 10 (1984), S. 1043–1059.

– »Doppelspiel – oder: Die Ängste der SED-Führung«, *Deutschland Archiv*, Nr. 3 (1984), S. 301 ff.

Sélitrenny, Rita, und Thilo Weichert, *Das unheimliche Erbe. Die Spionageabteilung der Stasi*, Leipzig 1991.

Siebenmorgen, Peter, *»Staatssicherheit« der DDR. Der Westen im Fadenkreuz der Stasi*, Bonn 1993.

Sodaro, Michael J., *Moscow, Germany, and the West from Khrushchev to Gorbachev*, Ithaca–London [2]1992.

Stephan, Cora, *Der Betroffenheitskult. Eine politische Sittengeschichte*, Reinbek 1994.

Striefler, Christian, *Kampf um die Macht. Kommunisten und Nationalsozialisten am Ende der Weimarer Republik*, Berlin 1993.

Suckut, Siegfried (Hrsg.), *Das Wörterbuch der Staatssicherheit. Definitionen zur »politisch-operativen Arbeit«*, Berlin [2]1996.

– und Walter Süß (Hrsg.), *Staatspartei und Staatssicherheit. Zum Verhältnis von SED und MfS*, Berlin 1997.

Summy, Ralph, und Michael E. Salla (Hrsg.), *Why the Cold War Ended. A Range of Interpretations*, Westport/Conn.–London 1995.

Sundhaussen, Ulf, »The Erosion of Regime Legitimacy in Eastern European Satellite States. The Case of the German Democratic Republic«, in: Summy/Salla (Hrsg.), *Why the Cold War Ended*, S. 107–120.

Talbott, Strobe, *»Deadly Gambits«. The Reagan Administration and the Stalemate in Nuclear Arms Control*, New York 1984.

– *Raketenschach*, München–Zürich 1984.

– *The Russians and Reagan*, New York 1984.

Talmon, Yonina, »Millenarism«, in: David L. Sills (Hrsg.), Internatio-

nal Encyclopedia of the Social Sciences, Bd. 10, USA 1968, S. 349–362.
Teague, Elizabeth, »War Scare in the USSR«, in: Vojtech Mastney (Hrsg.), *Soviet/East European Survey, 1983–1984. Selected Research and Analysis from Radio Free Europe/Radio Liberty*, Durham 1985, S. 71–76.
Templin, Wolfgang, »Antifaschismus und Demokratie – ein Streitpunkt in der linken Diskussion?«, in: Keller, Claudia (Hrsg.), *Die Nacht hat zwölf Stunden, dann kommt schon der Tag*, S. 70–76.
Tiedke, Stephan, »Die Sowjetische Militärdoktrin und sicherheitspolitische Stabilität. Ein Beitrag zur Bedrohungsanalyse«, in: Hartmut Bühl (Hrsg.), *Strategiediskussion*, S. 79–90.
Torke, Hans Joachim (Hrsg.), *Historisches Lexikon der Sowjetunion 1917/22 bis 1991*, München 1993.
Trotter, William R., *A Frozen Hell. The Russo-Finnish Winter War of 1939–1940*, Chapel Hill 1991.
Tsypkin, Mikhail, »New Weapons and the Attempts at Technical Change«, in: Leebaert/Dickinson (Hrsg.), *Soviet Strategy and New Military Thinking*, S. 187–216.
Turney-High, Harry Holbert, *Primitive War. Its Practice and Concepts*, Columbia/SC ²1991.
Venohr, Wolfgang, »35 Jahre DDR und die nationale Frage«, *Deutschland Archiv*, Nr. 12 (1984), S. 1263–1271.
Vogtmeier, Andreas, *Egon Bahr und die deutsche Frage. Zur Entwicklung der sozialdemokratischen Ost- und Deutschlandpolitik vom Kriegsende bis zur Vereinigung*, Bonn 1996.
Wagner, Armin, »Der Nationale Verteidigungsrat der DDR als sicherheitspolitisches Exekutivorgan der SED«, in: Suckut/Süß (Hrsg.), *Staatspartei und Staatssicherheit*, S. 169–198.
Walther, Joachim, *Sicherungsbereich Literatur. Schriftsteller und Staatssicherheit in der Deutschen Demokratischen Republik*, Berlin 1996.
– et al. (Hrsg.), *Protokoll eines Tribunals. Die Ausschlüsse aus dem DDR-Schriftstellerverband 1979*, Reinbek 1991.
Walzer, Michael, *Just and Unjust Wars. A Moral Argument with Historical Illustrations*, USA ²1992.
Wassermann, B., »The Ashanti War of 1900. A study in Culture Conflict«, in: P.J.M. McEwan (Hrsg.), *Nineteenth-Century Africa*, London 1968, S. 33–53.

Weber, Hermann, *Geschichte der DDR*, München [3]1989.
Wegner, Bernd (Hrsg.), *Zwei Wege nach Moskau. Vom Hitler-Stalin-Pakt zum »Unternehmen Barbarossa«*, München–Zürich 1991.
Weickhardt, George G., »Ustinov versus Ogarkov«, *Problems of Communism*, Nr. 1 (1985), S. 77–82.
– »Soviet Strategic Outlook. Mr. Weickhardt Responds«, *Problems of Communism*, Nr. 3 (1985), S. 94 ff.
Weinberger, Caspar W., »Jahresbericht des amerikanischen Verteidigungsministers, Caspar W. Weinberger, vom 1. Februar 1983 (Auszüge)«, *Europa-Archiv*, Folge 16/1983, S. D437–D464.
Weiß, Gebhardt, »›Neues Denken‹ und Handeln in der sowjetischen Abrüstungs- und Rüstungskontrollpolitik. Ziele, Motive, mögliche Konsequenzen«, in: Adomeit/Höhmann/Wagenlehner (Hrsg.), *Die Sowjetunion unter Gorbatschow*, S. 297–358.
Wenzel, Otto, *Kriegsbereit. Der Nationale Verteidigungsrat der DDR, 1960 bis 1980*, Köln 1995.
Wielgohs, Jan, und Marianne Schulz, »Von der ›friedlichen Revolution‹ in die politische Normalität. Entwicklungsetappen der ostdeutschen Bürgerbewegung«, in: Joas/Kohli (Hrsg.), *Der Zusammenbruch der DDR*, S. 222–243.
Winkler, Heinrich August, »Wohin treibt die SPD?« in: Maruhn/Wilke (Hrsg.), *Wohin treibt die SPD?*, S. 28–37.
Zeidler, Manfred, *Reichswehr und Rote Armee 1920–1933. Wege und Stationen einer ungewöhnlichen Zusammenarbeit*, München [2]1994.
Zweite »Berliner Begegnung: Den Frieden erklären«, Protokolle des zweiten Schriftstellertreffens am 22./23. April 1983. Der vollständige Text aller Beiträge aus Ost und West, Darmstadt 1983.

III. Kommunistische Literatur bis 1990

Andropow, Juri, »Der Leninismus als unerschöpfliche Quelle der Energie und des Schöpfertums der Massen«, in: Ders., *Ausgewählte Reden und Schriften*, Berlin 1983, S. 214–229.
Autorenkollektiv der Militärakademie »Friedrich Engels«, *Probleme der Militärökonomie*, Berlin 1967.
Bagramjan, I. Ch., et al., *Geschichte der Kriegskunst*, Berlin 1978.

Besymenski, Lew, »Soll man auf den Tisch hauen?«, *Neue Zeit*, Nr. 17 (April 1984), S. 26ff.

Böhme, Waltraud et al., *Kleines politisches Wörterbuch*, Berlin ³1978.

Bowin, Alexander, »Perestroika. Die Wahrheit über den Sozialismus und sein Schicksal«, in: Juri Afanassjew (Hrsg.), *Es gibt keine Alternative zur Perestroika. Glasnost, Demokratie, Sozialismus*, Nürnberg 1988, S. 600–639.

Brühl, Reinhard, »Für die Sicherung des Friedens«, *Zeitschrift für Militärgeschichte*, Nr. 1 (1963), S. 5–15.

– et al., *Wörterbuch zur Deutschen Militärgeschichte*, Berlin 1985.

Bystrow, W. J., »Terror«, in: *Sowjetische Militärenzyklopädie. Auswahl*, Heft 28, Berlin 1984, S. 3f.

Dobias, Tibor, *Militärgeschichte der BRD – Abriß. 1949 bis zur Gegenwart*, Berlin 1989.

Dorst, Klaus, und Birgit Hoffmann (Hrsg.), *Kleines Lexikon der Sowjetstreitkräfte*, Berlin 1987.

Einhorn, Hans, »Das Bild der Wirtschaft im modernen Krieg«, in: Autorenkollektiv der Militärakademie »Friedrich Engels«, *Probleme der Militärökonomie*, S. 45–70.

–, Siegfried Schönherr und Werner Hiepe, »Der Zusammenhang von Ökonomie und Militärwesen. Die neuen Anforderungen des Militärwesens an die Wirtschaft in der Gegenwart«, in: Autorenkollektiv ..., *Probleme der Militärökonomie*, S. 19–44.

Engels, Friedrich, »Der magyarische Kampf«, in: Karl Marx, Friedrich Engels. Werke, Bd. 6, Berlin 1961, S. 165–176.

Förster, Gerhard, und Nikolaus Paulus, *Abriß der Geschichte der Panzerwaffe*, Berlin 1977.

Gretschko, A. A., et al., *Geschichte des Zweiten Weltkrieges 1939–1945 in zwölf Bänden*, Bd. 1: *Die Entstehung des Krieges. Der Kampf der fortschrittlichen Kräfte für den Erhalt des Friedens*, Berlin 1978; Bd. 2: *Am Vorabend des Krieges*, Berlin 1975; Bd. 3: *Der Beginn des Krieges. Die Vorbereitung der Aggression gegen die UdSSR*, Berlin 1979.

Hoffmann, Heinz, »Streitkräfte in unserer Zeit«, *Einheit*, Nr. 3 (1976), S. 354–363.

Honecker, Erich, *Aus meinem Leben*, Berlin 1980.

Hümmler, Heinz, »DDR-Politik 1983. ›Koalition der Vernunft und des Realismus‹«, in: Helmut Bock (Hrsg.), Krieg oder Frieden im Wandel der Geschichte, Berlin 1989, S. 628–635.

Inosemzew, Nikolai, »Verhinderung eines Kernwaffenkrieges dringlichstes Problem der Gegenwart«, in: *Jahrbuch der Internationalen Politik und Wirtschaft: 1982*, Berlin 1982, S. 34–46.

Jablokow, Alexej, »Ökologische Ignoranz und ökologisches Abenteurertum. Sperren auf dem Weg der Umgestaltung«, in: Juri Affanassjew (Hrsg.), *Es gibt keine Alternative zur Perestroika. Glasnost, Demokratie, Sozialismus*, Nürnberg 1988, S. 307–326.

Kieser, Rolf, und Werner Hiepe, »Einige Aspekte des Vergleichs der ökonomischen Potentials der sozialistischen Militärkoalition und des der NATO«, in: Autorenkollektiv ..., *Probleme der Militärökonomie*, Berlin 1967, S. 225–249.

Kolganow, K. S., et al., *Die Entwicklung der Taktik der Sowjetarmee im Großen Vaterländischen Krieg*, Berlin 1961.

Korobejenikow, M. P. et al., *Soldat und Krieg. Probleme der moralisch-politischen und psychologischen Vorbereitung in der Sowjetarmee*, Berlin 1972.

Lenin, W. I., *Clausewitz' Werk »Vom Kriege«. Auszüge und Randglossen*, Berlin 1957.

– *Über Krieg, Armee und Militärwissenschaft. Eine Auswahl aus Lenins Schriften in zwei Bänden*, Berlin 1958/1959.
Darin insbesondere:
»Sozialismus und Krieg. Stellung der SDAPR zum Krieg«, Bd. I, S. 511–536.
»Vorschläge des Zentralkomitees der SDAPR an die Zweite Sozialistische Konferenz«, Bd. I, S. 560–566.
»Das Militärprogramm der proletarischen Revolution«, Bd. I, S. 628–638.
»Zur Geschichte der Frage des unglücklichen Friedens«, Bd. II/1, S. 284–292.
»Aus dem Buch ›Die proletarische Revolution und der Renegat Kautsky‹«, Bd. II/1, S. 427–433.
»Rede zum Dritten Jahrestag der Oktoberrevolution in der Festsitzung des Moskauer Sowjets der Arbeiter-, Bauern- und Rotarmistendeputierten des Moskauer Gouvernements«, Bd. II/2, S. 783–788.
»Zum Vierten Jahrestag der Oktoberrevolution«, Bd. II/2, S. 808 ff.
»Siebente Moskauer Gouvernementsparteikonferenz«, Bd. II/2, S. 811–817.

– *Ausgewählte Werke*, Moskau 1987.

Darin insbesondere:
Der Imperialismus als höchstes Stadium des Kapitalismus, S. 164–257.
»Der ›linke Radikalismus‹, die Kinderkrankheit im Kommunismus«, S. 515–591.

Markowski, Paul, »Friedliche Koexistenz und Klassenkampf«, *Einheit*, Nr. 3 (1976), S. 346–371.

Marx, Karl, und Friedrich Engels, »Manifest der Kommunistischen Partei«, in: Dies., *Werke*, Bd. 4, Berlin 1959, S. 459–493.

– und Frederick Engels, Manifesto of the Communist Party, in: Dies., *Collected Works. Marx and Engels, 1845–1848*, Bd. 6, London 1976, S. 477–559.

Meisner, Klaus-Peter, »Zu einigen Fragen von Gegenstand und Methode der Militärwissenschaften«, in: *Militärgeschichte*, Nr. 2 (1990), S. 141–145.

»Militärdoktrin«, in: *Sowjetische Militärenzyklopädie. Auswahl*, Heft 12, Berlin 1980, S. 4–13.

Militärlexikon, Berlin 1971.

Milowidow, A. S., et al., *Die Marxistisch-Leninistische Ästhetik und die Erziehung der Soldaten*, Berlin ³1984.

– *Krieg und Armee. Philosophisch-soziologischer Abriß*, Berlin 1979.

»Neutronenwaffe« in: *Sowjetische Militärenzyklopädie. Auswahl*, Heft 18, Berlin 1982, S. 77f.

Ogarkow, N. W., »Militärstrategie«, in: *Sowjetische Militärenzyklopädie. Auswahl*: Heft 25, Berlin 1983, S. 34–56.

Politische Hauptverwaltung der NVA (Hrsg.), *Vom Sinn des Soldatseins. Ein Ratgeber für Soldaten*, Berlin ⁴³1989.

Poljakow, Genrich, »Demokratische Republik Afghanistan«, in: S. Doernberg, N.N. Inosemzew et al., *Jahrbuch für Internationale Politik und Wirtschaft. 1980*, Berlin 1980, S. 195–199.

Pollach, Günter, »Friedensbewegung in der BRD. Kampf gegen Nuklearraketen«, in: Helmut Bock (Hrsg.), *Krieg oder Frieden im Wandel der Geschichte*, Berlin 1989, S. 622–628.

Portugalow, Nikolai, »Atlantische Götterdämmerung: Die USA, Westeuropa und die Rolle der NATO«, *Blätter für Deutsche und Internationale Politik*, Nr. 6 (1984), S. 677–690.

Proektor, Daniel, »Problem der Militarisierung des Weltraums«, in: Hartmut Bühl, *Strategiediskussion* (siehe Bibliographie II), S. 341–346.

»Programm der Sozialistischen Einheitspartei Deutschlands vom 22. Mai 1976«, in: Erika Lieser-Triebnigg (Hrsg.), *DDR-Gesetze. Textausgabe mit Anmerkungen*, Köln 1988.
»Protokoll der Sitzung der Zentralbehörde des Bundes der Kommunisten vom 15. September 1850«, in: *Karl Marx – Friedrich Engels. Gesamtausgabe (MEGA). Erste Abteilung. Werke, Artikel, Entwürfe*, Bd. 10 (Text), Berlin 1977, S. 577–580.
Resnitschenko, W. G., et al., *Taktik des allgemeinen Gefechts im Kernwaffenkrieg*, Berlin 1971.
Saslawskaja, Tatjana, »Zur Strategie der sozialen Steuerung der Perestroika«, in: Juri Afanassjew (Hrsg.), *Es gibt keine Alternative zur Perestroika: Glasnost, Demokratie, Sozialismus*, Nürnberg 1988, S. 21–72.
Schaposchnikow, Boris, *Das Hirn der Armee*, Berlin 1987.
Scheltow, A. S., et al., *Militärische Theorie und Militärische Praxis*, Berlin 1972.
Tschernenko, Konstantin, *Ausgewählte Reden und Aufsätze, 1981–1984*, Berlin 1985.
Weber, Wolfgang (Hrsg.), *Die Streitkräfte der NATO auf dem Territorium der BRD*, Berlin [2]1986.
Wolkogonow, D(mitri) A., »Revolution«, in: *Sowjetische Militärenzyklopädie. Auswahl*, Heft 26, Berlin 1984, S. 46–50.
– *Stalin – Triumph und Tragödie. Ein politisches Porträt*, Düsseldorf 1989.
– und S. A. Tjuschkewitsch, »Krieg«, in: *Sowjetische Militärenzyklopädie. Auswahl*, Heft 5, Berlin 1978, S. 33–43.
Zentralkomitee der KPdSU (B), *Geschichte der Kommunistischen Partei der Sowjetunion (Bolschewiki). Kurzer Lehrgang*, Berlin 1946.
Zimmermann, Horst, *Nur eine Münze…*, Jena–Berlin 1979.

IV. Postkommunistische Literatur

Andert, Reinhold, und Wolfgang Herzberg, *Der Sturz. Erich Honecker im Kreuzverhör*, Berlin–Weimar [4]1991.
Arbatow, Georgi, *Das System. Ein Leben im Zentrum der Sowjetunion*, Frankfurt/M. 1993.
Axen, Hermann, *Ich war ein Diener der Partei. Autobiographische Gespräche mit Harald Neubert*, Berlin 1996.

Backerra, Manfred (Hrsg.), *NVA – Ein Rückblick für die Zukunft. Zeitzeugen berichten über ein Stück deutscher Militärgeschichte,* Köln 1992.

Bald, Detlef (Hrsg.), *Die Nationale Volksarmee. Beiträge zu Selbstverständnis und Geschichte des deutschen Militärs von 1945–1990,* Baden-Baden 1992.

Brühl, Reinhard, »Zur Militärpolitik der SED. Zwischen Friedensideal und Kriegsapologie«, in: Detlef Bald (Hrsg.), *Die Nationale Volksarmee,* S. 31–49.

Daschitschew, Wjatscheslaw, »Die sowjetische Deutschlandpolitik in den achtziger Jahren. Persönliche Erlebnisse und Erkenntnisse«, *Deutschland Archiv,* Nr. 1 (1995), S. 54–67.

– »Die Wechselwirkung der gegenseitigen Beziehungen zwischen der Bundesrepublik Deutschland, der DDR und der Sowjetunion im Zeitraum 1970–1989«, *Deutschland Archiv,* Nr. 12 (1993), S. 1460–1470.

Deim, Hans-Werner, »Die NVA in der ersten strategischen Staffel der Streitkräfte des Warschauer Vertrages«, in: Manfred Backerra (Hrsg.), *NVA – Ein Rückblick für die Zukunft,* S. 311–331.

Falin, Valentin, *Politische Erinnerungen,* München 1995.

Fischer, Siegfried, und Dimitri Trenin, »Das sowjetische Nuklearkriegsdenken«, in: Siegfried Fischer und Otfried Nassauer, *Satansfaust. Das nukleare Erbe der Sowjetunion,* Berlin, Weimar 1992, S. 91–117.

Goldbach, Joachim, »Die Nationale Volksarmee – Eine deutsche Armee im Kalten Krieg«, in: Detlef Bald (Hrsg.), *Die Nationale Volksarmee,* S. 125–138.

Gorbatschow, Michail, *Erinnerungen,* Berlin 1995.

Harms, Karl, »Im Oberkommando der Vereinten Streitkräfte«, in: Manfred Backerra (Hrsg.), *NVA – Ein Rückblick für die Zukunft,* S. 333–356.

Held, Kurt, Heinz Friedrich, und Dagmar Pietsch, »Politische Bildung und Erziehung in der Nationalen Volksarmee«, in: Manfred Backerra (Hrsg.), *NVA – Ein Rückblick für die Zukunft,* S. 205–231.

Keßler, Heinz, *Zur Sache und zur Person. Erinnerungen,* Berlin 1996.

Kwizinskij, Julij A., *Vor dem Sturm. Erinnerungen eines Diplomaten,* Berlin 1993.

Proektor, Daniel, »Vom ›Kalten Krieg‹ und seinem Ende. Mythen und Erkenntnisse (1945–1989)«, in: Hans-Adolf Jacobsen, Jochen Löser,

Daniel Proektor und Sergej Slutsch (Hrsg.), *Deutsch-russische Zeitenwende. Krieg und Frieden 1941–1995*, Baden-Baden 1995, S. 601–653.
Rakowski, Mieczyław, *Es begann in Polen. Der Anfang vom Ende des Ostblocks*, Hamburg 1995.
Schabowski, Günter, *Der Absturz*, Reinbek 1992.
Schewardnadse, Eduard, *Die Zukunft gehört der Freiheit*, Reinbek 1993.
Schönherr, Siegfried, »Militärökonomie. Wissenschaft zwischen Wirtschaft und Streitkräften – Zwischen Konfrontation und Kooperation«, in: Manfred Backerra (Hrsg.), *NVA – Ein Rückblick für die* Zukunft, S. 269–283.
Wolf, Markus, *Spionagechef im Geheimen Krieg. Erinnerungen*, Düsseldorf–München 1997.
Wolkogonow, Dimitri, *Lenin. Utopie und Terror*, Düsseldorf et al. 1993.

Danksagung

Ohne die Unterstützung und Opferbereitschaft meiner Eltern, Marianne und Hans-Jürgen Ploetz, wäre diese Arbeit niemals möglich gewesen, ihnen gilt deshalb zuvörderst mein Dank. Kaum minder wichtig war das Engagement von Beatrice Heuser, meiner Doktormutter. Unter anderem ist es ihr zu verdanken, daß ich in den Genuß eines dringend benötigten Stipendiums kam, für das ich an dieser Stelle dem King's College, London, danken möchte. Meine ehemalige Lebensgefährtin, Dagmar Elmer, half mir, die Last dieses Projekts ein gutes Stück des Weges mitzutragen. Überaus wichtig waren aber auch der Zuspruch und die Unterstützung, die ich in der Schlußphase dieses Projekts von Dr. Hans-Peter Müller und Professor Manfred Wilke vom Forschungsverbund SED-Staat erfuhr. Auch Christian Seeger vom Propyläen Verlag bin ich zu Dank verpflichtet, der sich für die Veröffentlichung des Buches eingesetzt hat. Die Arbeit ist dem Andenken von Heinz Schochert und Willy Kober gewidmet.

Personenregister